사회탐구영역 **생활과 윤리**

기획 및 개발

박빛나리(EBS 교과위원)
김은미(EBS 교과위원)
박 민(EBS 교과위원)

감수

한국교육과정평가원

책임 편집

이은미

정답과 해설은 EBS*i* 사이트(www.ebs*i*.co.kr)에서 다운로드 받으실 수 있습니다.

수능특강

사회탐구영역 **생활과 윤리**

이 책의 **차례** Contents

Ⅰ 현대의 삶과 실천 윤리

Ⅱ 생명과 윤리

Ⅲ 사회와 윤리

Ⅳ 과학과 윤리

Ⅴ 문화와 윤리

Ⅵ 평화와 공존의 윤리

이 책의 **구성과 특징** Structure

핵심 내용 정리

교과서의 핵심 내용을 쉽게 이해할 수 있도록 체계적이고 일목요연하게 정리하였습니다.

보조단 개념 설명

핵심 내용과 관련된 보충 설명이나 자료를 제시하여 개념 이해를 도울 수 있도록 하였습니다.

개념 / 자료 플러스

개념 플러스에는 주요 개념 및 원리에 대한 설명을 상세하게 제시하였으며, 자료 플러스에는 중요 주제를 선정하고 심화 자료에 대한 분석 · 해석을 제시하였습니다.

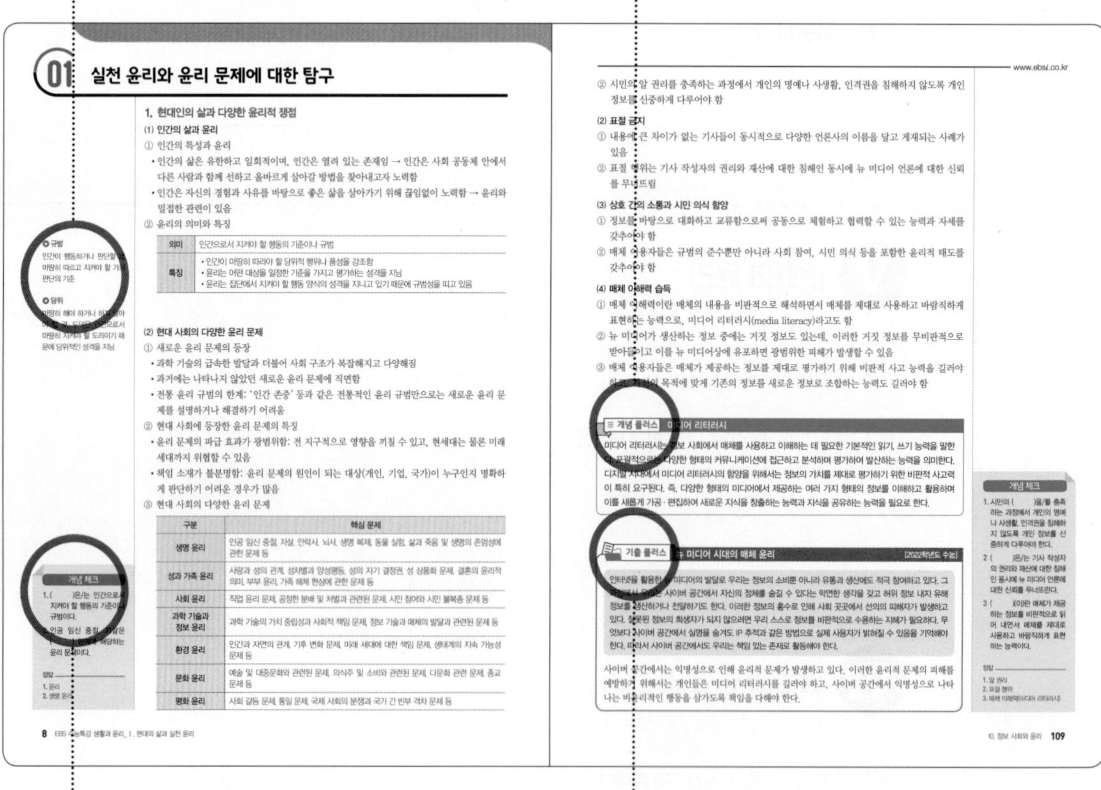

개념 체크

개념 체크 문항을 통해 학습한 내용을 바로 확인하고 넘어갈 수 있도록 하였습니다.

기출 플러스

기출 문항에 제시된 자료의 해설 및 상세한 설명을 통해 주요 개념에 대한 학생들의 이해도를 높일 수 있도록 하였습니다.

수능 기본 문제

기본 개념 및 원리, 간단한 분석 수준의 문항들로 구성하여 교과 내용에 대한 기본적인 이해 능력을 향상시킬 수 있도록 하였습니다.

문항코드

문항코드로 문제를 검색하면 해설 영상이 바로 재생될 수 있도록 하였습니다.

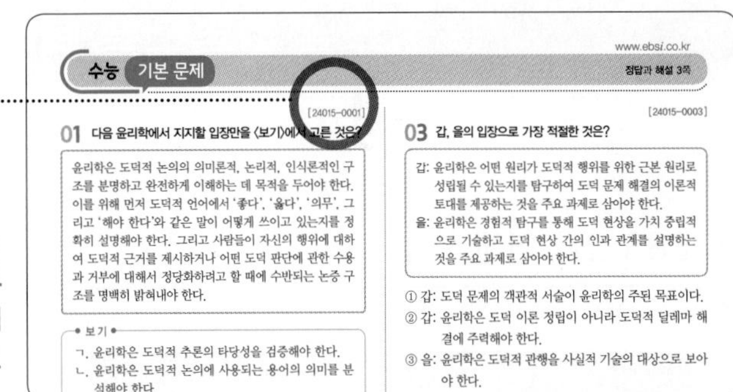

www.ebsi.co.kr

수능 기본 문제 정답과 해설 3쪽

[24015-0001]

01 다음 윤리학에서 지지할 입장만을 〈보기〉에서 고른 것은?

윤리학은 도덕적 논의의 의미론적, 논리적, 인식론적인 구조를 분명하고 완전하게 이해하는 데 목적을 두어야 한다. 이를 위해 먼저 도덕적 언어에서 '좋다', '옳다', '의무', 그리고 '해야 한다'와 같은 말이 어떻게 쓰이고 있는지를 정확히 설명해야 한다. 그리고 사람들이 자신의 행위에 대하여 도덕적 근거를 제시하거나 어떤 도덕 판단에 관한 수용과 거부에 대해서 정당화하려고 할 때에 수반되는 논증 구조를 명백히 밝혀내야 한다.

보기

ㄱ. 윤리학은 도덕적 추론의 타당성을 검증해야 한다.
ㄴ. 윤리학은 도덕적 논의에 사용되는 용어의 의미를 분석해야 한다.

[24015-0003]

03 갑, 을의 입장으로 가장 적절한 것은?

갑: 윤리학은 어떤 원리가 도덕적 행위를 위한 근본 원리로 성립될 수 있는지를 탐구하여 도덕 문제 해결의 이론적 토대를 제공하는 것을 주요 과제로 삼아야 한다.
을: 윤리학은 경험적 탐구를 통해 도덕 현상을 가치 중립적으로 기술하고 도덕 현상 간의 인과 관계를 설명하는 것을 주요 과제로 삼아야 한다.

① 갑: 도덕 문제의 객관적 서술이 윤리학의 주된 목표이다.
② 갑: 윤리학은 도덕 이론 정립이 아니라 도덕적 딜레마 해결에 주력해야 한다.
③ 을: 윤리학은 도덕적 관행을 사실적 기술의 대상으로 보아야 한다.

수능 실전 문제

보다 세밀한 해석력을 요구하는 다양한 유형의 문항들을 수록하여 응용력과 탐구력 및 문제 해결 능력을 향상시킬 수 있도록 하였습니다.

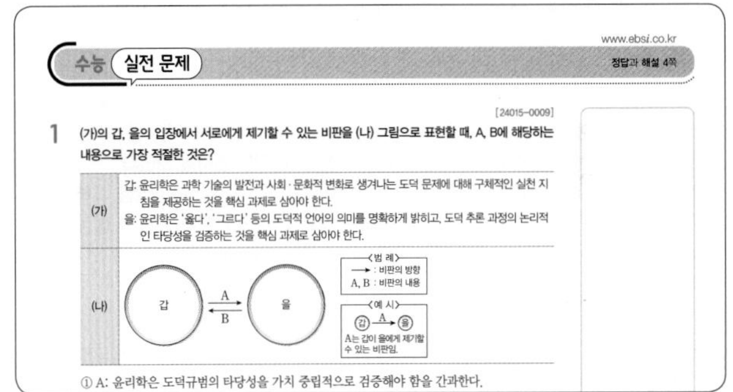

www.ebsi.co.kr

수능 실전 문제 정답과 해설 4쪽

[24015-0009]

1 (가)의 갑, 을의 입장에서 서로에게 제기할 수 있는 비판을 (나) 그림으로 표현할 때, A, B에 해당하는 내용으로 가장 적절한 것은?

(가) 갑: 윤리학은 과학 기술의 발전과 사회・문화적 변화로 생겨나는 도덕 문제에 대해 구체적인 실천 지침을 제공하는 것을 핵심 과제로 삼아야 한다.
을: 윤리학은 '옳다', '그르다' 등의 도덕적 언어의 의미를 명확하게 밝히고, 도덕 추론 과정의 논리적인 타당성을 검증하는 것을 핵심 과제로 삼아야 한다.

(나)

① A: 윤리학은 도덕규범의 타당성을 가치 중립적으로 검증해야 함을 간과한다.

정답과 해설

정답과 오답에 대한 자세한 설명을 통해 문제에 대한 이해를 높이고, 유사 문제 및 응용 문제에 대한 대비가 가능하도록 하였습니다.

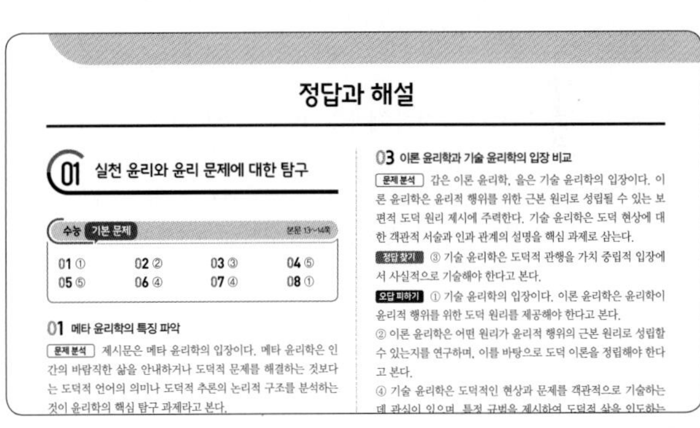

정답과 해설

01 실천 윤리와 윤리 문제에 대한 탐구

수능 기본 문제 본문 13~14쪽

01 ①	02 ②	03 ③	04 ⑤
05 ⑤	06 ④	07 ④	08 ①

01 메타 윤리학의 특징 파악

문제분석 제시문은 메타 윤리학의 입장이다. 메타 윤리학은 인간의 바람직한 삶을 안내하거나 도덕적 문제를 해결하는 것보다는 도덕적 언어의 의미나 도덕적 추론의 논리적 구조를 분석하는 것이 윤리학의 핵심 탐구 과제라고 본다.

03 이론 윤리학과 기술 윤리학의 입장 비교

문제분석 갑은 이론 윤리학, 을은 기술 윤리학의 입장이다. 이론 윤리학은 윤리적 행위를 위한 근본 원리로 성립될 수 있는 보편적 도덕 원리 제시에 주력한다. 기술 윤리학은 도덕 현상에 대한 객관적 서술과 인과 관계의 설명을 핵심 과제로 삼는다.

정답찾기 ③ 기술 윤리학은 도덕적 관행을 가치 중립적 입장에서 사실적으로 기술해야 한다고 본다.

오답피하기 ① 기술 윤리학의 입장이다. 이론 윤리학은 윤리학이 윤리적 행위를 위한 도덕 원리를 제공해야 한다고 본다.
② 이론 윤리학은 어떤 원리가 윤리적 행위의 근본 원리로 성립할 수 있는지를 연구하며, 이를 바탕으로 도덕 이론을 정립해야 한다고 본다.
④ 기술 윤리학은 도덕적인 현상과 문제를 객관적으로 기술하는 데 관심이 있으며, 특정 규범을 제시하여 도덕적 삶을 인도하는

학생

인공지능 DANCHOQ 푸리봇 문|제|검|색

EBS*i* 사이트와 **EBS*i* 고교강의 APP** 하단의 **AI 학습도우미 푸리봇**을 통해 문항코드를 검색하면 푸리봇이 해당 문제의 해설과 해설 강의를 찾아 줍니다. **사진 촬영으로도 검색**할 수 있습니다.

문제별 문항코드 확인

[24015-0001]

1. 아래 그래프를 이해한 내용으로 가장 적절한 것은?

사진 촬영 검색

문항코드 검색

24015-0001

선생님

EBS 교사지원센터 교재 관련 자|료|제|공

교재의 문항 한글(HWP) 파일과 교재이미지, 강의자료를 무료로 제공합니다.

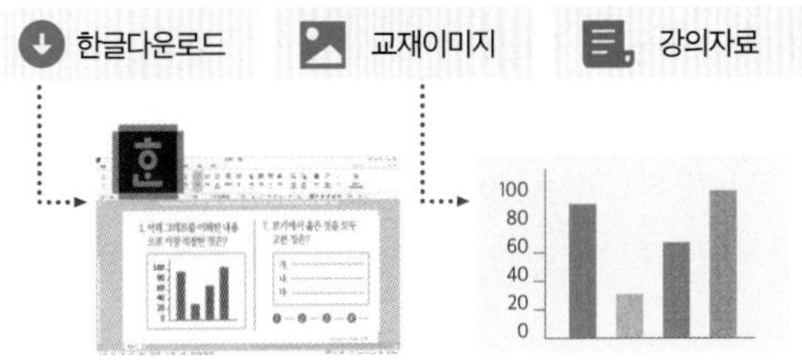

- 교사지원센터(teacher.ebsi.co.kr)에서 '교사인증' 이후 이용하실 수 있습니다.
- 교사지원센터에서 제공하는 자료는 교재별로 다를 수 있습니다.

수능 고득점을 위한 **EBS 교재 활용법**

EBS 교재 **연계 사례**

2024학년도 대학수학능력시험 문항 7번

7 (가)의 사상가 갑, 을의 입장을 (나) 그림으로 탐구하고자 할 때, A~C에 들어갈 적절한 질문만을 〈보기〉에서 있는 대로 고른 것은? [3점]

(가)
갑: 만인은 서로 늑대처럼 싸우는 자연 상태에서 벗어나기 위해 상호 계약을 맺어 하나의 인격으로 결합해야 한다. 이 인격을 지닌 통치자는 모든 사람의 힘과 수단을 임의로 사용할 수 있는 권력을 지닌다.
을: 절대 권력에 책임을 묻지 않는 식의 합의는 여우나 스컹크를 피해 사자에게 잡아먹히는 데 만족하는 것과 같다. 통치자가 시민의 생명, 자유 및 자산을 보존하지 못할 때 시민은 통치자에 저항할 수 있다.

(나)
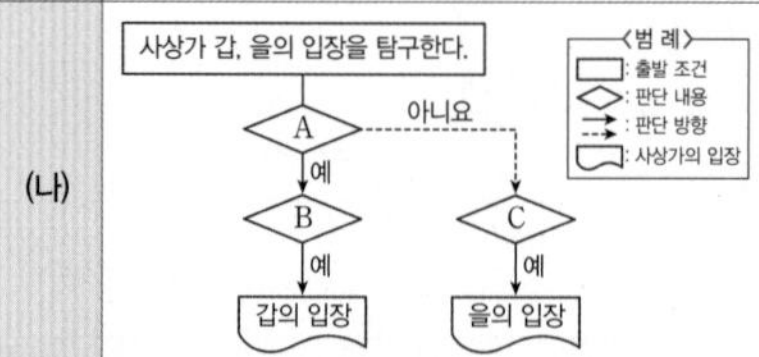

● 보기 ●

ㄱ. A: 국가의 통치자가 사회 계약을 위반하는 것은 가능한가?
ㄴ. B: 국가는 신의(信義) 계약으로 탄생한 자연적 인격인가?
ㄷ. B: 국가가 부재하는 곳에서는 각자의 소유권도 부재하는가?
ㄹ. C: 국가의 통치자에게는 단지 신탁된 권력만 주어지는가?

① ㄱ, ㄴ ② ㄱ, ㄷ ③ ㄷ, ㄹ
④ ㄱ, ㄴ, ㄹ ⑤ ㄴ, ㄷ, ㄹ

답 ③

2024학년도 EBS 수능완성 115쪽 16번

16 (가)의 갑, 을 사상가들의 입장에서 서로에게 제기할 수 있는 비판을 (나) 그림으로 표현할 때, A, B에 해당하는 내용으로 가장 적절한 것은? [3점]

(가)
갑: 모든 사람은 달성될 가망이 있는 한 평화를 얻기 위해 노력해야 한다. 평화의 달성이 불가능할 경우 전쟁에서 승리하기 위한 어떤 수단이라도 사용해도 좋다. 인간이 국가 속에서 구속을 스스로 부과하는 원인과 목적은 자기 보존과 그로 인한 만족된 삶을 위해 전쟁 상태로부터 벗어나려는 데 있다.
을: 모든 사람이 본래의 자유를 포기하고 시민 사회의 구속을 받게 되는 유일한 방법은 계약을 통해 공동 사회를 구성하여 가입하는 것이며, 그 목적은 구성원들이 재산을 안전하게 향유하고 평화롭게 생활하는 것이다. 이를 위해 시민들은 정부를 조직하고 그들의 권리를 신탁한다.

(나)
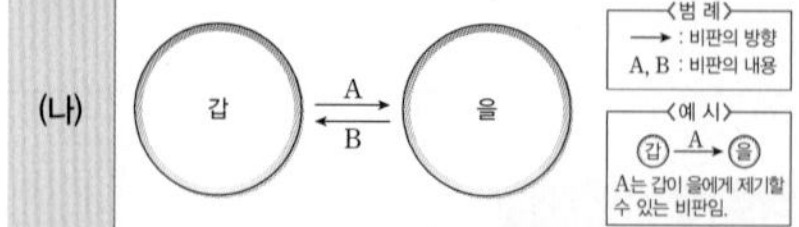

① A: 자연 상태가 언제라도 전쟁 상태로 변할 수 있음을 간과한다.
② A: 자연 상태가 아닌 사회 상태를 통해 소유권이 정당화됨을 간과한다.
③ A: 자연 상태에서 자연법의 집행이 모든 사람의 수중에 있음을 간과한다.
④ B: 자연 상태의 평화 유지를 위해 자연권을 양도해야 함을 간과한다.
⑤ B: 자연 상태로의 복귀는 입법권이 자의적으로 행사될 때만 가능함을 간과한다.

답 ②

연계 분석 및 학습 대책

2024학년도 대학수학능력시험 생활과 윤리 7번 문항은 EBS 수능완성 115쪽 16번 문항과 연계되어 출제되었다. 두 문항 모두 사회 계약론을 주장한 홉스와 로크의 사상적 특징을 묻는 문항으로 출제되었다. 문항의 형식은 다르지만 동일한 사상가들의 사상적 특징을 묻는 문항이라는 점에서 높은 연계성을 지니고 있다. 특히 수능 7번 문항 〈보기〉 ㄷ의 '국가가 부재하는 곳에서는 각자의 소유권도 부재하는가?'와 수능완성 16번 문항의 ②번 선지 '자연 상태가 아닌 사회 상태를 통해 소유권이 정당화됨을 간과한다.'는 부분은 거의 동일한 내용으로 되어 있어 수능완성 16번 문항을 충실히 공부한 학생들은 수능 7번 문항을 푸는 데 많은 도움을 받았을 것으로 판단된다.

EBS 교재에 나오는 제시문뿐만 아니라 선지들도 수능과 연계되어 출제되는 경우가 많으므로 수능에 자주 출제되는 주요 사상가들과 관련된 문항을 공부하는 경우, 선지의 내용도 꼼꼼히 파악해 두는 것이 많은 도움이 될 수 있다.

수능 고득점을 위한 EBS 교재 활용법

EBS 교재 연계 사례

2024학년도 대학수학능력시험 문항 10번

10 다음을 주장한 사상가의 입장으로 가장 적절한 것은? [3점]

> 미적인 것은 윤리적으로 좋은 것의 상징이다. 미적인 것은 다른 모든 사람들의 동의를 요구하며 요구해야 마땅하다. 이때 우리의 마음은 쾌락의 단순한 감각적 수용을 넘어선 순화와 고양을 의식하며, 다른 사람들의 가치도 그들이 지닌 판단력의 비슷한 준칙에 따라서 평가하게 된다.

① 미적 판단과 도덕 판단은 모두 이해 관심에 근거해야 한다.
② 미적 판단은 개인의 주관적인 판단이기에 보편화될 수 없다.
③ 미적 판단의 대상인 예술은 그 자체로 자율성을 지닐 수 없다.
④ 미적 대상에 대한 감각적 경험은 도덕성 고양에 기여할 수 있다.
⑤ 미적 판단 능력은 옳고 그름을 판단하는 도덕적 능력에 종속된다.

답 ④

2024학년도 EBS 수능특강 144쪽 05번

05 다음을 주장한 사상가의 입장만을 〈보기〉에서 있는 대로 고른 것은?

> 미적인 것은 윤리적으로 선한 것의 상징이며, 이러한 관점에서만 미적인 것은 다른 모든 사람들의 동의를 요구함과 함께 알맞고 마땅하다. 이때 우리의 마음은 동시에 감각적 쾌락의 한갓된 수용을 넘어선 어떤 순화와 고양을 의식하며, 다른 사람의 가치도 그들이 지닌 판단력의 비슷한 준칙에 따라서 평가하는 것이다.

보기

ㄱ. 미는 도덕성의 실현에 기여할 수 있다.
ㄴ. 미적 판단은 주관적인 판단인 동시에 자율적이다.
ㄷ. 예술은 윤리의 영역 안에 있으며 윤리에서 벗어날 수 없다.
ㄹ. 미와 선은 일체의 이해 관심에서 벗어나 있다는 점에서 유사하다.

① ㄱ, ㄴ　② ㄱ, ㄷ　③ ㄷ, ㄹ
④ ㄱ, ㄴ, ㄹ　⑤ ㄴ, ㄷ, ㄹ

답 ④

연계 분석 및 학습 대책

2024학년도 대학수학능력시험 생활과 윤리 10번 문항은 EBS 수능특강 144쪽 05번 문항과 연계되어 출제되었다. 두 문항은 모두 칸트의 예술관을 묻는 문항으로 동일한 제시문이 출제되어 매우 높은 연계율을 보이고 있다. 그리고 수능 10번 문항의 정답인 ④번 선지 '미적 대상에 대한 감각적 경험은 도덕성 고양에 기여할 수 있다.'와 수능특강 05번 문항 〈보기〉 ㄱ의 '미는 도덕성의 실현에 기여할 수 있다.'는 표현이 조금 다를 뿐 동일한 내용으로 되어 있다. 또한 수능 10번 문항의 오답 선지 ①번 '미적 판단과 도덕 판단은 모두 이해 관심에 근거해야 한다.'와 수능특강 05번 문항 ㄹ의 '미와 선은 일체의 이해 관심에서 벗어나 있다는 점에서 유사하다.'는 오답과 정답의 표현이지만 동일한 내용을 다루고 있다.

이와 같은 내용을 볼 때, EBS 교재를 공부하면서 주요 사상가들의 제시문에 대해서는 꼼꼼한 분석이 필요하며, 특히 주요 사상과 관련된 문항 선지들의 경우도 정답인 경우 왜 정답인지에 대한 분석과 함께 오답의 경우에도 왜 오답인지를 꼼꼼히 분석하는 것이 요구된다.

실천 윤리와 윤리 문제에 대한 탐구

1. 현대인의 삶과 다양한 윤리적 쟁점

(1) 인간의 삶과 윤리

① 인간의 특성과 윤리

- 인간의 삶은 유한하고 일회적이며, 인간은 열려 있는 존재임 → 인간은 사회 공동체 안에서 다른 사람과 함께 선하고 올바르게 살아갈 방법을 찾아내고자 노력함
- 인간은 자신의 경험과 사유를 바탕으로 좋은 삶을 살아가기 위해 끊임없이 노력함 → 윤리와 밀접한 관련이 있음

② 윤리의 의미와 특징

의미	인간으로서 지켜야 할 행동의 기준이나 규범
특징	• 인간이 마땅히 따라야 할 당위적 행위나 품성을 강조함 • 윤리는 어떤 대상을 일정한 기준을 가지고 평가하는 성격을 지님 • 윤리는 집단에서 지켜야 할 행동 양식의 성격을 지니고 있기 때문에 규범성을 띠고 있음

✪ 규범
인간이 행동하거나 판단할 때 마땅히 따르고 지켜야 할 가치 판단의 기준

✪ 당위
마땅히 해야 하거나 하지 말아야 할 것. 도덕은 인간으로서 마땅히 지켜야 할 도리이기 때문에 당위적인 성격을 지님

(2) 현대 사회의 다양한 윤리 문제

① 새로운 윤리 문제의 등장

- 과학 기술의 급속한 발달과 더불어 사회 구조가 복잡해지고 다양해짐
- 과거에는 나타나지 않았던 새로운 윤리 문제에 직면함
- 전통 윤리 규범의 한계: '인간 존중' 등과 같은 전통적인 윤리 규범만으로는 새로운 윤리 문제를 설명하거나 해결하기 어려움

② 현대 사회에 등장한 윤리 문제의 특징

- 윤리 문제의 파급 효과가 광범위함: 전 지구적으로 영향을 끼칠 수 있고, 현세대는 물론 미래 세대까지 위협할 수 있음
- 책임 소재가 불분명함: 윤리 문제의 원인이 되는 대상(개인, 기업, 국가)이 누구인지 명확하게 판단하기 어려운 경우가 많음

③ 현대 사회의 다양한 윤리 문제

구분	핵심 문제
생명 윤리	인공 임신 중절, 자살, 안락사, 뇌사, 생명 복제, 동물 실험, 삶과 죽음 및 생명의 존엄성에 관한 문제 등
성과 가족 윤리	사랑과 성의 관계, 성차별과 양성평등, 성의 자기 결정권, 성 상품화 문제, 결혼의 윤리적 의미, 부부 윤리, 가족 해체 현상에 관한 문제 등
사회 윤리	직업 윤리 문제, 공정한 분배 및 처벌과 관련된 문제, 시민 참여와 시민 불복종 문제 등
과학 기술과 정보 윤리	과학 기술의 가치 중립성과 사회적 책임 문제, 정보 기술과 매체의 발달과 관련된 문제 등
환경 윤리	인간과 자연의 관계, 기후 변화 문제, 미래 세대에 대한 책임 문제, 생태계의 지속 가능성 문제 등
문화 윤리	예술 및 대중문화와 관련된 문제, 의식주 및 소비와 관련된 문제, 다문화 관련 문제, 종교 문제 등
평화 윤리	사회 갈등 문제, 통일 문제, 국제 사회의 분쟁과 국가 간 빈부 격차 문제 등

개념 체크

1. ( )은/는 인간으로서 지켜야 할 행동의 기준이나 규범이다.
2. 인공 임신 중절, 자살은 ( ) 영역에 해당하는 윤리 문제이다.

정답
1. 윤리
2. 생명 윤리

2. 실천 윤리학의 성격과 특징

(1) 윤리학의 의미와 특징

① 윤리학의 의미: 인간이 살아가면서 지켜야 할 도덕적인 행동의 기준이나 규범을 탐구하는 학문

② 윤리학의 특징: 윤리학은 인간의 도덕적 행위의 실천을 목적으로 삼고, 인간의 행위가 도덕적 차원에서 인정받기 위해 갖추어야 할 조건이나 기준을 탐구함

③ 윤리학의 분류

규범 윤리학	도덕적 행위의 근거가 되는 도덕 원리나 인간의 성품에 관해 탐구하고, 이를 바탕으로 도덕적 문제의 해결과 실천 방안을 제시함 → 이론 윤리학과 실천 윤리학으로 구분
메타 윤리학	• 도덕적 언어의 의미를 분석하고, 도덕적 추론의 정당성을 검증하기 위한 논리를 분석함 • 윤리학이 학문으로서 성립 가능한지를 모색함
기술 윤리학	도덕 현상과 문제를 명확히 기술(記述)하고, 기술된 현상 간의 인과 관계를 설명함

④ 규범 윤리학: 이론 윤리학과 실천 윤리학

이론 윤리학	• 윤리적 행위를 위한 근본 원리로 성립 가능한 도덕 원리를 탐구함 • 도덕 원리나 도덕적 정당화의 이론적 근거를 제시하는 데 주된 관심을 지님 ㉮ 의무론, 공리주의, 덕 윤리 등
실천 윤리학	• 이론 윤리를 현대 사회의 여러 윤리 문제에 적용함 • 삶에서 구체적으로 발생하는 윤리 문제에 대해 도덕 원리를 근거로 하여 실제적이고 구체적인 해결책을 모색하는 데 주된 관심을 지님 ㉮ 생명 윤리, 정보 윤리, 환경 윤리 등

(2) 실천 윤리학의 등장 배경과 특징

등장 배경	• 구체적인 행위에 대한 지침을 제공하지 못하는 이론 윤리학의 한계 • 세계화, 정보화 등 사회·문화적 변화와 과학 기술의 발달에 따른 새로운 윤리 문제 등장
특징	• 삶의 구체적 상황에서 발생하는 윤리 문제의 원인을 분석하고 이에 대한 해결책을 찾고자 함 • 다양한 영역에서 제기되는 문제와 과학 기술의 발달로 발생하는 새로운 문제를 다룸 • 윤리 문제의 해결을 위해 이론 윤리학의 연구 성과를 적극 활용함 • 현실적인 도덕 문제를 해결하기 위해서 의학, 법학, 과학, 종교 등 다양한 학문 분야의 전문적 지식과 기술을 활용하는 학제적 접근을 중시함

자료 플러스 규범 윤리학과 메타 윤리학의 관계

도덕 철학은 규범 윤리학과 메타 윤리학으로 구분된다. 메타 윤리학은 규범 윤리학의 전제를 탐구한다. 만약 철학자가 도덕규범의 체계를 세우고 이러한 규범이 모든 사람에게 정당하게 구속력을 가진다고 주장한다면, 그는 도덕규범이 정당화될 수 있는 절차가 있고 또 자신도 이러한 절차를 따르고 있다는 것을 전제한다. 바꾸어 말해 그는 도덕적 지식을 가지고 있다는 것을 주장하며, 따라서 이러한 지식이 가능하다는 것을 가정한다. 메타 윤리학은 도덕 판단에서 '안다', '참인', '타당한', '정당화될 수 있는'과 같은 단어가 규범 윤리학에서도 사용되지만, 분명하고 주의 깊게 분석되지 않은 채 사용되고 있다는 점을 지적하면서 이러한 말들을 분석하는 것을 과제로 삼는다. 따라서 메타 윤리학은 규범 윤리학에 논리적으로 선행한다고 주장할 수 있다.

– 폴 테일러, "윤리학의 기본 원리" –

도덕 철학은 인간이 어떻게 행동해야 하는지에 대한 보편적 원리를 탐구하는 규범 윤리학과 도덕적 언어의 분석과 도덕적 추론의 논리적 타당성 입증을 윤리학적 탐구의 본질로 삼는 메타 윤리학으로 구분된다. 메타 윤리학은 규범 윤리학의 전제를 탐구한다. 따라서 메타 윤리학은 규범 윤리학에 논리적으로 선행한다고 볼 수 있다. 이런 점에서 현대의 규범 윤리학은 이론의 타당성을 검토하기 위해 메타 윤리학적 지식을 활용하기도 한다.

✪ 의무론

인간이 마땅히 따라야 할 보편타당한 법칙이 존재하며, 이 법칙을 따르면 옳고 따르지 않으면 그르다고 판단하는 윤리 이론

✪ 공리주의

가치 판단의 기준을 효용과 행복의 증진에 두어 '최대 다수의 최대 행복' 실현을 윤리적 행위의 목적으로 보는 윤리 이론

✪ 덕 윤리

도덕 법칙이나 원리보다 행위자의 내면적 도덕성이나 성품의 중요성을 강조하는 윤리 이론

개념 체크

1. 도덕적 언어의 의미를 분석하고 도덕 추론의 정당성을 검증하기 위한 논리를 분석하는 것은 (   )의 주된 과제이다.

2. 구체적인 행위에 대한 지침을 제공하지 못하는 이론 윤리학의 한계를 극복하고, 현대 사회에서 새롭게 나타난 윤리 문제를 해결하기 위해 (   )이/가 등장하였다.

정답

1. 메타 윤리학
2. 실천 윤리학

3. 도덕적 탐구의 방법

(1) 도덕적 탐구의 의미와 특징

의미	• 도덕적 지식을 통해 도덕적 의미를 구성하는 지적 활동 • 도덕 현상을 이해하고 윤리 문제를 해결하기 위한 탐구
특징	• 현실 문제를 해결할 때 당위적 차원에 주목함 → 탐구 대상의 옳고 그름 혹은 선악을 밝혀 행위를 정당화하고 도덕적 실천을 하는 데 중점을 둠 • 정서적 측면을 고려하기도 함 → 논리적 사고, 합리적 사고, 비판적 사고와 같은 이성적 사고의 과정을 중시하면서도 공감, 배려 등 정서적 측면도 중시함 • 일반적으로 윤리적 딜레마를 활용한 도덕적 추론으로 이루어지는 경우가 많음
필요성	• 현대 사회의 복잡한 도덕 문제를 합리적으로 해결하는 데 도움이 됨 • 도덕적으로 살아가는 데 필요한 윤리적 가치관을 세우는 데 도움이 됨 • 타인을 배려하는 역지사지(易地思之)의 마음을 키우는 데 도움이 됨

(2) 도덕적 탐구의 방법

① 도덕적 탐구에서 필요한 요소: 도덕적 추론 능력, 비판적 사고력, 배려적 사고력

• 도덕적 추론: 옳고 그름을 가리는 '도덕 원리'와 참과 거짓을 구분하는 '사실 판단'을 근거로 하여 논리적으로 '도덕 판단'을 내리는 사고 과정

도덕 원리 (대전제)	도덕 원리가 다른 사람들의 처지에서도 받아들일 수 있는지, 규범적 차원에서 보편화가 가능한지 검토해야 함 → 역할 교환 검사, 보편화 결과 검사
사실 판단 (소전제)	개념과 사실 관계를 명확하게 해야 함
도덕 판단 (결론)	도덕 판단을 객관적 입장에서 검토하고, 규범적 차원에서 보편화가 가능한지, 전제와 결론 사이에 논리적 오류를 범하지 않았는지 점검해야 함

• 비판적 사고: 사실 판단의 진위, 사회에서 통용되는 규칙이나 관습, 사회에서 인정하는 권위 및 권위자의 명령, 개인의 도덕적 감정과 양심 등에 대해 근거와 적절성을 따져 보는 것

• 배려적 사고: 공감 능력에 근거하여 타인의 욕구나 필요에 관심을 두고 그의 처지에서 생각하며 그 필요를 충족해 주고자 하는 것

② 도덕적 탐구의 과정

단계	내용
❶ 윤리적 쟁점 또는 딜레마 확인	윤리적 쟁점 또는 딜레마를 발생시키는 문제의 핵심이 무엇이고, 관련된 사람은 누구이며 어떤 관계인지, 왜 발생했는지 등을 파악함
❷ 자료 수집 및 분석	윤리적 쟁점 또는 딜레마에 여러 사항이 관련되어 있을 때, 이를 정확하게 이해하고 해결하기 위해 다양한 자료를 수집하고 분석함
❸ 입장 채택 및 정당화 근거 제시	정당화 근거의 타당성을 확보하기 위해서는 역할 교환 검사와 보편화 결과 검사를 효과적으로 적용할 필요가 있으며, 공감과 배려 같은 도덕적 정서도 고려해야 함
❹ 최선의 대안 도출	토론을 통해 최선의 대안을 마련함
❺ 반성적 성찰 및 입장 정리	도덕적 탐구 과정에서 참여 태도, 탐구 활동을 통해 배운 점, 자신의 생각 변화 등을 검토해야 함

4. 윤리적 성찰과 실천

(1) 윤리적 성찰의 의미와 중요성

① 윤리적 성찰의 의미

• 생활 속에서 자신의 마음가짐, 행동 또는 그 속에 담긴 자신의 정체성과 가치관에 관해 윤리적 관점에서 깊이 있게 반성하고 살피는 태도

✪ 역지사지
상대편의 처지나 입장에서 생각해 보고 이해하라는 뜻

✪ 도덕 원리
어떤 판단과 행동이 도덕적으로 옳고 그른지 결정하는 기준이자 원칙

✪ 역할 교환 검사
딜레마 속에 있는 다른 사람의 입장을 취해 보는 것

✪ 보편화 결과 검사
자신이 채택한 입장을 유사한 상황에 있는 모든 행위자에게 보편적으로 적용할 수 있는지 심사숙고하는 것

✪ 성찰(省察)
자신의 마음 또는 한 일을 깊이 되돌아봄

개념 체크

1. 도덕적 지식을 통해 도덕적 의미를 구성하는 지적 활동으로 도덕 현상을 이해하고 윤리 문제를 해결하기 위해 탐구하는 것을 (　　　)(이)라고 한다.
2. (　　　) 사고는 어떤 판단의 근거가 적절하고 추론이 논리적으로 타당하게 제시되었는지 검토하는 것을 말한다.

정답
1. 도덕적 탐구
2. 비판적

- 도덕 원리와 모범적인 도덕 행동, 인격 특성을 판단의 준거(準據)로 사용하여 자신의 경험이 도덕적으로 좋고 나쁜지 또는 옳고 그른지를 판단하는 것
- 자신의 도덕적 경험에 대해 반성적 사고를 하고, 도덕적 삶의 실천 방향을 결정하는 것

② 윤리적 성찰의 중요성

- 도덕적 자각을 하는 계기가 될 수 있음 → 소크라테스는 "성찰하지 않는 삶은 살 가치가 없다."라고 하며, 인간은 자신의 삶을 성찰하고 변화시킬 수 있는 존재라고 강조함
- 인격을 함양하는 데 도움을 줄 수 있음 → 윤리적 성찰을 통해 윤리적 실천력을 높이고 자신의 도덕적 발달 혹은 성숙을 도모함으로써 참다운 인격을 완성할 수 있음
- 올바른 자아 정체성을 형성할 수 있음 → 지속적인 성찰을 통해 자신을 바르게 세울 수 있음

(2) 윤리적 성찰의 방법

① 윤리적 성찰과 관련된 질문: '올바른 삶이란 무엇인가?', '내가 옳다고 믿고 있는 것들은 정당한가?' 등

② 동서양의 윤리적 성찰의 방법

유교	• 증자(曾子)의 일일삼성(一日三省) • 거경(居敬): 인간의 참된 삶이 무엇인지를 성찰하고, 마음을 한곳으로 모아 흐트러짐이 없이 하며, 몸가짐을 삼가고 덕성을 함양함 • 신독(愼獨): 홀로 있을 때에도 도리에 어긋나지 않게 몸과 마음을 바르게 하고, 언행을 신중히 함
불교	참선(參禪): 마음을 가다듬어 번뇌를 끊고 진리를 깊이 생각하는 수행법
소크라테스	산파술: 끊임없는 질문을 통해 자신의 무지를 자각할 수 있도록 돕는 방법
아리스토텔레스	중용: 감정이나 행위의 적절한 상태를 유지함

자료 플러스 **증자의 일일삼성(一日三省)**

증자는 말하였다. "나는 날마다 하루에 세 번 반성한다. 첫째, 남을 돕는 데 정성스럽게 하였는가? 둘째, 친구와 교제하는 데 신의를 다하였는가? 셋째, 스승에게 배운 것을 잘 익혔는가?" - "논어" -

공자의 제자인 증자는 매일 하루 세 번씩 반성[一日三省(일일삼성)]하였다. 증자의 일일삼성의 가르침은 하루의 삶을 성찰하는 지침이 될 수 있다.

자료 플러스 **소크라테스의 산파술**

소크라테스는 어느 날 오후, 당시 아테네에서 존경받던 장군 라케스를 만났다. 라케스는 용기 있는 자가 군인이 되어야 하고, 전쟁터에서는 물러서지 않아야 한다는 고정 관념에 사로잡혀 있었다. 그런데 소크라테스가 "라케스, 참된 용기란 무엇인지 말해 주겠소?"라고 질문을 던졌다. 그리고 이어지는 대화를 통해 용기 있는 사람은 전쟁터에서 후퇴하지 않는다는 상식을 깨뜨렸다. 소크라테스는 우선 용기가 있으면서도 전쟁터에서 후퇴한 경우나 후퇴하지 않았어도 용기가 없는 사람이 있는지를 생각해 보았다. 그리고 곧바로 그런 경우를 발견했다. 그는 플라타이아이 전투에서 페르시아군을 맞은 스파르타군은 매우 용맹스러웠지만 계속 후퇴하면서 기회를 보다가 적의 대열이 흐트러진 틈을 이용해 공격하여 승리했던 사실을 떠올린 것이다. 그리고 용기가 있어도 후퇴하는 것이 가능하다는 것을 말해 줌으로써 라케스가 지금까지 막연히 믿어 왔던 잘못된 상식을 고쳐 주었다. - 플라톤, "라케스" -

산파는 산모를 도와 아기를 잘 낳을 수 있도록 하는 기술을 가진 사람이다. 소크라테스는 이러한 산파술을 진리 탐구에 적용하여 상대방이 참된 지식을 깨달을 수 있도록 유도하였다.

개념 체크

1. (　　)은/는 유교에서 제시하는 성찰의 방법으로, 홀로 있을 때에도 도리에 어긋나지 않도록 몸과 마음을 바르게 하고, 언행을 신중하게 하는 것이다.
2. 소크라테스가 제시한 (　　)은/는 끊임없는 질문을 통해 자신의 무지를 자각할 수 있도록 돕는 방법이다.

정답

1. 신독
2. 산파술

자료 플러스 **아리스토텔레스의 중용**

절제 있는 사람은 중간의 방식으로 관계한다. 그는 건강에 기여하는 모든 것이나 좋은 상태를 위해 진정 즐거움을 주는 것들을 적절하게, 또 마땅히 그래야 할 방식으로 욕구하며, 이런 것들에 진정 방해가 되지 않는 다른 즐거운 것들, 혹은 고귀함을 벗어나지 않거나 자신의 힘을 넘지 않는 즐거운 것들을 욕구한다. 이러한 조건을 무시하는 사람은 즐거움이 갖는 가치 이상으로 그 즐거움을 좋아하는 사람이다. 절제 있는 사람은 이런 사람이 아니라 (좋아하되) 올바른 이성이 규정하는 대로 그것들을 좋아하는 사람이다.

– 아리스토텔레스, "니코마코스 윤리학" –

아리스토텔레스는 행위와 태도를 성찰하는 방법으로 '마땅한 때에, 마땅한 일에 대하여, 마땅한 사람에게, 마땅한 동기로' 느끼거나 행하는 중용을 강조하였다.

(3) 토론을 통한 성찰

① 토론의 역할: 인간의 인식과 판단에서 오류 가능성을 줄이고 갈등을 원만하게 해결하는 데 도움을 주며, 주관적인 의견이 보편적인 앎의 형태로 나아가는 데 도움을 줌

② 일반적인 토론의 순서

❶ 주장하기	자신의 주장에 대한 근거를 찾고 자신의 주장을 발표함
❷ 반론하기	상대방 주장의 오류나 부당성을 밝힘
❸ 재반론하기	상대방의 반론이 옳지 않음을 밝히거나 자기주장을 뒷받침할 만한 더 많은 근거를 제시함
❹ 정리하기	상대방의 반론을 참고하여 자신의 최종 입장을 발표함

(4) 윤리적 실천을 위한 도덕적 탐구와 윤리적 성찰

① 도덕적 탐구와 윤리적 성찰을 조화롭게 추구해야 함

② 도덕적 탐구와 윤리적 성찰을 통해 윤리적 실천으로 나아가야 함 → 배움이 진정한 의미를 갖게 되고, 사람됨의 형성에 기여할 수 있음

자료 플러스 **토론의 필요성을 역설한 밀**

인류의 생각과 행동이 지금처럼 놀라울 정도로 이성적인 방향으로 발전해 올 수 있었던 것은 지적 또는 도덕적 존재로서 인간이 보여 주는 모든 자랑스러운 것들의 근원, 즉 자신의 잘못을 시정할 수 있는 능력 덕분에 이렇게 된 것이다. 인간은 토론과 경험에 힘입어 자신의 과오를 고칠 수 있다. 경험만으로는 부족하다. 과거의 경험을 올바르게 해석하자면 토론이 반드시 있어야 한다.

– 밀, "자유론" –

밀은 무엇이 진리인지를 밝힐 수 있는 가장 좋은 방법은 토론이며, 인간은 자신과 의견을 달리하는 사람들과의 토론을 통해 오류 가능성을 줄이고 진리에 한 걸음 더 다가갈 수 있다고 주장하였다.

자료 플러스 **윤리적으로 성찰하는 삶을 강조한 이이**

버릇은 사람의 뜻을 견고하지 못하게 하고 행실을 독실하지 못하게 하여, 오늘 한 것을 내일 고치기 어렵고 아침에 행한 것을 후회하고도 저녁이면 벌써 다시 그렇게 한다. 반드시 크게 용맹스러운 뜻을 펼쳐, 마치 한 칼로 밑동을 시원스레 잘라 버리듯, 마음을 깨끗이 씻어 털끝만 한 남은 줄기마저 없게 하고, 때때로 깊이 반성하는 공부를 더해 이 마음으로 하여금 옛날 물든 더러움을 한 점이라도 없게 한 뒤라야 학문에 나아가는 공부를 말할 수 있다.

– 이이, "격몽요결" –

이이는 습관, 과거의 생각이나 행동에 대한 반성이 있어야 인격 완성에 이를 수 있다고 보았다.

개념 체크

1. 아리스토텔레스는 행위와 태도를 성찰하는 방법으로 '마땅한 때에, 마땅한 일에 대하여, 마땅한 사람에게, 마땅한 동기로' 느끼거나 행하는 (　　　)을/를 강조하였다.

2. (　　　)은/는 인간의 인식과 판단에서 오류 가능성을 줄이고 갈등을 원만하게 해결하는 데 도움을 주는 것으로 '주장하기, 반론하기, 재반론하기, 정리하기'의 과정을 거친다.

정답

1. 중용
2. 토론

[24015-0001]

01 다음 윤리학에서 지지할 입장만을 〈보기〉에서 고른 것은?

윤리학은 도덕적 논의의 의미론적, 논리적, 인식론적인 구조를 분명하고 완전하게 이해하는 데 목적을 두어야 한다. 이를 위해 먼저 도덕적 언어에서 '좋다', '옳다', '의무', 그리고 '해야 한다'와 같은 말이 어떻게 쓰이고 있는지를 정확히 설명해야 한다. 그리고 사람들이 자신의 행위에 대하여 도덕적 근거를 제시하거나 어떤 도덕 판단에 관한 수용과 거부에 대해서 정당화하려고 할 때에 수반되는 논증 구조를 명백히 밝혀내야 한다.

보기

ㄱ. 윤리학은 도덕적 추론의 타당성을 검증해야 한다.
ㄴ. 윤리학은 도덕적 논의에 사용되는 용어의 의미를 분석해야 한다.
ㄷ. 윤리학은 도덕규범의 제시를 통해 도덕적 삶의 지침을 제공해야 한다.
ㄹ. 윤리학은 도덕의 사실이나 논리보다는 도덕의 당위적 구속력을 중시해야 한다.

① ㄱ, ㄴ ② ㄱ, ㄷ ③ ㄴ, ㄷ
④ ㄴ, ㄹ ⑤ ㄷ, ㄹ

[24015-0002]

02 다음 윤리학의 입장에서 부정의 대답을 할 질문으로 가장 적절한 것은?

현실의 도덕은 삶에 대한 경험의 일부이기 때문에 경험적으로 연구될 수 있다. 이러한 관점에서 윤리학은 한 문화권에서 나타나는 도덕규범이 개인의 도덕 판단과 사회 제도의 유지에 미치는 영향을 관찰하고, 이를 객관적으로 기술하는 것에 주력해야 한다.

① 현실의 도덕에 대한 가치 중립적 설명이 필요한가?
② 보편타당한 도덕규범의 이론 체계를 구성해야 하는가?
③ 특정 사회의 도덕규범을 경험적으로 탐구해야 하는가?
④ 도덕적 신념과 사회 관습의 관련성을 인정해야 하는가?
⑤ 도덕 현상을 기술할 때 문화적 특성을 고려해야 하는가?

[24015-0003]

03 갑, 을의 입장으로 가장 적절한 것은?

갑: 윤리학은 어떤 원리가 도덕적 행위를 위한 근본 원리로 성립될 수 있는지를 탐구하여 도덕 문제 해결의 이론적 토대를 제공하는 것을 주요 과제로 삼아야 한다.
을: 윤리학은 경험적 탐구를 통해 도덕 현상을 가치 중립적으로 기술하고 도덕 현상 간의 인과 관계를 설명하는 것을 주요 과제로 삼아야 한다.

① 갑: 도덕 문제의 객관적 서술이 윤리학의 주된 목표이다.
② 갑: 윤리학은 도덕 이론 정립이 아니라 도덕적 딜레마 해결에 주력해야 한다.
③ 을: 윤리학은 도덕적 관행을 사실적 기술의 대상으로 보아야 한다.
④ 을: 윤리학은 사회 구성원들의 도덕적 삶을 인도하는 규범을 제시해야 한다.
⑤ 갑과 을: 윤리학은 도덕 언어의 의미 분석을 탐구 목적으로 삼아야 한다.

[24015-0004]

04 그림의 강연자가 지지할 견해로 가장 적절한 것은?

단 한 사람만을 제외한 모든 인류가 동일한 의견이고 그 한 사람만이 반대 의견을 갖는다고 해도, 인류에게는 그 한 사람에게 침묵을 강요할 권리가 없습니다. 이는 그 한 사람이 권력을 장악했을 때 전 인류를 침묵하게 할 권리가 없는 것과 마찬가지입니다. 어떤 의견이 표현되는 것을 침묵시키는 해악은 그 의견을 지지하는 사람뿐만 아니라 반대하는 사람까지 포함한 인류 전체의 기본권을 강탈하는 것입니다.

① 다수가 동의하지 않는 견해는 결코 진리가 될 수 없다.
② 토론은 합리적인 결론 도출에 방해 요인으로 작용한다.
③ 각자는 자신의 의견에 대한 무오류성을 확신해야 한다.
④ 의견이 상충하는 경우 다수의 의견을 진리로 수용해야 한다.
⑤ 토론은 오류 가능성을 줄이고 진리를 인식하는 데 기여한다.

[24015-0005]

05 다음은 도덕적 탐구의 과정을 도식화한 것이다. ㉠에 해당하는 내용으로 가장 적절한 것은?

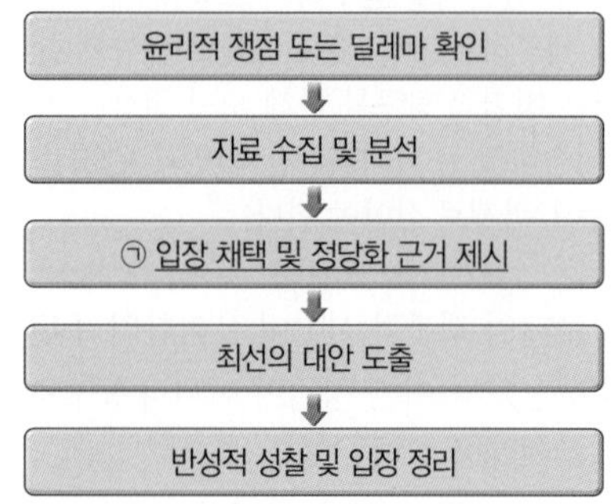

① 안락사와 관련된 다양한 자료를 모아서 분석한다.
② 안락사에 대한 탐구 과정을 통해 배운 점을 검토한다.
③ 안락사가 지니는 윤리적 문제의 핵심이 무엇인지 파악한다.
④ 불가피하게 안락사가 필요한 경우의 제도와 절차를 도출한다.
⑤ 불치병에 시달리는 환자의 입장이 되어 안락사의 필요성에 대해 생각해 본다.

[24015-0006]

06 다음 글의 입장에서 지지할 내용으로 가장 적절한 것은?

> 윤리학은 인간의 삶에서 발생하는 다양한 윤리적 문제의 해결을 핵심 과제로 삼아야 한다. 예를 들어 인공적으로 사람의 생명을 연장할 수 있는 의학 기술의 발달로 다양한 윤리적 문제가 발생하고 있다. 이처럼 현대 사회에는 이전에는 볼 수 없었던 다양한 윤리적 문제가 발생하고 있고, 이에 따라 새로운 도덕적 해결책이 요구되고 있다. 따라서 윤리학은 옳고 그름의 기준을 바탕으로 현실에서 발생하는 구체적인 문제에 대한 해결 방안을 모색해야 한다.

① 윤리학은 도덕 현상의 객관적 기술에 주력해야 한다.
② 윤리학은 도덕적 논변의 논리적 구조 분석에 주력해야 한다.
③ 윤리학은 윤리학의 학문적 성립 가능성 탐구에 주력해야 한다.
④ 윤리학은 도덕 이론을 근거로 도덕 문제 해결에 주력해야 한다.
⑤ 윤리학은 가치 판단을 배제하고 윤리적 대안 마련에 주력해야 한다.

[24015-0007]

07 (가), (나)의 입장으로 적절한 것만을 〈보기〉에서 있는 대로 고른 것은?

> (가) 윤리학은 윤리적 행위를 위한 근본 원리로 성립 가능한 도덕 원리를 탐구해야 하며, 도덕 원리나 도덕적 정당화의 이론적 근거를 제시하는 데 주된 관심을 두어야 한다.
> (나) 윤리학은 삶에서 구체적으로 발생하는 현대 사회의 윤리 문제에 대해 도덕 원리를 근거로 하여 실제적이고 구체적인 해결책을 모색하는 데 주된 관심을 두어야 한다.

● 보기 ●

ㄱ. (가): 도덕규범을 정립하여 도덕적 삶의 지침을 제공해야 한다.
ㄴ. (가): 도덕 관행의 발생 과정을 인과적으로 설명하는 데 주력해야 한다.
ㄷ. (나): 현실의 도덕 문제 해결을 위해 다양한 학문 분야의 지식을 활용할 필요가 있다.
ㄹ. (가)와 (나): 도덕 명제 분석보다 도덕 문제 해결에 힘써야 한다.

① ㄱ, ㄴ　② ㄱ, ㄷ　③ ㄴ, ㄹ
④ ㄱ, ㄷ, ㄹ　⑤ ㄴ, ㄷ, ㄹ

[24015-0008]

08 다음을 주장한 사상가의 입장으로 가장 적절한 것은?

> 행위에는 지나침과 모자람, 그리고 중간이 있다. 그런데 덕은 감정과 행위와 관련하고, 이것들 안에서 지나침과 모자람이 잘못을 범하는 반면, 중간적인 것은 칭찬을 받고 또한 올곧게 성공한다. 그러므로 덕은 중간적인 것을 겨냥하는 한에서 일종의 중용이다. 그러나 심술이나 파렴치, 절도나 살인과 같은 것들은 그 자체로 나쁜 것이다.

① 중용의 자세를 취하면서 자신의 삶을 성찰해야 한다.
② 모든 행위와 감정에서 중용을 찾으려고 노력해야 한다.
③ 개인의 행위는 상황 변화와 무관하게 항상 동일해야 한다.
④ 중용은 지나침에 따른 덕과 모자람에 따른 덕 중의 하나이다.
⑤ 덕 있는 사람은 좋아해도 되는 것을 과도하게 좋아하는 사람이다.

수능 실전 문제

정답과 해설 4쪽

[24015-0009]

1 **(가)의 갑, 을의 입장에서 서로에게 제기할 수 있는 비판을 (나) 그림으로 표현할 때, A, B에 해당하는 내용으로 가장 적절한 것은?**

(가)	갑: 윤리학은 과학 기술의 발전과 사회 · 문화적 변화로 생겨나는 도덕 문제에 대해 구체적인 실천 지침을 제공하는 것을 핵심 과제로 삼아야 한다. 을: 윤리학은 '옳다', '그르다' 등의 도덕적 언어의 의미를 명확하게 밝히고, 도덕 추론 과정의 논리적인 타당성을 검증하는 것을 핵심 과제로 삼아야 한다.
(나)	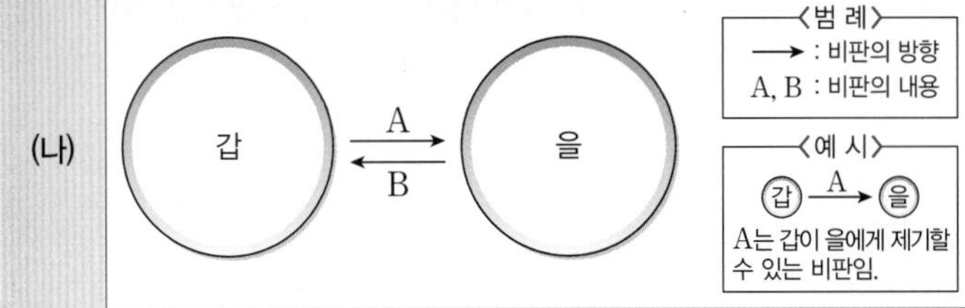 〈범 례〉 ⟶ : 비판의 방향 / A, B : 비판의 내용 〈예 시〉 갑 ⟶(A) 을 : A는 갑이 을에게 제기할 수 있는 비판임.

① A: 윤리학은 도덕규범의 타당성을 가치 중립적으로 검증해야 함을 간과한다.
② A: 일상적으로 사용하는 도덕적 언어의 분석이 윤리학의 핵심 과제임을 간과한다.
③ A: 윤리학은 인접 학문과 연계 없이 윤리 문제의 해결책을 마련해야 함을 간과한다.
④ B: 윤리학은 모든 행위자가 따라야 할 실천적 행위 지침을 제공해야 함을 간과한다.
⑤ B: 도덕 문제는 특정 규범의 적용보다 언어 분석으로 해소될 수 있는 문제임을 간과한다.

[24015-0010]

2 **다음 신문 칼럼에서 강조하는 내용으로 가장 적절한 것은?**

> ○○ 신문 ○○○○년 ○○월 ○○일
>
> **칼럼**
>
> 많은 현대인들은 바쁜 일상을 살아가면서 자신의 잘못된 생각이나 행동을 고치거나 자신의 삶에 대해 진지하게 고민하는 기회 자체를 잃어버리고 있다. 참된 삶을 살기 위해서는 자신의 행동과 생각에 대해 돌아보고 반성하는 시간을 가져야만 한다. "나는 날마다 하루에 세 번 반성한다. 첫째, 남을 돕는 데 정성스럽게 하였는가? 둘째, 친구와 교제하는 데 신의를 다하였는가? 셋째, 스승에게 배운 것을 잘 익혔는가?"라고 강조한 동양 사상가나 "성찰하지 않는 삶은 살 가치가 없다."라고 강조한 서양 사상가의 가르침을 우리는 되새겨 볼 필요가 있다.

① 자신의 언행을 도덕적 관점에서 반성적으로 검토해야 한다.
② 전문적 기술을 습득하기 위해 타인보다 열심히 노력해야 한다.
③ 타인으로부터 좋은 평판을 얻는 것을 성찰의 목표로 삼아야 한다.
④ 자신은 다른 사람과 달리 항상 잘못된 생각을 한다고 여겨야 한다.
⑤ 사회 분위기를 잘 파악하여 시대의 유행에 뒤떨어지지 않아야 한다.

[24015-0011]

3 **(가)의 갑, 을의 입장을 (나) 그림으로 탐구하고자 할 때, A~C에 들어갈 질문으로 가장 적절한 것은?**

(가)
갑: 윤리학은 보편적으로 적용되는 도덕 원리를 정당화하기 위한 근거를 제시하고 올바른 판단과 행위의 근거인 보편적 도덕 원리를 정립해야 한다.
을: 윤리학은 보편적 도덕 원리를 구체적인 문제 상황에 적용하여 삶의 여러 영역에서 제기되는 다양한 윤리 문제를 해결하는 것을 핵심 과제로 삼아야 한다.

(나)
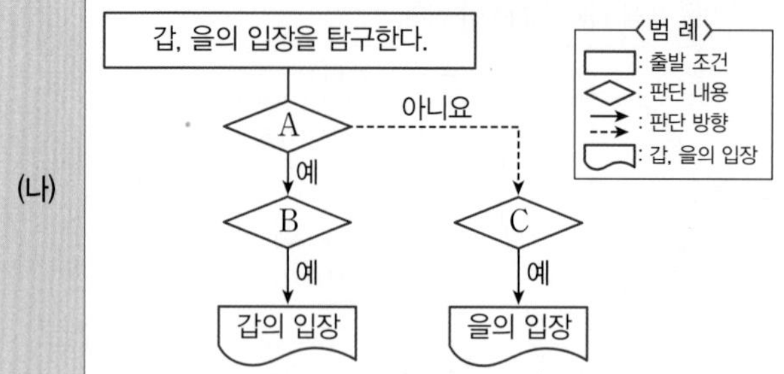

① A: 현실적인 도덕 문제의 해결을 위해 학제적 접근이 필요한가?
② A: 현실적인 도덕 문제의 해결을 위해 보편적 도덕 원리가 필요한가?
③ B: 윤리학은 도덕 언어의 의미 분석을 중점 과제로 삼아야 하는가?
④ B: 윤리학은 인간이 준수해야 할 근본적인 도덕 원리를 탐구해야 하는가?
⑤ C: 윤리학은 도덕적 논증의 타당성 입증을 탐구의 본질로 삼아야 하는가?

[24015-0012]

4 **㉠에 들어갈 내용으로 가장 적절한 것은?**

> 철학은 세계에 대한 이론을 개진하는 것이 아니라 세계에 관한 진술을 그 대상으로 삼는 학문이다. 윤리학도 행위의 옳고 그름과 같은 실천 물음을 다루는 것이 아니라 도덕적 논의에서 사용되는 용어들의 의미를 분석하고 도덕적 추론의 규칙과 인식 방법을 연구하는 학문이다. 그런데 어떤 사람들은 윤리학을 실천의 학문으로 규정하면서, 윤리학은 도덕 이론을 응용하여 실제 삶에서 제기되는 구체적인 도덕 문제의 해결을 궁극적 목표로 삼아야 한다고 주장한다. 내가 보기에 이들의 주장은 윤리학이 '(㉠)'는 점을 간과하고 있다고 생각한다.

① 도덕 현상과 문제에 대해 명확히 기술하는 데 주력해야 한다.
② 도덕 현상의 객관적 서술보다 도덕 문제 해결을 강조해야 한다.
③ 개인의 생활, 사회의 구조와 기능 속에 존재하는 도덕 현상을 기술해야 한다.
④ 도덕 문제에 대한 처방보다 도덕 명제에 대한 논리적 명료화를 강조해야 한다.
⑤ 보편적 도덕 이론을 실제 문제 상황에 적용해 구체적인 대안을 모색해야 한다.

[24015-0013]

5 밑줄 친 ㉠~㉣에 대한 설명으로 옳지 않은 것은?

◎ 윤리학의 구분
1. ㉠ ○○ 윤리학
  • 의미: 윤리적 행위를 위한 근본 원리로 성립 가능한 도덕 원리를 탐구함
  • 특징: 보편적이고 객관적인 도덕 법칙의 정립을 목표로 함
2. ㉡ ◇◇ 윤리학
  • 의미: 이론 윤리를 현대 사회의 여러 윤리 문제에 적용함
  • 특징: 이론 윤리학을 활용하여 현대 생활에서 발생하는 문제를 해결함
3. ㉢ □□ 윤리학
  • 의미: 도덕적 언어의 의미를 분석하고, 도덕적 추론의 정당성을 검증하기 위한 논리를 분석함
  • 특징: 인간의 삶을 안내하거나 도덕적 문제를 해결하는 데 관심이 없음
4. ㉣ △△ 윤리학
  • 의미: 도덕 현상과 문제를 객관적으로 서술하고, 이러한 현상 간의 인과 관계를 설명함
  • 특징: 도덕 현상을 연구하는 사실 과학에 해당함

① ㉠은 윤리학이 '옳고 그름, 선과 악은 무엇인가?'와 같은 문제를 탐구하는 데 주력해야 한다고 본다.
② ㉢은 윤리학의 학문적 성립 가능성에 대한 탐구가 필요하다고 본다.
③ ㉣은 사실의 관점이 아닌 당위의 관점으로 다양한 윤리 현상을 기술해야 한다고 본다.
④ ㉠과 ㉡은 ㉢과 달리 윤리학이 현실의 도덕 문제를 해결하기 위한 지침을 제공해야 한다고 본다.
⑤ ㉢과 ㉣은 윤리학에서 가치 중립적 서술이 필요하다고 본다.

[24015-0014]

6 다음을 주장한 사상가가 부정의 대답을 할 질문으로 가장 적절한 것은?

배우는 사람은 모름지기 항상 경(敬)을 주로 하여 잠시라도 잊어버리지 말아야 하고, 일을 당하면 그 하나에 집중하여 무슨 일이든지 마땅히 머물러야 할 데에 머무르게 한다. 또한 일이 없이 정좌하고 있을 때는 생각이 일어나면 반드시 바로 살피고 깨달아서 만약 악한 생각일 것 같으면 곧 용맹하게 단절시켜 털끝만큼도 싹을 남겨 두지 말아야 하고, 만약 선념(善念), 즉 선한 생각이면서 마땅히 생각해야 할 일이라면 그 이치를 궁구하여 미처 깨닫지 못한 것을 깨달아 이치를 밝혀야 한다. 만약 선한 생각일지라도 때에 적중하지 않은 것이면 그것은 부념(浮念)*이다.

*부념(浮念): 뜬구름처럼 제멋대로 이리저리 떠돌아다니는 생각을 뜻함

① 배움을 알지 못하는 사람은 부념에 빠지기 쉬운가?
② 선념과 부념을 균등하게 조화시킴으로써 인격이 완성되는가?
③ 악념(惡念)을 완전히 끊고 이치를 밝히는 데로 나아가야 하는가?
④ 조용히 앉아 마음을 엄숙하게 할 때 올바른 생각을 할 수 있는가?
⑤ 선념과 부념의 인식을 위해서는 경(敬)으로 성찰하는 자세가 필요한가?

[24015-0015]

7 **(가)를 주장한 사상가의 입장에서 볼 때, (나)의 ㉠에 들어갈 진술로 가장 적절한 것은?**

(가)	사람은 자신의 잘못을 토론과 경험을 통해 바로잡을 수 있는 능력을 지니고 있다. 사실 잘못을 고칠 수 있는 능력은 경험만으로는 충분하지 않다. 경험이 어떻게 해석되어야 하는지를 밝히기 위해서는 반드시 토론이 필요하다. 잘못된 의견과 이에 근거한 행위는 점차 경험을 통해 밝혀진 사실과 토론에서 행해진 논증 앞에 굴복할 수밖에 없다. 인간의 판단이 지니고 있는 힘은 판단이 잘못되었을 때 그것을 옳은 것으로 고칠 수 있다는 인간의 유일한 특성에 달려 있다.
(나)	[㉠] 그러면 토론에서 타당한 결론에 도달하게 될 것입니다.

① 인간은 오류를 범할 가능성이 없는 존재임을 인정하세요.
② 자신이 옳다고 믿는 지식이나 신념을 포기하지 않도록 하세요.
③ 전통적 원리나 학설을 있는 그대로 수용하려는 자세를 지니세요.
④ 전문적 지식을 지닌 사람들의 견해를 확고한 진리로 받아들이세요.
⑤ 사람들에게 의견을 반박하고 반증할 수 있는 자유가 있음을 수용하세요.

[24015-0016]

8 **그림의 수업 장면에서 교사의 질문에 가장 적절하게 대답한 학생은?**

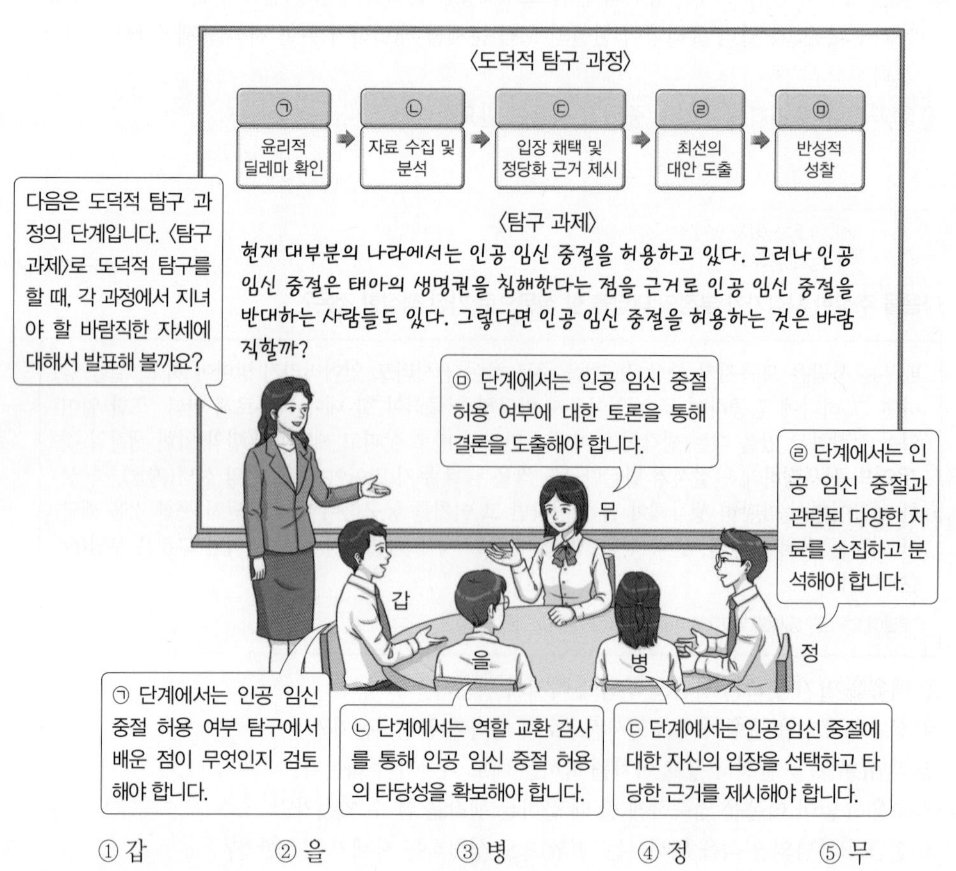

① 갑 ② 을 ③ 병 ④ 정 ⑤ 무

02 윤리 문제에 대한 접근

1. 유교 윤리적 접근

(1) 유교 윤리의 특징

① 사람들 사이의 관계와 현실에서 발생하는 삶의 문제를 중요하게 여김

② 수양을 통한 도덕적 인격 완성과 도덕적 이상 사회의 실현을 궁극적 목적으로 삼음

<table>
<tr><td rowspan="3">도덕적 인격 완성</td><td>• 공자는 인(仁)을 내면적 도덕성으로 봄
• 맹자는 사단(四端)이라는 선한 마음이 누구에게나 주어져 있다고 봄</td></tr>
<tr><td>

측은지심(惻隱之心)	인(仁)의 단(端)으로, 남을 불쌍히 여기는 마음
수오지심(羞惡之心)	의(義)의 단으로, 자신의 잘못을 부끄러워하고 남의 잘못을 미워하는 마음
사양지심(辭讓之心)	예(禮)의 단으로, 겸손하여 양보하는 마음
시비지심(是非之心)	지(智)의 단으로, 옳고 그름을 가릴 줄 아는 마음

</td></tr>
<tr><td>• 인간은 하늘로부터 도덕적 본성을 부여받은 존재이지만, 지나친 욕구 때문에 잘못된 행동을 할 수 있음 → 극복 방법으로 경(敬)과 성(誠)을 강조함
• 도덕성을 바탕으로 지속적으로 수양하면 누구나 도덕적으로 완성된 인간이 될 수 있다고 봄 → 성인(聖人), 군자(君子)
• 군자는 자신을 수양하고 난 뒤 다른 사람을 편안하게 하는 수기안인(修己安人)을 실현하는 사람임</td></tr>
<tr><td>도덕적 이상 사회 실현</td><td>• 충서(忠恕)와 같은 덕목을 통해 타인에 대한 존중과 배려를 강조함
• 형벌이나 무력보다는 도덕과 예의로써 백성을 교화하는 정치를 강조함 → 덕치(德治)를 중시함
• 백성이 도덕적인 마음을 잃지 않도록 기본적인 생활을 보장해 주어야 한다는 점을 강조함 → 맹자의 항산(恒産)과 항심(恒心)
• 모두가 더불어 잘 사는 대동 사회(大同社會)를 이상 사회로 제시함
• 사람들 사이의 관계성을 중시함 → 오륜(五倫)</td></tr>
</table>

≡ 개념 플러스 공자의 인(仁)과 예(禮)

인	• 사랑의 정신이자 사회적 존재로 완성된 인격체의 인간다움을 의미함 • 존비친소(尊卑親疏)의 구별을 전제로 하며 시비선악(是非善惡)을 분별하여 실천하는 사랑
예	• 인의 정신을 담고 있는 외면적인 사회 규범을 의미함 • 인을 실현하기 위해 반드시 필요한 규범 → 사욕을 극복하고 예를 회복해야[克己復禮] 인이 이루어짐

(2) 유교 윤리의 시사점

① 인간성 상실 문제를 해결하는 데 도움을 줄 수 있음

② 자기 수양의 자세를 통해 도덕적 해이(解弛) 현상을 극복하는 데 기여할 수 있음

③ 구성원 간의 관계에 따른 역할과 책임의 소중함을 일깨움 ㉠ 정명(正名): "임금은 임금답고, 신하는 신하답고, 부모는 부모답고, 자식은 자식다워야 한다[君君臣臣父父子子]."라고 하여 사회 구성원 각자가 자신의 직분을 성실히 수행할 것을 강조함

④ 이기주의적 태도와 부정부패를 극복하는 데 도움을 줄 수 있음 ㉠ 견리사의(見利思義): "이익을 보면 의로움을 먼저 생각해야 한다."

⑤ 자연과 인간의 조화를 추구하는 유교의 천인합일(天人合一) 사상은 생명의 소중함을 알게 하여 환경 보호에 기여할 수 있음

✪ 충과 서

• 충(忠): 조금의 속임이나 허식 없이 자신의 온 정성을 다하는 것
• 서(恕): 자신을 미루어 다른 사람의 마음을 헤아리는 것

✪ 맹자의 '항산'과 '항심'

맹자는 "일반 백성은 항산이 없으면 항심을 지닐 수 없다."라고 말하며, 군주는 백성의 생업을 보장해 주어야 한다고 강조함

✪ 오륜

• 부자유친(父子有親): 어버이와 자식 사이에는 친함이 있어야 함
• 군신유의(君臣有義): 임금과 신하 사이에는 의로움이 있어야 함
• 부부유별(夫婦有別): 부부 사이에는 분별이 있어야 함
• 장유유서(長幼有序): 어른과 아이 사이에는 차례와 질서가 있어야 함
• 붕우유신(朋友有信): 친구 사이에는 믿음이 있어야 함

개념 체크

1. 맹자는 (　　　)(이)라는 선한 마음이 누구에게나 선천적으로 주어져 있다고 보았다.
2. 유교에서 군자는 자신을 수양하고 난 뒤 다른 사람을 편안하게 하는 (　　　)을/를 실현하는 사람이다.
3. 유교에서는 "임금은 임금답고, 신하는 신하답고, 부모는 부모답고, 자식은 자식다워야 한다."라는 (　　　)을/를 강조한다.

정답
1. 사단
2. 수기안인
3. 정명

자료 플러스 유교의 대동 사회

큰 도가 행해진 세상에는 천하가 모든 사람의 것이다. 어질고 능력 있는 사람을 가려 내어 직위를 맡게 하고, 믿음을 도모하고 화목함을 위해 노력한다. 그러므로 사람들은 각자의 부모만을 부모로 섬기지 않으며, 각자 자기 자식만을 자식으로 여기지 않는다. 노인은 여생을 잘 마칠 수 있고, 장년에게는 일자리가 있으며, 어린 아이는 잘 양육되고, 외롭고 홀로된 자나 병든 자들은 모두 보살핌을 받는다. 남자에게는 남자의 직분이 있고, 여자에게는 여자의 직분이 있다. 재화가 헛되이 버려지지 않지만 그것을 자기만을 위해 감추어 둘 필요가 없으며, 스스로 일하지 않는 것을 싫어하지만 자신만을 위해서 일하지 않는다. 그래서 음모를 꾸미는 일이 생기지 않고 훔치거나 해치는 일도 일어나지 않는다. 그러므로 집집마다 문을 잠그지 않는다. 이를 일러 대동(大同)이라고 한다.

– "예기" –

공자가 추구한 대동 사회는 유능한 사람이 중용되고, 사회적 약자가 보호되며, 사람들이 가족주의에 얽매이지 않는 평화로운 도덕 공동체이다.

2. 불교 윤리적 접근

(1) 불교 윤리의 특징

① 연기적 세계관, 평등적 세계관, 주체적 인간관

연기적 세계관	• 연기(緣起)란 모든 존재와 현상에는 원인[因]과 조건[緣]이 있다는 것을 의미함 • 고통에서 벗어나 진정한 행복에 이르기 위해 연기에 대한 깨달음을 강조함 • 모든 것이 상호 관계 속에서만 존재한다는 연기의 법칙을 깨닫게 되면 자기가 소중하듯이 남도 소중하다는 자비(慈悲)의 마음이 저절로 생길 뿐만 아니라 고통의 원인인 탐욕에서 벗어날 수 있음
평등적 세계관	모든 중생은 불성(佛性)을 지니며 연기의 법칙에 따라 연결되어 있으므로 평등함
주체적 인간관	인간은 누구나 주체적으로 계·정·혜의 삼학(三學) 등과 같은 수행 방법을 통해 진리에 대한 깨달음을 얻을 수 있음

② 이상적 경지: 진리에 대한 깨달음을 얻어 고통과 번뇌에서 벗어나면 열반의 경지에 도달함

③ 이상적 인간상: 대승 불교에서는 깨달음을 구하면서 중생을 구제하고자 하는 보살(菩薩)을 제시함

(2) 불교 윤리의 시사점

① 인간의 내면을 성찰하고 정신 수양을 하는 데 기여할 수 있음: 참선과 같은 수행 방법 제시

② 생명 경시 풍조나 생태계 문제 해결에 기여할 수 있음: 모든 중생에 불성이 내재해 있다고 보며, 상호 의존성을 강조하기 때문에 무분별한 살생과 환경 파괴를 경계할 수 있음

③ 보편적인 인류애의 중요성을 되새기게 할 수 있음: 자비를 실천하는 보편적인 인류애 발휘

자료 플러스 불교의 연기

이것이 있기 때문에 저것이 있고, 이것이 생기기 때문에 저것이 생긴다. 이것이 없기 때문에 저것이 없고, 이것이 사라지기 때문에 저것이 사라진다. 비유하면 세 개의 갈대가 아무것도 없는 땅 위에 서려고 할 때 서로 의지해야 설 수 있는 것과 같다. 만일 그 가운데 한 개를 제거해 버리면 두 개의 갈대는 서지 못하고, 그 가운데 두 개의 갈대를 제거해 버리면 나머지 한 개도 역시 서지 못한다. 세 개의 갈대는 서로 의지해야 설 수 있는 것이다.

– "잡아함경" –

불교에서는 세상의 모든 존재와 현상이 서로가 서로에게 원인이 되기도 하고 조건이 되기도 하면서 생겨나고 사라진다고 여긴다. 또한 모든 것이 상호 관계 속에서 존재한다는 연기의 법칙을 깨닫게 되면 자비를 실천할 수 있다고 본다.

불성
부처의 마음이자 깨달음을 얻을 수 있는 근거

삼학
• 계(戒): 몸과 입, 뜻으로 나쁜 짓을 하지 않도록 막는 것
• 정(定): 어지럽게 흩어진 마음을 한곳으로 모으는 것
• 혜(慧): 분별심을 없애고 진리를 있는 그대로 보는 것

열반
진리를 깨달아 모든 번뇌의 속박과 고통에서 벗어난 상태

개념 체크

1. 불교에서 강조하는 (　　)은/는 모든 존재와 현상에는 원인과 조건이 있다는 것을 의미한다.
2. 불교에서는 모든 중생이 (　　)을/를 지니고 있으므로 평등하다고 본다.
3. 대승 불교에서는 깨달음을 얻어 중생을 구제하고자 하는 (　　)을/를 이상적 인간상으로 제시한다.

정답
1. 연기
2. 불성
3. 보살

3. 도가 윤리적 접근

(1) 도가 윤리의 특징

① 사회 혼란의 원인: 인간의 그릇된 인식과 가치관, 인위적인 규범과 제도

② 자연의 순리를 따르는 삶 강조

③ 노자

- 무위자연(無爲自然)의 삶을 강조함: 천지 만물의 근원인 도(道)에 따라 인위적으로 강제하지 않고 자연스러움을 따를 것을 강조함 → 상선약수(上善若水) 제시
- 무위의 다스림이 이루어지는 소국 과민(小國寡民)을 이상 사회로 제시함: 인위적 문명의 발달이 없는 무위와 무욕의 이상 사회

개념 플러스 노자의 도(道)

노자는 도(道)를 우주 만물의 근원이자 생성 변화의 법칙으로 파악하였다. 그는 "도덕경"에서 "말하여진 도는 참다운 도가 아니며, 이름 지어 불린 이름은 참다운 이름이 아니다."라고 하면서, 도란 형체가 없고 인간의 감각 경험을 넘어선 것, 인간의 언어로 표현할 수 없고 이름 지을 수도 없는 것, 지식을 쌓아 올리는 방법으로는 파악할 수 없는 것으로 여겼다.

④ 장자

제물(齊物)	세상 만물을 한결같이 차별하지 않고 바라봄
소요유(逍遙遊)	어떠한 외물에도 얽매이지 않고 자유롭게 살아가는 것으로, 일체의 분별과 차별을 없앰으로써 도달하게 되는 절대 자유의 경지

- 제물의 경지에 이르기 위한 방법: 좌망(坐忘), 심재(心齋)
- 이상적 인간상: 모든 차별이 소멸된 정신적 자유의 경지에 오른 인간으로 지인(至人), 진인(眞人), 신인(神人), 천인(天人)이라고 부름

자료 플러스 이상적인 경지에 도달하기 위한 장자의 수양 방법

- 너의 뜻을 하나로 통일하여 귀로만 듣지 말고 마음으로 들어라. 마음으로 듣지 말고 기(氣)로 들어라. 기라는 것은 텅 비움으로써 바깥 사물을 있는 그대로 맞아들인다. 도(道)는 오로지 텅 비우는 곳에 모이는 법이다. 이처럼 텅 비우는 경지에 이르는 것을 심재(心齋)라고 한다.
- 자기의 신체나 손발의 존재를 잊어버리고, 눈이나 귀의 움직임을 멈추고, 형체가 있는 육체를 떠나 이성적 분별 작용[知]을 버린다면 도와 한 몸을 이루어 두루 통하게 된다. 이를 좌망(坐忘)이라고 한다.

– "장자" –

장자는 인위적인 삶에서 벗어나 자연 그대로 살아가는 소박한 삶을 추구하며, 이를 위해 마음을 가지런히 하고[心齋(심재)], 조용히 앉아서 시비 분별을 잊어야 한다[坐忘(좌망)]고 보았다.

(2) 도가 윤리의 시사점

① 내면의 자유로움을 추구함으로써 세속적 가치에 대한 지나친 욕망에서 벗어나게 하는 데 기여할 수 있음

② 인간을 자연의 일부로 보고 자연의 질서에 순응할 것을 강조함으로써 환경 문제를 해결하는 데 도움을 줄 수 있음

✪ 상선약수
'으뜸이 되는 선은 물과 같다.'는 의미로, 물은 낮은 곳에 머물면서 만물을 이롭게 하고 남들과 다투지 않기 때문에 도에 가장 가까운 것임. 물이 가지고 있는 겸허(謙虛)와 부쟁(不爭)의 덕이 무위자연을 나타낸다고 봄

✪ 소국 과민
문명의 발달이 없고 갑옷이나 무기가 쓰일 일이 없는 작은 나라에 적은 수의 백성이 자신의 삶에 만족하며 사는 이상적인 사회

✪ 좌망
조용히 앉아서 자신을 구속하는 일체의 것들을 잊어버리는 것

✪ 심재
마음을 비워서 깨끗이 하는 것

개념 체크

1. 노자는 천지 만물의 근원인 도에 따라 인위적으로 강제하지 않고 자연스러움을 따르는 (　　)의 삶을 강조하였다.
2. 노자는 물이 지닌 겸허와 부쟁의 덕을 강조하는 (　　)을/를 제시하였다.
3. 장자는 세상 만물을 한결같이 차별하지 않고 바라보는 (　　)을/를 강조하였다.

정답
1. 무위자연
2. 상선약수
3. 제물

✪ 의무론
언제 어디서나 우리가 따라야 할 보편타당한 법칙이 존재하며, 우리의 행위가 이 법칙을 따르면 옳고 따르지 않으면 그르다고 판단함. 의무론의 대표적인 윤리 사상으로는 자연법 윤리와 칸트 윤리가 있음

✪ 칸트의 '의무'와 '선의지'
- 의무: 도덕 법칙에 대한 존경심으로 인해 그 도덕 법칙이 명령하는 행위를 하지 않을 수 없는 필연성
- 선의지: 도덕 법칙을 따르려는 의지로 무제한적으로 선하며 도덕적 행위의 유일한 근거

✪ 정언 명령과 가언 명령
- 정언 명령: '너는 무조건 ~을 해야 한다.'는 형식의 명령
- 가언 명령: '만약 네가 A를 원한다면, 너는 B를 해야 한다.'는 형식의 명령

✪ 준칙(準則, maxim)
개인의 주관적 행위 원리. '격률(格率)'이라고도 함

✪ 실천 이성
순수 이성을 통해 인식한 도덕 원리를 실천적 · 자율적 의지로 바꾸어 실천하게 하는 능력

개념 체크

1. (　　)은/는 인간의 본성에 의거하는 법으로, 모든 인간에게 자연적으로 주어진다.
2. 칸트는 도덕성을 판단할 때 행위의 결과보다 (　　)을/를 중시하였다.
3. 칸트는 도덕 법칙이 무조건적이고 절대적인 (　　)의 형식으로 나타난다고 보았다.

정답
1. 자연법
2. 동기
3. 정언 명령

4. 의무론적 접근

(1) 자연법 윤리

자연법	• 의미: 인간의 본성에 의거하는 법. 모든 인간에게 자연적으로 주어져 있는 법 • 내용: 자연의 질서를 따르는 행위는 옳지만 그것을 어기는 행위는 그르다고 봄. 자연적 성향으로부터 생명의 불가침성 및 존엄성, 인간 양심의 자유, 만민 평등 등의 자연법적 권리를 도출함
스토아학파	인간은 누구나 자연법을 파악할 수 있는 이성을 가지고 있음
아퀴나스	'선은 추구하고 악은 피해야 한다.'는 것을 자연법의 제1원리로 제시하고, 인간이 본성적으로 지니는 자연적 성향으로 자기 보존, 종족 보존, 신과 사회에 대한 진리 파악을 제시함

자료 플러스 | 아퀴나스의 자연법

자연의 만물은 영원법에 종속되어 있다. 인간은 영원법에 특별한 방식으로 따른다. 즉, 인간은 신이 심어 놓은 본성의 법칙뿐 아니라 더욱 적극적인 방식으로 영원법의 섭리에 참여한다. 왜냐하면 인간은 이성적 존재이기 때문이다. 즉, 신의 섭리에 의해 창조되었으면서 동시에 신의 섭리에 따를 행위를 적극적으로 할 수 있는 이성적 존재인 인간의 영원법에 대한 참여가 바로 자연법이다. – 아퀴나스, "신학대전" –

아퀴나스는 자연법의 궁극적 근거가 우주에 질서를 부여하는 신적 지혜의 이념, 즉 영원법이며, 인간이 영원법에 참여하는 것이 다름 아닌 자연법이라고 주장하였다. 그는 자연법의 공통적인 원리가 모든 사람에게 알려져 있으며, 자연법의 원리로부터 구체적인 도덕 규칙을 이끌어 낼 수 있다고 보았다.

(2) 칸트 윤리

① 도덕성을 판단할 때 행위의 결과보다 동기를 중시하면서 오로지 의무 의식과 선의지에서 나온 행위만이 도덕적 가치를 지닌다고 봄

② 이성적이고 자율적인 인간은 보편적 도덕 법칙을 인식할 수 있음 → 도덕 법칙은 정언(定言) 명령의 형식을 띠고 있음

③ 대표적인 도덕 법칙

보편주의	"네 의지의 준칙(격률)이 언제나 동시에 보편적 입법의 원리가 될 수 있도록 행위 하라."
인격주의	"너 자신과 다른 모든 사람의 인격을 언제나 동시에 목적으로 대우하도록 행위 하고, 결코 단순히 수단으로 취급하지 마라."

자료 플러스 | 칸트의 도덕 법칙이 지닌 특징과 의의

내가 그것을 거듭 또 오랫동안 생각하면 생각할수록 더욱 새롭고 더욱 높아지는 감탄과 경외로 나의 마음을 가득 채우는 것이 두 가지 있다. 그것은 내 위에 있는 별이 빛나는 하늘과 내 마음속에 있는 도덕 법칙이다.
– 칸트, "실천 이성 비판" –

칸트는 이성적 존재인 인간은 고유한 도덕 법칙을 가지고 있는 존엄한 존재라는 점을 강조하였다. 그가 말하는 도덕 법칙이란 실천 이성이 우리 자신에게 부과한 자율적인 명령이며, 인간이라면 누구나 어떤 상황에서도 예외 없이 따라야 하는 무조건적이고 절대적인 정언 명령이다.

(3) 의무론 윤리의 시사점

자연법 윤리	인간의 자연적 생명권과 신체의 불가침성을 해치는 행위에 반대하는 입장의 이론적 근거 제공
칸트 윤리	보편적인 윤리를 확립하고, 인간 존엄성의 정신을 강조하여 인권 보호에 기여할 수 있음

5. 공리주의적 접근

(1) 공리주의의 기본 입장

① 인간관: 인간은 누구나 쾌락을 추구하고 고통을 피하려는 존재임

② 윤리관: 쾌락은 선이고 고통은 악이며, 행복이 삶의 목적임

③ 도덕의 원리: '공리의 원리' 또는 '최대 행복의 원리'가 옳은 행위를 결정하는 기준이 됨

(2) 벤담

① 쾌락을 산출하고 고통을 피하는 결과를 낳는 행위가 선(善)이라고 보며, '최대 다수의 최대 행복'을 도덕과 입법의 원리로 제시함

② 쾌락의 양적인 측면을 강조하며, 쾌락의 양을 계산할 수 있다고 봄

(3) 밀

① 쾌락의 양뿐만 아니라 질적인 차이까지도 고려해야 한다고 봄

② 정상적인 인간이라면 누구나 질적으로 높고 고상한 쾌락을 추구할 것이라고 봄

자료 플러스 **벤담의 양적 공리주의와 밀의 질적 공리주의**

- 자연은 인류를 고통과 쾌락이라는 두 군주의 지배하에 두었다. 우리가 무엇을 하게 될 것인지를 결정하는 것은 물론, 우리가 무엇을 해야 할까를 지시하는 것도 오로지 이 두 군주에 달려 있다. 한편에서는 선악의 기준이, 다른 한편에서는 원인과 결과의 사슬이 이들의 지배에 달려 있다. 고통과 쾌락은 우리가 행하고 말하고 생각하는 모든 것을 지배하고 있으며, 우리가 이러한 종속에서 벗어나려고 아무리 노력해도 그 종속을 증명하고 확인하는 데 그칠 뿐이다.
- 공리의 원리란 어떤 행위가 관련 당사자들의 행복을 증가시키느냐 감소시키느냐에 따라, 다시 말해 행복을 촉진하느냐 저해하느냐에 따라 각각의 행위를 승인하거나 부인하는 원리를 말한다. 여기서 내가 말하는 각각의 행위는 개인의 사적인 모든 행위뿐만 아니라 정부의 모든 정책까지 포함한다.

– 벤담, "도덕과 입법의 원리 서설" –

- 쾌락의 질적 차이가 무슨 뜻이냐, 또는 양이 더 많다는 것을 제외하고 어떤 쾌락을 다른 쾌락보다 더 가치 있게 만드는 것이 무엇이냐고 질문한다면, 이에 대해 할 수 있는 대답은 하나뿐이다. 만일 두 가지 쾌락이 있는데, 이 둘을 모두 경험해 본 사람 전부 또는 거의 전부가 도덕적 의무 같은 것과 관계없이 그중 하나를 더 뚜렷하게 선호한다면, 그것이야말로 더욱 바람직한 쾌락이라고 할 수 있을 것이다. – 밀, "공리주의" –

벤담은 '공리의 원리'를 도덕과 입법의 원리로 제시하였다. 즉, 쾌락을 산출하고 고통을 줄이는 결과를 낳는 행위를 선으로 보았다. 그는 쾌락의 양을 계산할 수 있다고 보고 쾌락을 계산하기 위한 일곱 가지 기준을 제시하였다. 밀은 벤담과 달리 질적으로 높은 수준의 쾌락과 낮은 수준의 쾌락을 구분하였다. 밀에 따르면 높은 수준의 쾌락은 적은 양이라 하더라도 낮은 수준의 다량의 쾌락보다 훨씬 우월하다.

(4) 행위 공리주의와 규칙 공리주의

① 행위 공리주의: 유용성의 원리를 '개별적 행위'에 적용하여 개별적 행위가 가져오는 쾌락이나 행복에 따라 행위의 옳고 그름을 결정함

② 규칙 공리주의: 유용성의 원리를 '규칙'에 적용하여 어떤 규칙이 최대의 유용성을 산출하는지 판단한 후, 그 규칙에 부합하는 행위를 옳은 행위로 봄

(5) 공리주의의 시사점

① 도덕의 목적이 행복 증진에 있음을 분명히 하고, 개인의 행복과 사회 전체의 행복을 조화시키려고 함

② 현실적으로 융통성 있는 방안과 가장 좋은 결과를 가져오는 대안을 도출할 수 있음

✪ 벤담의 쾌락 계산 기준

- 강도: 얼마나 강한가?
- 지속성: 얼마나 지속 가능한가?
- 확실성: 얼마나 확실한가?
- 근접성: 얼마나 근접해 있는가?
- 다산성: 얼마나 다른 쾌락으로 이어질 수 있는가?
- 순수성: 얼마나 고통이나 부작용이 없이 순수한가?
- 범위: 얼마나 많은 사람들에게 영향을 미치는가?

개념 체크

1. 공리주의 입장에서 행위의 옳고 그름을 판단하는 기준은 (　　)의 원리이다.
2. 벤담은 (　　)을/를 산출하고 고통을 피하는 결과를 낳는 행위가 선(善)이라고 보았다.
3. (　　)은/는 어떤 규칙이 최대 유용성을 산출하는지 판단한 후, 그 규칙에 부합하는 행위를 옳은 행위로 보는 입장이다.

정답

1. 공리 또는 최대 다수의 최대 행복
2. 쾌락 또는 행복
3. 규칙 공리주의

6. 덕 윤리적 접근

(1) 등장 배경

① 의무론과 공리주의가 행위자 내면의 도덕적 성품과 인성의 중요성을 간과한다고 비판함

② 개인의 자유와 권리를 지나치게 강조하여 공동체가 중시하는 용기나 진실성 등의 덕목이 경시됨

(2) 현대 덕 윤리의 특징

① 행위자 중심: 행위자의 성품을 먼저 평가하고, 이를 근거로 행위의 옳고 그름을 판단해야 한다고 봄 → 윤리적으로 옳고 선한 결정을 하려면 유덕한 품성을 길러야 한다고 봄 → 유덕한 성품을 갖추려면 옳고 선한 행위를 습관화하여 내면화해야 함

② 자연적 감정과 동기 중시: 인간의 욕구나 감정, 인간관계에 주목함

③ 특정 상황에서 유덕한 행위자가 행위 할 법한 것을 행하라고 요구함

④ 매킨타이어: 개인의 자유와 선택보다는 공동체의 전통과 역사를 더 중시하며, 도덕적 판단에서 구체적이고 맥락적인 사고를 중시할 것을 주장함

✪ 매킨타이어
영국 출신 윤리학자로, 아리스토텔레스의 덕의 전통을 계승하였음. 대표적 저서로 "덕의 상실"이 있음

자료 플러스 매킨타이어의 덕 윤리

- 덕은 습득된 인간의 자질로서, 그것을 소유하고 실행하면 우리는 실천에 내재된 선을 성취할 수 있고, 그것이 없으면 우리가 그런 선을 성취하는 것이 제지된다. 핵심적인 덕성이 없다면 우리가 실천에 내재된 선으로 다가가는 것이 봉쇄된다.
- 나는 누군가의 아들이거나 딸이고, 누군가의 사촌이거나 삼촌이다. 나는 이 도시 또는 저 도시의 시민이며, 이 조합 또는 저 조합의 구성원이다. 나는 이 친족에 속하고, 저 부족에 속하며, 이 민족에 속한다. 따라서 나에게 좋은 것은 이러한 역할을 담당하는 사람에게도 좋아야 한다. 이러한 역할을 맡은 사람으로서, 나는 나의 가족, 나의 도시, 나의 부족, 나의 민족으로부터 다양한 빚과 유산, 정당한 기대와 의무를 물려받는다. 이것들은 내 삶에 주어진 바이고 나의 도덕적 출발점을 구성한다. – 매킨타이어, "덕의 상실" –

매킨타이어는 덕이 사회적 실천 또는 관행에 내재한 선을 성취하는 데 유용한 인간의 성품이라고 주장하였다. 그리고 그는 공동체와 그 공동체의 전통과 역사를 중시해 역사적 시간과 사회적 공간에서 펼쳐지는 삶의 구체적 모습이 도덕적 판단에 반영되어야 한다고 보았다.

(3) 현대 덕 윤리의 시사점: 윤리학의 논의 범위를 확장하는 데 기여할 수 있고, 개인의 실천 가능성을 강조하기 때문에 도덕적 실천력을 높이는 데 기여함

✪ 도킨스의 '자연 선택'
"모든 생물종은 자연 자원이 지탱할 수 없는 엄청난 양의 자손을 생산한다. 또한 모든 생물종은 약간씩 유전적 변이를 가지고 있다. 따라서 이 많은 자손 중 어떤 자손이 살아남을 것인지를 자연이 선택한다. 이러한 선택을 수십 세대, 수백 세대 반복하게 되면 생물종은 서서히 변화, 진화하게 된다."

7. 도덕 과학적 접근

(1) 도덕 과학적 접근의 의미: 인간의 도덕성과 윤리적 문제를 과학에 근거하여 탐구하는 방식

(2) 신경 윤리학: 도덕 판단 과정에서 이성과 정서의 역할, 자유 의지나 공감 능력의 여부 등을 과학적 측정 방법을 통해 설명하고자 함 ㉠ 뇌의 전면을 영상으로 보여 주는 장치 활용

(3) 진화 윤리학

① 이타적 행동 및 성품과 관련된 도덕성은 자연 선택을 통한 진화의 결과라고 주장함

② 인간의 이타적 행위를 생물학적 적응의 산물로 봄 → 인간은 이타적 행위가 궁극적으로 자신의 생존과 번식 혹은 자기 유전자를 복제하는 데 도움을 주기 때문에 이타적으로 행동함

(4) 도덕 과학적 접근의 시사점: 어떤 과정을 거쳐 도덕적 판단을 내리고 행동하는지, 어떤 요인이 도덕성 형성에 영향을 미치는지에 초점을 둠. 도덕적 판단과 행동의 과정, 도덕성의 형성 요인 등에 대한 과학적 해명에 도움을 줌

개념 체크

1. 현대 덕 윤리는 행위자의 (   )을/를 먼저 평가하고, 이를 근거로 행위의 옳고 그름을 판단해야 한다고 본다.
2. 매킨타이어는 (   )의 전통과 역사를 중시하며, 도덕적 판단에서 구체적이고 맥락적인 사고를 중시하였다.

정답
1. 성품
2. 공동체

[24015-0017]

01 그림은 서술형 평가 문제와 학생 답안이다. 학생 답안의 ㉠~㉤ 중 옳지 않은 것은?

서술형 평가

◎ 문제: 갑, 을 사상가들의 입장을 비교하여 서술하시오.

> 갑: 어진 사람은 자기가 서고자 하면 남부터 서게 한다. 자기를 미루어 남을 이해하는 것이 어짊[仁]의 실현 방도이다.
> 을: 사람에게 사단이 있는데도 스스로 인의(仁義)를 행할 수 없다고 말하는 사람은 자기 스스로를 해치는 사람이다.

◎ 학생 답안

갑, 을 사상가들의 입장을 비교해 보면, 갑은 ㉠ 인간의 내면적 도덕성을 인(仁)이라고 보며, ㉡ 도덕적인 삶을 살기 위해 다른 이에게 서(恕)를 실천해야 한다고 본다. 을은 ㉢ 인간의 내면적 본성이 선하다고 보며, ㉣ 도덕적인 삶을 살기 위해 자신과 남을 분별하지 않는 사랑을 실천해야 한다고 본다. 한편 갑, 을은 모두 ㉤ 자신의 사회적 직분에 부여된 덕을 성실히 수행할 것을 강조한다.

① ㉠ ② ㉡ ③ ㉢ ④ ㉣ ⑤ ㉤

[24015-0018]

02 다음을 주장한 사상가의 입장으로 옳지 않은 것은?

> 이것이 있기 때문에 저것이 있고, 이것이 생기기 때문에 저것이 생긴다. 이것이 없기 때문에 저것이 없고, 이것이 사라지기 때문에 저것이 사라진다. 비유하면 세 개의 갈대가 아무것도 없는 땅 위에 서려고 할 때 서로 의지해야 설 수 있는 것과 같다. 만일 그 가운데 한 개를 제거해 버리면 두 개의 갈대는 서지 못하고, 그 가운데 두 개의 갈대를 제거해 버리면 나머지 한 개도 역시 서지 못한다. 세 개의 갈대는 서로 의지해야 설 수 있는 것이다.

① 무명(無明)을 조건으로 의도적 행위들이 생겨난다.
② 모든 존재와 현상은 서로 원인[因]과 조건[緣]이 된다.
③ 태어남은 즐거움이지만 늙음과 병듦과 죽음은 고통이다.
④ 탐(貪)·진(瞋)·치(癡)를 제거함으로써 열반에 이를 수 있다.
⑤ 중생은 생각, 말, 행동으로 짓는 업(業)으로 인해 윤회(輪廻)한다.

[24015-0019]

03 다음을 주장한 사상가의 입장에서 부정의 대답을 할 질문으로 가장 적절한 것은?

> 도(道)의 입장에서 보면 사물에는 귀하고 천한 것이 없다. 사물 자체의 입장에서 보면 자신은 귀하고 남은 천한 것이다. 세속적인 입장에서 보면 귀하고 천한 것은 자기에게 달려 있는 것이 아니라 남이 정해 주는 것이다. 상대적인 관점에서 볼 때 그것에 비하여 크다는 입장에서 말하면 만물에는 크지 않은 것이 없게 되며, 그것에 비하여 작다는 입장에서 보면 만물에는 작지 않은 것이 없게 된다.

① 소박한 본성에 따르는 무욕의 삶을 지향해야 하는가?
② 선악(善惡)이나 시비(是非)의 구별은 상대적인 것인가?
③ 인의예지(仁義禮智)에 따르는 삶은 혼란을 초래하는가?
④ 분별적 지혜를 바탕으로 자연의 순리에 순응해야 하는가?
⑤ 세속적인 기준에 얽매이지 말고 정신적으로 자유롭게 살아야 하는가?

[24015-0020]

04 다음을 주장한 사상가의 입장만을 <보기>에서 있는 대로 고른 것은?

> 신의 영원법은 신의 마음속에 있는 그대로가 아니더라도 이미 계시를 통해서나 우리의 이성 작용을 통해서 부분적으로 알려져 있다. 자연법은 영원법이 이성적인 피조물에 관여한 것이므로, 자신의 선한 면을 보존하고 자연이 모든 동물에게 가르쳐 준 욕구를 채우며 신에 관한 지식을 추구하는 등 인간이 분명하게 정립할 수 있는 교훈으로 이루어져 있다.

보기

ㄱ. 자연법의 근거는 우주에 질서를 부여하는 영원법이다.
ㄴ. 인간은 본성적으로 지닌 자연적 성향을 준수해야 한다.
ㄷ. 인간의 도덕규범으로부터 자연법의 원리를 이끌어 낼 수 있다.
ㄹ. 영원불변하는 질서와 법칙인 영원법은 사물의 본성에 반영되어 있다.

① ㄱ, ㄴ ② ㄴ, ㄷ ③ ㄷ, ㄹ ④ ㄱ, ㄴ, ㄹ ⑤ ㄱ, ㄷ, ㄹ

[24015-0021]

05 다음을 주장한 사상가의 입장에서 긍정의 대답을 할 질문으로 가장 적절한 것은?

> 이 세계에서 또는 이 세계 밖에서까지라도 아무런 제한 없이 선하다고 생각될 수 있는 것은 선의지뿐이다. 지성, 기지, 판단력, 그 밖에 정신의 재능이라고 일컬을 수 있는 것들, 또는 용기, 결단성, 초지일관성 같은 기질상의 성질은 의심의 여지 없이 많은 의도에서 선하고 바람직스럽다. 그러나 이런 것들도 의지가 선하지 않다면 극도로 악하고 해가 될 수도 있다.

① 인간이 도덕 법칙을 따르는 행위는 타율적인 행위인가?
② 도덕성을 판단할 때 행위의 결과를 중요시해야 하는가?
③ 행복 그 자체를 도덕적 행위의 목적으로 삼아야 하는가?
④ 개인의 준칙에 따른 행위는 도덕적 행위가 될 수 있는가?
⑤ 도덕 법칙은 조건이 포함된 명령의 형식으로 제시되어야 하는가?

[24015-0022]

06 갑, 을 사상가들의 입장에 대한 설명으로 옳지 않은 것은?

> 갑: 도덕성은 법칙으로부터 유발되는 의무의 관념인 동시에 행위로 나타나는 것이며, 단지 의무에 맞기만 해서는 안 되고 의무로부터 비롯된 것이어야 한다.
> 을: 인간은 쾌락을 최대화하고 고통을 최소화하기 위해 행동한다. 행위의 옳고 그름을 평가하는 유일한 기준은 행위에 의해서 생겨날 쾌락과 고통의 양이다.

① 갑은 의무에 일치하는 행위일지라도 도덕적 행위가 아닐 수 있다고 본다.
② 을은 쾌락을 계산할 수 있는 다양한 기준이 있다고 본다.
③ 갑은 을과 달리 자신의 쾌락을 증가시키지 못하는 행위도 도덕적 행위가 될 수 있다고 본다.
④ 을은 갑과 달리 공리의 원리가 옳은 행위를 결정하는 기준이라고 본다.
⑤ 갑과 을은 도덕적 행위를 판단할 수 있는 보편적 원리가 있다고 본다.

[24015-0023]

07 (가)를 주장한 사상가의 입장에서 (나)의 A에게 제시할 수 있는 조언으로 가장 적절한 것은?

(가)	덕은 습득된 인간의 자질로서, 그것을 소유하고 실행하면 우리는 실천에 내재된 선을 성취할 수 있고, 그것이 없으면 우리가 그런 선을 성취하는 것이 제지된다. 핵심적인 덕성이 없다면 우리는 실천에 내재된 선으로 다가가는 것이 봉쇄된다.
(나)	자신이 운영하는 사업에서 계속 손실을 본 A는 고객에게 거짓말을 하면 커다란 수익을 낼 수 있다는 말을 듣고 고객에게 거짓말을 하면서 사업을 해야 할지를 고민하고 있다.

① 주어진 상황과 관계없이 도덕적 의무를 실천하세요.
② 자연적 감정을 배제하고 실천 이성의 명령에 따르세요.
③ 올바른 행위를 습관화하여 좋은 성품을 갖추도록 하세요.
④ 공동체의 역사와 전통보다 개인의 자유를 중요하게 생각하세요.
⑤ 사회적 유용성을 증가시키는 행위만이 옳은 행위임을 고려하세요.

[24015-0024]

08 ㉠에 들어갈 진술로 가장 적절한 것은?

> 최근에 이루어진 실험에 따르면 인간의 뇌는 인간의 정신 과정을 관장하는 기관이기 때문에 인간이 특정 행위를 하는 것은 뇌 기능에 의한 것임이 밝혀졌다. 이를 통해 볼 때 인간의 행위는 자유 의지에 의한 것이 아니며, 인간의 행위에 대해 도덕적 책임도 물을 수 없다는 것이 분명해졌다. 그런데 어떤 사람들은 인간이 자유 의지를 지니며 이성과 정서를 바탕으로 도덕적 행위를 영위해 나갈 수 있는 존재라고 주장한다. 나는 이러한 주장이 [㉠]고 생각한다.

① 인간의 도덕적 행위는 자율적인 자유 의지의 산물임을 간과한다
② 인간의 도덕 판단 과정은 뇌 기능과 무관하게 진행됨을 간과한다
③ 인간은 이성적 능력이 뇌파의 작용을 지배하는 존재임을 간과한다
④ 인간의 행위를 과학적 방법으로 온전히 설명할 수 있음을 간과한다
⑤ 인간은 이성과 정서에 의해 도덕적 행위를 할 수 있는 존재임을 간과한다

[24015-0025]

1 **갑, 을 사상가들의 입장에 대한 설명으로 가장 적절한 것은?**

① 갑은 물아일체(物我一體)의 삶을 이상적인 삶으로 본다.
② 을은 사양하는 마음을 바탕으로 예(禮)의 덕을 실현해야 한다고 본다.
③ 갑은 을과 달리 모든 차별이 소멸된 정신적 자유의 경지를 강조한다.
④ 을은 갑과 달리 조용히 앉아서 시비와 분별을 잊을 것을 강조한다.
⑤ 갑과 을은 하늘이 인간에게 도덕성을 부여하는 존재라고 본다.

[24015-0026]

2 **갑 사상가의 입장에서 을 사상가에게 제기할 수 있는 비판으로 가장 적절한 것은?**

> 갑: 사람은 누구나 타고난 바탕대로만 따른다면 선하게 될 수 있으니, 이것이 내가 말하는 바의 본성이 선하다는 의미이다. 사람이 선하지 않게 되는 것은 타고난 재질의 잘못이 아니다. 측은하게 여기는 마음[惻隱之心]은 누구나 가지고 있다.
> 을: 현명함을 숭상하지 않아야 백성들이 다투지 않게 되고, 욕심낼 만한 것을 보이지 않아야 백성들이 마음을 어지럽히지 않게 된다. 그러므로 성인(聖人)의 다스림은 백성의 마음을 비우고 그 배를 채우며, 그 뜻을 약하게 하고 그 뼈를 강하게 하는 것이다.

① 군주는 다스림이 없는 다스림[無爲之治]으로 통치해야 함을 간과한다.
② 인의(仁義)에 따르는 삶을 통해 사회 혼란을 극복할 수 있음을 간과한다.
③ 백성을 무지무욕(無知無欲)하게 하는 것이 이상적인 다스림임을 간과한다.
④ 인간은 인위적인 덕이 아닌 자연적 본성에 따르는 삶을 살아가야 함을 간과한다.
⑤ 겸허(謙虛)와 부쟁(不爭)의 덕을 지니고 만물을 이롭게 하는 삶을 살아야 함을 간과한다.

[24015-0027]

3 **(가)의 갑, 을 사상가들의 입장을 (나) 그림으로 표현할 때, A~C에 해당하는 진술로 가장 적절한 것은?**

(가)	갑: 천하에 도(道)가 있으면 전쟁이 없으므로 말이 농사를 짓는 데 쓰이고, 천하에 도가 없으면 전쟁이 그치지 않아 말이 전쟁터에서 새끼를 낳는다. 도는 무위(無爲)하며 성인(聖人)은 도 하나만을 지녀 천하의 본보기가 된다. 을: 진인(眞人)은 삶을 기뻐할 줄 모르고, 죽음을 미워할 줄도 모른다. 태어남을 기뻐하지 않고, 죽음을 거역하지도 않는다. 무심히 자연을 따라가고 무심히 자연을 따라올 뿐이다. 그 시초(始初)를 모르고, 그 끝을 알려 하지 않는다.
(나)	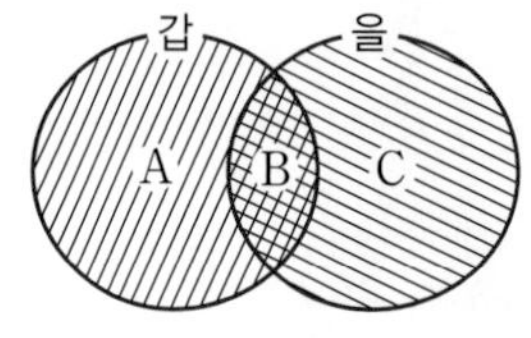 〈범 례〉 A : 갑만의 입장 B : 갑, 을의 공통 입장 C : 을만의 입장

① A: 외물(外物)의 속박에서 벗어나 정신적 자유를 추구해야 한다.
② A: 자신을 구속하는 일체의 것을 잊고 마음을 비워 깨끗하게 해야 한다.
③ B: 무위의 덕으로 백성을 다스리기 위한 제도를 확충해야 한다.
④ B: 시비(是非)를 분별하지 않고 도의 관점에서 만물을 바라보아야 한다.
⑤ C: 인위적으로 일을 도모하지 않고 소박하게 살아가야 한다.

[24015-0028]

4 **다음을 주장한 사상가의 입장에서 부정의 대답을 할 질문으로 가장 적절한 것은?**

> 비구들이여, 무명(無明)을 조건으로 의도적 행위들[行]이, 의도적 행위들을 조건으로 알음알이[識]가, 알음알이를 조건으로 정신·물질[名色]이, 정신·물질을 조건으로 여섯 감각 장소[六入]가, 여섯 감각 장소를 조건으로 감각 접촉[觸]이, 감각 접촉을 조건으로 느낌[受]이, 느낌을 조건으로 갈애[愛]가, 갈애를 조건으로 취착[取]이, 취착을 조건으로 존재[有]가, 존재를 조건으로 태어남[生]이, 태어남을 조건으로 늙음·죽음과 근심·탄식·육체적 고통·정신적 고통·절망이 발생한다. 이와 같이 전체 괴로움의 무더기[苦蘊]가 발생한다.

① 오온(五蘊)에 대한 집착을 버리지 못하면 고통을 겪을 수밖에 없는가?
② 욕망을 절제하고 무명(無明)에서 벗어나야 괴로움이 소멸될 수 있는가?
③ 중도(中道)를 실천함으로써 탐욕과 성냄과 어리석음에서 벗어나야 하는가?
④ 모든 존재와 현상은 끊임없이 변하므로 고정된 실체는 없다고 보아야 하는가?
⑤ 인간의 옳은 행위[善業]가 아닌 악한 행위[惡業]로 인해 태어남과 죽음이 반복되는가?

[24015-0029]

5 **(가)의 갑, 을 사상가들의 입장을 (나) 그림으로 탐구하고자 할 때, A~C에 들어갈 질문으로 가장 적절한 것은?**

(가)	갑: 어떤 행위의 도덕적 가치는 그것에서 기대되는 결과에 있지 않다. 이성적 존재자의 의지로부터 비롯된 행위가 결과를 고려한 것이 아니라 객관적 도덕 법칙을 따른 것일 때 윤리적이라고 할 수 있다. 을: 어떤 행위의 도덕적 가치는 이해 당사자들의 행복을 증가시키거나 감소시키는 경향에 따라 결정된다. 결과적으로 이해 당사자들의 행복의 총량을 증가시킬 수 있도록 행위 해야 한다.
(나)	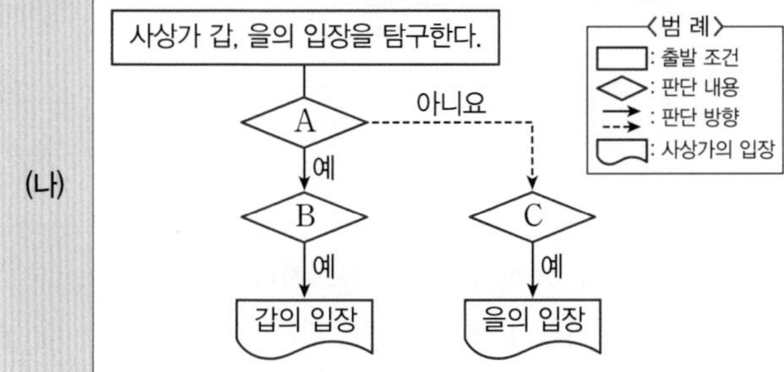

① A: 의무로부터 비롯된 행위는 도덕적 가치를 지닐 수 있는가?
② A: 옳은 행위는 사회적 유용성에 근거해서 정당화될 수 있는가?
③ B: 동정심이나 연민의 감정에서 비롯된 행위는 도덕적 행위인가?
④ B: 도덕 법칙은 유한한 이성적 존재자의 의지에게는 의무의 법칙인가?
⑤ C: 자신과 타인의 행복을 모두 증가시킨 행위만이 도덕적 행위인가?

[24015-0030]

6 **(가)를 주장한 사상가의 입장에서 (나)의 A에게 제시할 수 있는 조언으로 가장 적절한 것은?**

(가)	인간은 모든 사물과 공유하는 본성에 따라 자신의 존재를 보존하려는 경향성을 가진다. 또한 동물과 공유하는 본성에 따라 남녀의 결합과 자녀 양육에 대한 경향성을 가진다. 그리고 인간에게 고유한 이성이라는 본성에 따라 신에 관한 진리를 알고자 하며, 사회에서 살고자 하는 경향성을 가진다.
(나)	사업에 실패하여 경제적 빈곤함에 시달리고 있는 A는 앞으로도 자신의 처지가 개선되지 못할 것이라고 생각하고 삶을 포기해야 할지 고민하고 있다.

① 인간과 모든 사물은 자연적 진화의 결과로 생겨난 것임을 고려하세요.
② 인간의 도덕적 행위는 최대 다수의 행복에 기여하는 행위임을 고려하세요.
③ 인간이 자연적 성향을 따르면 현세에서 완전한 행복이 달성됨을 고려하세요.
④ 인간의 바람직한 행위는 이성이 아닌 감정에 근거하여 이루어짐을 고려하세요.
⑤ 인간은 본성적으로 지니는 자연적 성향에 어긋나지 않게 행위 해야 함을 고려하세요.

[24015-0031]

7 **(가)의 갑, 을 사상가들의 입장에서 서로에게 제기할 수 있는 비판을 (나) 그림으로 표현할 때, A, B에 해당하는 내용으로 가장 적절한 것은?**

(가)	갑: 도덕과 입법의 원리는 쾌락과 고통에 근거해야 한다. 어떤 행위가 더 가치 있는지 판단할 때에는 일곱 가지 기준으로 측정한 쾌락의 양을 비교해야 한다. 을: 행복은 양과 질 모두의 관점에서 가능한 한 고통을 피하고 쾌락을 향유하는 것이다. 행복 증진에 기여하는 정도에 비례하여 옳고 그름이 결정된다.
(나)	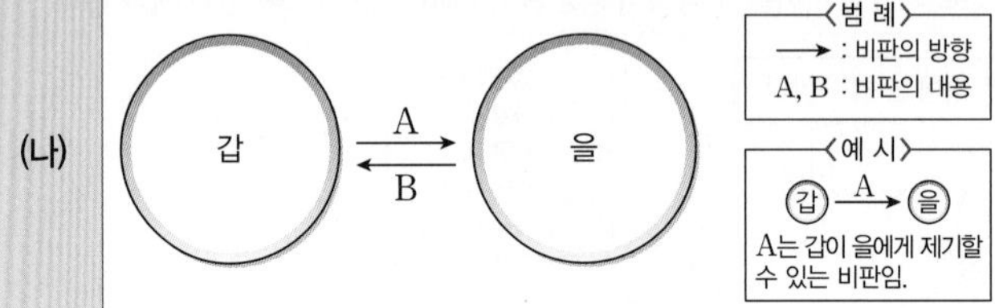

① A: 정신적 쾌락과 감각적 쾌락은 질적인 차이가 없음을 간과한다.
② A: 쾌락을 추구하는 경향성은 도덕의 기반이 될 수 있음을 간과한다.
③ A: 행복 증대와 무관한 순수한 희생은 도덕적 가치가 없음을 간과한다.
④ B: 사회 전체의 행복은 개인의 행복의 총합임을 간과한다.
⑤ B: 다수에게 고통을 주는 행위는 비도덕적 행위가 될 수 있음을 간과한다.

[24015-0032]

8 **갑, 을 사상가들의 입장으로 적절한 것만을 〈보기〉에서 있는 대로 고른 것은?**

갑: 행위가 도덕성을 갖는 것은 결과를 기대하고 행해졌기 때문이 아니라 의무로부터 행해졌기 때문이다. 의무란 도덕 법칙에 대한 존경심에서 나오는 행위의 필연성이다.
을: 덕은 습득된 인간의 자질로서, 그것을 소유하고 실행하면 우리는 실천에 내재된 선을 성취할 수 있고, 그것이 없으면 우리가 그런 선을 성취하는 것이 제지된다.

● 보기 ●

ㄱ. 갑: 도덕은 누구나 따라야 하는 무조건적인 도덕 법칙에 근거해야 한다.
ㄴ. 갑: 경향성이 아니라 오직 의무로부터 비롯된 행위는 도덕적 가치를 갖는다.
ㄷ. 을: 개인은 가족, 이웃과 같은 공동체 속에서 자신의 도덕적 정체성을 찾아야 한다.
ㄹ. 갑과 을: 유덕한 품성을 갖추는 것은 윤리적으로 옳은 행위를 하기 위한 필요충분조건이다.

① ㄱ, ㄹ ② ㄴ, ㄷ ③ ㄴ, ㄹ
④ ㄱ, ㄴ, ㄷ ⑤ ㄱ, ㄷ, ㄹ

[24015-0033]

9 **갑, 을 사상가들의 입장으로 옳지 <u>않은</u> 것은?**

갑: 수행자가 해야 할 세 가지 공부가 있다. 나쁜 짓을 하지 않기 위해 계율을 지키는 공부[戒學], 청정한 선정(禪定)에 머무르는 공부[定學], 네 가지 거룩한 진리[四聖諦]를 참되게 아는 공부[慧學]가 그것이다.
을: 선비가 머물러야 할 곳은 어디인가? 바로 인(仁)이다. 선비가 걸어야 할 길은 어디에 있는가? 바로 의(義)이다. 인에 머물며 의를 따르면 대인(大人)의 일이 이루어진다.

① 갑: 인간은 누구나 주체적으로 진리에 대한 깨달음을 얻을 수 있다.
② 갑: 연기(緣起)에 대한 깨달음이 없으면 윤회의 고통에서 벗어날 수 없다.
③ 을: 측은하게 여기는 마음[惻隱之心]이 인(仁)의 단(端)이다.
④ 을: 인간은 선한 본성을 지니고 태어나지만 욕구로 인해 불선(不善)해질 수 있다.
⑤ 갑과 을: 선천적인 본성을 극복하고 자기중심적인 편견에서 벗어나야 한다.

[24015-0034]

10 **갑 사상가의 입장에 비해 을 사상가의 입장이 갖는 상대적 특징을 그림의 ㉠~㉤ 중에서 고른 것은?**

갑: 도(道)가 행해진 세상에서는 천하가 모든 사람의 것이다. 어진 사람과 능력 있는 사람이 중용되며, 노인들은 여생을 잘 마치고 외롭고 홀로 된 자나 병든 자들은 모두 보살핌을 받는다.
을: 도(道)가 없어지면 인의(仁義)가 강조되고, 지혜가 발달하면 크나큰 거짓이 판을 치며, 육친(六親)이 화목하지 못하면 효도와 사랑이 생겨나고, 나라가 혼란에 빠지면 충신이 나오게 된다.

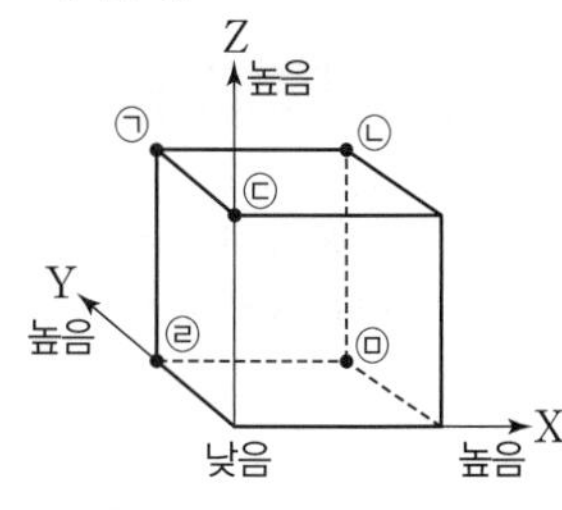

• X: 인륜과 도덕의 중요성을 강조하는 정도
• Y: 인위에서 벗어나 자연스러운 덕을 따를 것을 강조하는 정도
• Z: 작은 국가에서 이상적인 정치가 실현됨을 강조하는 정도

① ㉠ ② ㉡ ③ ㉢ ④ ㉣ ⑤ ㉤

03 삶과 죽음의 윤리

출생 · 죽음의 의미와 삶의 가치

1. 출생의 생물학적 · 윤리적 의미

모체
태아를 임신한 어머니의 몸을 뜻함

(1) **생물학적 의미**: 수정된 생식 세포가 배아, 태아의 과정을 거쳐 모체에서 독립하는 것

(2) **윤리적 의미**

① 유교: 도덕적 주체로 사는 삶의 출발점 → 삶은 하늘이 부여한 도덕적 본성을 실현하는 과정

② 자연법 윤리: 자신의 생명을 유지하고 종족을 번식하려는 인간의 자연적 성향을 실현하는 과정

③ 가족과 사회 구성원으로 사는 삶의 시작: 다양한 인간관계의 시작

2. 죽음의 윤리적 의미

죽음의 특성
평등성, 불가피성, 일회성, 비가역성

(1) **죽음의 윤리적 의미**: 삶과 인간관계의 소중함을 깨닫는 계기가 됨

(2) **죽음에 대한 동양 사상의 입장**

유교	• 죽음을 자연의 과정으로 여기면서 애도하는 것을 마땅한 일로 여김 • 공자: "사람을 섬길 줄도 모르면서 어떻게 귀신을 섬길 수 있으며, 삶도 아직 모르면서 어떻게 죽음을 알겠는가?" → 죽음보다는 현실에서의 도덕적 삶에 더 관심을 가짐
불교	• 죽음은 생(生), 노(老), 병(病)과 더불어 고통임 • 석가모니: "전생에 뿌려진 씨앗은 이번 생에 받는 것이고, 다음 생에 거둘 열매는 이번 생에 행하는 바로 그것이다." → 죽음은 윤회의 과정으로 현세의 업보가 죽음 이후의 삶을 결정한다고 봄
도가	• 삶과 죽음은 기(氣)가 모였다가 흩어지는 것 → 자연적이고 필연적인 과정 • 장자: "본래 아무것도 없었는데 순식간에 변화하여 기(氣)가 생기고, 기가 변화하여 형체가 생기고, 형체가 변화하여 생명이 생기고, 생명이 변화하여 죽음이 된다." → 삶과 죽음을 서로 연결된 순환 과정으로 보며 죽음에 초연할 것을 강조함

윤회
생명이 태어나 늙고 병들었다가 죽기를 반복한다는 의미

장자
노자를 계승한 도가의 대표 사상가로, 모든 차별이나 시비 분별에서 벗어나 정신적으로 자유롭게 살 것을 강조함

기출 플러스 유교, 도가, 불교의 죽음관 비교 [2021학년도 수능]

> (가) 아침에 도(道)를 깨달으면 저녁에 죽어도 좋다. 뜻있는 선비는 살아남고자 하여 인(仁)을 해치는 일이 없다.
> (나) 진인(眞人)은 삶을 기뻐하지도 않고, 죽음을 싫어하지도 않는다. 착한 일을 행하여 명성을 가까이하지도 말고, 악한 짓을 행하여 형벌을 가까이하지도 말아야 한다.
> (다) 전생(前生)에 뿌려진 씨앗은 이번 생에 받는 것이고, 다음 생에 거둘 열매는 이번 생에 행하는 바로 그것이다.

(가)는 공자, (나)는 장자, (다)는 석가모니의 주장이다. 공자는 죽음의 문제보다 현재의 삶에 충실할 것을 강조하며 죽음으로 인한 슬픔을 인간의 자연스러운 반응으로 보았다. 장자는 죽음을 사계절의 변화와 같은 자연의 변화로 보았기 때문에 죽음을 슬퍼할 까닭이 없다고 하였다. 불교에서는 연기의 법칙을 깨달으면 죽음의 고통에서 벗어날 수 있다고 본다.

자료 플러스 죽음에 대한 불교의 관점

> 욕심이 없는 사람에게는 마음의 고통이 존재하지 않는다. 진실로 속박에서 벗어난 사람은 모든 공포를 초월한다. 헛된 삶으로 이끄는 그릇된 집착을 버리고 세상을 있는 그대로 볼 때, 죽음에 대한 공포는 사라진다.
> – "아함경" –

불교에서는 죽음을 누구나 겪는 일로서 보편적인 현상으로 본다. 따라서 죽음을 부정하는 것은 어리석음일 뿐이며 죽음은 깨달음을 위한 삶의 과정이 될 수 있다고 본다.

개념 체크

1. 유교에서는 (　　　)보다는 현실에서의 도덕적 삶에 더 관심을 가진다.
2. 불교에서는 생로병사를 모두 (　　　)(이)라고 본다.
3. 도가에서는 죽음을 사계절의 변화와 같은 (　　　)의 변화로 보기 때문에 죽음을 슬퍼할 까닭이 없다고 본다.

정답
1. 죽음
2. 고통
3. 자연

(3) 죽음에 대한 서양 사상가들의 입장

플라톤	"우리가 무엇인가를 순수하게 인식하려면 육체에서 벗어나야 하며 오직 영혼만을 사용하여 사물 그 자체를 보아야 한다. 죽었을 때라야 우리는 간절히 바라는 지혜를 얻을 수 있다." → 육체를 순수한 인식을 방해하는 감옥처럼 생각하였고, 죽음을 통해 영혼이 육체로부터 해방되어 영원불멸하는 이데아의 세계에 들어갈 수 있다고 봄
에피쿠로스	• 죽음은 인간을 구성하던 원자가 흩어져 개별 원자로 돌아가는 것 • "죽음은 우리에게 아무것도 아니다. 왜냐하면 우리가 존재하는 한 죽음은 우리와 함께 있지 않으며, 죽음이 오면 우리는 이미 존재하지 않기 때문이다." → 인간은 죽음을 경험할 수 없기 때문에 죽음을 두려워할 필요가 없다고 봄
하이데거	• 현존재인 인간만이 죽음을 자각할 수 있음 • "인간은 죽음을 외면하지 말고 항상 죽음이 자신의 것이라는 사실을 인지하면서 살아야 한다." → 죽음 앞으로 미리 달려가 봄으로써 삶을 더욱 의미 있고 가치 있게 살 수 있다고 봄

자료 플러스 죽음에 대한 서양 사상가들의 관점

• 철인(哲人)은 영혼과 더불어 순수하게 되기를 원한다네. 그들의 소원이 성취되어 하데스(사후 세계)에 도착하면 그들이 이 세상에서 바라던 지혜를 얻게 될 희망이 있고 그들의 원수와 함께 있지 않게 될 걸세. 그렇다면 참으로 지혜를 사랑하는 이로서 어떻게 죽음을 싫어하겠는가? – 플라톤, "파이돈" –

• 가장 두려운 악으로 여기는 죽음은 실상 우리에게 아무것도 아니다. 죽음은 산 사람이나 죽은 사람 모두와 아무런 상관이 없다. 산 사람에게는 아직 죽음이 오지 않았고, 죽은 사람은 이미 존재하지 않기 때문이다. – 에피쿠로스, "쾌락" –

플라톤과 에피쿠로스는 모두 인간이 죽음을 두려워할 필요가 없다고 보았다.

✪ 플라톤
고대 그리스의 대표적인 철학자로, 이데아의 세계는 완전한 세계인 데 반해, 현실의 세계는 이데아의 세계를 모방한 불완전한 세계라고 봄

✪ 이데아
사물이나 존재의 본모습 또는 참모습. 완전하고 이상적인 원형으로, 눈으로 볼 수는 없지만 이성을 통해 파악할 수 있는 것

✪ 현존재(現存在)
단순한 물(物)과 달리 자신의 존재나 자신 이외의 것에 관심을 보이는 존재. 죽음의 가능성에 직면하면 진정한 실존으로서 자신을 깨달음

출생 · 죽음과 관련된 윤리적 쟁점

1. 인공 임신 중절의 윤리적 쟁점

(1) **인공 임신 중절의 의미:** 태아가 모체 밖에서는 생명을 유지할 수 없는 시기에 태아를 인공적으로 모체에서 분리하여 임신을 종결하는 행위로, 낙태라고도 함

(2) **인공 임신 중절에 대한 우리나라의 입장:** 2019년 헌법 재판소에서 낙태죄에 대해 헌법 불합치 판단을 내림. 형법에 규정된 낙태죄 처벌 조항은 2021년 1월 1일부터 폐지됨

자료 플러스 인공 임신 중절에 대한 싱어의 입장

낙태 반대론자들의 오류는 태아가 호모 사피엔스라는 종(種)의 구성원이기 때문에 윤리적인 측면에서 우리와 똑같은 생명권을 갖고 있다고 주장하는 데 있다. 호모 사피엔스 집단의 구성원이라는 과학적 사실은 동일한 생명권을 부여하기 위한 충분조건이 될 수 없다. 또한 자의식이나 이성을 근거로 태아를 동물과 다르게 대우해야 한다고 주장하기도 어렵다. 태아의 지적 능력은 소나 돼지보다 낮기 때문이다. 그럼에도 병원 앞에서 낙태 반대 시위가 종종 벌어지는 것과 달리 도살장 앞에서 시위를 벌이는 장면은 좀처럼 찾아보기 어렵다. 자의식을 갖출 가능성을 갖고 있다는 사실만으로 우리는 왜 자의식을 갖춘 여성을 보호하지 않고, 또 아직 자의식을 갖추지 못한 존재의 삶을 마감하도록 하는 행위가 잘못된 것이라고 생각해야 하는가? – 싱어, "더 나은 세상" –

인공 임신 중절을 반대하는 입장에서는 태아가 인격체로서 존엄한 생명이며, 태아가 인간으로 발달할 잠재성을 가진 존재이므로 태아가 임신한 여성과 동등한 도덕적 지위를 지닌다고 주장한다. 싱어는 이러한 인공 임신 중절 반대론자들의 주장에 대해 비판하였다.

개념 체크

1. 플라톤은 죽음을 통해 영혼이 육체로부터 해방되어 영원불멸하는 (   )의 세계에 들어갈 수 있다고 보았다.
2. 에피쿠로스에 따르면 죽음은 인간을 구성하던 (   )이/가 흩어져 개별 원자로 돌아가는 것이다.
3. 하이데거는 (   )인 인간만이 죽음을 자각할 수 있다고 보았다.

정답
1. 이데아(참된 실재)
2. 원자
3. 현존재

(3) 인공 임신 중절의 윤리적 쟁점

① 태아의 생명권과 여성의 선택권의 우선 문제: 태아의 생명권을 우선시하는 입장에서는 인공 임신 중절에 반대하고, 여성의 선택권을 우선시하는 입장에서는 인공 임신 중절에 찬성함

찬성 입장	반대 입장
• 소유권 논거: 여성은 자기 몸에 대한 소유권을 지니며, 태아는 여성 몸의 일부임 • 자율권 논거: 여성은 자신의 삶을 자율적으로 결정할 수 있음 • 정당방위 논거: 여성은 자기방어와 정당방위의 권리를 지니기 때문에 일정한 조건하에서는 낙태를 할 권리가 있음	• 존엄성 논거: 모든 인간의 생명은 존엄하며, 태아 역시 인간으로서 존엄한 생명체임 • 무고한 인간의 신성불가침 논거: 잘못이 없는 인간인 태아를 해치는 것은 도덕적으로 옳지 않음 • 잠재성 논거: 태아는 일정한 발생 과정을 거쳐 성숙한 인간으로 발달할 잠재성을 가지고 있음

② 인간의 지위를 인정하는 시기의 문제: 수정 이후 어느 시점부터 인간의 지위를 인정하느냐에 따라 인공 임신 중절에 대한 입장이 달라짐

2. 자살의 윤리적 문제

(1) 자신의 소중한 생명을 스스로 훼손

① 유교: 부모로부터 받은 자신의 신체를 훼손하지 않는 것은 효(孝)의 시작임

② 불교: 불살생(不殺生)의 계율에 따라 모든 생명을 소중히 여기고 존중해야 함

③ 자연법: 자살은 인간의 자연적 성향인 자기 보존의 의무를 다하지 않는 것임

(2) 인격 훼손과 자아실현의 가능성 차단

① 자살은 인격을 훼손하고 자아실현의 가능성을 없앰

② 칸트: 자살은 고통에서 벗어나기 위해 자기 인격을 수단으로 이용한 것에 불과함

③ 쇼펜하우어: 자살은 문제를 해결하는 것이 아니라 회피하는 것에 불과함

(3) 사회에 부정적인 영향: 가족, 친구 등 주변 사람들에게 깊은 슬픔과 고통을 안겨 주고, 사회 공동체의 결속을 약화시킴

개념 체크

1. 인공 임신 중절을 찬성하는 입장에서는 여성이 자기 몸에 대한 (　　)을/를 지니며, 태아는 여성 몸의 일부라고 주장한다.
2. 인공 임신 중절을 반대하는 입장에서는 태아가 일정한 발생 과정을 거쳐 성숙한 인간으로 발달할 (　　)을/를 가지고 있다고 강조한다.
3. 쇼펜하우어는 (　　)이/가 문제를 해결하는 것이 아니라 회피하는 것에 불과하다고 주장하였다.

정답

1. 소유권
2. 잠재성
3. 자살

자료 플러스 자살에 대한 칸트의 입장

• 인간의 자기 자신에 대한, 비록 가장 중요한 것은 아닐지라도, 제일의 의무는 그의 동물적 자연 본성에서의 자기 보존이다.
• 자기 살해는 범죄(살인)이다. 무릇 이 범죄는 배우자, 자녀, 동료 시민 또는 신에 대한 자기의 의무를 위반한 것으로도 볼 수 있다.
• 그 자신의 인격에서 윤리성의 주체를 파기한 것(자살)은, 윤리성이 목적 그 자체인데도 불구하고, 윤리성 자체를 그 실존의 면에서 말살하는 것과 같다. 그러니까 그 자신을 그의 임의의 목적을 위한 한낱 수단으로 처리하는 것은, 인격에서 인간의 존엄을 실추시키는 것이다.

– 칸트, "윤리 형이상학" –

칸트는 인간에게 자기 보존의 의무가 있다고 보았다. 자기 보존의 의무는 자연의 일부로서 자연의 본성을 따라야 한다는 자연법적 관점과, 인격을 목적으로 대우하라는 정언 명령의 관점 모두에서 발생하는 의무이다. 이에 따르면 자신의 생명을 전체적으로 죽이는 자살과 부분적으로 해를 입히는 상해는 자기 보존 의무를 위반하는 것이 된다.

3. 안락사의 윤리적 쟁점

(1) 안락사의 의미: 불치병으로 극심한 고통을 겪고 있는 환자 또는 그 가족의 요구에 따라 의료진이 인위적으로 개입하여 생명을 단축하는 행위

(2) 안락사의 유형

① 환자의 동의 여부에 따른 구분: 자발적 안락사, 비자발적 안락사

② 죽음에 이르게 하는 방법에 따른 구분

적극적 안락사	환자의 삶을 단축시킬 것을 의도하여 약물의 직접 주사 등 구체적인 행위를 능동적으로 행하는 경우
소극적 안락사	죽음의 진행 과정을 일시적으로 저지하거나 연명시킬 수 있는 의료 행위를 하지 않고 죽음에 이르게 하는 경우

③ 안락사의 윤리적 쟁점

찬성 입장	반대 입장
• 인간은 자율적 주체로서 자신이 어떤 방법으로 죽을 것인지를 스스로 선택할 수 있음 • 인간은 인간답게 죽을 권리를 가짐 • 불치병을 앓고 있는 환자에게 연명 치료를 하는 것은 본인과 가족에게 심리적·경제적 부담을 줌 • 연명 치료는 제한된 의료 자원을 효율적으로 사용하지 못하게 하여 사회 전체 이익에도 부합하지 않음	• 모든 인간의 생명은 소중함 • 인간은 자신의 죽음을 인위적으로 선택할 권리를 갖고 있지 않음 • 삶이 고통스럽다는 이유로 죽음을 인위적으로 앞당기는 행위는 자연의 질서에 부합하지 않음 • 의료인의 기본 의무는 생명을 살리는 것이므로 환자의 죽음을 앞당기는 의료 행위를 해서는 안 됨

자료 플러스 안락사와 존엄사

안락사는 의사가 의도적으로 환자를 죽음에 이르게 하는 행위로, 약물 투여와 같은 적극적인 개입을 통해 죽음을 앞당기는 적극적 안락사와 이미 죽음의 위기에 달한 환자의 연명 치료를 중단해 사망에 이르게 하는 소극적 안락사로 구분된다. 존엄사는 회복 가능성이 없는 환자에 대한 연명 조치를 중단하여 인간으로서 존엄을 유지하면서 자연적으로 죽음을 맞도록 하는 것으로, 소극적 안락사와 유사한 의미이다.

– 차미영, "웰다잉을 위한 죽음의 이해" –

의료 기기와 의료 기술이 발달하면서 존엄사에 대한 관심이 증대되었고, 우리나라도 관련 법률의 개정으로 회생 가능성이 없는 환자에 대한 연명 치료를 중단할 수 있게 되었다.

개념 플러스 안락사가 성립되기 위한 요소

(1) 행위자와 환자: 안락사는 한 사람이 다른 사람에게 행한 것이다.
(2) 행위자의 의도: 행위자는 환자의 죽음을 야기하려는 의도를 지닌다.
(3) 행위자의 동기: 행위자는 환자에게 최선의 이익을 베풀려는 동기에서 행동한다.
(4) 인과적 근접성: 행위자가 행한 것 혹은 하지 않으려고 선택한 것이 그 환자의 죽음의 원인이다.
(5) 결과: 그 행위의 결과 그 환자가 죽는다.

안락사와 자살을 구분해 주는 요소가 바로 (1)이다. 행위자가 어떤 행위나 사건에 대해 도덕적 책임을 지는 데에는 두 가지 조건이 요구된다. 하나는 그 행위자가 원인 제공자여야 하며, 다른 하나는 그 행위자가 그 행위를 하려는 의도를 지녀야 한다. 안락사에 대한 도덕적 책임 논의가 가능해야 하기 때문에 (2)와 (4)의 요소가 요구된다. 안락사는 어원적으로 '편안한 죽음'을 뜻하며, 또 안락사는 어디까지나 환자 본인의 이익이라는 선의에서 이루어지는 것이기에 (3)과 (5)가 요구된다.

– 김상득, "생명 의료 윤리학" –

✪ 안락사(安樂死, euthanasia)
그리스어에서 '좋음'을 의미하는 'eu'와 '죽음'을 의미하는 'thanatos'의 합성어로, 좋고 편안한 죽음을 의미함

✪ 자발적 안락사
환자의 직접적인 동의가 있는 경우

✪ 비자발적 안락사
환자는 직접적인 동의를 할 수 없으나 가족의 요구에 의한 경우

개념 체크

1. 환자는 직접적인 동의를 할 수 없으나 가족의 요구에 의해 시행되는 경우를 (　　) 안락사라고 한다.
2. 죽음의 진행 과정을 일시적으로 저지하거나 연명시킬 수 있는 의료 행위를 하지 않고 죽음에 이르게 하는 경우를 (　　) 안락사라고 한다.
3. 안락사를 반대하는 입장에서는 인간이 자신의 죽음을 인위적으로 (　　)을/를 갖고 있지 않다고 본다.

정답
1. 비자발적
2. 소극적
3. 선택할 권리

4. 뇌사의 윤리적 쟁점

(1) 뇌사의 의미

① 뇌간을 포함한 뇌의 활동이 회복할 수 없을 정도로 정지된 상태
② 뇌사에 이른 환자는 자발적 호흡이 불가능함
③ 뇌사에 이른 환자는 가까운 시일 안에 심장과 폐 기능이 정지함

(2) 뇌사의 윤리적 쟁점

① 뇌사를 죽음으로 인정하면, 뇌사자의 장기를 다른 환자에게 이식할 수 있음 → 뇌사를 죽음의 판정 기준으로 인정해야 한다는 의견이 대두함
② 뇌사를 죽음의 판정 기준으로 삼는 데 대한 찬반 논거

찬성 입장	반대 입장
• 뇌는 인간의 생명 활동을 관장하는 핵심 기관이기 때문에 뇌 기능이 정지하면 이미 죽음의 단계에 들어선 것임 • 인공호흡기 등 의료 자원을 효율적으로 이용하는 데 도움을 줌 • 뇌사자의 장기를 장기 이식에 활용하여 다른 사람의 생명을 구할 수 있음	• 뇌사에 이르렀다 하더라도 연명 의료 기기를 이용하면 호흡과 심장 박동이 유지되므로 아직 죽음에 이른 것은 아님 • 의료 자원의 효율적 이용과 장기 이식을 위해 뇌사 문제에 접근하는 것은 생명의 존엄성을 경시하는 태도임 • 뇌사 판정의 오류 가능성이 존재함

✪ 죽음에 대한 판정 기준
- 심폐사: 심장과 폐의 기능이 영구히 상실되어 죽음에 이르는 것
- 뇌사: 대뇌, 소뇌, 뇌간의 모든 기능이 불가역적으로 상실되었으나, 심장보다 뇌의 기능이 먼저 멈추어 인공적인 기계 장치를 통해 일정 기간 심장 박동을 지속시킬 수 있는 상태

기출 플러스 심폐사와 뇌사에 대한 입장 비교 [2022학년도 6월 모의평가]

(가) 심장 박동과 호흡이 비가역적으로 정지된 심폐사만을 죽음으로 인정해야 한다. 심폐사는 죽음에 대한 전통적인 판정 기준으로, 죽음의 시점을 확실하게 적시할 수 있어서 누가 보더라도 죽음을 판정할 수 있다는 장점이 있다.

(나) 뇌의 모든 기능을 상실한 사람은 결국 수일 내에 심폐사에 이르게 된다. 뇌사자에게 불필요한 치료를 억지로 지속하는 것은 뇌사자를 비인간적으로 대우하는 것일 뿐만 아니라, 한정된 의료 자원을 소모하면서 장기를 기증할 기회도 잃게 하므로 뇌사를 죽음으로 인정해야 한다.

(가)는 죽음의 시점을 확실하게 알 수 있는 심폐사만을 죽음으로 인정해야 한다는 입장이다. (나)는 뇌사자가 결국 심폐사에 이르며, 뇌사자의 인격을 존중하고 새로운 생명을 구할 수 있는 장기 기증을 위해 뇌사를 인정해야 한다는 입장이다.

개념 체크

1. (　　)은/는 대뇌, 소뇌, 뇌간의 모든 기능이 불가역적으로 상실되었으나, 심장보다 뇌의 기능이 먼저 멈추어 인공적인 기계 장치를 통해 일정 기간 심장 박동을 지속시킬 수 있는 상태를 말한다.
2. 전통적으로는 심장과 폐의 기능이 불가역적으로 완전히 정지된 (　　)을/를 죽음의 기준으로 제시한다.
3. 뇌사를 죽음으로 인정하지 않는 입장에서는 뇌사를 판정하는 과정에서 판정의 (　　)이/가 존재한다고 본다.

정답
1. 뇌사 또는 전뇌사
2. 심폐사
3. 오류 가능성

개념 플러스 뇌 부위별 기능 정지에 따른 구분

- 대뇌사(식물인간): 생각하거나 의식적인 활동을 할 때 기능하는 대뇌의 기능이 정지한 상태로, 의식은 전혀 없지만 뇌간이 기능하고 있기 때문에 자력으로 호흡할 수 있음
- 뇌간사: 생명 유지에 필요한 내장을 조절하는 뇌간만 기능이 정지한 상태로, 자극을 느끼거나 지적인 작업을 하는 능력은 남아 있지만, 차츰 다른 뇌의 기능도 정지됨
- 전뇌사: 대뇌, 소뇌, 뇌간을 포함하는 모든 뇌가 기능을 정지한 상태로, 우리나라에서 인정하는 뇌사는 '뇌간을 포함한 전뇌의 기능이 불가역적으로 정지하는 데 이르렀다고 판정된 신체', 즉 전뇌사의 경우임

– 차미영, "웰다잉을 위한 죽음의 이해" –

[24015-0035]

01 갑, 을 사상가들의 입장으로 가장 적절한 것은?

> 갑: 뜻있는 선비와 인(仁)한 사람은 자신이 살고자 인을 해치는 일은 없지만, 자신을 희생하여 인을 이루는 경우는 있다.
> 을: 전생(前生)의 일을 알고자 하는가? 금생(今生)에 받고 있는 것이 그것이다. 내생(來生)의 일을 알고자 하는가? 금생에 짓는 일이 그것이다.

① 갑: 차별 없는 사랑을 실천해야 예를 회복할 수 있다.
② 갑: 도덕적 삶보다 내세의 행복을 위한 수양이 중요하다.
③ 을: 다른 존재로부터 독립된 존재가 있음을 깨달아야 한다.
④ 을: 고정된 실체가 없음을 깨달아야 죽음의 고통에서 벗어날 수 있다.
⑤ 갑과 을: 죽음을 통해 내면적 도덕성을 실현해야 한다.

[24015-0036]

02 다음을 주장한 사상가가 긍정의 대답을 할 질문으로 가장 적절한 것은?

> 진인(眞人)은 삶을 즐겁다 할 줄도 모르고 죽음을 싫다 할 줄도 몰랐다. 태어남을 기뻐하지도 않고 죽음을 거역하지도 않았다. 의연히 갔다가 의연히 돌아올 뿐이다. 삶을 그대로 받아들여 살다가 잊어버린 채로 되돌아갔다. 본래 삶이 없었을 뿐만 아니라 본래 형체도 없었다. 본래 형체만 없었던 것이 아니라 본래 기(氣)도 없었다. 그저 흐릿하고 어두운 속에 섞여 있다가 그것이 변하여 기가 되고, 기가 변하여 형체가 되었고, 형체가 변하여 삶이 되었다.

① 현세의 삶에 따라 죽음 이후의 삶이 결정되는가?
② 죽음은 누구나 슬픔으로 애도해야 할 자연적 현상인가?
③ 선악을 분별하듯 삶과 죽음의 가치를 분별해야 하는가?
④ 삶과 죽음은 서로 연결된 순환의 과정으로 보아야 하는가?
⑤ 죽음에 대한 두려움으로 유한한 삶의 의미를 찾아야 하는가?

[24015-0037]

03 갑, 을 사상가들의 입장으로 가장 적절한 것은?

> 갑: 현자는 삶을 도피하려고 하지도 않으며, 삶의 중단을 두려워하지도 않는다. 왜냐하면 삶이 그에게 해를 주는 것도 아니고, 삶의 부재가 어떤 악으로 생각되지도 않기 때문이다. 현자는 단순히 긴 삶이 아니라 가장 즐거운 삶을 원한다.
> 을: 우리가 무엇이든지 순수하게 알려고 한다면, 우리는 육체에서 해방되어야만 한다. 이렇게 될 때 비로소 우리가 구하던 지혜에 도달할 수 있다. 우리가 이 지혜에 도달하게 된 것은 우리가 살아 있는 동안이 아니고, 우리가 죽은 후의 일이다.

① 갑: 죽음의 고통은 정신적 쾌락을 통해 잊어야 한다.
② 갑: 감각을 통해 자신의 죽음에 대한 경험이 가능하다.
③ 을: 죽음을 통해서는 참된 지혜를 얻는 것이 불가능하다.
④ 을: 이성을 발휘하면 죽음에 대한 두려움에서 벗어날 수 있다.
⑤ 갑과 을: 죽음은 육체로부터 불멸하는 영혼이 분리되는 것이다.

[24015-0038]

04 다음 가상 대담의 사상가가 지지할 입장으로 가장 적절한 것은?

① 현존재는 고통을 주는 죽음의 불안을 회피해야 한다.
② 죽음에 대한 자각은 이성의 유무와 상관없이 가능하다.
③ 죽음의 자각으로 인해 삶을 주체적으로 살아갈 수 있다.
④ 죽음은 현존재를 절망으로 이끄는 상황으로 보아야 한다.
⑤ 죽음은 삶의 중단이므로 현존재에게 어떠한 의미도 없다.

[24015-0039]

05 갑, 을의 입장으로 가장 적절한 것은?

> 갑: 임신부의 생명이 위험하여 임신부의 생명을 구하기 위해 시행하는 인공 임신 중절만이 정당화된다. 이런 상황에서 시행하는 인공 임신 중절은 그 목적이 태아의 생명을 빼앗기 위해서가 아니라 임신부의 생명을 구하기 위한 것이다. 태아의 생명이 불가피하게 희생되더라도 이는 원래 의도했던 바가 아니기 때문에 정당화된다.
>
> 을: 우리에게는 이성적 존재로 성장할 가능성을 지닌 모든 존재가 그 가능성을 실현하도록 허용해야 할 의무는 없다. 이성적 존재로 성장할 태아의 이익, 그리고 임신부의 분명한 이익 사이에 충돌이 벌어질 때 우리는 항상 임신부에게 우선권을 줘야 할 것이다.

① 갑: 임신부의 생명보다 태아의 생명을 우선시해야 한다.
② 갑: 의도치 않게 태아의 생명을 뺏는 행위는 정당화될 수 있다.
③ 을: 태아의 이익을 침해하는 행위를 허용해서는 안 된다.
④ 을: 태아의 이익과 임신부의 이익을 동일하게 취급해야 한다.
⑤ 갑과 을: 여성의 사회적 불평등을 줄이기 위해 인공 임신 중절에 대한 자율권을 보장해야 한다.

[24015-0040]

06 다음 신문 칼럼의 입장에서 지지할 견해로 가장 적절한 것은?

> ○○ 신문 ○○○○년 ○○월 ○○일
>
> **칼럼**
>
> 회생 불가능한 상태로 고통을 겪는 말기 암 환자가 본인의 의사로 연명 치료의 중단을 요청할 때가 있다. 이때 환자의 자녀들은 부모를 임종에 이르게 했다는 죄책감으로 연명 의료를 중단한다는 부모의 뜻을 거스르는 경우가 있다. 이러한 자녀의 행위는 부모를 정성껏 모셔야 한다는 효의 전통문화가 빚어낸 결과로 볼 수 있다. 부모의 의사를 어기면서까지 연명 치료를 지속한다는 것은 결과적으로 환자의 고통을 연장시키고 인간의 존엄성마저 무시하는 일이다. 이런 자녀의 행위는 미숙한 효도의 결과이다. 인간이 존엄한 죽음에 이를 수 있도록 효의 실천 방안 및 사회 인식의 전환이 필요하다.

① 환자가 고통을 겪더라도 안락사를 선택해서는 안 된다.
② 안락사가 허용되면 인간 존엄성의 침해로 이어질 것이다.
③ 가족은 연명 치료에 대한 환자의 자기 결정권을 존중해야 한다.
④ 회생할 가망이 없는 부모에 대한 안락사는 효의 방안이 될 수 없다.
⑤ 연명 치료는 회생 불가능한 환자에게 이익이지만 가족에게는 부담이므로 중단되어야 한다.

[24015-0041]

07 다음 수업 장면에서 교사의 질문에 적절한 대답을 한 학생만을 있는 대로 고른 것은?

〈안락사의 유형〉

죽음에 이르게 하는 방법에 따른 구분 \ 환자의 동의 여부에 따른 구분	자발적	비자발적
적극적	(가)	(나)
소극적	(다)	(라)

갑: (가)는 환자의 고통을 경감시키려는 의학적 치료 과정에서 환자가 죽음에 이르게 된 경우에 해당합니다.

정: (라)는 환자의 의사를 알 수 없는 경우에 환자가 자연스러운 죽음에 이르도록 하는 행위입니다.

교사: 안락사의 유형별 특징에 대해 발표해 볼까요?

을: (나)는 환자가 의식이 없어 죽음을 선택할 것인지 알 수 없음에도 가족의 요구에 따라 약물 투입으로 환자를 죽음에 이르게 하는 행위입니다.

병: (다)는 환자의 요청에 따라 연명 치료를 중단하거나 유보하여 환자를 죽음에 이르게 하는 행위입니다.

① 갑, 병 ② 갑, 정 ③ 을, 정 ④ 갑, 을, 병 ⑤ 을, 병, 정

[24015-0042]

08 다음 토론의 갑, 을의 입장으로 가장 적절한 것은?

뇌사는 죽음의 기준으로 허용될 수 있는가?

갑: 결국은 심정지로 죽음을 맞이하게 될 뇌사자에게 연명 치료를 하는 것은 뇌사자의 가족에게 정신적, 경제적 부담을 증가시킬 뿐입니다. 뇌사를 죽음의 기준으로 허용하면 뇌사자의 장기 기증으로 타인의 생명을 구할 수 있을 뿐만 아니라 가족의 부담도 덜 수 있습니다.

을: 유용성을 근거로 뇌사를 죽음의 기준으로 허용하면 연명 치료로 생명을 유지할 수 있는 무뇌아, 식물인간과 같은 사람도 죽음에 이른 것으로 볼 것입니다. 그 결과 장기 이식을 위해 생명의 존엄성이 침해될 수 있습니다. 따라서 뇌사를 죽음의 기준으로 허용해서는 안 됩니다.

① 갑: 연명 치료를 통해 뇌사자의 생명을 지속시켜야 한다.
② 갑: 뇌사자의 장기를 타인에게 이식하는 것을 금지해야 한다.
③ 을: 장기 이식을 위한 뇌사 인정은 비도덕적일 수 있다.
④ 을: 뇌사를 죽음으로 인정하면 개인의 인격이 존중된다.
⑤ 갑과 을: 뇌사를 허용하면 사회적 비용이 증가할 것이다.

[24015-0043]

1 (가)의 갑, 을 사상가들의 입장을 (나) 그림으로 표현할 때, A~C에 해당하는 적절한 진술만을 〈보기〉에서 있는 대로 고른 것은?

(가)	갑: 아침에 도(道)를 듣고 알게 된다면 저녁에 죽어도 좋다. 선비가 도에 뜻을 두고도 누추한 옷과 초라한 음식을 부끄러워한다면 그와 더불어 의(義)를 이야기할 수 없다. 을: 지인(至人)이란 사람들과 더불어 함께 살고 자연을 함께 즐기는 사람이다. 사람과 물건과 이해관계를 가지고 다투지 않고, 괴상한 짓을 하지 않으며, 어떤 것을 계획하거나 어떤 일을 이루려고 하지 않는다. 자연스럽게 가고 올 뿐이다.
(나)	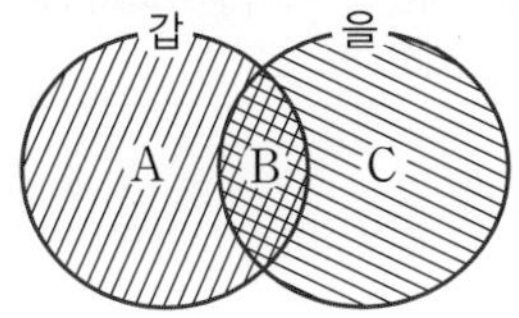 〈범 례〉 A : 갑만의 입장 B : 갑, 을의 공통 입장 C : 을만의 입장

● 보기 ●

ㄱ. A: 죽음이 야기하는 슬픔을 인간의 마땅한 반응으로 보아야 한다.
ㄴ. B: 죽음은 필연적으로 발생하는 자연의 과정으로 이해될 수 있다.
ㄷ. B: 도덕적 삶을 완성하기 위해 무엇보다 먼저 죽음에 대해 알아야 한다.
ㄹ. C: 죽음의 본질을 파악하여 죽음 이후의 삶에 대해 준비해야 한다.

① ㄱ, ㄴ ② ㄴ, ㄷ ③ ㄷ, ㄹ
④ ㄱ, ㄴ, ㄹ ⑤ ㄱ, ㄷ, ㄹ

[24015-0044]

2 다음을 주장한 사상가가 부정의 대답을 할 질문으로 가장 적절한 것은?

> 영혼의 사유가 가장 잘 이루어지는 때는 영혼이 몸과의 소통이나 접촉을 최대한 끊고 몸과 작별하고서, 가능한 한 자신 속으로 깊이 물러나 몰입할 때임이 분명하다. 그럴 때 영혼은 청각이나 시각이나 고통이나 즐거움 같은 그 어떤 것들에 의해서도 방해받지 않고, 실제로 존재하는 그대로의 진실에 도달할 수 있다. 그렇기 때문에 철학자의 영혼은 몸을 멸시하고 몸으로부터 도망쳐서, 자신 속으로 깊이 물러나려고 한다.

① 죽음 이후에 진리에 대한 영혼의 순수한 인식이 가능한가?
② 영혼은 삶과 죽음의 과정에서도 소멸되지 않고 존재하는가?
③ 죽음은 감각의 상실이지만 참된 실재를 알 수 있는 계기인가?
④ 인간이 맞이하게 되는 죽음은 두려워하고 슬퍼해야 할 대상인가?
⑤ 죽음을 두려워하는 사람은 지혜롭지 못한 사람으로 볼 수 있는가?

[24015-0045]

3 (가)의 갑, 을 사상가들의 입장을 (나) 그림으로 탐구하고자 할 때, A~C에 들어갈 적절한 질문만을 〈보기〉에서 있는 대로 고른 것은?

(가)

갑: "죽음은 두려운 일이 아니다."라는 사실을 진정으로 깨달은 사람은, 살아가면서 두려워할 것이 없다. 그러므로 "내가 죽음을 두려워하는 이유는, 죽을 때 고통스럽기 때문이 아니라 죽게 된다는 예상이 고통스럽기 때문이다."라고 말하는 사람도 헛소리를 하는 셈이다. 왜냐하면 죽음이 닥쳐왔을 때 고통스럽지 않은데도 죽을 것을 예상해서 미리 고통스러워하는 일은 헛되기 때문이다.

을: 현존재는 죽음을 향한 존재이다. 현존재는 죽음에 있어서 완성되는 것도 아니며, 또 단순히 소멸해 버리는 것도 아니다. 현존재는 존재하는 한 항상 자신의 '아직 완료되지 않음'으로 있다. 이와 마찬가지로 현존재는 이미 언제나 자신의 종말로 존재하기도 한다.

(나)

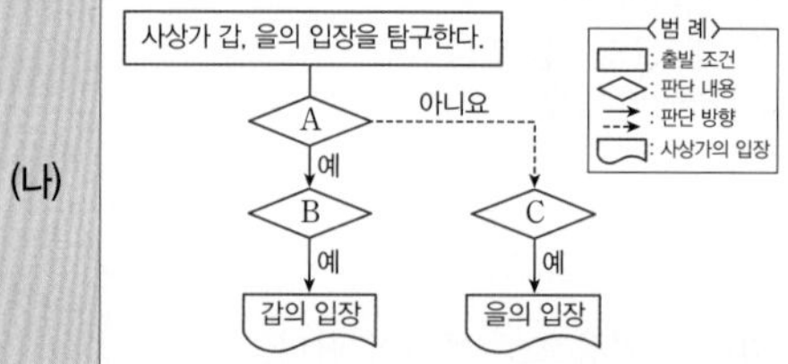

● 보기 ●

ㄱ. A: 죽음으로 인간의 육체가 소멸하더라도 영혼은 불멸하는가?
ㄴ. B: 불멸에 대한 열망을 실현하기 위해서는 참된 앎이 필요한가?
ㄷ. B: 죽음에 대한 올바른 인식으로 죽음을 회피하지 말아야 하는가?
ㄹ. C: 현존재는 죽음의 자각을 통해 주체적 삶을 살아갈 수 있는가?

① ㄱ, ㄴ ② ㄴ, ㄷ ③ ㄷ, ㄹ
④ ㄱ, ㄴ, ㄹ ⑤ ㄱ, ㄷ, ㄹ

[24015-0046]

4 다음을 주장한 사상가의 입장만을 〈보기〉에서 고른 것은?

비구들아, 죽음을 면하려거든 네 가지 근본 진리를 사유하라. 어떤 것이 네 가지인가? 형성된 모든 존재와 현상은 무상(無常)하다. 이것이 첫 번째 근본 진리이니, 사유하고 수행하라. 모든 의식 작용은 고(苦)이다. 이것이 두 번째 근본 진리이니, 다 함께 사유하라. 모든 현상은 무아(無我)이다. 이것이 세 번째 근본 진리이니, 다 함께 사유하라. 모든 번뇌의 소멸이 열반이다. 이것이 네 번째 근본 진리이니, 다 함께 사유하라. 비구들아, 이 네 가지 근본 진리를 사유하라. 왜냐하면 그것으로 태어남·늙음·병듦·죽음·근심·슬픔·번뇌 등의 괴로움에서 벗어날 수 있기 때문이다.

● 보기 ●

ㄱ. 깨닫지 못한 사람은 죽음을 맞이해도 고통에서 벗어날 수 없다.
ㄴ. 죽음은 태어남을 조건으로 하는 보편적 현상임을 깨달아야 한다.
ㄷ. 현생에서 업을 쌓아 윤회의 과정에서 다시 태어남을 지향하며 수행해야 한다.
ㄹ. 만물이 상호 독립적인 실체임을 깨달아야만 생멸의 고통에서 벗어날 수 있다.

① ㄱ, ㄴ ② ㄱ, ㄷ ③ ㄴ, ㄷ
④ ㄴ, ㄹ ⑤ ㄷ, ㄹ

[24015-0047]

5 그림의 강연자의 입장으로 옳지 않은 것은?

어떤 사람들은 여성이 정당방위의 권리를 지니기 때문에 일정한 조건하에서는 인공 임신 중절을 할 권리가 있다고 주장합니다. 정당방위는 공격자가 정당한 이유 없이 고의적으로 방어자를 죽이려 하고, 방어자가 공격자를 죽이지 않으면 방어자가 죽게 될 때 성립 가능합니다. 그러나 태아는 무고하고, 임신부의 생명을 의도적으로 혹은 부당하게 위협하는 공격자로 볼 수 없습니다. 다시 말해 임신부의 생명을 위험에 빠뜨리는 것은 임신부가 죽은 후에 살아남을 수 없는 태아의 의도적인 행위가 아니므로 태아를 공격자로 간주하는 것은 부당합니다. 또한 임신부의 위험에 대한 방어도 제3자인 의사의 도움으로 이루어지므로 정당방위의 조건에서 벗어납니다.

① 자신의 생명을 지키기 위한 행위가 허용될 수 없는 경우가 있다.
② 임신부는 정당방위의 권리를 내세워 임신 중절을 선택할 수 있다.
③ 태아는 자립적인 존재라기보다 임신부의 생명에 종속되는 존재이다.
④ 아무런 잘못이 없는 존재를 해치는 것은 비도덕적 행위로 간주될 수 있다.
⑤ 임신부의 생명을 위한 의사의 인공 임신 중절 수술은 정당방위가 성립되지 않는다.

[24015-0048]

6 갑, 을의 입장에서 〈문제 상황〉 속 A에게 제시할 조언으로 가장 적절한 것은?

갑: 우리는 고통을 줄이고 행복을 증대해야 한다. 실천적 측면에서는 행복을 증대시키는 것보다 고통을 감소시키는 것이 더욱 강조된다. 당신이 경험해 본 가능한 최대 행복을 한 시간 동안 경험하기 위하여 당신이 경험해 본 최악의 고통을 한 시간 동안 기꺼이 경험할 수 있는가? 대다수 사람들은 그렇게 하려고 하지 않을 것이다. 따라서 안락사를 통해 환자의 고통을 제거하는 것을 허용해야 한다.

을: 연명 치료를 중단하고 안락사가 허용될 경우, 무고한 사람을 직접적으로 죽이는 것을 금지하는 현재의 금기가 약화되어 살인 행위를 규제하는 효과적인 경계선이 무너지게 될 것이다. 그렇게 되면 정당한 살인의 경계를 점점 더 확대하는 결과를 낳아서 결국 인간 생명의 존엄성에 대한 의식을 파괴하고 말 것이다.

〈문제 상황〉

A는 회생 불가능한 질병에 걸린 의식 없는 환자의 보호자이다. A는 환자의 고통을 제거하기 위한 안락사에 동의해야 할지 고민하고 있다.

① 갑: 환자에게 고통을 지속시키는 것이 오히려 해악이 될 수 있음을 명심하세요.
② 갑: 환자가 연명 치료를 지속하며 죽음을 맞이할 수 있도록 해야 함을 명심하세요.
③ 을: 자신에게 미칠 경제적 부담을 고려하여 안락사에 동의해야 함을 명심하세요.
④ 을: 죽음을 통해 고통을 제거해야 인간의 존엄성을 존중할 수 있음을 명심하세요.
⑤ 갑과 을: 회생 불가능한 환자에 대한 연명 치료는 인간 생명의 존엄성을 침해함을 명심하세요.

[24015-0049]

7 **(가)의 입장에 비해 (나)의 입장이 갖는 상대적 특징을 그림의 ㉠~㉤ 중에서 고른 것은?**

(가) 회생 불가능한 환자의 요청에 따라 생명 유지에 필수적인 치료를 중단하여 환자를 자연스러운 죽음에 이르게 하는 안락사만 도덕적으로 정당화될 수 있다.
(나) 회생 불가능한 환자가 의식이 없는 상태에서 가족의 동의만으로도 약물을 먹이거나 주사하는 등 적극적인 방법으로 죽음에 이르게 하는 것은 불필요한 고통을 제거할 수 있으므로 도덕적으로 정당화될 수 있다.

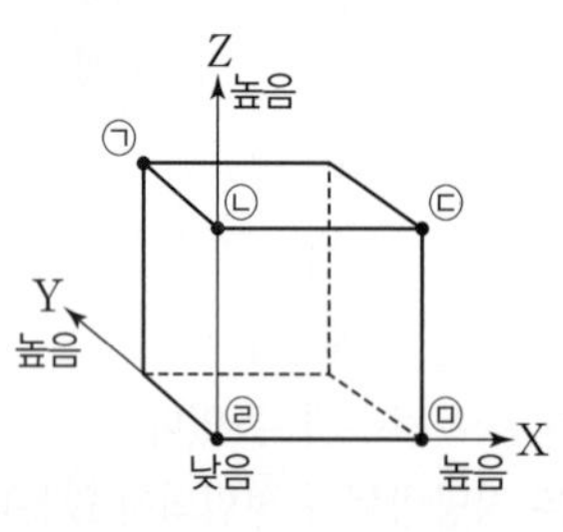

• X: 회생 불가능한 환자가 지닌 자기 결정권에 대한 존중을 강조하는 정도
• Y: 회생 불가능한 환자가 자연스러운 죽음에 이르는 것을 강조하는 정도
• Z: 회생 불가능한 환자가 죽음에 이르도록 의료진의 적극적인 개입을 허용하는 정도

① ㉠ ② ㉡ ③ ㉢ ④ ㉣ ⑤ ㉤

[24015-0050]

8 **다음 신문 칼럼의 입장에서 지지할 견해로 가장 적절한 것은?**

○○ 신문 ○○○○년 ○○월 ○○일

칼럼

뇌라고 하는 생명 유지 기능을 지니는 중요한 장기가 죽더라도, 연명 치료 등으로 얼마 동안은 환자의 심장 박동을 유지시킬 수 있다. 그러나 이 상태의 유지는 영구적인 것이 아니다. 아무리 연명 치료로 폐나 심장을 활동하게 하려 해도, 반드시 심장이 멎고 죽음에 이르게 된다. 이렇게 보면 뇌사는 죽음의 전 단계라고도 생각할 수 있다. 뒤집어 말하면 뇌사 판정 이후 만약 생명이 소생하는 일이 있으면 그것은 '뇌사라고 하는 판정'이 틀린 것이 된다. 그렇다면 장기 이식과 관련하여 뇌사 판정이 옳았다는 것을 어떻게 증명할 수 있을까? 뇌사 판정 이후 연명 치료를 지속하다가 심장이 멎어 죽음에 이르게 된 경우에는 뇌사 판단이 옳았다는 것이 증명된다. 그러나 뇌사 판정 이후 환자에게 연명 치료를 중단한 경우, 뇌사 판정의 정확성은 결과로 증명할 수가 없다. 연명 치료의 중단으로 죽음에 이르게 되었는지, 뇌사로 죽음에 이르게 되었는지 분별이 어렵게 된다. 이렇듯 뇌사 판단에 따라 뇌사자로부터 중요 장기를 적출한 경우, 뇌사 판정이 오류라면 이것은 살인 행위가 된다. 뇌사 판정의 정확성을 결과로 증명할 수 없다면 뇌사 상태에서의 장기 이식을 다시 한번 고려해 보아야 할 것이다.

① 뇌사를 죽음의 기준으로 허용하여 유용성을 증진해야 한다.
② 뇌사 판정을 통해 다른 생명을 살리는 행위가 해악이 될 수 있다.
③ 뇌사로 예측되는 경우에는 환자에 대한 연명 치료를 중단해야 한다.
④ 죽음의 결과를 통해 뇌사 판정의 정당성을 입증하는 것은 불가능하다.
⑤ 연명 치료 후의 죽음을 통해서는 뇌사 판정의 오류 여부를 판단할 수 없다.

04 생명 윤리

생명 복제와 유전자 치료 문제

1. 생명의 존엄성에 관한 윤리적 관점

(1) 생명 과학

① 의미: 생명 현상의 본질과 그 특성을 연구하는 학문

② 성과와 한계: 인간의 삶의 질 향상에 기여했으나 다양한 문제가 발생함

(2) 생명 윤리와 생명의 존엄성

① 의미: 생명을 책임 있게 다루는 것과 관련된 모든 경우에 대한 윤리적 고려 → 생명의 존엄성에 관한 인식을 바탕으로 생명 과학 기술의 윤리적 정당성과 한계를 성찰함

② 필요성: 생명 과학의 한계 극복 → 생명 과학은 주로 생명의 과학적 현상을 다루기 때문에 생명의 존엄성에 대한 근거를 밝혀 주지 못함

③ 동서양의 생명관: 생명 윤리의 이론적 바탕이 됨

동양	• 도가: 자연스럽게 태어나고 자라는 것을 인위적으로 조장하는 일은 바람직하지 못함 • 불교: 모든 생명은 연기를 바탕으로 상호 의존 관계에 있고, 인간은 함부로 살생을 하지 말아야 함
서양	그리스도교: 신의 피조물인 생명은 존엄하면서도 일정한 위계를 가짐 → 아퀴나스와 슈바이처의 생명 사상으로 계승됨

(3) 생명 과학과 생명 윤리의 올바른 관계

① 공통적으로 생명의 존엄성 실현을 목적으로 함 → 생명의 존엄성을 근거로 다양한 생명 윤리 문제를 성찰해야 함

② 상호 보완적 관계: 생명 윤리는 생명 과학의 지식을 바탕으로 제시되어야 하고, 생명 과학은 생명 윤리의 도움을 받아 문제를 최소화해야 함

2. 생명 복제와 관련된 생명 윤리 문제

(1) 생명 복제의 의미: 동일한 유전 형질을 가진 생명체를 만들어 내는 기술

(2) 생명 복제의 구분: 동물 복제와 인간 복제로 나뉨

(3) 동물 복제에 대한 입장

찬성 입장	• 동물 복제를 통해 우수한 품종을 개발 · 유지할 수 있음 • 희귀 동물을 보존하고, 멸종 동물을 복원할 수 있음
반대 입장	• 동물 복제는 자연의 질서에 어긋나는 행위이고, 종의 다양성을 해침 • 동물의 생명이 인간의 유용성을 위한 도구가 될 수 있음

(4) 인간 복제에 대한 입장

① 구분: 인간 복제는 질병 치료를 주목적으로 줄기세포를 연구하는 배아 복제와 새로운 생명체를 탄생시키는 개체 복제로 나뉨

② 배아 복제의 윤리적 쟁점

찬성 입장	• 복제 과정에서 이용하는 배아는 아직 완전한 인간이 아님 • 생식 초기에 관한 연구, 인체 조직과 장기 복구, 질병 치료 등에 활용할 수 있음
반대 입장	• 복제 배아는 인간의 지위를 지닌 생명이므로 보호되어야 함 • 배아 복제를 위한 난자 확보 과정에서 여성의 건강권과 인권을 훼손할 수 있음

생명 의료 윤리 원칙
생명 의료 윤리학자인 비첨과 칠드레스는 생명 의료 윤리의 원칙으로 인간의 자율성을 존중해야 한다는 '자율성 존중의 원칙', 환자 또는 피험자에게 해를 주어서는 안 된다는 '악행 금지의 원칙', 환자 또는 피험자의 이익을 도모해야 한다는 '선행의 원칙', 의료 자원과 연구의 성과가 공정하게 분배되어야 한다는 '정의의 원칙'을 제시함

줄기세포
아직 미분화한 상태의 세포로, 여러 종류의 신체 조직으로 분화할 수 있는 능력을 가진 세포

배아 복제
체세포 핵 이식 기술을 활용하여 세포 복제 후 배아 단계까지만 발생을 진행시키는 것

개념 체크

1. 생명 현상의 본질을 연구하는 생명 과학의 윤리적 정당성과 그 한계를 다루기 위해 (　　)이/가 등장하였다.
2. 불교에서는 모든 생명이 (　　)을/를 바탕으로 상호 의존 관계에 있기 때문에 인간의 살생을 금한다는 입장을 취한다.
3. 동일한 유전 형질을 가진 생명체를 만들어 내는 기술을 (　　)(이)라고 한다.

정답
1. 생명 윤리
2. 연기
3. 생명 복제

③ 개체 복제의 윤리적 쟁점

찬성 입장	• 불임 부부가 유전적 연관이 있는 자녀를 가질 수 있음 • 복제 인간도 서로 다른 선택과 경험, 환경에서 독자적 삶을 살아갈 수 있기 때문에 고유성 문제는 우려 사항이 아님
반대 입장	• 인간의 존엄성 훼손: 복제를 원한 사람의 의도에 따라 복제 인간을 도구로 이용할 수 있음 • 자연스러운 출산 과정에 위배: 한 사람의 체세포로부터 인간이 복제된다면 인간의 상호 의존성이 파괴될 수 있음 • 인간의 고유성 위협: 복제된 인간은 체세포를 제공한 사람과 유전 형질이 같으므로 자신의 고유성을 갖기 어려움 • 가족 관계에 혼란 초래: 체세포와 난자를 제공한 사람과 복제 인간이 부모 자녀 관계인지 형제자매 관계인지 불분명함

✪ 체세포
생식 세포를 제외한 동식물을 구성하는 모든 세포

개념 플러스 | 배아의 도덕적 지위를 주장하는 논거

- 종(種)의 구성원 논거: 배아를 인간 종의 한 구성원으로 볼 수 있음
- 동일성 논거: 배아와 배아가 성장해서 존재할 생명체는 같다고 볼 수 있음
- 잠재성 논거: 배아는 인간으로 성장할 잠재성을 지니고 있음
- 연속성 논거: 인간의 발달 과정은 끊임없이 연속적임

✪ 생식 세포
생식을 통해서 유전 정보를 다음 세대로 전달하는 세포로 일반적으로 정자와 난자를 의미함

✪ 우생학
유전자 조작이나 유전자 선택을 통해 인간의 종이나 집단 또는 개체를 개량하려고 시도하는 것으로, 소극적 우생학과 적극적 우생학으로 구분함. 소극적 우생학은 질병의 예방이나 치료를 목적으로 유전자를 조작하는 것이고, 적극적 우생학은 능력이나 자질을 향상하기 위해 유전자를 선별하거나 조작하는 것임

3. 유전자 치료와 관련된 생명 윤리 문제

(1) **유전자 치료의 의미**: 질병을 치료하기 위해 체세포 또는 생식 세포 안에 정상 유전자를 넣어 유전자의 기능을 바로잡거나 이상 유전자 자체를 바꾸는 치료법

(2) **구분**: 치료 대상에 따라 체세포 유전자 치료와 생식 세포 유전자 치료로 나뉨

(3) **체세포 유전자 치료**

① 의미: 유전자 운반체인 바이러스를 이용해 유전 물질을 환자의 체세포에 삽입하여 질병을 치료하는 방법

② 특징: 치료를 위해 주입된 유전자는 주로 환자 개인에게만 영향을 끼치므로 환자의 질병 치료를 위해 제한적으로 허용하고 있음. 단, 생명 의료 윤리 원칙에 따른 과학적 · 의학적 · 윤리적 검토가 지속적으로 필요함

(4) **생식 세포 유전자 치료의 윤리적 쟁점**

① 의미: 수정란이나 발생 초기의 배아에 유전 물질을 삽입하여 질병을 치료하는 방법

② 특징: 생식 세포에 영향을 주어 변형된 유전적 정보가 후세대에 직접적인 영향을 미침 → 윤리적으로 논란의 소지가 있음

③ 생식 세포 유전자 치료에 대한 찬반 논거

찬성 입장	• 병의 유전을 막아 다음 세대의 병을 예방할 수 있음 • 유전병을 퇴치하는 등 의학적으로 유용함 • 유전 질환을 물려주지 않으려는 부모의 자율적 선택을 존중하는 것임 • 새로운 치료법 개발을 통해 경제적 효용 가치를 산출할 수 있음
반대 입장	• 미래 세대의 동의 여부가 불확실함 • 의학적으로 불확실하고 임상적으로 위험함 • 인간의 유전자를 조작하는 우생학을 부추길 수 있음 • 고가의 치료비로 그 혜택이 일부 사람에게 치중되어 분배 정의에 어긋날 수 있음

개념 체크

1. 인간 복제는 질병 치료를 주목적으로 하여 줄기세포를 활용하는 배아 복제와 새로운 생명체를 탄생시키는 (　　)(으)로 나누어 볼 수 있다.
2. 배아를 인간 종(種)의 한 구성원으로 볼 수 있기 때문에 배아의 도덕적 지위를 주장하는 논거는 (　　) 논거이다.
3. (　　)은/는 수정란이나 발생 초기의 배아에 유전 물질을 삽입하여 질병을 치료하는 방법이다.

정답
1. 개체 복제
2. 종(種)의 구성원
3. 생식 세포 유전자 치료

동물 실험과 동물 권리의 문제

1. 동물 실험의 윤리적 쟁점

(1) **동물 실험의 의미**: 의학 및 생명 과학 연구 과정에서 살아 있는 동물을 대상으로 수행하는 실험

(2) **동물 실험의 실태**: 신약 개발을 위한 연구, 화장품과 세제 등 공산품의 안전성 검사, 실험 방법 교육 등에서 광범위하게 이루어지고 있으며, 다양한 종의 동물이 실험에 사용되고 있음

(3) **찬반 논거**

찬성 입장	• 인간과 동물의 지위는 차이가 있고, 인간은 동물을 이용할 수 있음 • 인간과 동물은 생물학적으로 유사하여 동물 실험의 결과를 인간에게 적용할 수 있음 • 동물 실험으로 인간의 생명과 건강을 보호할 중요한 이익을 얻을 수 있음 • 확실하고 믿을 만한 동물 실험의 대안이 없음
반대 입장	• 인간과 동물은 존재 지위에 별 차이가 없음 • 인간과 동물은 생물학적으로 유사하지 않으므로 동물 실험의 결과를 인간에게 바로 적용하기 어려움 • 동물 실험 이외의 다른 가능한 연구의 기회를 막아 의학적 발전이 늦춰짐 • 인간 세포와 조직을 이용한 실험, 컴퓨터 모의실험 등 대안적 방법이 존재함

자료 플러스 **동물 실험에 비판적인 관점의 사상적 근거**

• 동물들이, 폭군이 아닌 한 어느 누구도 그들에게서 빼앗아 갈 수 없는 자신의 권리를 획득할 날이 올지도 모른다. …(중략)… 완전히 자란 말이나 개는 하루나 일주일이나 한 달이 된 유아와는 비교할 수 없을 정도로 말이 더 잘 통하고, 더 합리적인 동물이다. 그것들이 설사 그렇지 않다고 하더라도, 그게 그렇게 중요한 사실인가? 중요한 것은 그들이 이성을 갖는가, 그들이 말을 하는가가 아니라 그들이 고통을 겪는가이다.

– 벤담, "도덕과 입법의 원리 서설" –

• 만약 어떤 존재가 고통을 느낀다면, 그와 같은 고통을 고려하지 않으려는 것은 도덕적으로 정당화될 수 없다. 평등의 원리는 그 존재가 어떤 특성을 갖건 그 존재의 고통을 다른 존재의 동일한 고통과 동등하게 취급할 것을 요구한다. 따라서 쾌고 감수 능력은 다른 존재들의 이익에 관심을 가질지의 여부를 판가름하는, 우리가 옹호할 수 있는 유일한 경계가 되는 것이다.

– 싱어, "동물 해방" –

오랜 기간 동안 동물 실험은 인체 실험을 대신해 시행되어 왔으며 오늘날에도 시행되고 있다. 이를 비판하는 입장에서는 동물도 고통을 느끼는 존재임을 알고 그들을 고려해야 한다고 주장한다.

2. 동물 권리 논쟁

(1) **동물 권리에 관한 여러 가지 문제**: 음식을 위한 동물 사육, 의복을 위한 동물 사육, 유희를 위한 동물 활용, 반려동물 학대와 유기, 야생 동물의 생존권 위협 등

(2) **논쟁의 핵심**: 동물은 도덕적으로 고려받을 권리를 가지는가?

(3) **동물의 도덕적 권리를 인정하지 않는 입장**

아리스토텔레스	식물은 동물을 위해 존재하고, 동물은 인간을 위해 존재함
아퀴나스	신의 섭리에 따라 동물은 자연의 과정에서 인간이 사용하도록 운명 지어졌음
데카르트	동물은 '자동인형' 또는 '움직이는 기계'에 불과함 → 고통과 쾌락을 경험할 수 없음
칸트	• 동물은 자의식을 가지지 않고, 어떤 목적을 위한 수단임 • 동물을 잔학하게 다루는 것은 인간의 자기 자신에 대한 의무에 어긋남
코헨	• 동물은 윤리 규범의 고안 능력이나 자율성 등이 없으므로 도덕적 권리가 없음 • 의학 발전과 인간의 수많은 업적은 동물 실험으로 얻을 수 있었음

개념 체크

1. 아리스토텔레스는 식물은 동물을 위해 존재하고, 동물은 (　　)을/를 위해 존재한다고 주장하였다.
2. 데카르트는 동물이 '자동인형' 또는 '움직이는 (　　)'에 불과하다고 보았다.
3. 코헨은 동물이 윤리 규범의 고안 능력이나 자율성 등이 없으므로 도덕적 (　　) 이/가 없다고 보았다.

정답
1. 인간
2. 기계
3. 권리

자료 플러스 칸트의 인간 중심주의

자연 중에 생명이 없음에도 아름다운 것에 대해 파괴를 일삼는 것은 인간의 자기 자신에 대한 의무에 반한다. 왜냐하면 그것은 그 자체만으로는 도덕적인 것이 아니지만, 그럼에도 도덕성을 매우 촉진하고, 적어도 그를 위해 곧 무엇인가(예컨대, 광물계의 아름다운 결정체들, 식물계의 형언할 수 없이 아름다운 것)를 유용성에 대한 고려 없이도 사랑하도록 준비시키는 감성의 정조인, 인간 안의 감정을 약화시키거나 절멸시키기 때문이다. 이성은 없지만 생명이 있는 일부 피조물과 관련하여 동물들을 폭력적으로 그리고 동시에 잔학하게 다루는 것은 인간의 자기 자신에 대한 의무와 내면에서 더욱더 배치되는 것이다. 왜냐하면 그로 인해 동물들의 고통에 대한 공감이 인간 안에서도 둔화되고, 그로써 타인과의 관계에서의 도덕성에 매우 이로운 자연 소질이 약화되어, 점차로 절멸될 것이기 때문이다. …(중략)… 늙은 말이나 개가 오랫동안 수행한 봉사에 대한 감사마저도 간접적으로는 인간의 의무에 속한다. 곧 이러한 동물들과 관련한 감사의 정은 직접적으로 볼 때는 언제나 인간의 자기 자신에 대한 의무일 따름이다. – 칸트, "윤리 형이상학" –

칸트는 인간이 무생물인 광물이나 생명이 있는 식물, 동물을 함부로 다루는 것에 대해 반대하였다. 그 이유는 그것들이 그 자체로 도덕적으로 존중받을 만한 가치를 지니기 때문이 아니라 그것들을 함부로 다루는 인간의 행위가 인간성을 해친다고 보았기 때문이다.

(4) 동물의 도덕적 권리를 인정하는 입장

벤담	동물도 고통을 느끼기 때문에 도덕적으로 고려할 필요가 있음
싱어	이익 평등 고려의 원칙에 의거하여 쾌고 감수 능력을 지닌 동물의 이익도 평등하게 고려해야 함
레건	한 살 이상 정도의 포유류는 자신의 삶을 영위할 수 있는 능력, 즉 믿음, 욕구, 지각, 기억, 감정 등을 가진 삶의 주체에 해당하므로 인간처럼 내재적 가치를 지님 → 동물을 단지 인간의 목적을 위한 수단으로 이용하는 것은 부당함

✪ 싱어
"동물 해방", "실천 윤리학" 등의 저서를 쓴 윤리학자로, 쾌고 감수 능력을 가지는 모든 존재를 도덕적 고려 대상으로 삼아야 한다는 이익 평등 고려의 원칙을 주장함

자료 플러스 레건의 동물 권리론

우리의 내재적 가치가 동물의 그것보다 크다고 보아야 하는 이유가 무엇인가? 동물에게는 이성이나 자율성, 또는 지적 능력이 없어서 그렇다는 것인가? 하지만 당신이나 나의 내재적 가치가 지적 장애인이나 정신 장애인의 그것보다 크지 않음은 명백하다. 그들과 마찬가지로 경험적 삶의 주체인 동물의 내재적 가치보다 당신이나 나의 내재적 가치가 크다고 할 수 있는 이성적인 근거는 없다. 내재적 가치를 지닌 존재는 인간, 동물 할 것 없이 같은 정도의 내재적 가치를 지녔다. – 레건, "동물의 권리에 대한 급진적 평등주의 사례" –

레건은 도덕적 행위자와 도덕 무능력자인 일부 포유동물은 모두 동등한 내재적 가치를 지니며, 내재적 가치를 지닌 존재들을 그 가치를 존중하는 방식으로 대우해야 한다고 주장하였다.

개념 체크

1. 벤담은 동물도 (   )을/를 느끼기 때문에 도덕적으로 고려할 필요가 있다고 보았다.
2. 싱어는 (   )을/를 지닌 동물의 이익도 평등하게 고려해야 한다고 보았다.
3. 레건은 한 살 이상 정도의 포유류는 자신의 삶을 영위할 수 있는 (   )이므로 수단으로만 이용해서는 안 된다고 보았다.

정답
1. 고통
2. 쾌고 감수 능력
3. 삶의 주체

기출 플러스 동물 실험에 대한 찬반 입장 비교 [2022학년도 6월 모의평가]

(가) 인간의 행복을 위해서는 질병을 극복할 수 있는 신약이 개발되어야 한다. 개발 과정에서 인간에게 미칠 수 있는 신약의 부작용을 최소화하기 위해서는, 설령 동물에게 고통을 준다 해도 동물 실험은 불가피하다. 다만, 고통은 악(惡)이므로 연구자는 동물에게 가하는 고통을 최소화해야 한다.
(나) 질병은 극복되어야 할 인류의 과제이다. 하지만 인간과 동물은 질병의 종류와 증상이 매우 다르기 때문에, 동물 실험은 그 효과가 의심스러우며 신약 개발에 도움이 되지 않는다. 특히 인간처럼 쾌고 감수 능력을 지닌 동물에게 고통을 주는 동물 실험을 금지하고 그 대안을 강구해야 한다.

(가)는 동물 실험을 허용하는 입장으로 동물에게 고통을 주더라도 인간의 복지를 위해 동물 실험이 불가피함을 강조하고 있다. (나)는 동물 실험을 금지하는 입장으로 동물 실험으로 인해 동물이 고통을 겪게 되며, 동물 실험의 결과를 인간에게 적용하는 것에 문제가 있음을 지적하고 있다.

[24015-0051]

01 갑, 을의 입장으로 가장 적절한 것은?

갑: 동물 복제를 통해 멸종 위기의 동물을 보전하는 것은 동물이 지니고 있는 생명에 대한 권리를 존중하는 것입니다. 또한 동물 복제는 천적을 이용한 농업, 의학적인 용도 등에서 인간의 안녕과 이익에도 기여할 수 있습니다. 따라서 동물 복제는 동물뿐만 아니라 인간에게도 유익합니다.
을: 인간이 동물 복제를 통해 멸종 위기의 동물을 보전하는 일이 오히려 동물의 복지를 훼손할 수 있습니다. 동물 복제가 성공한 경우를 보면 수많은 동물 실험의 결과로 얻은 것입니다. 이는 동물 실험으로 동물의 고통이 증가하고 동물의 권리가 침해되었음을 의미할 뿐입니다. 따라서 동물 복제는 동물에게 유익하지 않습니다.

① 갑: 동물을 수단으로 취급하는 행위는 금지되어야 한다.
② 갑: 동물의 권리를 존중하는 것이 인간에게 해악이 된다.
③ 을: 동물은 도덕적 고려의 대상에 해당하는 존재이다.
④ 을: 동물 복제는 시행착오 없이 안정성이 확보된 행위이다.
⑤ 갑과 을: 동물 실험은 인간과 동물 모두에게 유용하다.

[24015-0052]

02 ㉠에 들어갈 진술로 가장 적절한 것은?

나는 배아 복제를 허용해서는 안 된다고 생각한다. 수정란부터 태아까지 생명의 연속성, 잠재성을 생각해 볼 때 배아 줄기세포 연구는 인간의 도덕적 지위와 동등한 배아의 도덕적 지위를 부정하고, 배아의 죽음을 전제로 시행되기 때문이다. 그런데 어떤 사람은 인간의 개체성이 착상과 더불어 시작된다고 주장한다. 그는 착상 전 배아는 일란성 쌍둥이나 하나의 태아가 될 가능성을 지닌 세포일 뿐 개체가 아니므로 배아 줄기세포 연구를 허용해야 한다고 주장한다. 나는 이러한 주장이 [㉠]고 생각한다.

① 배아는 독립된 개체로 인정될 수 없음을 간과한다
② 착상 전후로 배아의 지위가 다를 수 있음을 간과한다
③ 배아는 연구를 위한 도구로 간주할 수 없음을 간과한다
④ 수정란부터 태아까지의 발달 단계가 구분됨을 간과한다
⑤ 잠재적인 인간은 도덕적 지위를 지닐 수 없음을 간과한다

[24015-0053]

03 갑은 긍정, 을은 부정의 대답을 할 질문으로 가장 적절한 것은?

갑: 자유에 대한 간섭은 오직 그 행위가 타인에게 미치는 해악을 방지할 경우에만 정당화된다. 인간 개체 복제는 비록 전통적인 가족 관계와는 다른 의미이지만, 출산과 동일한 의미이며 타인에게 해악을 주지 않는다. 따라서 불임 부부에게 유전적으로 관련 있는 자녀를 갖게 하고 생식의 자유를 실현할 수 있도록 인간 개체 복제를 허용해야 한다.
을: 동물 복제의 과정을 보면 출산과 달리 수많은 시행착오가 필요하고 복제된 동물은 각종 질환을 갖고 태어났다. 이를 인간에게 적용해 보면 출산과 달리 복제 인간을 만들기 위해 수많은 난자와 대리 임신모가 있어야만 복제 인간의 탄생이 가능하며, 탄생한 복제 인간은 각종 질환을 갖게 될 것이다. 이처럼 사회에 해악을 증가시킬 인간 개체 복제를 허용해서는 안 된다.

① 인간 개체 복제는 사회적 유용성을 감소시키는가?
② 인간 개체 복제는 타인의 권리를 침해하는 행위인가?
③ 인간 개체 복제를 출산과 같은 행위로 간주할 수 있는가?
④ 인간 개체 복제로 인해 복제 인간의 건강을 해칠 수 있는가?
⑤ 인간 개체 복제는 전통적인 가족 관계를 깨트려 해악을 끼치는가?

[24015-0054]

04 다음 신문 칼럼의 입장에서 지지할 견해로 가장 적절한 것은?

○○ 신문 ○○○○년 ○○월 ○○일

칼럼

유전자 정보는 친자 확인과 관련해 유용하게 활용될 수 있다. 하지만 유전자 정보는 결혼, 입양, 보험 가입 등에서 차별적 요소로 작용할 수도 있다. 예컨대 유전 질환의 유전자를 가진 사람은 보험 가입에서 우선적으로 배제될 가능성이 있다. 특히, 유전자 치료 과정에서 유전자 검사로 인해 유전자 정보가 수집될 수 있다. 이때 개인의 유전자 정보가 인터넷과 같은 공중망을 통해 공개되어 악용되지 않도록 유전자 정보에 대한 프라이버시권을 철저히 보장해야 한다.

① 유전자 정보에 따라 개인 간의 차별이 발생할 수 있다.
② 유전자 정보가 공개되어야 사회적 선이 향상될 수 있다.
③ 유전자 정보는 치료 목적 이외에는 이용해서는 안 된다.
④ 유전자 치료의 과정에서 유전자 정보 보안은 불필요하다.
⑤ 유전자 정보 수집에 대한 자유를 무제한으로 보장해야 한다.

[24015-0055]

05 갑, 을의 입장으로 가장 적절한 것은?

갑: 유전자 치료는 환자 본인을 치료하기 위한 목적으로 허용해야 한다. 하지만 생식 세포 유전자 치료는 향상된 인간을 출생하기 위한 유전자 조작으로 이어질 수 있다. 따라서 생식 세포 유전자 치료는 치료의 범위를 넘어 활용될 수 있으므로 허용해서는 안 된다.
을: 생식 세포 유전자 치료는 체세포 유전자 치료와 달리 유전병을 출생 이전에 치료할 수 있다. 생식 세포 유전자 치료는 유전 질환으로 인한 인공 임신 중절을 사전 예방하여 인간의 생명을 존중할 수 있으므로 허용해야 한다.

① 갑: 자질 강화를 위해 유전자 치료를 허용할 수 있다.
② 갑: 태어날 자녀의 유전 질환에 대한 치료가 필요하다.
③ 을: 유전 질환을 발병 전에 치료하는 것을 허용해야 한다.
④ 을: 유전자 치료의 결과는 인간의 존엄성 침해로 이어진다.
⑤ 갑과 을: 후세대의 사전 동의 없는 유전자 치료를 허용해서는 안 된다.

[24015-0056]

06 갑 사상가의 입장에 비해 을 사상가의 입장이 갖는 상대적 특징을 그림의 ㉠~㉤ 중에서 고른 것은?

갑: 식물은 동물을 위해 존재하며 동물은 인간을 위해 존재한다. 모든 동물은 이성적 존재인 사람을 위해 만들어졌음에 틀림없다. 가축은 인간에게 사용되기 위해 또는 식용으로 쓰이기 위해 존재하며, 야생 동물은 식용으로 사용되기 위해, 의복과 다양한 도구 등의 다른 생활 부속품으로 사용되기 위해 존재한다.
을: 완전히 자란 말이나 개는 하루나 일주일이나 한 달이 된 유아와는 비교할 수 없을 정도로 말이 더 잘 통하고, 더 합리적인 동물이다. 그렇지만 그것들이 설사 그렇지 않다고 하더라도, 그게 그렇게 중요한 사실인가? 중요한 것은 그들이 이성을 갖는가, 그들이 말을 하는가가 아니라 그들이 고통을 느낄 수 있는가이다.

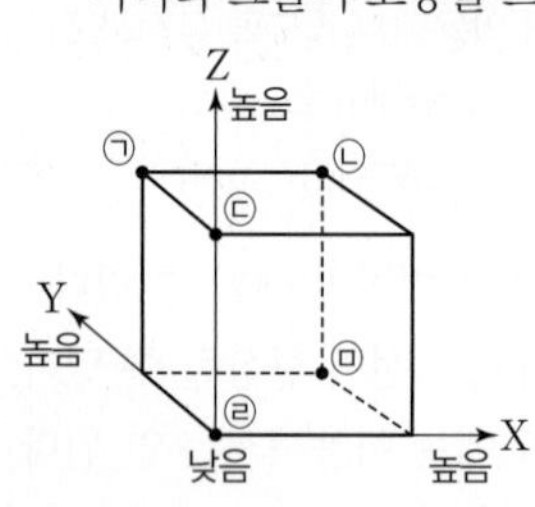

• X: 인간의 수단으로 동물을 바라볼 것을 강조하는 정도
• Y: 이성을 기준으로 도덕적 지위의 우열을 강조하는 정도
• Z: 도덕적 고려의 대상 선정에서 감각 능력을 강조하는 정도

① ㉠ ② ㉡ ③ ㉢ ④ ㉣ ⑤ ㉤

[24015-0057]

07 다음을 주장한 사상가의 입장만을 〈보기〉에서 있는 대로 고른 것은?

만약 쾌고 감수 능력을 가진 어떤 존재가 아픔이나 고통을 느낄 수 있거나 거꾸로 삶을 즐길 수 있다면, 우리는 이러한 능력이 손상되지 않은 정상인의 유사한 이익을 배려하는 것과 다를 바 없이 그 존재의 이익을 고려해야 한다. 만약 우리가 단순히 우리와 동일 종(種)이 아니라는 이유로 동물의 이익을 무시하거나 경시한다면 우리가 취하는 논리는 대부분의 노골적인 인종주의자나 성차별주의자의 입장과 유사한 것이 된다.

보기

ㄱ. 이성의 능력이 없는 동물을 배려하지 않는 태도는 배척되어야 한다.
ㄴ. 동물 학대가 인간 학대로 이어질 수 있기 때문에 동물에게 친절해야 한다.
ㄷ. 동물의 고통보다 매우 큰 이익이 발생하는 경우에는 동물 실험이 정당화될 수 있다.
ㄹ. 고통을 느낄 수 있는 동물이 도덕적 행위 주체가 아니더라도 도덕적으로 고려해야 한다.

① ㄱ, ㄴ ② ㄱ, ㄷ ③ ㄴ, ㄹ ④ ㄱ, ㄷ, ㄹ ⑤ ㄴ, ㄷ, ㄹ

[24015-0058]

08 갑, 을 사상가들의 입장으로 가장 적절한 것은?

갑: 늙은 말이나 개가 오랫동안 수행한 봉사에 대한 감사마저도 간접적으로는 인간의 의무에 속한다. 곧 이러한 동물들과 관련한 감사의 정은 직접적으로 볼 때는 언제나 인간의 자기 자신에 대한 의무일 따름이다.
을: 도덕 행위자이든 도덕 무능력자이든 모두 동등한 내재적 가치를 지닌다. 한 살 이상의 포유류는 도덕 무능력자이지만 삶의 주체로서 내재적 가치를 지닌다. 내재적 가치를 지닌 존재들은 최선의 결과를 확보하는 단순한 수단으로 취급되어서는 안 된다.

① 갑: 비이성적인 동물을 목적 그 자체로 대우해야 한다.
② 갑: 생명이 있는 존재라면 도덕적 고려의 대상에 포함되어야 한다.
③ 을: 동물이 권리를 가지려면 쾌고 감수 능력을 지녀야 한다.
④ 을: 인간에게 이익이 되는 경우에만 삶의 주체인 동물을 도덕적으로 존중해야 한다.
⑤ 갑과 을: 유용성의 여부에 따라 동물에게 도덕적 지위를 부여해야 한다.

[24015-0059]

1 다음 신문 칼럼의 입장에서 지지할 견해로 가장 적절한 것은?

○○ 신문 ○○○○년 ○○월 ○○일

칼럼

인류에게 유용한 특성을 지닌 동물은 자연적으로 내버려두면 그 번식에 한계가 있지만, 인간이 인위적으로 동물을 복제할 수 있다면 그러한 동물을 무한히 만들어 낼 수 있는 장점이 있다. 한 걸음 더 나아가 유전 공학을 이용하여 인간에게 유용한 유전자 변형 동물을 만들어 내고 대량 복제해 낸다면 인류의 식량난이나 질병 치료에 획기적인 사건이 될 수도 있다. 그런데 이렇게 유용한 동물 복제가 왜 윤리적으로 문제시되는가? 인간을 위한 동물 복제의 경우 필연적으로 특정 유전자를 지닌 개체의 복제에 이르게 된다. 게다가 인간에게 유용한 유전자 변형 동물 복제의 경우에는 이러한 현상이 더욱 심각할 것이다. 그 결과 유전적 다양성의 훼손을 가져올 것이고, 유전적 다양성의 훼손은 곧 자연 생태계에 부정적인 영향을 미칠 것이다. 새로운 유전 형질을 지닌 생물종의 출현이 생태계에 부정적인 영향을 미친다는 점은 쉽게 수긍이 갈 수 있다. 이렇듯 동물 복제는 이익보다 손실이나 해악이 크기 때문에, 그리고 그 손실을 막을 길이 없기 때문에 허용되어서는 안 된다.

① 동물의 유전자를 변형하여 인간의 이익에 기여하도록 해야 한다.
② 동물 복제는 인간과 동물의 이익 증진과 종의 보전으로 이어진다.
③ 동물에 대한 유전자 조작으로 생태계의 다양성을 촉진할 수 있다.
④ 동물 복제는 인류의 문제들에 대한 해결책이므로 시행되어야 한다.
⑤ 동물 복제에 대한 허용 여부는 공리의 원리에 따라 결정되어야 한다.

[24015-0060]

2 갑은 부정, 을은 긍정의 대답을 할 질문으로 가장 적절한 것은?

갑: 복제 배아를 자궁에 착상시키면 이미 동물 복제와 같이 매우 낮은 확률이기는 하지만 인간 존재, 즉 복제 인간이 태어나게 될 것이다. 이렇듯 복제 배아를 인간 개체로 발달할 수 있는 잠재성을 가진 존재라고 한다면 복제 배아가 도덕적 지위를 지닌다고 보아야 한다. 따라서 복제 배아를 이용한 줄기세포 연구는 도덕적 지위를 지닌 배아를 연구 목적을 위해 임의로 창출하여 수단화하는 행위일 뿐이므로, 복제 배아를 이용한 연구는 허용되어서는 안 된다.

을: 복제 배아를 이용한 줄기세포 연구의 목적을 위해 배아를 창출하는 것에 대해 인간을 수단화한다는 비판의 소리가 있다. 그런데 복제 배아는 정자와 난자가 수정한 배아와 동일한 인간 배아가 아니다. 인간의 유전적 고유성은 정자와 난자의 염색체가 함께 합해서 전혀 새로운 유전체를 만드는 데 기인한다. 복제 배아는 체세포 기증자의 유전체와 동일하기 때문에 유전적 고유성이 없으므로 도덕적 지위를 지니지 못한다. 따라서 복제 배아를 이용한 연구는 허용 가능하다.

① 복제 배아가 지닌 유전체는 복제 배아만이 지닌 유일한 유전체인가?
② 복제 배아는 인간으로 성장할 가능성을 가진 존재로 바라볼 수 있는가?
③ 복제 배아를 수단화하여 이용하는 줄기세포 연구가 허용될 수 있는가?
④ 복제 배아와 온전한 인간은 모두 도덕적 지위를 지닌 존재로 간주해야 하는가?
⑤ 복제 배아를 이용하는 줄기세포 연구는 배아의 도덕적 지위를 부정하는 행위인가?

[24015-0061]

3 (가)의 갑, 을의 입장을 (나) 그림으로 표현할 때, A~C에 해당하는 적절한 진술만을 〈보기〉에서 있는 대로 고른 것은?

(가)

갑: 불임 부부에게 인간 개체 복제는 시험관 아기와 같은 생식 보조술에 지나지 않는다. 인간 개체 복제는 불임으로 자녀를 갖지 못해 고통받는 부부에게 희망이 될 수 있다. 또한 인간 개체 복제는 태어날 아이의 유전적 질병의 위험을 예방하고 선천적 능력을 향상하는 데 기여할 수 있다. 인간 개체 복제는 생식 보조술로 활용되어 인구 감소와 같은 사회적 문제를 해결하는 데에도 유용하게 이용될 수 있으므로 허용되어야 한다.

을: 불임 부부와 유전적 연관이 있는 자녀를 출산할 수 있다는 인간 개체 복제는 부모 중 한 사람과 아기의 유전자가 동일하므로 부모 모두의 유전적 형질을 가질 아기의 권리를 침해할 뿐이다. 인간 개체 복제를 통해 탄생한 아기는 부부 중 체세포를 제공한 한 사람의 쌍둥이 동생이 될 뿐이다. 자연적 부모가 없는 복제 인간을 만들게 되면 부부의 결합과 그로 인한 가정을 토대로 하는 사회의 근원적 구조를 붕괴시킬 것이므로 인간 개체 복제는 금지되어야 한다.

(나)

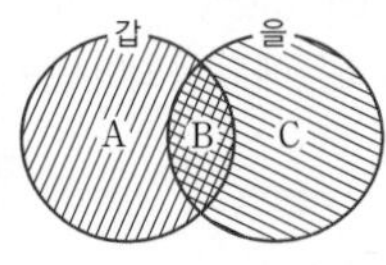

〈범 례〉
A: 갑만의 입장
B: 갑, 을의 공통 입장
C: 을만의 입장

● 보 기 ●

ㄱ. A: 인간 개체 복제를 생식 보조술로 간주하고 허용해야 한다.
ㄴ. B: 인간 개체 복제를 통해 새로운 가족 구성원을 구성할 수 없다.
ㄷ. B: 인간 개체 복제는 사회적 영향을 고려하여 허용 여부를 결정해야 한다.
ㄹ. C: 인간 개체 복제로 태어난 아기는 부모의 자녀로 간주해야 한다.

① ㄱ, ㄴ ② ㄱ, ㄷ ③ ㄷ, ㄹ ④ ㄱ, ㄴ, ㄹ ⑤ ㄴ, ㄷ, ㄹ

[24015-0062]

4 다음 토론의 핵심 쟁점으로 가장 적절한 것은?

갑: 유전병이 초래할 정신적 · 경제적 고통을 고려해 볼 때, 이러한 고통을 방지할 수 있는 유전자 치료의 정당성은 부인하기 어려울 것입니다. 따라서 치료 목적의 유전자 치료를 허용해야 합니다.

을: 동의합니다. 다만 체세포 유전자 치료는 안정성을 위해 임상 실험이 필요합니다. 그러나 생식 세포 유전자 치료는 체세포 유전자 치료와 달리 배아의 파기가 수반되는 연구가 필요하므로 금지해야 합니다.

갑: 아닙니다. 인간의 발생 과정에는 배아와 태아가 구분되는 시점이 있습니다. 배아는 도덕적 지위가 없으므로 연구 과정에서 파기되더라도 윤리적 문제를 일으키지 않습니다. 유전병을 끊기 위한 생식 세포 유전자 치료도 허용해야 합니다.

을: 그렇지 않습니다. 불확실한 기준으로 배아와 태아를 차별해서는 안 됩니다. 도덕적 지위를 지닌 배아를 파기하는 연구가 수반된 생식 세포 유전자 치료를 금지해야 합니다.

① 배아와 태아의 도덕적 지위 여부를 판단할 수 있는가?
② 생식 세포 유전자 치료의 연구 과정에서 배아는 파기될 수 있는가?
③ 치료를 목적으로 하는 생식 세포 유전자 치료를 허용해야 하는가?
④ 배아를 이용한 연구가 필요 없는 유전자 치료를 허용해야 하는가?
⑤ 유전병에 따른 고통으로 인해 체세포 유전자 치료의 정당성이 확보되는가?

[24015-0063]

5 **갑, 을의 입장으로 가장 적절한 것은?**

> 갑: 인간이 자연적 재앙에 저항하려는 것이나 자연이 인간에게 수여한 능력을 개선시키는 것이 항상 잘못된 것은 아니다. 사람들은 항상 그렇게 해 왔다. 페니실린을 발명해서 사용하는 것과 복제되고 조작된 유전자를 페니실린이 치료하는 질병보다 더 끔찍한 질병을 치료하기 위해서 사용하는 것 사이에는 차이가 없다. 당신 아이의 체중을 줄이거나 신장을 늘이기 위해서 강한 운동을 시키는 것과 그와 동일한 목적으로 배아였을 때 그의 유전자를 바꾸는 것 사이의 차이는 없다.
>
> 을: 미래의 인격체인 배아의 유전적 소질을 조작할 수 있는 힘이 확대된다는 것은 인격체가 자신의 유전자 조합을 비난할 수도 있는 행위로 이어질 수 있음을 의미한다. 자라나는 인격체는 자신의 디자이너를 붙잡고 왜 그에게 수학적 재능을 주기로 결정하면서 자신이 실제로 원하는 성공한 운동선수나 피아니스트가 되기 위해 훨씬 유용할 육상 능력이나 음악적 재능을 주기를 거부했는지 그 이유를 따져 물을 수 있을 것이다. 이러한 관점에서 볼 때 유전자 조작으로 후세대의 자질을 강화하는 것을 허용해서는 안 된다.

① 갑: 출산으로 이어지는 과정에 인위적인 개입을 허용해서는 안 된다.
② 갑: 개인의 자질을 향상하기 위한 행위가 모두 비도덕적인 것은 아니다.
③ 을: 본인의 동의가 없더라도 개인의 능력을 향상하는 행위는 정당화된다.
④ 을: 후세대의 유전적 소질을 조작하는 것은 후세대의 선을 향상하는 것이다.
⑤ 갑과 을: 일반적인 질병 치료와 유전자 조작으로 건강을 개선하는 것은 서로 같지 않다.

[24015-0064]

6 **㉠에 들어갈 진술로 가장 적절한 것은?**

> 나는 욕구, 목표, 희망, 선호 등과 같은 다양한 긍정적인 이해 관심을 갖고, 자신이 삶의 주체임을 경험할 수 있는 일부 포유류는 내재적 가치를 지닌다는 점에서 도덕적 권리를 갖는다고 생각한다. 내재적 가치라는 권리를 갖는 존재라면 그 존재의 내재적 가치를 존중하는 방식으로 대우해야 한다. 따라서 동물 실험은 내재적 가치를 지닌 존재를 다른 존재의 이익을 위한 수단으로만 이용하므로 금지되어야 한다. 하지만 어떤 사람들은 이성을 지닌 인간만이 도덕적 지위를 지닐 수 있으므로 인간의 이익을 위한 동물 실험은 정당하다고 주장한다. 나는 이러한 사람들이 [㉠]고 생각한다.

① 이성을 지니지 못한 동물이 도덕적 지위를 지닐 수 있음을 간과한다
② 개체가 도덕적 지위를 지니기 위해서는 사유 능력이 필요함을 간과한다
③ 내재적 가치를 지니고 있는 동물이라도 수단으로만 여겨야 함을 간과한다
④ 이성적 존재는 공리의 원리를 근거로 동물 실험을 금지해야 함을 간과한다
⑤ 생명이 있는 존재라면 희망과 목표를 추구할 수 있는 삶의 주체임을 간과한다

[24015-0065]

7 갑, 을 사상가들의 입장으로 가장 적절한 것은?

갑: 동물에 관한 한, 우리는 직접적 의무가 없다. 동물은 자의식이 없고 어떤 목적을 위한 수단일 뿐이다. 그 목적이란 인간이다. 동물과 관련한 우리의 의무는 인간의 자기 자신에 대한 의무에 불과하다. 우리가 동물과 관련한 의무를 갖는 이유는 그렇게 함으로써 도덕성에 이로운 소질을 계발할 수 있기 때문이다.
을: 공장식 축산은 동물에게 엄청난 양의 고통을 야기할 뿐만 아니라 온실가스의 방출도 크게 증가시킨다. 이 모든 것이 단지 특별한 맛과 조직을 지닌 음식을 먹고자 하는 인간의 욕망을 만족시키기 위해서 존재한다. 이 점을 고려하면, 식용으로 동물을 대량 사육하는 것은 동물의 고통을 동일한 양의 인간의 고통과 똑같이 계산해야 한다는 공리주의 관점에 반하는 것임은 분명하다.

① 갑: 동물을 친절하게 대하는 것은 인간의 도덕성에 영향을 주지 않는다.
② 갑: 인간은 자신에 대한 의무뿐만 아니라 동물과 관련한 의무도 갖는다.
③ 을: 동물의 고통과 인간의 동일한 고통을 동등하게 취급하는 것은 부당하다.
④ 을: 도덕 공동체의 범위를 인간에서 생명이 있는 모든 존재로 확대해야 한다.
⑤ 갑과 을: 생명체는 종에 상관없이 모두 동일한 도덕적 지위를 지닌다.

[24015-0066]

8 (가)의 갑, 을, 병 사상가들의 입장에서 서로에게 제기할 수 있는 비판을 (나) 그림으로 표현할 때, A~F에 해당하는 내용으로 가장 적절한 것은?

(가)

갑: 원숭이의 겉모습과 이성이 없는 어떤 다른 동물의 모양과 기관을 가지는 그런 종류의 기계가 있다면, 이 기계가 그러한 동물과 어떤 점에서나 동일한 성질을 가진 것이 아니라고 분간할 수 있는 아무런 수단도 우리에게는 없다.
을: 삶의 주체인 동물의 내재적 가치보다 당신이나 나의 내재적 가치가 크다고 할 수 있는 이성적인 근거는 없다. 내재적 가치를 지닌 존재는 인간, 동물 할 것 없이 같은 정도의 내재적 가치를 지닌다.
병: 동물이, 폭군이 아닌 한 어느 누구도 그들에게서 빼앗아 갈 수 없는 자신들의 권리를 획득할 날이 올지도 모른다. 쾌고 감수 능력이 있는 존재에게 고통을 주고도 보상 없이 내버려두어서는 안 된다.

(나)

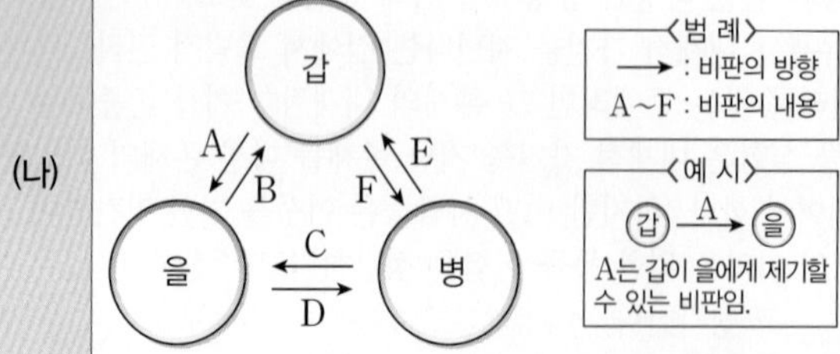

① A와 F: 감각의 유무가 도덕적 지위의 여부를 결정하는 근거임을 간과한다.
② B: 이성적 존재와 도덕 무능력자의 내재적 가치가 동등할 수 있음을 간과한다.
③ C와 E: 동물 학대가 부당한 이유가 인간의 이익을 침해하기 때문임을 간과한다.
④ D: 어떤 개체를 도덕적 고려의 대상에 포함하는 근거가 이성이 아님을 간과한다.
⑤ E: 동물을 수단으로 이용하는 행위가 정당화되는 경우가 있음을 간과한다.

05 사랑과 성 윤리

사랑과 성의 관계

1. 사랑의 의미와 가치

(1) **사랑의 의미**: 인간의 근원적인 정서로, 어떤 사람이나 존재를 아끼고 소중히 여기는 마음

(2) **사랑의 가치**

① 인간이 지향하는 정서의 최고 단계로서 인간을 도덕적 생활로 안내함

② 인간 상호 간에 인격적 교감을 이루게 함 → 인간관계의 형성과 사회적 존재로서 인간의 본성을 실현하는 바탕이 됨

(3) **사랑의 구성 요소(프롬)**

① 보호: 사랑은 사랑하는 사람의 생명과 성장에 적극적인 관심을 갖고 보호하는 것

② 책임: 사랑은 상대의 요구에 책임 있게 반응하는 것

③ 존경: 사랑은 지배하고 소유하는 것이 아니라 상대를 있는 그대로 보는 것

④ 이해(지식): 사랑은 상대의 독특한 개성을 알고 상대를 깊이 이해하는 것

프롬
정신 분석학자이자 사회 심리학자. 인간 소외를 극복하고 인본주의적 공동체를 건설할 것을 주장함

기출 플러스 **프롬의 사랑의 기술** [2023학년도 수능]

> 사랑은 자유의 소산이지 결코 지배의 소산이 아닙니다. 사랑이 지배의 관계로 타락하지 않기 위해서는 존경이 필요합니다. 존경은 상대방에 대한 두려움이나 외경이 아닙니다. 어원적으로도 존경은 어떤 사람을 있는 그대로 보고 그의 독특한 개성을 아는 능력이라고 합니다. 사람들은 사랑할 때, 상대방이 자신에게 이바지할 것을 기대하지만 그것은 사랑하는 사람을 존경하는 것은 아닙니다. 만일 여러분이 다른 사람을 사랑하여 상대방에게 일체감을 느낀다면 '있는 그대로의 그 혹은 그녀'와 일체가 되려는 것이어야 합니다. 사랑하는 사람에 대한 존경은 자유를 바탕으로 해서 성립될 수 있습니다.

프롬은 사랑이 서로를 인격적인 존재로 바라보게 한다는 점에서 중요한 윤리적 의미를 지니고 있고, 진정한 사랑은 인간의 온전한 인격적 관계 속에서 성립할 수 있다고 보았다. 그는 성적 매력과 성적 결합에 의해 주도된 사랑은 실패한다고 주장하며, 이러한 실패를 극복하는 방법은 삶이 일종의 기술인 것처럼 사랑도 기술이라는 것을 깨닫는 것이라고 보았다.

개념 체크

1. 프롬은 사랑이 지배의 관계로 타락하지 않기 위해서는 (　　　)이/가 필요하다고 보았다.
2. 성의 의미 중 생물학적 신체 구조와 기능에 의해 결정되는 성 개념을 (　　　)(이)라고 한다.
3. 성의 가치 중 상호 간의 존중과 배려를 실현하게 해 주는 가치를 (　　　)(이)라고 한다.

정답
1. 존경
2. 생물학적 성
3. 인격적 가치

2. 성의 의미와 가치

(1) **성의 의미**

생물학적 성(sex)	생물학적 신체 구조와 기능에 의해 결정되는 성 개념
사회·문화적 성(gender)	사회·문화적으로 구성되는 남성다움과 여성다움을 나타내는 성 개념
욕망으로서의 성(sexuality)	성적 관심이나 성적 활동 등 성적 욕망과 관련되는 모든 것을 포괄하는 성 개념

(2) **성의 가치**

생식적 가치	종족 보존과 관련된 가치로 새로운 생명을 탄생시키는 원천이 됨
쾌락적 가치	감각적인 욕구를 충족시켜 주는 가치를 지님
인격적 가치	상호 간의 존중과 배려를 실현하게 해 주는 가치를 지님

3. 사랑과 성의 관계에 대한 다양한 관점

보수주의	• 결혼과 출산 중심의 성 윤리를 제시함 • 성은 부부간의 신뢰와 사랑을 전제로 할 때만 도덕적이라고 주장함 → 결혼을 통해 이루어지는 성적 관계만이 정당하다고 봄
중도주의	• 사랑 중심의 성 윤리를 제시함 • 사랑을 동반한 성적 자유를 인정하고 사랑을 통해 성적 자유와 성에 대한 책임을 절충함
자유주의	• 개인의 자발적인 동의 중심의 성 윤리를 제시함 • 타인에게 해악을 주지 않는 범위에서 성인들의 자발적 동의에 따른 성적 자유를 허용함

4. 성과 관련된 윤리 문제

(1) 성차별

① 의미: 남녀 간의 차이를 잘못 이해하여 발생하는 차별

② 원인: 남자다움과 여자다움을 사회적·문화적으로 규정한 후 이를 따르게 할 때 발생함

③ 문제점: 남성과 여성 모두의 자아실현을 방해하고, 인간으로서 평등성과 존엄성을 훼손하고 인권을 침해하며, 남녀 각 개인의 잠재력을 충분히 발휘할 수 없게 하여 국가 차원에서 인적 자원의 낭비를 초래함

④ 극복 방법: 양성평등의 관점을 갖고, 남녀의 차이를 인정하며, 다양성과 개성을 존중하는 사회를 만들어 나가야 함

자료 플러스 | 밀의 여성의 종속과 보부아르의 제2의 성

• 현재의 정치적·경제적 여론에 비추어 볼 때, 인류의 반을 차지하는 여성이 수입을 많이 올릴 수 있는 직업과 사회적으로 중요한 일에 아예 발도 못 붙이게 하는 것은 정의에 어긋난다는 사실에 대해 거의 모든 사람들이 동의할 것이 분명하다. 다시 말해, 세상에서 제일 어리석고 비열한 남성조차 합법적으로 할 수 있는 일을 여성으로 태어났다는 이유 하나만으로 가로막는다면, 나아가 아무리 유능하다 하더라도 남성에게만 독점적 특혜를 줄 요량으로 여성은 원천적으로 봉쇄하고 만다면, 이에 공분을 느끼지 않는 사람은 드물 것이다. – 밀, "여성의 종속" –

• 여자는 모든 인간과 마찬가지로 자주적이고 자유로운 존재이면서도, 남자들이 여자로 하여금 타자로서 살도록 강제하는 세계에서 자기를 발견하고 선택해야 하는 것이다. 여자의 비극이란, 부단히 본질적인 것으로서 자기를 확립하려는 모든 주체의 기본적인 욕구와 여자를 비본질적인 것으로 만들려고 하는 상황의 요청 사이에서 일어나는 갈등이다. – 보부아르, "제2의 성" –

밀은 여성 해방을 주장하며 남성에 의한 여성의 종속은 옳지 않을 뿐만 아니라 인류의 발전을 저해한다고 주장하였다. 보부아르는 "여성은 태어나는 것이 아니라 여자가 되는 것이다."라는 말을 통해 여성에 대한 차별과 억압을 보여 주고자 하였다. 보부아르는 여성 역시 자유롭고 주체적인 존재라는 점에서 남성과 다르지 않다고 주장하였다.

(2) 여성주의와 배려 윤리

① 배려 윤리의 등장 배경: 기존의 남성 중심적이고 정의 중심적인 윤리를 보완하기 위해 등장함

② 길리건의 윤리 사상: 여성과 남성의 도덕적 지향성이 동일하지 않으며, 남성은 권리와 의무, 정의의 원리를 중시하지만 여성은 인간관계, 특히 배려를 중시함

✪ 길리건
미국의 도덕 심리학자로, 여성학의 선구자

개념 체크

1. ( ) 입장은 사랑을 통해 성적 자유와 성에 대한 책임을 절충한다.
2. ( )은/는 남자다움과 여자다움을 사회적·문화적으로 규정한 후 이를 따를 것을 강요할 때 발생한다.
3. 정의 윤리와 여성의 도덕적 특징을 강조하는 ( )은/는 서로 대립적인 관계가 아니라 상호 보완적인 관계를 맺어야 한다.

정답
1. 중도주의
2. 성차별
3. 배려 윤리

③ 나딩스의 윤리 사상
- 맥락에 대한 고려 없이 특정 덕목을 주입하려는 시도에 반대하며 인간관계를 중시함
- 여성의 도덕적 특징인 타인에 대한 배려나 보살핌, 유대감이나 의존, 책임 등을 중시함

구분	정의 윤리	배려 윤리
성격	남성적 윤리	여성적 윤리
강조점	정의, 이성, 공정성, 보편성	배려, 공감, 유대감, 책임
이상적 관계	정의 윤리와 배려 윤리는 배타적·대립적인 것이 아니므로 상호 보완적인 관계를 맺어야 함	

자료 플러스 길리건의 배려 윤리

남성과 여성은 매우 다르게 독립과 친밀 관계를 경험하기 때문에 청년기에 성적 정체감을 형성하는 데서 서로 다른 삶의 진리를 강조하게 된다. 남성은 자아를 규정짓고 그 힘을 부여하는 독립을 강조하고, 여성은 인간 공동체를 만들고 유지하는 지속적인 친밀 관계를 강조하는 것이다. …(중략)… 도덕은 대립되는 요구를 저울질하는 균형의 문제가 아니라 자기 자신이나 다른 사람의 필요를 고려의 대상에 포함시키는 포함의 문제로 규정된다.

– 길리건, "다른 목소리로" –

길리건은 남성과 구분되는 여성의 특징을 토대로 배려 윤리를 제시하였다. 길리건은 도덕 판단에서 남성과 여성이 중시하는 것이 서로 다르다는 사실에 주목하여 책임과 인간관계의 맥락에서 사랑, 공감, 동정심, 상호 의존성, 유대 등 여성의 도덕적 특성을 강조하는 배려 윤리를 주장하였다.

(3) 성의 자기 결정권

의미	• 인간이 자신의 성적 행동을 스스로 결정할 수 있는 권리 • 외부의 부당한 압력, 타인의 강요 없이 스스로의 의지와 판단에 따라 자신의 성적 행동을 결정하는 것
올바르지 못한 자기 결정권 행사로 인한 윤리적 문제	• 상대방의 동의 없이 강제로 성적 행위를 하는 것은 타인의 성적 자기 결정권을 침해하는 것임 • 생명을 훼손하는 부도덕한 결과를 초래할 수 있음
해결 방안	서로의 인격과 성에 대한 자기 결정권을 존중하고, 자신의 결정에 책임을 지는 자세를 가져야 함

(4) 성 상품화

① 의미: 성 자체를 상품처럼 사고팔거나, 다른 상품을 얻기 위한 수단으로 성을 이용하는 행위

② 사례: 성매매, 성적 이미지를 제품과 연결하여 성을 도구화하는 것 등

③ 찬반 입장

찬성 입장	반대 입장
• 성에 대한 자기 결정권과 표현의 자유를 인정해야 함 • 이윤 극대화를 추구하는 자본주의 경제 논리에 부합할 수 있음 • 소비자의 선호를 반영하는 것이라면 허용할 수 있음 • 노동력을 제공하고 대가를 받는 다른 노동과 본질적인 면에서 차이가 없음	• 성 상품화는 인간의 성이 지닌 인격적 가치의 의미를 훼손하므로 올바른 성적 자기 결정권 범위를 벗어난 행위임 • 칸트 윤리의 관점에서 성 상품화는 인간을 수단화하고 도구화하는 것임 • 외모 지상주의를 조장할 수 있음

✪ 나딩스
미국의 윤리학자이자 교육학자로, 배려 윤리에 기초한 교육 철학과 교육 이론을 제시함

✪ 성의 자기 결정권의 범위
- 자신의 인격을 손상시키지 않는 범위에서 행사
- 타인의 자유와 권리를 침해하지 않는 범위에서 행사

개념 체크

1. 길리건은 여성과 남성의 도덕적 지향성이 동일하지 않으며, (　　)은/는 인간관계, 특히 배려를 중시한다고 강조하였다.
2. 인간이 자신의 성적 행동을 스스로 결정할 수 있는 권리를 (　　)(이)라고 한다.
3. 성 자체를 상품처럼 사고팔거나 다른 상품을 얻기 위한 수단으로 성을 이용하는 행위를 (　　)(이)라고 한다.

정답
1. 여성
2. 성의 자기 결정권
3. 성 상품화

결혼과 가족의 윤리

1. 결혼의 윤리적 의미와 부부간의 윤리

(1) **결혼의 의미**: 사랑의 결실이며 모든 인간관계의 출발점인 가정을 구성하는 의식, 서로의 차이를 존중하고 사랑을 지키겠다는 약속이자 의지의 표현, 사랑을 바탕으로 삶 전체를 공동으로 영위하겠다는 약속(백년가약)

(2) **부부 윤리**

전통 사회의 부부 윤리	• 남녀 간의 역할을 구분하면서도 서로 존중할 것을 강조함 • 음양론에 근거한 부부 윤리: 자연의 음(陰)과 양(陽)의 관계처럼 부부는 상호 보완적임 • 부부유별(夫婦有別), 부부상경(夫婦相敬), 상경여빈(相敬如賓), 정조의 윤리를 강조함
오늘날의 부부 윤리	• 각자의 주체성과 자유를 존중함 • 가정에서 부부의 역할을 고정적으로 구별하는 것을 지양함 → 양성평등을 강조함

(3) **부부간에 발생하는 문제**: 고정된 성 역할에 따른 가사 분담의 문제, 경제적 문제, 부모 부양이나 자녀 양육 등에 따른 갈등 문제

(4) **부부간에 요구되는 윤리**: 서로 동등한 존재임을 인식하고 존중·협력하겠다는 신의를 지켜야 함

자료 플러스 동양 사상에 나타난 부부간의 윤리

무릇 부부는 인륜(人倫)의 시작이요, 만복의 근원이므로 아무리 친밀하다 하더라도 역시 올바르게 행동하고 조심해야만 하는 사이이다. 그래서 "군자의 도는 부부에서부터 시작된다."라고 한 것이다. 세상 사람들은 모두 예의와 공경심을 잃고서 그저 가깝게만 지내다가 마침내는 서로 얕보고 업신여겨 못하는 짓이 없는데, 이 모두 서로 손님처럼 공경하지 않는 데에서 생겨나는 일이다. 그러므로 집안을 올바르게 지켜 나가려면 마땅히 부부 사이부터 조심하지 않으면 안 된다. – "퇴계집 40권" –

이황은 부부가 지극히 친밀하기 때문에 서로 조심하고 정직해야 한다고 보았으며, 부부 윤리로 상경여빈의 자세를 강조하였다.

2. 가족의 가치와 가족 윤리

(1) **가족의 의미**: 혼인, 혈연, 입양 등으로 이루어진 공동체

(2) **가족의 가치**: 정서적 안정, 사회화, 건강한 사회의 토대

(3) **가족 해체 현상**

의미	가족 구성원 각자의 역할이나 가족 전체의 기능이 제대로 수행되지 못하는 상태
원인	가족이 서로 떨어져 지내거나 서로 접촉할 시간이 많지 않음 → 가족 공동체 내에서 정서적 상호 작용이나 가정의 사회화 기능이 제대로 이루어지지 못함
결과	가족 간의 유대감 약화로 아동 학대 증가, 청소년들의 정서적 결핍, 독거노인 증가 등

(4) **바람직한 가족 윤리**

전통 사회의 가족 윤리	부자유친(父子有親), 부자자효(父慈子孝)의 윤리를 강조함
부모 자녀 간의 윤리	• 자애와 효도를 실천해야 함 • 부모는 자녀가 건강하게 성장할 수 있도록 양육해야 하고, 자녀를 독립된 인격체로 존중해야 함 • 자녀는 부모의 은혜에 감사하는 마음을 가지며, 이 마음을 적절한 형식으로 표현해야 함
형제자매 간의 윤리	서로 우애 있게 지내고, 형우제공(兄友弟恭)을 실천해야 함 → 형제자매 간에 지켜야 할 규범을 익히는 것은 사회적 관계의 규범을 익히는 밑거름이 됨

음양론
우주나 인간 사회의 모든 현상을 음양의 변화로 설명하는 이론. 음과 양은 서로 다르지만 단독으로 존재할 수 없으므로 조화를 이루어야 한다고 봄

상경여빈
부부는 친밀한 사이지만 서로 손님을 대하듯 공경해야 한다는 의미임. 부부유별, 부부상경과 비슷한 뜻을 지님

사회화
개인이 사회생활에 필요한 지식이나 행동 양식을 상호 작용을 통해 획득하는 과정

형우제공
형은 동생을 사랑하고 동생은 형을 공경한다는 뜻

개념 체크

1. 유교의 관점에서는 (　　　)은/는 인륜의 시작이며 상호 보완적인 관계이다.
2. (　　　)은/는 가족 구성원 각자의 역할이나 가족 전체의 기능이 제대로 수행되지 못하는 상태를 말한다.
3. 전통 사회에서는 부모 자녀 간의 윤리로 부모는 자애하고 자녀는 (　　　)할 것을 강조하였다.

정답
1. 부부
2. 가족 해체
3. 효도

[24015-0067]

01 다음을 주장한 사상가의 입장으로 가장 적절한 것은?

대부분의 사람들은 사랑의 문제를 사랑할 줄 아는 개인의 능력의 문제로 보기보다는 주로 '사랑받는' 문제로 생각한다. 그들에게 사랑의 문제는 어떻게 하면 사랑받을 수 있는가, 어떻게 하면 사랑스러워지는가 하는 문제이다. 그런데 사랑은 개인의 성숙도와는 무관하게 쉽사리 향유할 수 있는 감정이 아니다. 자신의 인격 전체를 개발하려 하지 않는 한, 아무리 사랑하려고 노력해도 반드시 실패하게 마련이다. 이웃을 사랑하는 능력이 없고 참된 겸손과 용기, 믿음이 없다면, 개인적인 사랑도 성공할 수 없다. 그래서 사랑이 기술이듯 그 기술에는 노력과 지식이 필요하다.

① 자신의 입장에서 상대방을 이해하는 것이 사랑이다.
② 사랑은 감정의 문제이므로 개인의 노력은 필요 없다.
③ 상대방에게 믿음을 갖는 것은 부당한 간섭일 뿐이다.
④ 상대방과 인격적 관계를 바탕으로 사랑을 해야 한다.
⑤ 자신의 외향을 가꾸어 상대방에게 사랑을 받아야 한다.

[24015-0068]

02 그림은 서술형 평가 문제와 학생 답안이다. 학생 답안의 ㉠~㉤ 중 옳지 않은 것은?

서술형 평가

◎ 문제: 성에 관한 (가), (나)의 입장을 비교하여 서술하시오.

(가) 성은 종족 보존의 기능을 수행하는 생물학적 가치를 가진다. 생물학적 관점에서 볼 때 성은 생식의 작용이다.
(나) 성은 인격적 차원의 가치를 가진다. 성은 독립적인 한 사람이 타인의 인격과 함께 하나가 되는 자아의 확대 및 사랑의 경험과 관계된다.

◎ 학생 답안

성과 관련하여 (가)는 ㉠ 성이 새로운 생명을 탄생시키는 원천이라고 보고, ㉡ 성행위의 과정을 거쳐 출산의 결과로 실현되는 가치를 지닌다는 점을 강조한다. 반면 (나)는 ㉢ 성이 종족 보존에 대한 욕구를 넘어 타인과 일체가 되고자 하는 욕구를 담고 있으며, ㉣ 사랑을 바탕으로 인간의 품위를 지켜 주는 성을 강조한다. 한편 (가), (나)는 모두 ㉤ 서로 간의 인격 존중은 성의 가치 실현과는 무관함을 강조한다.

① ㉠ ② ㉡ ③ ㉢ ④ ㉣ ⑤ ㉤

[24015-0069]

03 갑, 을, 병의 입장으로 가장 적절한 것은?

갑: 성 그 자체를 위한 성은 부도덕할 뿐만 아니라 해악이기도 하다. 성의 결과에 대한 책임을 지는 것은 마땅하며 성이 사랑, 결혼, 출산 등과 관련된 경우에만 도덕적이다.
을: 사랑 있는 성은 도덕적이며, 사랑 없는 성은 비도덕적이다. 성의 결과에 대한 책임보다 사랑을 바탕으로 한 서로 간의 인격 존중이 더욱 중요하다.
병: 성은 일차적으로 즐거움을 위한 것이다. 성이 성인 서로 간의 자발적 동의에 따라 타인에게 해악을 끼치지 않고 이루어졌다면 도덕적으로 정당화될 수 있다.

① 갑: 부부간의 성적 관계는 어떤 경우에도 도덕적이다.
② 을: 성적 관계에 대한 가치 판단은 성적 자유를 침해한다.
③ 병: 성의 생식적 가치보다 성적 자유를 우선할 수 있다.
④ 갑과 을: 쾌락 추구는 성적 관계의 궁극적인 목적이다.
⑤ 갑과 병: 성적 관계는 사랑을 전제로 정당화되어야 한다.

[24015-0070]

04 다음을 주장한 사상가의 입장으로 옳지 않은 것은?

여성에게 사회 활동의 기회를 봉쇄함으로써 반이나 되는 인류 지성이 창조해 낼 막대한 이익도 활용되지 못하고 있다. 이뿐만이 아니다. 여성이 남성과 경쟁함으로써 야기하게 될, 또는 그런 경쟁 과정에서 남성이 여성보다 마땅히 앞서야 한다는 강박 관념으로 생겨날 지적 자극이라는 또 다른 혜택도 이용하지 못하게 된다. 여성에게 더 완벽한 양질의 교육 기회를 제공하면, 인간 사회의 여러 문제를 풀어나가는 데 크게 유익한 여성의 위대한 지적 능력을 부분적으로 활용할 수 있게 될 것이다. 이렇게 되면 남성의 능력도 그에 비례해서 향상될 것이다.

① 여성의 능력 향상으로 남성의 능력도 향상될 수 있다.
② 남성과 여성의 경쟁으로 사회적 선을 증진할 수 있다.
③ 교육 기회의 확대는 남성과 여성 모두를 이롭게 한다.
④ 사회의 이익을 증진할 수 있는 행위를 허용해야 한다.
⑤ 직업 선택의 자유는 성별을 기준으로 허용되어야 한다.

[24015-0071]

05 갑, 을 사상가들의 입장으로 가장 적절한 것은?

> 갑: 우리는 여자로 태어나는 것이 아니라 여자가 되는 것이다. 억압으로부터 여자를 해방한다는 것은 여자가 남자와 맺는 관계를 부인하는 것이 아니다. 서로 주체로 인정하면서 각자는 상대에게 타자로 머물러 있게 될 것이다.
> 을: 우리는 정의 대 배려의 논쟁에 담긴 젠더적 성격을 명확히 밝힐 때까지는 겉으로 드러나는 비타협적인 모습 때문에 혼란을 겪을 것이다. 민주주의적 관점에서 볼 때 배려는 인간적 윤리이지만 가부장적 문화 속에서는 '다른 목소리'가 된다.

① 갑: 여성성은 선천적인 것이 아니라 사회적 산물이다.
② 갑: 여성은 타인에게 의존할 때 주체적 삶이 가능하다.
③ 을: 여성과 남성의 도덕 판단의 근거에는 차이가 없다.
④ 을: 여성의 도덕성은 보편적 법칙에 대한 존중에 기인한다.
⑤ 갑과 을: 여성과 남성의 도덕적 지향성에는 차이가 없다.

[24015-0072]

06 그림은 A에 대한 인터넷 검색 화면이다. A에 대한 설명으로 적절한 것만을 〈보기〉에서 있는 대로 고른 것은?

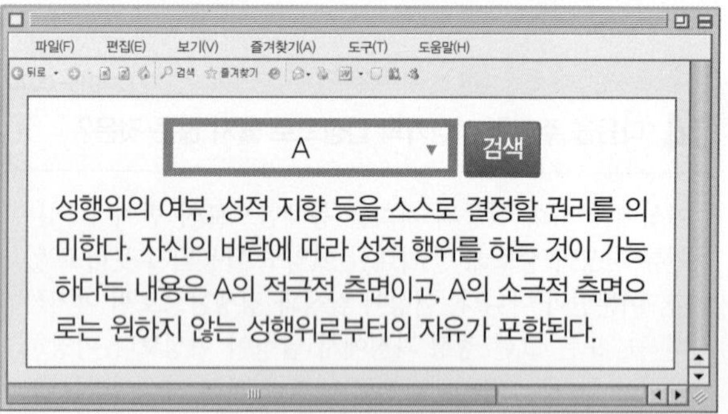

보기

ㄱ. 성을 이용하여 이익을 획득하기 위해 행사하는 것이다.
ㄴ. 자신의 인격을 훼손하지 않는 범위에서 행사해야 하는 것이다.
ㄷ. 타인의 자유와 권리를 침해하지 않으면서 행사해야 하는 것이다.
ㄹ. 자신이 동의하지 않은 성적 행위에 대해 상대방에게 저항할 수 있는 근거이다.

① ㄱ, ㄴ ② ㄱ, ㄷ ③ ㄴ, ㄹ
④ ㄱ, ㄷ, ㄹ ⑤ ㄴ, ㄷ, ㄹ

[24015-0073]

07 다음을 주장한 사상가의 입장에서 〈문제 상황〉 속 A에게 제시할 조언으로 가장 적절한 것은?

> 우리가 관심을 가져야 할 초점은 타자를 어떻게 도덕적으로 만날 것인가에 있을 것이다. 우리가 타자를 도덕적으로 만나는 관계인 윤리적 배려는 자연적 배려에서 발생한다. 우리로 하여금 도덕적으로 되려는 동기를 주는 것은 배려에 대한 우리의 열망이다.
>
> 〈문제 상황〉
> 결혼을 앞둔 예비 신부 A는 불의의 사고로 후유증을 갖게 된 예비 신랑과 결혼을 해야 할지 고민하고 있다.

① 주어진 상황과 맥락을 고려하여 결정하세요.
② 습관화를 통해 형성된 덕에 따라 결정하세요.
③ 자신의 선택에 따른 효용을 계산해서 결정하세요.
④ 합리적 판단을 위해 감정을 배제하고 결정하세요.
⑤ 다수에게 이익이 될 수 있는 규칙에 따라 결정하세요.

[24015-0074]

08 다음 가상 대화의 스승이 지지할 입장만을 〈보기〉에서 있는 대로 고른 것은?

보기

ㄱ. 부모로부터 물려받은 몸을 온전히 보전해야 한다.
ㄴ. 형제자매는 인륜의 시작으로 서로 존중해야 한다.
ㄷ. 부부간에 행복해야 부모에 대한 도리를 다할 수 있다.
ㄹ. 형제는 동기간이지만 서로의 서열을 존중해야 한다.

① ㄱ, ㄴ ② ㄱ, ㄷ ③ ㄴ, ㄹ ④ ㄱ, ㄷ, ㄹ ⑤ ㄴ, ㄷ, ㄹ

[24015-0075]

1 **다음을 주장한 사상가의 입장만을 〈보기〉에서 있는 대로 고른 것은?**

성숙한 사랑은 개인의 완전성과 개성을 보전하는 상태에서의 합일이다. 사랑은 인간 내부에 있는 능동적인 힘이다. 즉, 인간을 동료로부터 격리시키는 장벽을 파괴하는 힘이며 타인과 결합시키는 힘이다. 그래서 사랑은 수동적 감정이 아니라 활동이다. 사랑은 참여하는 것이지 빠지는 것은 아니다. 사랑의 능동적 성격을 가장 일반적인 방법으로 표현한다면, 사랑은 근본적으로 받는 것이 아니라 주는 것이라는 말로 설명된다. 사랑의 능동적 성격은 주는 것의 요소 이외에도 모든 형태의 사랑이 공통적으로 지니고 있는 어떤 기본적 요소를 항상 내포하고 있다는 사실에서 명확해진다. 이것들은 보호, 책임, 존경, 이해이다.

보기

ㄱ. 사랑은 능동적인 감정의 활동으로 상대방을 소유하는 것이다.
ㄴ. 사랑에는 상대방을 있는 그대로 받아들이는 태도가 필요하다.
ㄷ. 사랑하는 상대방의 요구에 복종하는 것이 상대방에 대한 존중이다.
ㄹ. 사랑이란 주는 것으로서 상대방의 생명에 관심을 갖고 보호하는 것이다.

① ㄱ, ㄴ　② ㄱ, ㄷ　③ ㄴ, ㄹ
④ ㄱ, ㄷ, ㄹ　⑤ ㄴ, ㄷ, ㄹ

[24015-0076]

2 **(가)의 갑, 을, 병의 입장을 (나) 그림으로 표현할 때, A~D에 해당하는 적절한 진술만을 〈보기〉에서 있는 대로 고른 것은?**

(가)

갑: 성은 오직 결혼의 테두리 안에서 이루어질 때 정당하다. 성의 자연적 목적인 생식으로부터 일탈하는 성행위는 금지되며, 결혼과 출산 그리고 양육의 의무를 다하는 것이 성에 대한 우리의 의무이다.
을: 성은 인격 존중을 바탕으로 성립되는 것이므로 서로 간의 자발적 동의가 반드시 필요하다. 성은 사랑으로 정당화되며 사랑하는 사람과의 정신적인 교감으로 더욱 가치 있는 것이 된다.
병: 성은 타인과의 접촉을 통한 쾌락에 대한 욕구일 뿐이다. 성은 즐거움을 추구하는 하나의 활동으로 해악 금지의 원리와 자율성 존중의 원리에 어긋나지 않는 성적 행위는 도덕적으로 정당화될 수 있다.

(나)

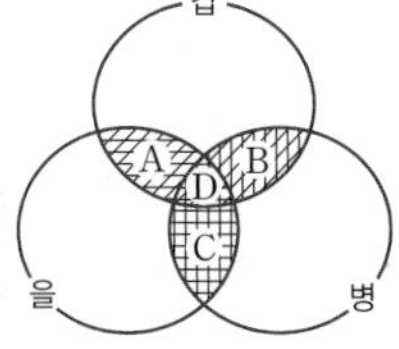

〈범 례〉
A: 갑과 을만의 공통 입장
B: 갑과 병만의 공통 입장
C: 을과 병만의 공통 입장
D: 갑, 을, 병의 공통 입장

보기

ㄱ. A: 성이 상대방의 인격을 침해할 경우에는 정당화될 수 없다.
ㄴ. B: 성은 사적 영역에 속하므로 도덕 판단의 대상이 될 수 없다.
ㄷ. C: 성이 혼인 관계 내에서만 도덕적으로 허용되는 것은 아니다.
ㄹ. D: 성이 정당화되기 위한 전제 조건에는 서로 간의 성의 자기 결정권 존중이 포함된다.

① ㄱ, ㄴ　② ㄱ, ㄷ　③ ㄷ, ㄹ
④ ㄱ, ㄴ, ㄹ　⑤ ㄴ, ㄷ, ㄹ

[24015-0077]

3 그림의 강연자의 입장으로 가장 적절한 것은?

우리는 여자로 태어나는 것이 아니라 여자가 되는 것입니다. 인간 집단에는 아무것도 자연적인 것이 없으며, 특히 여자는 문명이 공들여 만들어 낸 산물입니다. 여자는 호르몬이나 신비한 본능에 의해 규정되는 것이 아니라 자기의 육체와 세계와 맺는 관계를 외부의 다른 의식을 통해 파악하는 방법에 따라 규정됩니다. 여자는 언제나 이런 과거를 자기 뒤에 끌고 다닐 것입니다. 만약 그 과거의 무게를 헤아려 본다면, 그녀의 운명이 영원 속에 고정되어 있지 않다는 사실을 명백히 이해할 수 있을 것입니다. 분명, 여자가 변화하기 위해서는 여자의 경제적 조건을 수정하는 것으로 충분하리라고 생각해서는 안 됩니다. 이것은 여성 진보의 가장 중요한 요소였고, 또 여전히 그렇습니다. 그러나 이 요인이 요구하는 정신적 · 사회적 · 문화적 성과가 수반되지 않는 한, 새로운 여자는 나타나지 않을 것입니다.

① 여성의 경제 활동 참여는 성차별 해소에 기여할 수 없다.
② 생물학적 차이로 인한 남녀에 대한 차별은 정당화될 수 있다.
③ 여성과 남성의 역할은 사회적 관계에서 고착되어 변화될 수 없다.
④ 전통과 관습에 따라 성 역할을 수행하는 것이 도덕적인 행위이다.
⑤ 여성성은 남성 중심의 사회 구조 안에서 인위적으로 만들어진 것이다.

[24015-0078]

4 다음 가상 대담의 갑 사상가의 입장만을 〈보기〉에서 고른 것은?

● 보기 ●

ㄱ. 동정심과 같은 감정은 도덕적 행위의 기반이 될 수 있다.
ㄴ. 상대방의 구체적인 상황에 공감하며 도덕 판단을 내려야 한다.
ㄷ. 남성과 여성의 도덕적 지향성은 다르므로 서로 조화될 수 없다.
ㄹ. 성별 간 차이는 인격 침해로 이어질 수 있으므로 존중해서는 안 된다.

① ㄱ, ㄴ　② ㄱ, ㄷ　③ ㄴ, ㄷ
④ ㄴ, ㄹ　⑤ ㄷ, ㄹ

[24015-0079]

5 **다음 가상 편지를 쓴 사상가의 입장에서 볼 때, ㉠에 대한 적절한 설명만을 〈보기〉에서 있는 대로 고른 것은?**

> ○○에게
>
> 듣건대 공이 금슬이 좋지 않아 탄식한다는데, 무엇 때문에 이러한 불행이 있게 되었습니까? 가만히 보면 세상에 이런 걱정이 있는 자가 적지 않으니 그 다양한 유형을 다 들기 어려울 정도입니다. 공이 반성하여 자신에게 책임을 돌리고 노력하여 잘 처신하여 [㉠]의 도리를 잃지 않는다면 큰 인륜이 무너지는 데 이르지 않을 것이며, 자신도 인정 없이 구는 처지에 빠지지 않을 것입니다. 저 또한 그동안 몹시 괴롭고 심란하여 번민을 견디지 못할 때도 있었지만, 어찌 감정대로 하여 큰 인륜을 소홀히 해서 홀로 사는 어머니께 근심을 끼칠 수 있겠습니까. 공은 마땅히 깊이 생각해서 경계하고 시정하도록 하십시오. 이 문제에 대해 끝까지 시정하지 않는다면 어찌 학문한다 하며 어찌 실천한다 하겠습니까.

● 보기 ●

ㄱ. 서로 간의 천륜으로 맺어진 운명적 관계이다.
ㄴ. 서로를 공경하며 손님을 대하듯 해야 하는 관계이다.
ㄷ. 서로 친밀하며 삶의 동반자로 상호 보완적인 관계이다.
ㄹ. 서로의 역할에 따라 인간의 도리를 실천해야 하는 관계이다.

① ㄱ, ㄴ
② ㄱ, ㄹ
③ ㄴ, ㄷ
④ ㄱ, ㄷ, ㄹ
⑤ ㄴ, ㄷ, ㄹ

[24015-0080]

6 **다음 신문 칼럼에서 지지할 견해로 가장 적절한 것은?**

> ○○ 신문 ○○○○년 ○○월 ○○일
>
> 칼럼
>
> 세상에서 가장 행복한 것은 무엇이고 가장 불행한 것은 무엇인가? 부모가 살아 계실 때가 가장 행복하고 부모가 돌아가셨을 때가 가장 불행하다. 부모는 다섯 가지로 자식을 가르쳐야 한다. 자식을 단속하여 나쁜 짓을 하지 않게 하며, 착한 것을 가르치며, 학문과 도를 가르쳐 주며, 좋은 배우자를 구해 주며, 때에 따라 적절하게 사랑을 주어야 한다. 자식이 부모를 공경하는 데도 다섯 가지가 있다. 받들어 봉양함에 모자람이 없게 하며, 자기의 할 일을 먼저 부모에게 여쭈며, 부모의 하시는 일에 순종하며, 부모의 바른 말씀을 어기지 말며, 부모가 하시는 바른 직업을 대대로 끊어지지 않게 하는 것이다.

① 부모는 자식이 부부가 되는 과정에 개입하지 말아야 한다.
② 자식은 부모에게 묻지 않고 자신의 할 일을 찾아서 해야 한다.
③ 자식의 행복과 불행은 부모의 삶과 죽음으로부터 분리되어 존재한다.
④ 부모는 자식의 배움에 도움을 주는 것이 아니라 사랑으로 감싸야 한다.
⑤ 자식은 부모로부터 받은 올바른 생계유지의 수단을 후세대에게 전수해야 한다.

06 직업과 청렴의 윤리

직업 생활과 행복한 삶

1. 직업의 의의

(1) **직업의 의미**: 자신의 적성과 능력에 따라 일정 기간 지속적으로 종사하는 일, 경제적 재화를 취득하며 사회적 역할을 수행하는 일

동양	사회적 지위나 역할, 책임을 나타내는 '직(職)'과 생계유지를 위한 일을 뜻하는 '업(業)'이 합쳐진 말
서양	• 잡(job), 어큐페이션(occupation): 경제적 재화를 얻기 위해 하는 일 • 프로페션(profession): 주로 많은 교육과 훈련이 필요한 전문직 • 보케이션(vocation): 신의 부르심, 천직(天職)이라는 종교적 의미가 담긴 용어

(2) **직업의 가치**

① 생계유지: 개인 및 가족이 경제적으로 안정된 삶을 유지하게 함

② 자아실현: 개인이 잠재력과 능력을 발휘함으로써 행복과 보람을 느끼게 함

③ 사회 참여: 사회 구성원으로서 역할을 분담, 수행하여 사회 발전에 기여하게 됨

2. 동서양의 직업관

(1) 동양의 직업관

공자	각자 자신의 직분에 충실한 정명(正名)을 강조함
맹자	• 대인의 일과 소인의 일을 구별하여 사회적 분업과 직업 간의 상호 보완성을 강조함 • 직업을 통한 경제적 안정[恒産(항산)]이 백성들의 도덕적 삶[恒心(항심)]의 기반이 된다고 봄
순자	• 각자의 적성과 능력에 따라 사회적 역할을 분담하게 하는 예(禮)에 따를 것을 강조함 • 모든 사람들이 직분을 올바로 수행하면 천하가 태평해진다고 봄

자료 플러스 순자의 직업관

• 예(禮)란 귀하고 천한 등급을 매겨 주고, 나이 많은 이와 적은 이의 차등이 있게 하고, 가난하고 부유한 사람과 신분이 가볍고 무거운 사람에 따라 모두 어울리는 대우를 하는 것이다.

• 옛 임금들은 사람들 사이의 분계를 마련하여 차등을 두었다. 그러므로 …(중략)… 어떤 이는 풍족하고 어떤 이는 가난하며, 어떤 이는 안락하고 어떤 이는 고생하게 하였다. 그것은 일부러 지나치게 편하고 화려하게 지내려는 것이 아니라 어짊[仁]의 무늬를 밝히고 어짊의 질서에 통하도록 하기 위해서이다. – 순자, "순자" –

순자는 예의로 사람들의 직분을 분명히 하고, 하는 일에 질서를 마련하여 재능과 기술을 따져 능력 있는 사람에게 벼슬을 주면 잘 다스려지지 않을 수가 없다고 보았다.

(2) 서양의 직업관

플라톤	• 각자 타고난 소질과 함께 교육에 따라 사회적 역할을 분담해야 한다고 봄 • 직업을 통해 자신의 고유한 기능을 발휘하면 덕(德)을 실현할 수 있다고 봄
중세 그리스도교	• 노동은 원죄에 대한 벌로서 신이 부과한 것이라고 봄 • 인간은 속죄의 차원에서 노동을 해야 한다고 강조함
칼뱅	• 직업은 신의 부르심, 즉 소명(召命)이며, 인간의 구원 여부는 신에 의해 예정되어 있다고 봄 • 근면 성실하고 검소한 생활을 통한 직업적 성공을 긍정함
베버	• 칼뱅의 예정설과 직업 소명설이 프로테스탄트의 직업 윤리에 영향을 주었다고 봄 • 프로테스탄트의 금욕주의적 생활 태도가 자본주의 발전에 기여했다고 봄
마르크스	• 인간은 노동을 통해 자신의 본질을 실현할 수 있다고 봄 • 자본주의 체제의 분업화된 노동은 인간 소외를 발생시킨다고 비판함

정명
각자 자신의 신분과 지위에 따른 덕성을 갖추고 그 역할에 충실해야 한다는 것. '임금은 임금답고, 신하는 신하다우며, 아버지는 아버지답고, 자식은 자식다워야 함[君君臣臣父父子子]'으로 표현됨

원죄
성서에 등장하는 최초의 인간인 아담과 이브가 신이 금지한 열매(선악과)를 먹은 것 때문에 모든 인간이 날 때부터 가지고 있다는 죄

인간 소외
인간이 자신을 둘러싼 환경, 노동 및 노동의 산물 또는 자아로부터 멀어지거나 분리되는 것을 가리킴. 인간 소외에 대한 학문적인 관심은 산업화가 급속히 진행된 19세기에서 20세기 초반에 이르러 본격화됨

개념 체크

1. 맹자는 백성에게는 (   ) 이/가 있어야 항심(恒心)이 있을 수 있다고 보았다.
2. 플라톤은 직업을 통해 자신의 고유한 기능을 발휘하면 (   )을/를 실현할 수 있다고 보았다.
3. (   )은/는 직업을 신의 부르심, 즉 소명(召命)으로 보았다.

정답
1. 항산(恒産)
2. 덕(德)
3. 칼뱅

자료 플러스 플라톤의 직업관

> 내 생각에 성향상으로 장인이거나 또는 다른 어떤 돈벌이를 하는 사람이 나중에 부(富)나 다수 또는 힘에 의해, 또는 이런 유의 다른 어떤 것에 의해 우쭐해져서는 전사의 부류로 이행하려 들거나, 혹은 전사들 중의 어떤 이가 그럴 자격도 없으면서 숙의 결정하며 수호하는 부류로 이행하려 든다면, 그리하여 이런 사람들이 서로 도구나 직분을 교환하게 된다면, 또는 동일한 사람이 이 모든 일을 동시에 하려 든다면 그런 경우에 내 생각에도 그렇지만, 자네한테도 이들의 이 교환이나 참견이 이 나라에 파멸을 가져다주는 것으로 여겨질 것이라 생각하네. 그렇다면 세 부류인 이들 사이의 참견이나 상호 교환(기능의 바꿈)은 이 나라에 대한 최대의 해악이 될 걸세.
> – 플라톤, "국가" –

플라톤은 정의로운 국가의 구성원은 통치자, 방위자, 생산자의 세 계층으로 나누어져 있으며, 이들 세 계층은 각각 본분에 맞는 탁월성을 발휘하여 서로 조화를 이룬다고 보았다.

3. 직업과 행복

(1) **직업 선택의 중요성**: 직업은 단순히 부의 획득과 과시의 수단이 아니라 행복한 삶의 통로이고, 자신의 적성과 능력에 알맞은 직업 선택을 통해 자아실현을 할 수 있음

(2) **직업 생활과 행복**: 직업 생활이 행복해지기 위해서는 바람직한 직업관을 가져야 하고, 타인을 배려하며 서로 존중해야 함

직업 윤리와 청렴

1. 직업 윤리의 의의

(1) **직업 윤리의 의미**: 자신이 맡은 직업에서 지켜야 하는 행동 기준과 규범

(2) **직업 윤리의 필요성**: 개인의 행복 실현과 사회의 발전을 돕고, 직업 생활에서 일어날 수 있는 부정부패와 비리를 막을 수 있게 함

(3) **직업 윤리의 일반성과 특수성**

일반성	모든 직업에서 공통적으로 지켜야 하는 행동 규범
특수성	각 직업에서 지켜야 하는 특수한 행동 규범으로, 전문 직종의 영향력이 커지고 직업이 세분화됨에 따라 강조됨

2. 다양한 직업 윤리

(1) **기업가와 근로자의 윤리**

① 기업: 재화와 용역을 생산하고 판매하여 이윤을 추구하는 조직체

② 기업의 사회적 책임

소극적 책임	• 기업 본연의 목적에 따라 이윤을 창출함 • 이윤 창출 과정에서 법 규범을 준수함
적극적 책임	• 기업도 사회의 기관이므로 공익적 가치 실현에 적극 참여해야 함 • 법적 차원을 넘어 사회적 기부, 환경 보호, 인류애 구현 등 사회 공헌에 힘써야 함

개념 체크

1. 플라톤은 국가의 통치자, 방위자, 생산자 계층이 각각 타고난 성향에 따른 (　　) 을/를 발휘하여 조화를 이루어야 한다고 보았다.
2. (　　)은/는 각자가 맡은 직업에서 지켜야 하는 가치와 행동 규범으로, 개인의 행복과 사회 발전을 이루는 데 도움을 준다.
3. 기업의 사회적 책임에는 이윤 창출이라는 소극적 책임도 있고, 사회 공헌과 공익 실현 등의 (　　) 책임도 있다.

정답

1. 탁월성
2. 직업 윤리
3. 적극적

③ 기업가 윤리
- 법적 테두리 내에서 건전하게 이윤을 추구해야 함
- 노동자의 역할을 인정하고 노동자의 권리를 보장해야 함
- 소비자에게 양질의 서비스와 제품을 제공해야 함
- 사회적 책임을 다하여 공익 실현에 기여해야 함

자료 플러스 기업의 사회적 책임에 대한 두 입장

- 기업 경영자들과 노동조합 지도자들은 주주와 노동조합원들의 이익에 봉사하는 것을 넘어서는 '사회적 책임'을 지고 있다는 견해가 폭넓게 받아들여지고 있다. 이러한 견해는 자유 경제의 성격과 본질을 근본적으로 오해하고 있다. 자유 경제에서 기업이 지는 사회적 책임은 오로지 하나뿐인데, 이는 게임의 규칙을 준수하는 한에서 기업 이익을 극대화하기 위하여 자원을 활용하고 이를 위한 활동에 매진하는 것, 즉 속임수나 기만행위 없이 공개적이고 자유로운 경쟁에 전념하는 것이다. – 프리드먼, "자본주의와 자유" –
- 이윤 극대화라는 단순한 규칙이 사회적 측면에서 비효율적일 수밖에 없는 상황이 생기는데 그중 하나는 생산품의 안전성과 관련하여 구매자보다 판매자가 그럴듯한 더 많은 지식을 가지고 있는 경우이다. 이 경우 회사가 사회적 책임에 대해 무언가 생각하는 것, 즉 윤리적이든 도덕적이든 법률적이든 무언가 책임감을 갖는 것은 분명 바람직한 일이다. 생산품의 안전성 맥락에서, 회사가 받아들인 윤리 규칙에 의해 경제적 효율성은 훨씬 더 향상된다. – 애로우, "사회적 책임과 경제적 효율성" –

프리드먼은 소극적 관점에서 기업의 목적을 이윤의 극대화로 보아, 합법적인 이윤 추구를 넘어서는 사회적 책임을 기업에 강요해서는 안 된다고 보았다. 그는 고용 차별, 불합리한 해고, 환경 오염 등의 해를 끼치지 않으면서 사회 전체의 부(富)를 극대화하는 것만을 기업의 사회적 책임이라고 주장하였다. 애로우는 적극적 관점에서 기업이 법을 지키는 차원을 넘어 사회·문화·경제·환경 등 다양한 영역에서 장애인 고용, 소외 지역 내 공장 설립 등 사회적 책임을 자발적으로 이행해야 한다고 보았다. 또한 기업이 사회적 책임을 적극적으로 이행하면 소비자의 신뢰를 얻을 수 있으므로 장기적으로 기업의 이윤 추구와 효율성 향상에 이바지한다고 주장하였다.

④ 근로자 윤리
- 자신이 맡은 업무를 성실히 수행하여 노동 생산성 향상을 위해 노력해야 함
- 기업가와 맺은 근로 계약을 이행하고 기업가와 협력을 추구해야 함
- 동료 근로자와 유대감과 연대 의식을 형성해야 함

⑤ 기업가와 근로자의 상생적 관계 유지를 위한 노력
- 개인 윤리적 차원: 노사 양측이 근로 기준법과 노동조합 및 노동관계 조정법을 준수하고, 신뢰 관계를 구축하기 위한 노력을 해야 함
- 사회 윤리적 차원: 정부는 건전한 노사 관계 정립을 위해 관련 정책을 마련하고, 노사 간의 공정한 조정자 역할을 해야 함

개념 플러스 사회적 자본

퍼트넘에 따르면 사회적 자본은 개인들 간의 연계, 사회적 네트워크, 그리고 이와 관련된 호혜성의 규범, 신뢰 등을 이르는 말로, 사회 구성원들 간의 상호 이익을 증진하기 위한 조정과 협력을 촉진하는 특성을 지닌다. 사회 성원 간의 신뢰, 기업 간의 신뢰, 사회 제도와 정책 리더들에 대한 신뢰가 정착되어야 그 사회의 사회적 자본이 제대로 형성될 수 있다. 그는 사회적 자본이 협력적 행동을 촉진하여 사회적 효율성을 향상시킬 수 있다고 본다. 사회적 자본으로 집단적 문제가 더 쉽게 해결될 수 있고, 유용한 정보가 빠르게 확산될 수 있기 때문이다.

✪ 노동조합 및 노동관계 조정법

근로자의 단결권·단체 교섭권 및 단체 행동권을 보장하여 근로 조건의 유지·개선과 근로자의 경제적·사회적 지위의 향상을 도모하고, 노동관계를 공정하게 조정하여 노동 쟁의를 예방·해결하기 위한 법

개념 체크

1. (　　)은/는 사회에 대한 기업의 적극적 책임을 강요하는 것에 반대하면서, 기업의 사회적 책임은 기업의 본질, 즉 이윤 추구를 위한 활동에 매진하는 것이라고 보았다.
2. 기업가와 근로자는 상호 간에 맺은 근로 계약을 준수하고 신뢰, 협력하여 (　　)적 관계를 유지하기 위해 노력해야 한다.
3. (　　)은/는 사회 구성원들 간의 상호 이익을 증진하기 위한 조정과 협력을 촉진하는 특성을 지니는 것으로, 개인들 간의 연계, 사회적 네트워크, 이와 관련된 호혜성의 규범, 신뢰 등을 의미한다.

정답

1. 프리드먼
2. 상생
3. 사회적 자본

(2) 전문직과 공직자의 윤리

① 전문직의 특징과 전문직 윤리

• 전문직의 특징: 직업적 전문성으로 인해 사회적 영향력이 크기 때문에 높은 수준의 도덕성이 요구됨

전문성	고도의 전문적 훈련을 통해 전문 지식과 기술을 갖춤
독점성	일정한 자격을 갖춘 사람만이 업무를 수행할 수 있음
자율성	독자적이고 자율적으로 업무를 수행함

• 전문직 윤리: 자신의 직업에 필요한 전문 지식과 기술을 개인적 성공을 위한 수단으로만 여기지 않고 사회 발전에 기여할 수 있도록 책임감을 지녀야 함

② 공직자의 특징과 공직자 윤리

• 공직자의 특징: 국민으로부터 권한을 위임받은 대리인으로서 법에 규정된 공권력을 지니고, 사회와 국가에 끼치는 영향력이 큼

• 공직자 윤리

봉공·봉사	공사(公私)를 구분하여 공익을 우선적으로 실현하기 위해 노력해야 함
공정	직무를 수행할 때 민주적이고 공정한 절차에 따라 처리해야 함
청렴 정신	직무를 통해 부당한 이득을 취하지 않는 올곧은 성품을 지녀야 함

• 공직자 윤리 확립을 위한 방안: 불공정한 관행이나 불합리한 제도 개선, 공익 침해 행위 및 부패 행위에 대한 신고 제도 확립, 시민 단체 감시 활동, 공직 사회의 자정 노력과 공직 기강 확립 등

자료 플러스 정약용의 공직자 윤리

> 지혜가 높고 생각이 깊은 사람은 얻고자 하는 바가 크므로 청렴한 관리가 되고, 지혜가 짧고 생각이 얕은 사람은 얻고자 하는 바가 작아서 욕심이나 채우는 관리가 되니, 생각이 여기까지 미친다면 청렴하지 않을 사람은 없을 것이다.
> – 정약용, "목민심서" –

정약용은 청렴이야말로 천하의 큰 장사이므로 포부가 큰 사람은 반드시 청렴하려고 한다고 보았다. 정약용에 따르면 사람이 청렴하지 못한 것은 지혜가 모자라기 때문이다.

3. 청렴의 의미와 필요성

(1) 부정부패의 의미와 문제점

① 부정부패의 의미: 불법적이거나 부당한 방법으로 이득을 취하거나 다른 사람이 부당한 이득을 취하도록 돕는 행위

② 부정부패의 문제점: 개인의 권리가 침해되거나 올바른 시민 의식을 형성하기 어려워지고, 공정한 경쟁의 틀을 깨뜨려 국민 간 위화감이 조성되며 사회 통합이 어려워짐

(2) 청렴한 사회 실현

① 청렴의 의미: 성품과 행실이 맑고[淸(청)], 염치를 알며[廉(렴)] 탐욕을 부리지 않는 자세

② 청렴 문화 정착을 위한 노력

• 견리사의(見利思義)의 자세: 이익을 취하기 전에 그 이익이 정당한 것인지 생각해 보아야 함

• 제도적 보완: 업무 처리의 공정성과 투명성을 보장하고, 부정부패를 방지하기 위한 제도를 마련해야 함

✪ 봉공(奉公)·봉사(奉仕)
국가나 사회를 위해 힘써 일함

✪ 견리사의
"논어"에서 성인에 대해 설명하며 사용된 표현으로, 사사로운 이익을 접할 때 그것이 의로운 것인지 먼저 생각하는 자세를 뜻함

개념 체크

1. 전문직은 직업적 전문성과 독점성, 자율성 등의 특징을 지니고 있으며 사회적 영향력이 크기 때문에 이에 대한 윤리적 (　　)을/를 지녀야 한다.
2. (　　)은/는 이익을 취하기 전에 그 이익이 정당한 것인지 생각하는 자세를 뜻한다.
3. (　　)은/는 행동이 맑고, 염치를 알아 성품과 행실이 고결하며 탐욕을 부리지 않는 자세를 의미한다.

정답
1. 책임감
2. 견리사의(見利思義)
3. 청렴

수능 기본 문제

[24015-0081]

01 다음을 주장한 사상가의 입장만을 〈보기〉에서 있는 대로 고른 것은?

> 선왕(先王)이 예(禮)를 제정하여 사람들에게 귀함과 천함의 등급을 분별하게 하였다. 천자(天子), 제후(諸侯), 대부(大夫), 사(士)의 덕은 반드시 그들의 지위에 어울려야 하고, 그들의 지위는 반드시 그들이 받는 녹에 어울려야 하며, 그들의 녹은 반드시 그들의 쓰임에 어울려야만 한다.

보기

ㄱ. 군주는 사람들의 능력에 따라 직분을 맡겨야 한다.
ㄴ. 소인도 수양을 통해 덕을 갖추면 대부가 될 수 있다.
ㄷ. 소인들이 사람들 위에서 위세를 부리면 나라가 손상된다.
ㄹ. 군주는 모든 사람들 사이의 지위에 차등을 두지 않는 정치를 해야 한다.

① ㄱ, ㄴ ② ㄱ, ㄹ ③ ㄷ, ㄹ
④ ㄱ, ㄴ, ㄷ ⑤ ㄴ, ㄷ, ㄹ

[24015-0082]

02 다음을 주장한 사상가의 입장만을 〈보기〉에서 있는 대로 고른 것은?

> 백성이 세상을 살아가는 데 떳떳한 생업[恒産]이 있는 백성은 떳떳한 마음[恒心]을 가지고, 떳떳한 생업이 없는 백성은 떳떳한 마음이 없는 것이니, 만일 떳떳한 마음이 없으면 방탕하고 한쪽으로 치우치고 간사하며 사치하여 못하는 짓이 없게 된다. 따라서 백성들이 이로 인해 죄를 지은 후에 이에 따라 형벌을 준다면 이것은 백성을 그물질하는 것이다.

보기

ㄱ. 군주는 백성들에게 생계유지 기반을 마련해 주어야 한다.
ㄴ. 군주는 정치의 궁극적 목표를 항산(恒産)의 보장에 두어야 한다.
ㄷ. 백성들은 떳떳한 직업을 갖고 나서야 도덕적 문제에 관심을 갖게 된다.
ㄹ. 모든 사람은 경제적으로 불안정해지면 도덕적인 마음[恒心]을 유지할 수 없다.

① ㄱ, ㄴ ② ㄱ, ㄷ ③ ㄴ, ㄹ
④ ㄱ, ㄷ, ㄹ ⑤ ㄴ, ㄷ, ㄹ

[24015-0083]

03 다음을 주장한 사상가의 입장으로 적절하지 않은 것은?

> 국가를 구성하는 통치자, 방위자, 생산자 세 계층이 각각 자신들이 맡은 역할에 전념할 때 정의로운 국가가 된다. 국가는 개인의 영혼이 확대된 것으로 볼 수 있으며, 국가의 세 계층의 사람들이 각각 계층에 적합한 덕목을 실천하여 전체적으로 조화를 이룰 때 이상 국가가 실현된다.

① 정의로운 국가에서는 사회적 역할 분담이 이루어진다.
② 정의로운 국가의 통치자가 되려면 반드시 지혜의 덕을 갖추어야 한다.
③ 정의로운 국가에서 사회적 역할은 각자 타고난 성향에 근거해 부여된다.
④ 정의로운 국가에서는 누구나 수양을 통해 통치자의 역할을 수행할 수 있다.
⑤ 정의로운 국가가 되려면 각 계층의 구성원들이 각자의 탁월성을 발휘해야 한다.

[24015-0084]

04 다음을 주장한 사상가가 긍정의 대답을 할 질문만을 〈보기〉에서 있는 대로 고른 것은?

> 신은 경솔한 우리가 만사를 혼란에 빠뜨리지 않도록 하기 위해서, 각 사람에게 그 독특한 생활 양식에 따라 의무를 지정하셨다. 그리고 아무도 자기의 한계를 경솔히 벗어나지 않도록, 그 다양한 생활을 소명이라고 부르셨다. 그러므로 각 개인에게는 신이 지정하신 생활 방식이 있다.

보기

ㄱ. 직업은 신의 영광을 드러내기 위한 것인가?
ㄴ. 직업을 신의 거룩한 부름으로 인식해야 하는가?
ㄷ. 직업적 성공이 종교적 구원을 얻기 위한 조건인가?
ㄹ. 직업 노동은 원죄에 대한 속죄의 의미만을 지니는가?

① ㄱ, ㄴ ② ㄱ, ㄷ ③ ㄴ, ㄹ
④ ㄱ, ㄷ, ㄹ ⑤ ㄴ, ㄷ, ㄹ

[24015-0085]

05 다음을 주장한 사상가가 부정의 대답을 할 질문으로 가장 적절한 것은?

다수의 개별 부분 노동자로 구성되는 사회적 생산 메커니즘은 자본가에게 속한다. 그러므로 각종 노동의 결합으로부터 발생하는 생산력은 자본의 생산력으로 나타난다. 진정한 매뉴팩처는 이전에는 독립적이었던 노동자를 자본의 지휘와 규율에 복종시킬 뿐 아니라 노동자 자신들 사이에 등급적 계층을 만들어 낸다.

① 기술적 분업 노동은 노동의 참된 의미를 왜곡하는가?
② 기술적 분업은 개별 노동자의 특수한 기능만을 촉진하는가?
③ 기술적 분업의 확대는 상품 생산의 생산성을 하락시키는가?
④ 기술적 분업은 노동에 대한 자본의 지배를 강화하는 조건을 조성하는가?
⑤ 기술적 분업을 통해 노동자는 작업장의 부속물로서 자본의 소유물 취급을 받는가?

[24015-0086]

06 갑, 을 모두 긍정의 대답을 할 질문으로 가장 적절한 것은?

갑: 기업은 법을 준수하며 기업 소유주들의 이익을 창출해야 합니다. 더 나아가 환경 보호, 장학 사업 등 사회 공헌을 위한 사회적 책임도 다해야 합니다.

을: 기업의 사회적 책임은 합법적으로 기업 소유주들의 이익을 추구하며 재무적 성과를 내는 것에 한정되어야 합니다. 기업에 그 이상의 사회적 책임을 부과하는 것은 부당합니다.

① 기업은 모든 사회적 책임으로부터 자유로워야 하는가?
② 기업의 설립 목적을 사회적 이익 증진에 두어야 하는가?
③ 기업의 이윤 추구와 공익의 실현이 서로 양립되어야 하는가?
④ 기업은 법의 테두리 내에서 주주들의 이익 증진에 힘써야 하는가?
⑤ 기업은 경영을 통해 얻은 이윤의 일부를 사회에 환원해야 할 책임이 있는가?

[24015-0087]

07 그림의 강연자의 입장으로 적절한 것만을 〈보기〉에서 있는 대로 고른 것은?

사회적 자본은 개인들 간의 연계, 호혜성, 신뢰, 규범, 사회적 네트워크 등의 속성을 지칭하는 말로, 사회 구성원들 간의 상호 이익을 증진하기 위한 조정과 협력을 촉진하는 특성을 지닙니다. …(중략)… 사회적 자본은 '시민적 품성'과 밀접하게 관련되어 있습니다. 시민적 품성은 호혜적 사회관계의 촘촘한 네트워크 속에 자리 잡고 있을 때 강력한 힘을 발휘합니다. 이처럼 사회적 자본이 축적된 공동체에서는 시민들 스스로 기회주의적 처신과 부정행위를 할 동기가 줄어들게 됩니다.

보기
ㄱ. 사회적 자본이 축적되면 시민의 청렴한 품성이 함양된다.
ㄴ. 사회적 자본이 축적되면 이전보다 집단적 문제가 더 쉽게 해결될 수 있다.
ㄷ. 사회적 자본은 협력적 행동을 촉진하여 사회적 효율성을 향상시킬 수 있다.
ㄹ. 사회적 자본이 형성될수록 자율적 규제보다는 법적 규제의 경향성이 높아지게 된다.

① ㄱ, ㄴ ② ㄱ, ㄹ ③ ㄷ, ㄹ
④ ㄱ, ㄴ, ㄷ ⑤ ㄴ, ㄷ, ㄹ

[24015-0088]

08 다음을 주장한 사상가가 긍정의 대답을 할 질문만을 〈보기〉에서 있는 대로 고른 것은?

못 배우고 무식한 사람이 한 고을을 얻으면 건방져지고 사치스럽게 되어 절약하지 않고, 재물을 함부로 써서 빚이 날로 불어나면 반드시 욕심을 부리게 된다. 욕심을 부리면 아전들과 짜고 일을 꾸며 이익을 나눠 먹게 되고, 이익을 나눠 먹다 보면 백성들의 고혈을 짜게 된다. 그러므로 절약은 백성을 사랑하는 데 있어 목민관이 가장 먼저 지켜야 할 일이다.

보기
ㄱ. 탐욕스러운 공직자는 부정부패하게 되는가?
ㄴ. 절용은 공직자가 갖추어야 할 필수 덕목인가?
ㄷ. 공직자가 되려면 지혜와 덕을 갖추어야 하는가?
ㄹ. 공직자가 되려면 재산 소유를 포기해야 하는가?

① ㄱ, ㄴ ② ㄴ, ㄹ ③ ㄷ, ㄹ
④ ㄱ, ㄴ, ㄷ ⑤ ㄱ, ㄷ, ㄹ

수능 실전 문제

[24015-0089]

1 **갑, 을 사상가들의 입장으로 옳지 않은 것은?**

> 갑: 사람의 몸에는 백공(百工)들이 만드는 것이 다 필요한데, 만일 반드시 모든 것을 손수 만들어서 사용해야 한다면 그것은 천하의 사람들을 이끌어서 지쳐 떨어지게 하는 것이다. 대인(大人)이 할 일이 있고 소인(小人)이 할 일이 있다.
> 을: 군자(君子)는 지혜가 있으면 밝게 이치에 통달해 모든 사물을 잘 처리할 줄 알며, 벼슬자리에 등용되면 공손하고 예(禮)를 따른다. 소인은 지혜가 있으면 남의 것을 빼앗고 도둑질하며 사기를 치고, 벼슬자리에 등용되면 각박하고도 오만하다.

① 갑: 이상적인 국가에서는 모든 사회 구성원들이 자급자족하는 삶을 살아간다.
② 갑: 육체노동과 정신노동을 구분하여 사회 구성원들에게 일이 부여되어야 한다.
③ 을: 군자는 어떤 경우에도 발전하지만 소인은 어떤 경우에도 나쁜 결과를 낳는다.
④ 갑과 을: 통치자는 사회 구성원들의 적성과 능력을 고려하여 일을 부여해야 한다.
⑤ 갑과 을: 덕(德)의 유무에 따라 사회 구성원들의 사회적 지위에 차등을 두어야 한다.

[24015-0090]

2 **갑, 을 사상가들의 입장에 대한 설명으로 옳지 않은 것은?**

> 갑: 한 나라에 명분(名分)이 바르지 않으면 말이 순조롭게 전달되지 못하고, 말이 순조롭지 않으면 모든 일이 이루어지지 않고, 일이 이루어지지 않으면 예악(禮樂)이 흥성하지 않고, 예악이 흥성하지 않으면 형벌이 사리에 맞지 않고, 형벌이 사리에 맞지 않으면 백성들은 손발을 둘 곳이 없게 된다.
> 을: 한 나라가 올바른 나라가 되는 것은 이 나라 안에 있는 성향이 다른 세 부류가 저마다 자신에게 맞는 일을 했을 때이다. 그리고 이 나라가 절제 있고 용기 있으며, 또한 지혜로운 나라인 것도 바로 이들 세 부류가 처한 상이한 처지와 상이한 습성 때문이다.

① 갑은 백성들이 자신의 직무 이외의 직무에서도 덕을 발휘해야 한다고 본다.
② 갑은 통치자가 먼저 자신을 수양하여 덕(德)을 갖추고 나라를 다스려야 한다고 본다.
③ 을은 성향상 장인인 사람이 전사의 부류로 이행하려 들지 말아야 한다고 본다.
④ 을은 사회 구성원들이 직업을 통해 자신의 고유한 기능을 발휘해야 한다고 본다.
⑤ 갑과 을은 국가가 올바르게 되려면 덕에 기반을 둔 정치가 실현되어야 한다고 본다.

[24015-0091]

3 **다음을 주장한 사상가의 입장만을 〈보기〉에서 있는 대로 고른 것은?**

자본주의 체제에서 노동자의 노동은 자발적인 것이 아니라 강제된 것이다. 즉, 노동자가 자기 자신에게 속하지 않고 타자에게 속한다는 것이다. 더 나아가 소외된 노동은 인간의 삶을 생활 수단으로만 간주함으로써 인간에게 고유한 자유로운 의식적 활동으로부터 인간을 소외시킨다. 소외된 노동은 결국 인간에 의한 인간의 소외를 일으킨다. 이러한 소외의 근본 원인은 결국 사적 소유로부터 비롯되는 것이다.

● 보기 ●

ㄱ. 생산 수단이 공유될 때 노동 소외를 극복할 수 있다.
ㄴ. 임금 노동자가 자율적 삶을 살아가기 위해서는 기술적 분업이 필요하다.
ㄷ. 능력에 따라 분배받고 필요에 따라 일하는 사회에서 노동 소외가 극복된다.
ㄹ. 자본주의 체제에서는 생산을 통해 노동자의 노동을 하나의 상품으로 생산해 낸다.

① ㄱ, ㄴ ② ㄱ, ㄹ ③ ㄴ, ㄷ
④ ㄱ, ㄷ, ㄹ ⑤ ㄴ, ㄷ, ㄹ

[24015-0092]

4 **다음을 주장한 사상가의 입장에만 모두 'V'를 표시한 학생은?**

청교도들이 삶의 구석구석에 작용하고 있다고 본 신이 그의 신도들 각각에게 하나의 이윤의 기회를 준다면, 그것은 신 나름대로의 의도가 있기 때문이다. 따라서 기독교 신자는 그 기회를 사용하여 그러한 부르심에 따라야만 한다. 육욕과 죄를 위해서가 아니라 진정 신을 위해서라면 부자가 되기 위해 노동해도 괜찮다. 이렇게 부는 게으른 휴식과 죄 많은 삶의 향락에 대한 유혹으로서 위험시된 것이며, 부의 추구도 나중에 근심 없이 안일하게 살기 위한 것일 경우에만 위험시된 것이다.

입장 \ 학생	갑	을	병	정	무
청교도들은 직업 활동을 신의 소명을 따르는 일로 이해하였다.	V			V	V
청교도들은 노동 능력이 있는 자가 구걸하는 것을 죄로 보았다.	V	V		V	
청교도들은 직업 의무의 행사로서 부의 추구를 비도덕적 행위로 보았다.			V	V	V
청교도들은 신이 많은 이익을 거둘 수 있는 합법적 방법을 지시해도 언제나 적은 이익을 추구해야 한다고 보았다.		V	V		V

① 갑 ② 을 ③ 병 ④ 정 ⑤ 무

[24015-0093]

5 (가)의 갑, 을의 입장에서 서로에게 제기할 수 있는 비판을 (나) 그림으로 표현할 때, A, B에 해당하는 내용으로 가장 적절한 것은?

(가)

갑: 자유로운 시장 경쟁 과정에서 기업의 경영자들이 주주들을 위해 많은 돈을 버는 것 말고 다른 사회적 책임을 받아들이라고 요구하는 것은 기업의 소유주나 주주들의 권익 보호와 이윤 극대화라는 기업 경영자의 의무를 제대로 이행하지 못하도록 방해하는 행위이다. 이러한 행위는 자유 사회의 근간을 위협하는 위험한 것이다. 기업이 법의 테두리 내에서 이익 추구에 전념하는 것만으로 기업은 장기적으로 공익에 기여하는 것이다.

을: 자유로운 시장 경쟁 과정에서 기업 활동으로 인해 환경 오염이나 빈부 격차 심화 등의 문제가 발생하고 있다. 따라서 기업은 마땅히 법을 준수하며 이익을 창출해야 할 책임 이외에 사회의 일원으로서 마땅히 경제적 이윤을 공동체에 환원하며 공익 실현에 힘쓸 책임도 있다. 이는 장기적으로 기업의 이익 증대에도 도움이 된다.

(나)

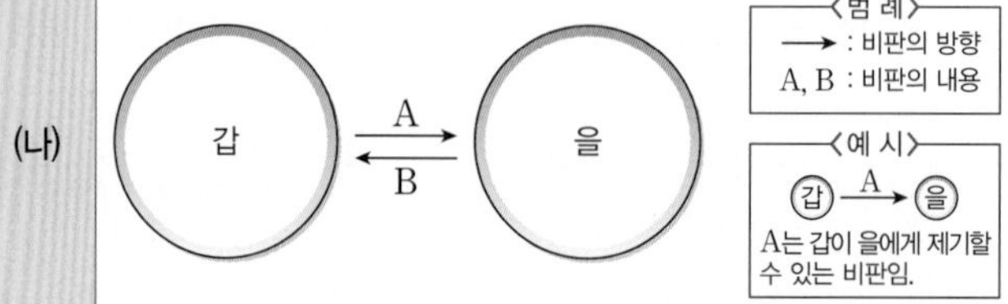

① A: 기업의 이익 증대가 공공의 이익 실현과 양립될 수 없음을 간과한다.
② A: 기업은 경영을 통해 공공의 이익을 실현하기 위한 사회적 책임을 다해야 함을 간과한다.
③ B: 기업 경영의 근본 목적을 사회 복지 확충과 공동선의 실현에 두어야 함을 간과한다.
④ B: 기업이 사회적 책임을 다해야 하는 대상에 주주뿐만 아니라 기업의 외부인도 포함될 수 있음을 간과한다.
⑤ B: 기업은 이윤을 추구하는 과정에서 기만행위 없이 공개적이고 자유로운 경쟁에 전념해야 함을 간과한다.

[24015-0094]

6 을이 갑에게 제기할 수 있는 비판으로 가장 적절한 것은?

> 갑: 전문직 종사자들은 자신의 전문 지식과 기술을 활용하여 사회 발전에 기여해야 한다는 책무 의식을 지녀야 합니다. 전문직 종사자들은 직업적 전문성으로 인해 사회에 끼치는 영향력이 크기에 어느 정도의 도덕성이 요구되지만 일반 시민보다 높은 도덕성을 지닐 필요는 없습니다. 전문직 종사자들에게 일반 시민보다 더 높은 도덕성을 요구하는 것은 과도합니다.
> 을: 전문직 종사자들은 직업적 전문성으로 인해 사회적 영향력이 크기 때문에 일반 시민에 비해 사회 발전에 중요한 역할을 합니다. 따라서 전문직 종사자들에게는 사회에 대한 책무 의식과 사회적 영향력에 비례하는 도덕성이 요구됩니다.

① 전문직 종사자들은 사회 발전에 중요한 역할을 담당함을 간과한다.
② 전문직 종사자들에게 도덕성을 과도하게 요구해서는 안 됨을 간과한다.
③ 전문직 종사자들은 독자적이고 자율적으로 업무를 수행할 수 있음을 간과한다.
④ 전문직 종사자들과 일반 시민에게 요구되는 도덕성의 정도가 다름을 간과한다.
⑤ 전문직 종사자들에게는 사회 발전에 기여해야 하는 책임이 요청됨을 간과한다.

[24015-0095]

7 다음 가상 편지를 쓴 사상가의 입장으로 적절하지 않은 것은?

○○에게

자네가 수령으로 곧 부임하게 될 것이라는 소식을 들었네. 수령에게 가장 필요한 자세가 무엇인지 조언을 해 주고자 편지를 보내네. 지혜가 높고 생각이 깊은 사람은 얻고자 하는 바가 크므로 청렴한 관리가 되고, 지혜가 짧고 생각이 얕은 사람은 얻고자 하는 바가 작아서 욕심이나 채우는 관리가 되니, 생각이 여기까지 미친다면 청렴하지 않을 사람은 없을 걸세. …(중략)… 만일 수령이 청렴하지 않으면 백성들은 그를 도적이라고 하여 마을을 지날 때 더럽다고 욕하는 소리가 드높을 것이니, 또한 부끄러운 일이 아니겠는가.

① 공직자는 덕을 쌓고 절용(節用)하는 삶을 살아야 한다.
② 공직자가 청렴하지 못한 것은 지혜가 모자라기 때문이다.
③ 공직자는 청렴과 무관해도 공직을 제대로 수행할 수 있다.
④ 청렴하고 지혜로운 공직자는 청렴함을 편안하고 이롭게 여긴다.
⑤ 공직자는 청백리(淸白吏)로 기억되는 것을 영광으로 여겨야 한다.

[24015-0096]

8 다음을 주장한 사상가의 입장만을 〈보기〉에서 있는 대로 고른 것은?

사회적 자본이란 사회적 효율성을 향상시킬 수 있는 신뢰, 규범 그리고 네트워크 등의 사회 조직의 속성을 지칭한다. 신뢰와 같은 사회적 자본은 사용하면 그 공급이 많아지고, 사용하지 않으면 고갈되는 '도덕적 자원'의 속성을 가진다. 사회적 규범, 네트워크와 같은 다른 형태의 사회적 자본 역시 마찬가지이다. 사유재의 성격을 지니는 전통적인 자본과 달리, 사회적 자본은 공공재라는 특성을 지닌다. 이러한 사회적 자본의 축적은 공공 문제에 대한 협력을 증진하고, 시민 결사체들을 통해 의견 대립을 긍정적으로 승화시킨다.

보기

ㄱ. 시민적 협력은 구성원들의 상호 이익에 기초한다.
ㄴ. 시민적 참여의 네트워크는 수평적인 상호 작용을 대표한다.
ㄷ. 사회적 자본이 충분히 축적될수록 사회적 효율성은 더 쉽게 향상된다.
ㄹ. 사회적 자본은 상호 의견 대립 등의 사회적 갈등이 사라져야 형성될 수 있다.

① ㄱ, ㄷ ② ㄱ, ㄹ ③ ㄴ, ㄹ
④ ㄱ, ㄴ, ㄷ ⑤ ㄴ, ㄷ, ㄹ

07 사회 정의와 윤리

1. 사회 정의의 의미

(1) 개인 윤리와 사회 윤리

① 사회 윤리의 등장 배경
- 개인의 도덕성과 양심만으로 해결하기 어려운 윤리 문제가 발생함
- 사회는 단순한 개인의 집합체가 아니라 독자적 원리에 따라 움직임

② 사회 윤리의 의미와 과제
- 의미: 사회 구조나 제도와 관련된 윤리 문제 해결을 위한 도덕적 규범
- 과제: 공동선과 사회 정의의 실현

③ 개인 윤리와 사회 윤리

구분	개인 윤리	사회 윤리
주안점	개인의 양심, 윤리 의식 등 개인의 도덕성	사회 구조, 제도, 정책 등 사회의 도덕성
문제 원인	개인의 도덕적 의사 결정 능력, 실천 의지의 결여	개인보다는 사회 구조와 제도의 문제
문제 해결	개인의 도덕적 판단 능력이나 실천 의지, 도덕적 습관 함양	개인의 도덕성 함양과 더불어 사회 구조와 제도 개선

④ 개인 윤리와 사회 윤리의 관계: 현대 사회에서 발생하는 다양한 윤리 문제를 해결하기 위해서는 개인의 도덕성 함양과 사회 구조와 제도의 개선이 모두 필요함

⑤ 니부어의 사회 윤리에 대한 관점: "도덕적 인간과 비도덕적 사회"
- 현대 사회의 복잡한 윤리 문제는 개인의 양심과 덕목의 실천만으로 해결하기 어려움
- 개인적으로 도덕적인 사람도 자신이 속한 집단의 이익을 위해 비도덕적으로 행동하기 쉬움
- 개인의 도덕적 행위는 집단의 도덕성을 결정하지 못하며, 오히려 집단의 구조와 제도가 개인 행위의 도덕성을 결정할 수 있음
- 개인의 도덕성 함양뿐만 아니라 사회 구조와 제도의 도덕성 실현을 위해 노력해야 함

자료 플러스 개인 윤리와 사회 윤리에 대한 니부어의 관점

- 이기적 충동이 사회적 충동에 의해 꺾이게 되면, 그것은 사회적 충동 속으로 흡수되어 한 인간이 자신의 공동체에 바치는 헌신성은 이타주의의 표현임과 동시에 변형된 이기주의의 표현이 된다. 이성은 이기심을 사회적 충동 전체와 조화시키기 위하여 그것을 억제할지 모른다. 하지만 바로 그 같은 이성의 힘은 동시에 개인의 이기주의를 생동적인 능력의 전체 속에 있는 한 정당한 요소로서 인정할 수밖에 없게 된다.
- 인간 역사에서 사회적 각성과 도덕적 선의지의 증가가 사회적 갈등의 야만성을 완화하는 데 도움이 된다 할지라도, 그것들로는 갈등 자체를 제거할 수 없다. 이러한 갈등의 제거는 인종이건 국가건 경제 집단이건 인간 집단들이 어느 정도의 이성과 동정심을 발휘할 수 있고, 또한 도덕적 선의지를 가질 수 있게 될 때에만 이루어질 것이다. 그러나 이는 인간 본성의 불가피한 한계 및 인간의 상상력과 지성의 한계를 고려해 볼 때, 개인들은 접근할 수 있을지 모르지만 인간 사회의 능력을 넘어서 있는 이상이다.

– 니부어, "도덕적 인간과 비도덕적 사회" –

니부어는 개인과 사회의 속성이나 도덕적 이상이 서로 다르므로 개인 윤리와 사회 윤리를 구분해야 한다고 주장하였다. 그는 집단 속에서 이기적으로 되어 가는 인간의 성향과 힘의 불균등한 분배로 부정의가 지속되고 있다고 보고, 외적 강제력을 동원하여 정의를 실현할 필요가 있다고 주장하였다.

✪ 니부어
미국의 신학자. 낙관적인 인간관을 비판하고 사회 문제 해결에 대한 현실주의적 입장을 주장함

개념 체크

1. 개인의 양심, 윤리 의식 등의 함양을 통해 사회 문제를 해결하려는 (　　)와/과 달리, 사회 윤리는 사회 문제 해결을 위해 개인의 도덕성 함양과 더불어 사회 구조와 제도 개선이 필요하다고 주장한다.
2. (　　)은/는 "도덕적 인간과 비도덕적 사회"에서 개인적으로 도덕적인 사람도 자기가 속한 집단 속에서는 그 집단의 이익을 위해 비도덕적으로 행동하기 쉽다고 보았다.
3. 니부어는 집단 간 힘의 불균형을 해결하고 사회 정의를 실현하기 위해 정치적 (　　)의 동원이 필요하다고 보았다.

정답
1. 개인 윤리
2. 니부어
3. 강제력

(2) 사회 정의

① 사회 정의의 의미와 필요성

의미	사회를 구성하고 유지하는 공정한 도리이며, 사회 윤리적 문제를 해결하기 위한 기준
필요성	사회 구성원의 기본권 침해와 개인 간 · 집단 간 갈등의 원인이 되는 부정의한 사회 구조와 제도의 개선 지침을 제공함

자료 플러스 사회 정의에 대한 동서양의 관점

- 맹자가 양혜왕을 접견했다. 왕이 말했다. "선생처럼 고명한 분이 천 리 길을 멀다 하지 않으시고 찾아 주셨으니 장차 우리나라에 이익이 있겠지요?" 맹자가 말했다. "왕께서는 어째서 이익에 대해서만 말하십니까? 진정 중요한 것으로는 인의(仁義)가 있을 뿐입니다. 만약 한 나라의 왕이 '어떻게 하면 내 나라를 이롭게 할 수 있을까?'라고 생각하면, 그 아래에 있는 대부는 '어떻게 하면 내 집안을 이롭게 할 수 있을까?'라고 생각하고, 선비와 서인들은 '어떻게 하면 내 한 몸을 이롭게 할 수 있을까?'를 생각하게 됩니다. 이처럼 위아래가 다투어 자신의 이익을 취하려 하면 나라는 위태로워집니다." – 맹자, "맹자" –
- 정의는 각자가 자기의 성향에 가장 맞는 국가와 관련된 일 한 가지에 종사하며 타인에게 참견하지 않는 것이다. 이렇게 해야 지혜, 용기, 절제가 국가 안에 생기고 이것들이 잘 보전될 수 있기 때문이다. 정의는 곧 제 것을 소유하고 제 일을 하는 것이다. …(중략)… 철학자들이 모든 나라의 왕이 되거나, 아니면 현재의 왕이나 최고 권력자들이 진정으로 철학을 하게 되지 않는 한, 그리하여 정치권력과 철학이 하나로 합쳐지지 않는 한, 모든 나라에서 아니 인류 전체에서 악은 종식되지 않을 것이다. – 플라톤, "국가" –

동양에서 의로움은 천리(天理)에 부합하는 올바름을 의미한다. 맹자는 자신의 잘못된 행위를 부끄러워하고 타인의 악행을 미워하며, 이익이나 결과에 집착하지 않는 올곧음을 강조하였다. 한편 서양에서 정의는 '올바름' 또는 '공정함'을 의미한다. 플라톤은 지혜, 용기, 절제가 조화를 이룰 때 나타나는 최고의 덕목을 정의라고 하였으며, 각자 타고난 성향에 따라 제 직분을 다하여 조화를 이룰 때 사회가 정의롭게 된다고 보았다.

② 사회 정의의 분류

분배적 정의	각자가 자신의 몫을 누릴 수 있게 하는 것
교정적 정의	위법과 불공정함을 바로잡아 공정함을 확보하는 것
절차적 정의	공정한 절차를 통해 합당한 몫을 결정하는 것

자료 플러스 아리스토텔레스의 정의

- 당사자들이 동등함에도 동등하지 않은 몫을, 혹은 동등하지 않은 사람들이 동등한 몫을 분배받아 갖게 되면 싸움과 불평이 생겨난다. …(중략)… 분배에서 정의로운 것은 어떤 가치에 따라 이루어져야 한다는 것에 대해서는 모든 사람이 동의하지만, 그럼에도 모든 사람이 동일한 것을 가치로 주장하는 것은 아니다.
- 상호 교섭에서 정의로운 것은 어떤 종류의 동등함이고, 부정의한 것은 동등하지 않음이며, 이때의 동등함은 기하학적 비례에 따르는 것이 아니라 산술적 비례에 따르는 것이다. – 아리스토텔레스, "니코마코스 윤리학" –

아리스토텔레스는 정의를 일반적(보편적) 정의와 부분적(특수적) 정의로 구분하고, 부분적 정의를 다시 분배적 정의와 교정적(시정적) 정의로 구분하였다. 일반적 정의는 완전한 탁월성의 활용으로서 공익을 지향하는 법을 따르는 것으로 나타난다. 부분적 정의는 특히 공정성과 관련되는데, 그 중 분배적 정의는 기하학적 비례의 동등함을 추구하여 각 사람의 가치에 따른 사회적 재화의 분배를 지향한다. 또한 교정적 정의는 산술적 비례의 동등함을 추구하여 타인에게 해를 끼쳤으면 그만큼 보상해 주고, 이익을 주었으면 그만큼 돌려받는 것을 지향한다.

개념 체크

1. (　　)(이)란 사회가 추구해야 할 핵심 덕목 중 하나로, 사회를 구성하고 유지하는 공정한 도리이자 사회 윤리적 문제를 해결하기 위한 기준이 된다.
2. 사회 정의를 분류할 때 각자가 자신의 몫을 누릴 수 있게 하는 것을 (　　) 정의라고 한다.
3. 아리스토텔레스는 정의를 시민들이 공익을 지향하는 법을 따르는 (　　) 정의와 부분적(특수적) 정의로 구분하였다.

정답

1. 사회 정의
2. 분배적
3. 일반적(보편적)

2. 분배적 정의와 윤리적 쟁점

(1) 분배적 정의

① 분배적 정의의 의미: 사회적 이익과 부담을 공정하게 분배하는 원칙

② 분배의 다양한 기준

기준	장점	문제점
절대적 평등	기회와 혜택이 균등하게 보장됨	• 생산 의욕과 효율성을 저하시킬 수 있음 • 개인의 책임 의식을 약화시킬 수 있음
필요	사회적 약자의 보호가 용이함	• 모든 사람의 필요를 충족시키기 어려움 • 경제적 효율성을 저하시킬 수 있음
능력	능력이 뛰어난 사람에게 적절한 대우를 할 수 있음	• 능력 획득에 선천적인 요소가 개입됨 • 능력을 평가하는 기준이 모호할 수 있음
업적	• 객관적 평가와 측정이 쉬움 • 동기 부여가 잘 되며, 생산성이 높아짐	• 서로 다른 종류의 업적에 대한 양과 질의 평가가 어려움 • 사회적 약자를 배려하기 어려움

✪ 원초적 입장
상호 무관심한 사람들이 무지의 베일하에서 합의를 통해 정의의 원칙을 도출하는 가상적 상황

✪ 무지의 베일
개인의 사회적 지위, 소질과 능력, 지능, 체력, 심리적 성향 등에 관해 모르게 하는 것으로, 자연적·사회적 우연성과 관련된 요소들을 배제시키는 장치

(2) 현대 사회의 다양한 정의관

① 마르크스

• 능력에 따라 일하고 필요에 따라 분배할 것을 주장함

• 실질적 필요를 충족시킬 수 있도록 분배하여 인간다운 삶을 보장하고자 함

② 롤스의 '공정으로서의 정의'

• 공정한 분배가 이루어지려면 사회 제도가 공정한 조건에서 합의된 정의 원칙에 의해 규제되어야 함

• 자연적·사회적 우연성이 배제된 원초적 입장에 놓인 사람들은 자신이 가장 불리한 상황에 놓일 가능성을 염두에 두고 모든 사람에게 공정한 정의 원칙에 합의하게 됨

• 정의의 두 원칙: 모든 구성원이 원초적 입장에서 자기 이익의 안정적 확보를 위해서 합의할 두 가지 정의의 원칙

제1원칙	평등한 자유의 원칙	모든 사람은 평등한 기본적 자유를 최대한 누려야 함
제2원칙	차등의 원칙	사회적·경제적 불평등은 최소 수혜자에게 최대 이익이 되도록 편성될 때 정당화됨
	공정한 기회균등의 원칙	공직과 사회적 지위가 형식적 의미에서 열려 있을 뿐만 아니라 모두가 그것을 차지할 공정한 기회를 가져야 함

• 최소 수혜자의 이익을 극대화한다는 차등의 원칙을 통해 실질적인 기회의 평등과 자발적 협동 체제로서의 사회 유지를 도모하고자 함

③ 노직의 '소유 권리론'

• 개인은 정당한 소유물에 대해 배타적·절대적 권리를 지님

• 개인의 소유권을 침해하지 않고 개인의 권리를 보호하는 역할만을 수행하는 최소 국가가 정당하다고 주장함

취득에서의 정의의 원칙	정당하게 취득한 재화는 취득한 사람에게 그 소유 권리가 있음
이전(移轉)에서의 정의의 원칙	타인에 의해 자유로이 양도받은 재화에 대한 정당한 소유 권리가 있음
교정에서의 정의의 원칙	재화를 취득하고 양도받는 과정에서 과오나 잘못된 절차에 의한 소유가 발생했을 때는 이를 바로잡아야 함

개념 체크

1. (　　　)에 따른 분배는 사회적 약자를 보호하는 데 용이하다는 장점이 있지만, 모든 사람의 기대를 충족하기 어려우며 경제적 효율성을 저하시킬 수 있다는 문제점이 있다.

2. 롤스는 원초적 입장에서 자연적·사회적 우연성을 배제시키는 (　　　)을/를 쓴 개인들이 공정한 정의 원칙에 합의하게 될 것이라고 가정하였다.

3. 노직은 취득·이전·교정에서의 정의의 원칙에 따라 발생한 정당한 (　　　)에 대해 개인이 배타적·절대적 권리를 지닌다고 보았다.

정답
1. 필요
2. 무지의 베일
3. 소유물

자료 플러스 롤스의 무지의 베일

무지의 베일 속에 당사자들은 어떤 종류의 특정 사실을 알지 못한다고 가정된다. 무엇보다도 각자는 사회에서 자기의 지위나 계층을 모르며, 천부적 자산과 능력, 지능과 체력, 기타 등등을 어떻게 타고나는지 자신의 운수를 모른다. 또한 누구든지 선에 대한 자신의 생각, 자신의 합리적 인생 계획의 세목을 알지 못하며, 심지어 모험을 몹시 싫어한다든가 비관적, 혹은 낙관적인 경향과 같은 자기 심리적인 특징까지도 모르고 있다.

– 롤스, "정의론" –

롤스는 원초적 입장으로부터 도출된 정의의 원칙을 따를 때 공정한 분배가 실현될 수 있다고 보았다. 롤스에 따르면 원초적 입장의 당사자들은 무지의 베일을 쓰고 지위나 계층, 능력 등 자신뿐만 아니라 타인의 우연적인 조건을 알 수 없다. 따라서 당사자들은 기본적 자유를 평등하게 갖고, 가장 불우한 처지에 놓인 사람에게 최대한의 이익을 주는 분배 방식에 합의하게 된다.

④ 왈처의 '복합 평등론'
- 다양한 삶의 영역에서 각기 다른 공정한 기준에 따라 사회적 가치가 분배될 때 사회 정의가 실현됨
- 공동체의 역사적 · 문화적 맥락에 따른 다양한 정의 기준을 인정함

자료 플러스 왈처의 복합 평등(다원적 평등)으로서의 정의

다원적 평등 체제는 전제와 정반대가 된다. 이 체제는 지배를 불가능하도록 하는 일군의 관계들을 정립한다. 형식적인 어법으로 말한다면, 다원적 평등이란 한 영역 안에서 혹은 다른 사회적 가치와 관련하여 시민이 지닌 어떠한 위치도 어떤 다른 영역 혹은 다른 가치와 관련된 그의 지위 때문에 침해당할 수 없다는 것을 의미한다. 즉, 공직에서 시민 X가 시민 Y보다 우선하여 선택될 수 있으며, 이때 두 사람은 정치 영역에서 불평등하게 된다. 그러나 공직에 있다는 이유 때문에 그 외의 모든 영역에서 X에게 우선적인 의료 혜택, 자녀 취학의 우선권, 다른 취업 기회 등과 같은 혜택이 주어지지 않는 한, 이 두 사람이 일반적으로 불평등한 것은 아니다. 공직이 지배적 가치가 아닌 한, 또한 일반적으로 전환될 수 없는 한, 공직 소유자는 그들이 통치하는 사람들과 전체적으로 불평등하지 않다.

– 왈처, "정의와 다원적 평등" –

왈처는 개인들의 고유한 상황을 고려하지 않고 가상적 상황에서 도출된 롤스의 단일한 정의의 원칙은 실제 삶에서 실현될 가능성이 적다고 비판하며, 개인이 속한 공동체의 문화적 특수성에 맞는 가치 분배의 기준과 절차에 따라야 한다고 보았다. 그는 사회적 가치가 자신의 고유한 영역 안에 머무름으로써 복합 평등(다원적 평등)이 실현될 때 정의로운 사회가 될 수 있다는 '복합 평등(다원적 평등)으로서의 정의'를 제시하였다. 즉, 부(富)는 경제 영역에, 권력은 정치 영역에 머물러야 하며 부를 지닌 사람이 정치권력까지 장악하는 것은 정의롭지 않다고 본 것이다.

(3) 분배적 정의와 관련된 다양한 쟁점

① 우대 정책과 관련된 윤리적 쟁점
- 우대 정책의 의미: 특정 집단에 대해 역사적 · 사회 구조적으로 가해진 부당한 차별과 불평등을 바로잡기 위해 혜택을 제공하는 정책
- 우대 정책에 대한 찬반 입장

찬성 입장	반대 입장
• 과거 부당한 차별에 대한 보상 • 사회 갈등 완화, 사회 전체의 이익 극대화 • 자연적 · 사회적 운으로 발생한 불평등을 시정하여 실질적인 기회의 평등 보장	• 특정 집단에 대한 부당한 특혜 • 업적주의에 위배됨 • 과거의 피해와 현재의 보상 간 불일치 문제 • 역차별로 새로운 사회 갈등 유발

복합 평등
왈처는 모든 사회적 재화를 사회 구성원에게 동일하게 분배하는 단순 평등을 비판하고, 영역별로 각기 고유하고 특수한 다원적인 분배 원칙을 찾는 복합 평등을 강조함

업적주의
개인의 재능과 노력의 결과로 얻은 사회적 지위를 중요시하는 사상 또는 입장

역차별
부당한 차별을 시정하기 위해 도입된 우대 정책이 오히려 다른 특정 개인이나 집단에 대한 부당한 차별로 작용하는 것

개념 체크

1. (　　)은/는 다양한 삶의 영역에서 각기 다른 공정한 기준에 따라 사회적 가치가 분배될 때 사회 정의가 실현된다고 보았다.
2. 왈처는 (　　)에서 도출된 롤스의 단일한 정의의 원칙은 현실에서 실현될 가능성이 적다고 비판하였다.
3. 특정 집단에 대해 역사적 · 사회 구조적으로 가해진 부당한 차별과 불평등을 바로잡기 위해 혜택을 제공하는 정책을 (　　)(이)라고 한다.

정답
1. 왈처
2. 가상적 상황
3. 우대 정책

② 부유세와 관련된 윤리적 쟁점

• 부유세의 의미: 일정액 이상의 자산을 보유하고 있는 사람에게 비례적으로 또는 누진적으로 과세하는 것

• 부유세에 대한 찬반 입장

찬성 입장	반대 입장
• 부의 재분배를 통한 불평등 해소 • 빈부 격차를 완화하여 사회 통합에 기여	• 개인의 재산권에 대한 과도한 침해 • 세금 이중 부과 → 부자들에 대한 차별 발생

3. 교정적 정의와 윤리적 쟁점

(1) 교정적 정의

① 교정적 정의의 의미: 손해와 손실을 회복시키거나 범죄 행위에 대해 처벌함으로써 불균형과 부정의를 바로잡는 것

② 교정적 정의로서 처벌에 대한 관점

구분	응보주의 관점	공리주의 관점
내용	• 처벌의 본질은 범죄 행위에 대한 응당한 보복을 가하는 것 • 범죄 행위에 상응하는 동등한 형벌 부과 • 범죄 행위에 대한 개인의 책임 강조	• 처벌은 사회적 이익을 증진하기 위한 수단 • 위법의 이익보다 처벌로 인한 손실이 더 크도록 형벌 부과 • 처벌의 사회적 효과 강조

자료 플러스 **처벌에 대한 칸트와 벤담의 관점**

• 그가 살인을 했다면, 그는 죽어야만 한다. 이 경우에 정의의 충족을 위한 대체물은 없다. 제아무리 고통 가득한 생이라 해도 생과 사 사이에 동종성은 없으며, 그러므로 범인에게 법적으로 집행되는 사형 외에 범죄와 보복의 동등성은 없다. 사형은 고통받는 인격 안의 인간성을 끔찍하게 만들 수도 있을 모든 가혹 행위에서 범죄자를 벗어나게 해 주는 것이기도 하다. 시민 사회가 모든 구성원의 동의로 해체될 때조차도, 감옥에 있는 마지막 살인자는 먼저 처형되어야만 할 것이다. – 칸트, "윤리 형이상학" –

• 모든 법령이 지녀야 하는 일반적 목적은 공동체의 전체적 행복을 증가시키는 것이다. …(중략)… 그러나 모든 형벌은 해악이다. 모든 형벌은 그 자체로 악이다. 공리의 원리에 의할 때, 만일 형벌이 허용되어야 한다면, 오직 그것이 더욱 큰 악을 없애는 것을 보장하는 한에서만 허용되어야 한다. …(중략)… 위법 행위의 이득은 상당한 쾌락 그 자체 또는 쾌락에 해당하는 어떤 것으로, 위법 행위의 이득은 처벌보다 대체로 더 확실하다. 그러므로 위법 행위의 이득에 대한 우세함을 유지하려면, 처벌이 확실성과 근접성이라는 두 가지 측면에서 부족한 면이 있는 만큼 처벌은 크기라는 면에서 가치를 부가시킬 수밖에 없다. – 벤담, "도덕과 입법의 원리 서설" –

칸트는 형벌의 본질이 응보에 있으며, 응보주의에 바탕을 둔 형벌은 인간을 다른 목적을 위한 수단으로 취급하는 것이 아니라고 보았다. 그러한 형벌은 범죄자에게 자신의 자율적 행위, 즉 스스로 선택한 행위에 대해 책임을 지게 하는 것이기 때문이다. 한편 벤담은 공리주의 관점에서 형벌은 고통을 야기하므로 그 자체로 악이라고 보았으며, 만약 형벌이 허용된다 하더라도 형벌은 그로 인해 초래되는 해악이 형벌을 통해 예방될 해악보다 커서는 안 된다고 보았다. 이처럼 그는 범죄의 예방과 범죄자에 대한 교화를 통해 사회적 효용을 최대화하기 위한 형벌을 주장하였다.

③ 공정한 처벌의 조건

• 죄형 법정주의: 처벌의 근거가 되는 법이 있어야 하고, 그 법이 공정해야 하며, 피의자가 해당 범죄를 저질렀다는 유죄 조건이 충족되어야 함

• 비례성의 원칙: 범죄와 형벌 사이에는 적정한 균형이 유지되어야 하며, 형벌은 범죄 행위에 대한 책임을 초과해서는 안 됨

✪ 교화
가르치고 이끌어서 좋은 방향으로 나아가게 함

✪ 피의자
범죄의 의심을 받아 수사 기관의 수사를 받고 있는 사람

개념 체크

1. (　　)적 정의란 손해와 손실을 회복시키거나 범죄 행위에 대해 처벌을 함으로써 부정의를 바로잡는 것을 의미한다.
2. 칸트는 형벌의 본질이 (　　)에 있으며, 이에 바탕을 둔 형벌은 인간을 다른 목적을 위한 수단으로 취급하는 것이 아니라고 보았다.
3. 공리주의 입장에서는 처벌을 사회적 (　　) 증진을 위한 수단으로 본다.

정답
1. 교정
2. 응보
3. 이익

(2) 교정적 정의와 관련된 다양한 쟁점

① 처벌과 관련된 윤리적 쟁점

응보주의의 문제점	• 범죄 예방에 도움을 주지 못할 수 있음 • 범죄자의 교화에 상대적으로 무관심할 수 있음
공리주의의 문제점	• 처벌의 예방 효과를 증명하기 어려움 • 범죄자 처벌을 사회 안정을 위한 수단으로 여겨 인간 존엄성과 가치를 훼손할 수 있음

② 사형 제도와 관련된 윤리적 쟁점

• 사형의 의미: 범죄자의 생명을 인위적으로 박탈하는 법정 최고형

• 사형 제도에 대한 관점

칸트	• 응보주의 관점에서 살인자에 대한 사형은 정당하며 사형 이외의 형벌은 정의에 부합하지 않음 • 사형은 살인자의 고통받는 인격을 해방하여 인간의 존엄성을 실현하는 것임
루소	• 사회 계약설의 관점에서 계약자인 시민의 생명과 안전을 확보하기 위한 사형 제도는 정당함 • 타인의 희생으로 자신의 생명을 보존하려고 하는 사람은 타인을 위해 필요하다면 마땅히 자신의 생명을 희생해야 함
베카리아	• 공리주의 관점에서 사형보다 종신 노역형이 범죄 예방과 사회 전체의 이익 증진에 부합함 • 생명은 양도할 수 없는 것이기 때문에 사형은 불가함 • 살인 금지를 규정한 법에 근거해 살인(사형)하는 것은 부당함

자료 플러스 처벌에 대한 루소와 베카리아의 입장

• 타인의 희생으로 자신의 생명을 보존하려고 하는 사람은 타인을 위해 필요하다면 마땅히 생명을 희생해야 한다. 범죄인에게 가하는 사형도 이와 유사하다. 살인자가 사형을 받는 것에 동의하는 것은 자신이 살인자의 희생물이 되는 것을 피하기 위해서이다. …(중략)… 형벌이 자주 행해지는 것은 항상 그 정부가 무력하거나 태만하다는 징조이다. 사람은 아무리 사악한 자라 해도 어딘가에는 쓸모가 있기 마련이다. 본을 보여 주기 위해서라도 우리가 죽일 권리를 갖는 것은 위험인물이라고 확인된 자에 한한다. – 루소, "사회 계약론" –

• 형벌의 목적은 감각적 존재인 인간을 괴롭히고 고문하는 데 있지 않고, 이미 범한 범죄를 원상태로 되돌려 놓자는 것도 아니다. 고문당하는 자의 비참한 비명 소리가 시계를 되돌려 이미 저지른 행위를 이전의 원상태로 만들어 낼 수 있는가? 형벌의 목적은 오직 범죄자가 시민들에게 새로운 해악을 입힐 가능성을 방지하고, 타인들이 유사한 행위를 할 가능성을 억제시키는 것이다. 따라서 형벌 및 그 집행의 수단은 범죄와 형벌 간의 비례 관계를 유지하면서, 인간의 정신에 가장 효과적이고 지속적인 인상을 만들어 내는 동시에, 수형자의 신체에는 가장 적은 고통을 주는 것이어야 한다. – 베카리아, "범죄와 형벌" –

루소는 사회 계약설을 바탕으로 사형 제도에 찬성하였다. 루소는 자발적 상호 계약을 근거로 살인자에 대해 사형이나 추방을 통해 그를 국가로부터 분리해야 한다고 보았다. 베카리아는 사회 계약이 생명 보존을 위해 맺은 것이므로 생명을 빼앗는 사형은 사회 계약으로 성립될 수 없다고 주장하였다. 베카리아는 공리주의 관점에서 처벌의 일차적 목적이 범죄로 손상된 사회 전체의 선과 이익을 회복하는 데 있다고 보았다. 또한 단기간에 강렬한 인상을 남기는 사형보다 오랫동안 고통의 본보기가 되어 범죄 예방 효과가 큰 종신 노역형이 바람직하다고 주장하였다.

• 사형 제도에 대한 찬반 입장

찬성 입장	반대 입장
• 국민의 자유, 재산, 생명, 안전을 지키기 위한 사회 방어 수단임 • 범죄 예방 효과가 큼 • 범죄에 대한 비례성의 원칙에 따르면 과도한 형벌이 아님 • 과학 수사와 제도 보완으로 오판 가능성을 줄이고 있음	• 인간의 존엄성과 생명권을 침해하는 비인도적 형벌임 • 교화라는 형벌의 목적에 부적합함 • 범죄 예방 효과가 미미함 • 정적(政敵)을 제거하는 수단으로 악용될 수 있음 • 오판 가능성이 있음

개념 체크

1. (   )은/는 응보주의 관점에서 사형은 범죄자의 고통받는 인격을 해방하여 인간의 존엄성을 실현하는 것이라고 보았다.

2. 루소는 (   )의 관점에서, 타인의 생명을 희생해서 자신의 생명을 보존하려는 사람은 필요하다면 타인을 위해 자신을 희생해야 한다고 보았다.

3. 베카리아는 (   ) 관점에서 사형보다 종신 노역형이 사회 이익 증진에 부합하는 형벌이라고 보았다.

정답

1. 칸트
2. 사회 계약설
3. 공리주의

[24015-0097]

01 다음을 주장한 사상가의 입장만을 〈보기〉에서 있는 대로 고른 것은?

> 인간 역사에서 사회적 각성과 도덕적 선의지의 증가가 사회적 갈등의 야만성을 완화하는 데 도움이 된다 할지라도, 그것들로는 갈등 자체를 제거할 수 없다. 이러한 갈등의 제거는 인간 집단들이 어느 정도의 이성과 동정심을 발휘할 수 있고, 도덕적 선의지를 가질 수 있게 될 때에만 이루어질 것이다. 그러나 이는 인간 본성의 불가피한 한계 및 인간의 상상력과 지성의 한계를 고려해 볼 때, 개인들은 접근할 수 있을지 모르지만 인간 사회의 능력을 넘어서 있는 이상이다.

● 보기 ●

ㄱ. 개인의 합리성 제고는 집단 간 갈등 해소에 기여할 수 있다.
ㄴ. 집단의 이기적 충동은 집단 내 개인의 이성적 판단을 방해한다.
ㄷ. 사회의 도덕적 이상 실현은 강제력을 사용하지 않아도 가능하다.
ㄹ. 사회 정의 실현을 위해 사용되는 강제력은 선의지의 통제를 받아야 한다.

① ㄱ, ㄴ ② ㄱ, ㄷ ③ ㄷ, ㄹ
④ ㄱ, ㄴ, ㄹ ⑤ ㄴ, ㄷ, ㄹ

[24015-0098]

02 다음을 주장한 사상가의 입장에서 볼 때, 밑줄 친 ㉠에 대한 내용으로 적절하지 않은 것은?

> ㉠ 원초적 상황에 처한 당사자들은 자신의 최초 사회적 지위를 악의를 가진 적대자가 결정해 주리라고 가정한다. 이들은 우연성으로부터 자신을 보호해 줄 수 있는 최소 극대화의 규칙에 따라 정의의 원칙을 선택하게 된다. 이 규칙은 대안들 중 최악의 결과가 가장 우월한 것을 채택하는 것이다.

① 타인의 이해관계에 무관심하다.
② 자신의 사회적 지위, 능력을 모른다.
③ 자신의 재능, 일반적 사실을 모른다.
④ 자신의 이익을 합리적으로 추구한다.
⑤ 자신이 선이라고 생각하는 것이 무엇인지 모른다.

[24015-0099]

03 다음을 주장한 사상가의 입장만을 〈보기〉에서 있는 대로 고른 것은?

> 동등한 사람들이 동등하지 않은 몫을 받게 되거나, 동등하지 않은 사람들이 동등한 몫을 차지하게 되는 경우 분쟁과 불평이 생긴다. 따라서 공공의 재화를 분배하는 경우에 당사자들이 그것에 기여한 것의 몫과 같은 몫으로 분배하는 것이 옳은 분배이다.

● 보기 ●

ㄱ. 각자의 가치에 비례하여 분배의 몫이 주어져야 한다.
ㄴ. 권력과 재화의 몫은 산술적 비례에 따라 분배해야 한다.
ㄷ. 재화를 동일하게 분배할 때 재화와 관련된 분쟁이 해결된다.
ㄹ. 분배에서 정의로운 것은 동등한 사람들에게 동등한 몫을 분배하는 것이다.

① ㄱ, ㄴ ② ㄱ, ㄹ ③ ㄷ, ㄹ
④ ㄱ, ㄴ, ㄷ ⑤ ㄴ, ㄷ, ㄹ

[24015-0100]

04 다음을 주장한 사상가의 입장만을 〈보기〉에서 고른 것은?

> 소유물에서의 정의 이론의 일반적 개요를 말하자면, 이는 한 사람의 소유물은 취득과 이전에서의 정의의 원리 또는 불의의 교정의 원리에 의해 그가 그 소유물에 대한 권리를 부여받았으면 정당한 것이다.

● 보기 ●

ㄱ. 국가의 시장 개입을 완전히 차단하여 개인의 자율성을 보장해야 한다.
ㄴ. 국가는 구성원들의 경제적 불평등을 완화할 수 있는 정책을 시행해야 한다.
ㄷ. 개인이 자기 노동의 산물에 대한 소유 권리를 갖지 못하는 경우도 존재한다.
ㄹ. 자연적 자산의 편향에 따른 불평등은 취득과 이전의 원칙에 부합될 경우에 정당하다.

① ㄱ, ㄴ ② ㄱ, ㄷ ③ ㄴ, ㄷ
④ ㄴ, ㄹ ⑤ ㄷ, ㄹ

[24015-0101]

05 다음을 주장한 사상가의 입장만을 〈보기〉에서 있는 대로 고른 것은?

정의의 원칙들은 다원적이다. 상이한 사회적 가치는 상이한 근거에 따라 상이한 절차에 맞게 상이한 주체에 의해 분배되어야 한다. 이러한 모든 차이는 사회적 가치 그 자체에 대해 서로 다른 주체가 서로 상이한 방식으로 이해하기 때문에 나타나는 것으로, 이는 역사적이고 문화적인 특수성의 필연적 산물이다.

보기

ㄱ. 정의의 다양한 영역 간에는 경계가 존재해야 한다.
ㄴ. 상이한 공동체에 단일한 분배 원칙이 수립되어야 한다.
ㄷ. 상이한 사회적 가치는 상이한 주체에 의해 분배되어야 한다.
ㄹ. 가치 분배의 기준은 공동체의 문화적 특수성을 고려하여 결정되어야 한다.

① ㄱ, ㄴ ② ㄴ, ㄹ ③ ㄷ, ㄹ
④ ㄱ, ㄴ, ㄷ ⑤ ㄱ, ㄷ, ㄹ

[24015-0102]

06 갑, 을 사상가들의 입장에 대한 설명으로 옳지 않은 것은?

갑: 형벌은 확실성과 근접성이라는 측면에서 부족할 경우에는 그만큼 크기의 면에서 그 이상으로 가중되어야 한다. 형벌의 가치는 어떠한 경우에도 위법 행위에서 얻는 이득의 가치를 능가하기에 충분한 수준보다 더 작아서는 안 된다.
을: 형벌이 정당화되려면 그 형벌은 타인의 범죄를 억제하기에 충분한 정도의 강도만을 가져야 한다. 형벌은 사회 계약으로부터 나온다. 인간이 자신을 죽일 권리가 없는 이상, 그 권리를 타인이나 사회에 양도하는 것 역시 불가능하다.

① 갑은 형벌이 예방할 폐해가 초래할 폐해보다 더 큰 경우 처벌을 가해서는 안 된다고 본다.
② 갑은 덜 해로운 위법 행위를 하도록 유도하는 것도 형벌의 목적에 부합될 수 있다고 본다.
③ 을은 사형을 대체한 종신 노역형만으로도 형벌은 충분한 엄격성을 지닌다고 본다.
④ 갑과 을은 형벌의 목적을 범죄 예방과 범죄자의 교화에 두어야 한다고 본다.
⑤ 갑과 을은 형벌 집행의 정당성이 시민 전체의 이익 증진에 근거해야 한다고 본다.

[24015-0103]

07 갑, 을 사상가들의 입장으로 적절한 것만을 〈보기〉에서 있는 대로 고른 것은?

갑: 살인자가 되면 죽을 것이라고 약속하는 것은 다른 살인자에게 희생되지 않기 위해서이다. 우리는 이 계약을 통해 자신의 생명을 처분한다기보다 오로지 생명을 보존하려고 궁리한다.
을: 형벌은 결코 범죄자 자신이나 시민 사회를 위해서 어떤 다른 선을 촉진하기 위한 수단으로서 가해질 수 없고, 그가 범죄를 저질렀기 때문에 항상 오직 그 때문에 그에게 가해지지 않으면 안 된다.

보기

ㄱ. 갑: 살인범이 사형에 처해지는 것은 살인범의 동의에 근거한다.
ㄴ. 갑: 범죄자는 시민이라기보다는 적으로 간주되어 처형당해야 한다.
ㄷ. 을: 형벌은 시민 사회 전체의 이익 증진을 위해 가해져야 한다.
ㄹ. 갑과 을: 공적 정의 실현이 형벌의 목적이 되어야 한다.

① ㄱ, ㄴ ② ㄱ, ㄷ ③ ㄷ, ㄹ
④ ㄱ, ㄴ, ㄹ ⑤ ㄴ, ㄷ, ㄹ

[24015-0104]

08 ㉠에 들어갈 진술로 가장 적절한 것은?

나는 소수 집단 우대 정책이 과거의 차별에 대한 구제로서 정당하며, 그동안 차별받아 온 소수 집단이 고용과 입학에서 기회를 얻어 모범이 될 수 있는 사회적 역할 모델이 된다면 많은 사람에게도 긍정적인 영향을 주어 역차별에 대한 우려를 막을 수 있다고 본다. 그런데 어떤 사람들은 이러한 우대 정책이 단지 특정 집단에 속한다는 이유만으로 특혜를 제공하는 것이므로 역차별의 문제를 낳아 사회 갈등을 일으킬 수 있다는 이유를 들면서 반대한다. 나는 이러한 주장이 (㉠)는 점을 간과한다고 생각한다.

① 소수 집단 우대 정책이 사회적 긴장을 심화시킬 수 있다
② 소수 집단 우대 정책이 다수 집단에 차별을 가할 수 있다
③ 소수 집단 우대 정책이 사회 갈등의 유발을 감소시킬 수 있다
④ 고용과 입학의 기회는 사회 공동체 모든 구성원에게 개방되어야 한다
⑤ 과거에 부당한 차별을 받아 온 사람들도 자유 경쟁을 통해 고용과 입학에 도전해야 정당하다

[24015-0105]

1 **다음을 주장한 사상가의 입장만을 〈보기〉에서 있는 대로 고른 것은?**

- 이기적 충동이 사회적 충동에 의해 꺾이게 되면, 그것은 사회적 충동 속으로 흡수되어 한 인간이 자신의 공동체에 바치는 헌신성은 이타주의의 표현임과 동시에 변형된 이기주의의 표현이 된다.
- 애국심이란 더 저급한 충성심이나 지역적 충성과 비교해 볼 때, 높은 형태의 이타주의이다. 하지만 그것은 절대적 전망에서 보면 한갓 이기주의의 또 다른 형태에 지나지 않는다.

보기

ㄱ. 개인과 사회를 중심에 놓고 보았을 때 최고의 도덕적 이상은 이타성이다.
ㄴ. 집단은 개인에 비해 이기적 충동을 억제할 수 있는 능력이 결여되어 있다.
ㄷ. 애국심이 각 개인의 희생적인 이타심을 국가의 이기심으로 전환할 수 있다.
ㄹ. 인간의 이성적 능력은 사회의 집합적 충동 간의 갈등을 막을 만큼 충분한 억제력을 반드시 제공한다.

① ㄱ, ㄴ ② ㄱ, ㄹ ③ ㄴ, ㄷ
④ ㄱ, ㄷ, ㄹ ⑤ ㄴ, ㄷ, ㄹ

[24015-0106]

2 **그림은 어떤 사상가의 책의 일부를 발췌한 것이다. ㉠, ㉡에 대한 이 사상가의 입장으로 적절하지 않은 것은?**

제3장 – ㉠ 분배적 정의
당사자들이 동등함에도 동등하지 않은 몫을, 혹은 동등하지 않은 사람들이 동등한 몫을 분배받아 갖게 되면, 바로 거기서 싸움과 불평이 생겨난다. 분배에서 정의로운 것은 어떤 가치에 따라 이루어져야 한다는 것에 대해서는 모든 사람이 동의하지만, 그럼에도 모든 사람이 동일한 것을 가치로 주장하는 것은 아니다.

제4장 – ㉡ 교정적 정의
이것은 자발적인 교섭과 비자발적인 교섭 둘 다에서 발생한다. 상호 교섭에서 정의로운 것은 어떤 종류의 동등함이고 부정의한 것은 동등하지 않음이다. 법은 한 사람은 부정의를 행하고 다른 사람은 부정의를 당한 경우, 또 어떤 사람은 손해를 입히고 다른 사람은 손해를 입은 경우, 그 손해의 차이에만 주목한다.

① ㉠: 재화와 권력에 대한 올바른 분배는 기하학적 비례에 근거해야 한다.
② ㉠: 분배는 어떤 가치에 따라 이루어져야 한다는 점에 모든 사람이 동의하므로 모든 사람은 동일한 것을 가치로 주장한다.
③ ㉡: 거래에서 올바름이란 산술적 비례의 동등함을 추구하는 것이다.
④ ㉡: 법은 손해를 입히고 손해를 입은 차이에만 주목하여 당사자들을 모두 동등한 사람으로 간주한다.
⑤ ㉠과 ㉡: 동등함은 정의로운 것이고, 동등하지 않음은 부정의한 것이다.

[24015-0107]

3 **다음을 주장한 사상가의 입장에서 〈사례〉 속 A에게 내릴 수 있는 평가로 가장 적절한 것은?**

재산 소유 민주주의는 각 시기의 마지막 순간에 적게 가진 사람들에게 소득을 재분배함으로써가 아니라, 말하자면 각 시기가 시작하는 순간 생산적 자산과 인간 자본(교육된 능력과 훈련된 기예)의 광범위한 소유를 보장함으로써 부의 집중을 피한다. 그리고 이 모든 것은 평등한 기본적 자유와 공정한 기회균등을 배경으로 하여 이루어진다. 이 관념은 단순히 우연적인 사고나 불행으로 손실을 입은 사람들을 지원하는 것이 아니라, 오히려 모든 시민들로 하여금 스스로 자기 자신의 일을 꾸려 나갈 수 있는 위치에 서게 하는 것이다.

〈사례〉

소수가 경제와 정치적 삶을 통제하지 못하도록 상속세율을 높이고, 빈곤으로 충분한 교육과 훈련을 받지 못하고 있는 사람들에게 공정한 기회의 균등을 보장할 수 있는 정책을 시행해야겠어.

① 개인의 선택으로 재화가 분배되지 않기에 부정의하다.
② 정책이 사유 재산을 소유할 권리를 침해하므로 부정의하다.
③ 직위와 직책이 모든 사람들에게 균등하게 분배될 것이므로 정의롭다.
④ 정책이 다수결의 원리에 따라 채택된 정의의 원칙에 부합되므로 정의롭다.
⑤ 사회적 약자들이 실질적인 자유와 권리를 누릴 수 있는 기반을 제공할 수 있기에 정의롭다.

[24015-0108]

4 **(가)의 갑, 을, 병 사상가들의 입장에서 서로에게 제기할 수 있는 비판을 (나) 그림으로 표현할 때, A~E에 해당하는 진술로 가장 적절한 것은?**

(가)	갑: 정의의 원칙들은 그 형식에서 그 자체가 다원주의적이다. 따라서 사회적 재화는 가치의 다원성을 반영하는 분배 기준이 적용되어야 한다. 어떤 영역에서 우월한 사람이 다른 영역의 재화까지도 쉽게 소유해서는 안 된다. 을: 공정한 분배는 사회적 지위에 접근할 기회가 동등하게 부여되고 최소 수혜자에게 최대의 혜택이 돌아갈 때 실현된다. 모든 사람은 사회의 기본 구조 내에 허용될 수 있는 불평등으로부터 이익을 얻어야 한다. 병: 정형적 원리에 기초한 분배적 정의에 관한 주장은 비정형적 원리와 달리 재분배 행위를 필연적이게 한다. 이것은 누가 소유물을 받아야 하는지를 결정하기 위한 기준에만 초점을 맞춘다.
(나)	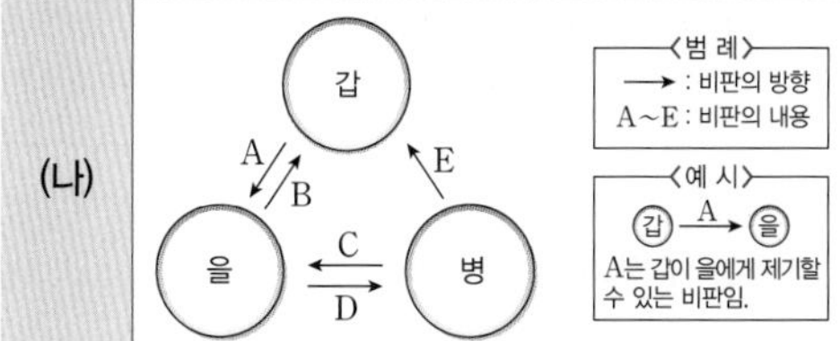

① A: 상이한 공동체에는 상이한 분배 원칙이 수립되어야 함을 간과한다.
② B와 D: 분배 절차의 공정성으로 분배 결과의 정의가 보장됨을 간과한다.
③ C: 국가는 사유 재산을 소유할 권리와 인신의 자유를 존중해야 함을 간과한다.
④ C와 E: 각 개인은 자기 노동으로 취득한 모든 재화에 대한 소유 권리를 지님을 간과한다.
⑤ E: 돈과 상품은 시장에서 자유 교환의 원리에 따라 분배해야 함을 간과한다.

[24015-0109]

5 (가)의 갑, 을, 병 사상가들의 입장을 (나) 그림으로 탐구하고자 할 때, A~D에 들어갈 적절한 질문만을 〈보기〉에서 있는 대로 고른 것은?

(가)	갑: 개개인의 행복은 사회 전체의 행복으로 연결되므로, 구성원들의 이익을 평등하게 고려하여 사회 전체의 이익을 최대화해야 한다. 을: 모든 사람은 사회의 기본 구조 내에 허용될 수 있는 불평등으로부터 이익을 얻어야 한다. 차등의 원칙은 상호 이익의 원칙이다. 병: 분배에서의 정의의 소유 권리론은 역사적이다. 분배가 정의로운가는 이 분배가 어떻게 이루어졌는지에 달려 있다.
(나)	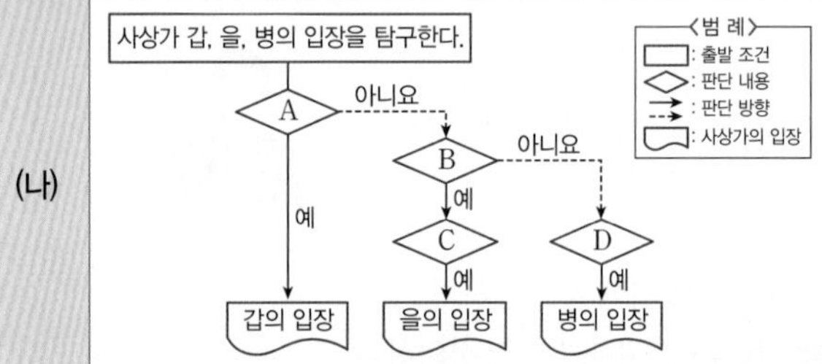

보기

ㄱ. A: 정의로운 분배의 결과를 규정하는 분배 방식을 채택해야 하는가?
ㄴ. B: 경제적 불평등은 구성원 모두에게 이익이 될 때에만 정당화되는가?
ㄷ. C: 최소 수혜자들의 경제적 이익을 위해 다수의 기본적 자유가 침해되는 것은 정당한가?
ㄹ. D: 타고난 능력을 기준으로 재화를 분배하는 방식이 부정의할 수 있는가?

① ㄱ, ㄴ　② ㄱ, ㄷ　③ ㄷ, ㄹ
④ ㄱ, ㄴ, ㄹ　⑤ ㄴ, ㄷ, ㄹ

[24015-0110]

6 갑, 을 사상가들의 입장으로 적절한 것만을 〈보기〉에서 있는 대로 고른 것은?

갑: 정의로운 국가에서 천부적으로 유리한 자는 더 불운한 자의 복지를 개선해 준다는 조건 아래에서만 천부적으로 유리한 자들은 그들의 행운으로부터 이득을 얻을 수 있다.
을: 자본주의에서 노동은 자아를 실현하는 활동이 아니라 생계를 위한 강제적인 활동이 된다. 따라서 자본주의의 사적 소유를 없애고 공동 생산, 공동 분배의 사회를 건설해야 한다.

보기

ㄱ. 갑: 천부적 재능 분포의 우연성 그 자체를 부정의로 간주해서는 안 된다.
ㄴ. 을: 이상적인 분배가 실현되려면 생산 수단의 배타적 소유권을 폐지해야 한다.
ㄷ. 을: 능력에 따라 일하고 필요에 따라 분배받는 사회가 도래하면 계급 착취의 역사는 종식된다.
ㄹ. 갑과 을: 이상 사회에서도 분배적 정의가 실현되려면 국가의 적극적 개입이 필요하다.

① ㄱ, ㄴ　② ㄴ, ㄹ　③ ㄷ, ㄹ
④ ㄱ, ㄴ, ㄷ　⑤ ㄱ, ㄷ, ㄹ

[24015-0111]

7 **(가)의 갑, 을, 병 사상가들의 입장을 (나) 그림으로 표현할 때, A~D에 해당하는 적절한 진술만을 〈보기〉에서 고른 것은?**

(가)	갑: 법정에서는 오직 접시저울에서와 같은 동등성의 원리에 따라 형벌의 질과 양을 결정할 수 있다. 범법자에 대한 처벌은 정언 명령으로 주어진다. 을: 살인자가 되면 죽을 것이라고 약속하는 것은 다른 살인자에게 희생되지 않기 위해서이다. 우리는 이 계약을 통해 자신의 생명을 처분한다기보다 오로지 생명을 보존하려고 궁리한다. 병: 인간이 자신을 죽일 권리가 없는 이상 자신의 생명권을 타인이나 일반 사회에 양도할 수 없다. 법은 각 사람의 개인적 자유 중 최소한의 몫을 모은 것일 뿐이다.
(나)	갑 A B C D 을 병 〈범 례〉 A: 갑만의 입장 B: 갑과 을만의 공통 입장 C: 갑과 병만의 공통 입장 D: 갑, 을, 병의 공통 입장

보기

ㄱ. A: 사형은 살인자를 사회 구성원이 아닌 적으로 간주하는 정당한 형벌이다.
ㄴ. B: 살인자에게 사형을 부과하는 것은 공적 정의 실현에 부합한다.
ㄷ. C: 형벌 집행은 시민 전체의 이익 증진에 기여할 때 정당화될 수 있다.
ㄹ. D: 범죄자에 대한 처벌이 사회 계약에 포함될 수 있다.

① ㄱ, ㄴ ② ㄱ, ㄷ ③ ㄴ, ㄷ
④ ㄴ, ㄹ ⑤ ㄷ, ㄹ

[24015-0112]

8 **갑, 을 사상가들의 입장에 대한 설명으로 옳지 않은 것은?**

> 갑: 사형을 대체한 종신 노역형만으로도 가장 완강한 자의 마음을 억제하기에 충분한 정도의 엄격성을 지니고 있다. 종신 노역형은 사형 이상의 확실한 효과를 가져온다.
> 을: 모든 형벌은 그 자체로 악이다. 공리의 원리에 의할 때 만일 형벌이 허용되어야 한다면, 오직 그것이 더욱 큰 악을 없애는 것을 보장하는 한에서만 허용되어야 한다.

① 갑은 국가가 시민의 생명을 박탈할 권리를 지니지 않는다고 본다.
② 갑은 형벌의 강도가 아니라 지속성이 인간의 의식에 더 크게 영향을 미친다고 본다.
③ 을은 형벌로 초래되는 해악이 형벌을 통해 예방될 해악보다 커서는 안 된다고 본다.
④ 을은 갑과 달리 범죄자를 처벌하는 것보다 범죄를 예방하는 것이 형벌의 목적이라고 본다.
⑤ 갑과 을은 형벌이 공리주의 관점에 근거해 시행되어야 한다고 본다.

[24015-0113]

9 **갑, 을 사상가들의 입장으로 적절한 것만을 〈보기〉에서 있는 대로 고른 것은?**

갑: 형벌로서 사형에 처하는 것은 살인자에게 희생되지 않기 위해서이다. 사회 계약은 계약 당사자의 생명 보존을 목적으로 하며, 사형은 계약의 위반에 대한 형벌이다.
을: 형벌로서 사형은 고통받는 인격 안의 인간성을 끔찍하게 만들 수도 있을 모든 가혹 행위로부터 벗어나게 해 주는 것이다. 그것은 살인했다는 이유만으로 가해지는 것이다.

보기

ㄱ. 갑: 살인범에 대한 사형은 주권자가 위임할 수 없는 권리이다.
ㄴ. 갑: 자국의 시민을 살해한 사람은 누구나 조국에 대한 반역자가 된다.
ㄷ. 을: 살인범의 생득적 인격성은 물권의 대상이 되는 것에 대하여 그를 방호해 준다.
ㄹ. 갑과 을: 시민의 안전과 생명의 보호를 위해 살인범에 대한 사형은 필요하다.

① ㄱ, ㄴ ② ㄱ, ㄹ ③ ㄴ, ㄷ
④ ㄱ, ㄷ, ㄹ ⑤ ㄴ, ㄷ, ㄹ

[24015-0114]

10 **(가)의 갑, 을의 입장에서 서로에게 제기할 수 있는 비판을 (나) 그림으로 표현할 때, A, B에 해당하는 내용으로 적절한 것만을 〈보기〉에서 있는 대로 고른 것은?**

(가)

(나)

보기

ㄱ. A: 필요에 따른 분배가 과열 경쟁을 일으켜 사회적 분열을 조장함을 간과한다.
ㄴ. A: 필요에 따른 분배가 생산 의욕을 저하시켜 경제적 효율성을 높이기 어려움을 간과한다.
ㄷ. B: 한정된 재화로 모든 사람의 필요를 충분히 충족시킬 수 없음을 간과한다.

① ㄱ ② ㄴ ③ ㄱ, ㄷ ④ ㄴ, ㄷ ⑤ ㄱ, ㄴ, ㄷ

08 국가와 시민의 윤리

국가의 권위와 시민에 대한 의무

1. 국가 권위의 정당성

(1) 국가 권위의 의미와 특징

의미	시민들을 국가의 뜻에 따르게 하는 힘, 명령을 내릴 수 있는 권리 또는 통치를 할 수 있는 권리
특징	국가의 권위는 법적으로 정당화되며, 실질적으로 시민의 지지와 존중을 받아야 진정성을 지니게 됨

(2) 국가 권위의 정당성에 대한 다양한 관점

① 국가와 시민의 관계: 시민과 국가는 상호 의존적 관계임

- 시민은 국가로부터 다양한 물질적·비물질적 혜택을 받으면서 살아가며 동시에 국가에 대한 다양한 의무를 이행해야 함
- 국가는 시민들에게 의무를 부과하고 강제력을 행사하는 동시에 시민들이 자유와 권리를 누릴 수 있도록 할 의무를 지님

② 국가 권위의 정당성에 대한 관점

유교	• 군주의 통치권은 하늘로부터 주어진 것임 • 부모에게 효도하는 것과 같이 국가에 충성하는 것이 의무임
플라톤	• 개인의 타고난 기능은 국가를 통해 실현될 수 있음 • 이데아를 통찰한 통치자에게 복종하는 것이 정의로운 것임
아리스토텔레스	• 인간은 본성적으로 정치적 존재임 • 정치 공동체 속에서만 최선의 삶이 가능함
사회 계약론	• 국가의 권위는 시민들의 자발적 합의로 형성된 것임 • 국가의 존재 이유는 시민들의 권리를 보호하는 데 있음
혜택론	국가가 제공하는 공공재 등 여러 가지 혜택 때문에 국가에 복종해야 함

자료 플러스 국가 권위의 정당성에 대한 아리스토텔레스의 입장

- 모든 국가는 하나의 공동체이며, 모든 공동체는 어떤 좋은 목적을 이루기 위해 형성된다. …(중략)… 모든 공동체 중에 가장 으뜸가며 다른 공동체 모두를 포괄하는 특정한 공동체가 있다면, 이는 가장 으뜸가는 좋은 목적을 추구한 것이다. 이 가장 포괄적이며 가장 주요한 공동체가 바로 국가, 즉 정치적 공동체이다.
- 국가는 자연적으로 존재하는 공동체들의 완성이므로 모든 국가는 자연적으로 존재하며, 이런 면에서 국가 성립 이전의 단계인 여러 공동체와 마찬가지의 성격을 갖는다. 국가는 이런 여러 공동체의 종착역이며 가장 높은 단계이다. – 아리스토텔레스, "정치학" –

아리스토텔레스는 국가가 가족이나 부락과 같은 공동체처럼 인간의 본성에 따라 자연 발생한 것이라고 주장하였다. 또한 국가는 자급자족적일 뿐 아니라 구성원들이 훌륭하고 행복한 삶을 살 수 있도록 해 주는 가장 포괄적인 도덕 공동체라고 보았다.

개념 체크

1. 동양의 (　　)에서는 군주의 통치권이 하늘로부터 주어진다고 보고, 부모를 섬기듯이 군주를 섬겨야 한다고 본다.
2. (　　)은/는 국가가 가족 공동체와 마찬가지로 자연 발생한 것이라고 주장하였다.
3. 사회 계약론의 입장에서는 국가의 권위가 시민들의 (　　)에 기반하고 있다고 본다.

정답

1. 유교
2. 아리스토텔레스
3. 자발적 합의(자발적 동의)

2. 시민에 대한 국가의 의무

(1) 동양에서의 국가의 역할과 의무

공자, 맹자	• 민본주의를 바탕으로 군주가 먼저 백성들에게 덕을 베풀어야 함 • 맹자: 백성들이 경제적으로 안정[恒産(항산)]되어 도덕적인 삶[恒心(항심)]을 살 수 있도록 해 주어야 함
묵자	군주는 남의 나라와 나의 나라, 남의 가족과 나의 가족을 차별하지 않고 사랑하며[兼愛(겸애)], 서로 돌보고 상호 이익을 추구하여 천하에 혼란이 일어나지 않게 해야 함
한비자	• 인간은 이기적인 존재이므로 엄격한 법에 따라 통치해야 함 • 적절한 포상과 처벌을 통해 질서를 유지해야 함
정약용	• 분쟁이 일어났을 때 현명하게 해결해 주어야 함 • 애민(愛民) 정신으로 노약자나 빈자(貧者)를 돌보고 구제해 주어야 함

✪ 민본주의

민본(民本)이란 백성이 나라의 근본이라는 의미로, 민본주의는 백성의 뜻을 존중해야 한다는 정치사상을 의미함

✪ 묵자

춘추 전국 시대 제자백가의 하나인 묵가의 시조. 차별 없는 사랑인 겸애(兼愛)를 강조하고, 천하에 이익이 되는 것을 북돋우고 해가 되는 것을 없애는 정치를 주장함

자료 플러스 공자와 맹자의 덕치(德治) 사상

• 내가 듣자 하니 '국가를 다스리는 사람과 집을 소유한 백성은 적은 것을 근심하지 않고 오직 분배가 고르지 않은 것을 근심하며, 가난함을 근심하지 않고 편안하지 않은 것을 근심한다.' 했다. 분배가 고르면 가난함이 없고 화목하면 적음이 없고 편안하면 기울어짐이 없다. 그러므로 먼 나라 사람이 복종하지 않으면 덕(德)을 닦아서 스스로 찾아오게 하며 그들이 찾아오면 편안하게 해 주어야 한다. – "논어" –

• 어진 정치를 실행하려면 덕을 귀하게 여기고 선비를 존중해 덕을 지닌 현자가 합당한 지위에 있고 능력 있는 사람이 합당한 직책에 있게 하는 것이 가장 좋다. 그렇게 해서 나라에 내우외환(內憂外患)이 없어지거든 그때에 이르러서 정치와 형벌을 밝게 시행하면 아무리 큰 나라라 할지라도 반드시 그 나라를 두려워할 것이다. – "맹자" –

공자와 맹자는 군주가 먼저 스스로 인격을 닦아 덕을 쌓아야 백성들이 자연스럽게 교화되어 사회 질서가 유지될 수 있다고 보았다. 그리고 군주는 백성의 입장에서 통치를 하면서 신뢰를 줄 수 있어야 하고, 모든 사람이 더불어 잘 살 수 있도록 분배의 형평성을 실현해야 한다고 보았다.

(2) 서양에서의 국가의 역할과 의무

홉스	자기중심적 존재인 인간의 생명과 재산을 보호하고 사회 질서를 유지해야 함
로크	• 이성을 지녔지만 오류 가능성이 있는 인간들의 분쟁을 해결해야 함 • 개인의 생명과 자유, 재산을 보호하여 평화롭고 안전하며 행복한 삶을 보장해야 함
루소	국가는 시민의 생명을 보존하고 번영하도록 해야 함
밀	시민이 타인에게 해악을 끼칠 경우를 제외하고는 시민의 자유와 기본권을 보장해야 함
롤스	• 개인의 평등한 자유를 보장해야 함 • 사회의 가장 불리한 위치에 있는 사람에게 최대의 이익이 돌아갈 수 있도록 해야 함 • 누구에게나 어떠한 사회적 지위에 오를 수 있는 공정한 기회를 평등하게 부여해야 함

개념 체크

1. 유교에서는 백성이 나라의 근본이라는 (　　)을/를 바탕으로 군주가 먼저 백성들에게 덕을 베풀어야 한다고 본다.
2. 한비자는 이기적 본성을 지닌 인간을 통제하기 위해서는 (　　)에 따라 통치해야 한다고 주장하였다.
3. 홉스, 로크, 루소는 국가는 사람들이 필요에 따라 계약을 맺어 형성한 것이라는 (　　)을/를 주장하였다.

정답

1. 민본 또는 민본주의
2. 법
3. 사회 계약론

자료 플러스 국가의 역할과 의무에 대한 홉스와 로크의 입장

• 천성적으로 자유를 사랑하고 타인을 지배하기를 좋아하는 인간이 코먼웰스(국가) 속에서 구속을 스스로 부과하는 궁극적 원인과 목적과 의도는 자기 보존과 그로 인한 만족된 삶에 대한 통찰에 있다. …(중략)… 코먼웰스의 정의는 다음과 같다. 다수 사람들이 상호 신의 계약을 체결하여 세운 하나의 인격으로서, 그들 각자가 그 인격이 한 행위의 본인이 됨으로써, 그들의 평화와 공동 방위를 위해 모든 사람의 힘과 수단을 그가 임의로 사용할 수 있도록 한 것이다. – 홉스, "리바이어던" –

• 국가는 그 사회의 구성원들 사이에서 저질러진, 의당 처벌되어야 한다고 생각되는 이러저러한 범죄에 어떤 처벌을 가할 것인가를 결정하는 권력을 가지게 된다. 더불어 국가는 국가의 외부인이 그 구성원에게 가한 침해를 처벌할 수 있는 권력도 가지고 있다. 그리고 이 모든 것은 가능한 한 사회의 전 구성원의 재산을 보존하기 위한 것이다. 따라서 시민 사회에 가입하여 어떤 국가의 구성원이 된 사람은 모두 자신의 사적인 판단에 따라 자연법의 위반 행위를 처벌할 수 있는 권력을 포기한 것이다. – 로크, "통치론" –

홉스는 사람들이 '만인의 만인에 대한 전쟁' 상태에서 벗어나기 위해 국가를 만들었으므로 국가는 시민들의 재산을 보호하고 질서를 유지해야 한다고 보았다. 로크는 사람들이 자연 상태에서 해결하기 힘든 분쟁을 해결하기 위해 공정한 재판관이자 집행관으로서 국가를 만든 것이므로, 국가는 시민들 간의 분쟁을 해결하고 생명과 자유와 재산을 보호하여 평화롭고 안전한 사회를 유지해야 한다고 보았다.

자료 플러스 **루소의 사회 계약론**

사회의 각 구성원들이 자기의 모든 권리와 함께 자신을 공동체 전체에 양도한다. 왜냐하면, 첫째로 각자가 자기를 전적으로 양도해 버리고 나면 조건은 모든 사람들에게 평등하게 되고, 또 조건이 모든 사람들에게 평등하게 되면 그 누구도 타인에게 고통을 가하는 일에 관심을 갖지 않을 것이기 때문이다. …(중략)… 만약 사회 계약으로부터 본질적이 아닌 부분을 제거해 버리면, 그것은 다음과 같은 말로 요약될 수 있다. …(중략)… "우리들 각자는 자기의 신체와 모든 힘을 공동의 것으로 하여 일반 의지의 최고 지도 아래 맡기고 – 그런 정치 조직 속에서 – 우리 모두는 각 구성원을 전체 가운데 불가분한 한 부분으로 받아들인다." 이 결합 행위가 성립하는 즉시 계약자인 개인들 대신에 하나의 정신적이고도 집합적인 정치 공동체가 형성된다.
– 루소, "사회 계약론" –

루소가 주장한 사회 계약의 핵심은 일반 의지를 성립시키는 것이다. 루소는 개개인이 자신의 모든 권리를 조금도 남김없이 공동체 전체에 양도하면 공동체 전체의 의사인 일반 의지가 확립된다고 주장하였다. 결국 사회 계약의 당사자는 개인들 전체인 것이다.

자료 플러스 **자유에 대한 밀의 입장**

자유와 권위의 투쟁은 우리가 아는 한 가장 오래된 역사에, 특히 그리스, 로마, 영국의 역사에 가장 뚜렷하게 나타났다. 그러나 과거에 이 투쟁은 피지배자, 또는 그중의 어떤 계급과 국가 사이에서 벌어졌다. 즉, 자유란 정치적 지배자의 폭정에서의 보호를 뜻했다. …(중략)… 지배자의 억압적인 권위의 행사에 대해 어떤 경계심을 갖게 되어도 사람들은 지배자의 지배권에 감히 도전하지 않았으며, 그것에 도전하려고 하지도 않았다. 지배자의 권력은 필요한 것으로 간주되었으나, 동시에 매우 위험한 것으로도 여겨졌다. …(중략)… 애국자들은 지배자가 그 공동체에 행사하는 권력을 제한하고자 했다. 이러한 제한이야말로 그들이 자유라고 생각한 바로 그것이었다. 권력을 제한하는 방법은 두 가지로 시도되었다. 첫째는 지배자로 하여금 이른바 정치적인 자유나 권리라는 일정한 특권을 인정하게 하는 것이었다. 그 경우 지배자가 그것을 침해하면 의무 위반으로 간주되었고, 실제로 그것을 침해하게 되면 이에 대한 특별한 반항이나 일반적인 반란이 정당한 것으로 여겨졌다. 둘째는 더욱 현대적인 방식인 헌법적 견제의 확립, 즉 더욱 중요한 지배권의 행사에 대해 공동체의 동의나 그 이익을 대변하도록 되어 있는 어떤 집단의 동의를 필요조건으로 삼게 하는 것이었다. – 밀, "자유론" –

(3) 소극적 국가관과 적극적 국가관

소극적 국가관	• 시장에 대한 개입을 최소화하고 국방과 외교, 치안 등 질서 유지의 역할만을 강조함 • 빈부 격차의 심화와 시민이 최소한의 인간다운 삶을 보장받지 못하는 문제가 발생함
적극적 국가관	• 시민의 기본 욕구를 충족시키고 의료, 주택, 교육 등의 영역에서 복지 제공을 강조함 • 국가 기능의 비대화와 비효율성, 복지 과잉으로 도덕적 해이 현상 등의 문제가 발생함

✪ **일반 의지**
사적인 이익을 추구하는 의지를 넘어 공적인 영역에서 공공의 이익을 지향하는 시민의 도덕적 의지를 가리키는 개념

개념 체크

1. 홉스는 인간이 코먼웰스(국가) 속에서 구속을 스스로 부과하는 궁극적 원인과 목적과 의도는 (   )와/과 그로 인한 만족된 삶에 대한 통찰에 있다고 보았다.
2. 로크는 국가가 시민들 간의 분쟁을 해결하고 생명과 자유와 (   )을/를 보호하여 평화롭고 안전한 사회를 유지해야 한다고 보았다.
3. 루소는 개개인이 자신의 모든 권리를 조금도 남김없이 공동체 전체에 양도하면 공동체 전체의 의사인 (   )이/가 확립된다고 주장하였다.

정답
1. 자기 보존
2. 재산
3. 일반 의지

민주 시민의 참여와 시민 불복종

1. 시민의 권리와 의무

(1) 민주 시민의 권리와 의무

① 민주 시민의 의미: 민주 국가에서 주권을 발휘하는 주체

② 민주 시민의 권리

- 주권자로서 자유를 행사하는 권리
- 내용: 국가에 대해 생명, 재산, 인권 등의 보장을 요구할 수 있는 권리, 자유롭게 정치적 견해를 표현할 수 있는 권리 등

③ 민주 시민의 의무

- 사회 질서를 유지하고 조정하기 위해 수행해야 하는 임무
- 내용: 국가의 정당한 권위 존중, 국방·납세·교육의 의무, 정치 참여의 의무 등을 이행해야 함

(2) 동양 민본주의(民本主義)의 백성

① 민본주의의 의미: 백성을 나라의 근본으로 삼고, 근본을 탄탄히 해야 나라가 평안하다는 사상으로, 군주는 백성을 위한 정치를 지향해야 함

② 민본주의의 백성

- 군주를 부모와 같이 여기고 군주가 부여한 의무를 자발적으로 따라야 함
- 맹자는 군주가 백성을 위한 정치를 하지 않으면 역성혁명(易姓革命)이 가능하다고 봄

2. 민주 시민의 참여의 필요성과 방법

(1) 민주 시민의 참여의 필요성

① 대의 민주주의의 한계

- 선출된 대표가 국민의 의견을 충분히 반영하지 못함
- 선출된 대표가 전문적이고 다양한 현대 사회의 문제를 해결하지 못할 수 있음

② 시민 참여의 필요성

- '시민에 의한 통치'라는 민주주의의 이념을 실현할 수 있음
- 다양한 의견 수렴을 통해 사회 문제를 효과적으로 해결할 수 있음

(2) 민주 시민의 참여 방법

① 시민 참여 분야: 정책의 입안·결정·집행·평가 등 정부와 사회의 모든 활동

② 시민 참여 방법: 공청회, 자문회, 주민 투표제, 주민 소환제, 국민 참여 재판, 선거 등

③ 시민 참여의 한계: 다수의 참여는 행정과 자원에 과도한 부담을 줌으로써 효율적인 의사 결정을 저해하고, 정책의 일관성 및 정치 지도자에 대한 신뢰를 저하시킬 위험성이 있음

3. 시민 불복종

(1) 시민 불복종의 의미와 연원

① 시민 불복종의 의미와 특징

의미	부정의한 법을 개정하거나 정책을 변혁하려는 목적으로 행하는 의도적인 위법 행위
특징	부정의한 법이나 정책을 공개적이고 의식적으로 위반함

주권
국가의 의사를 최종적으로 결정하는 최고의 권력

대의 민주주의
시민들이 직접 정치에 참여하여 의사 결정을 하지 않고 대표를 뽑아 정치를 대신하게 하는 간접 민주 정치

주민 소환제
선출직 지방 공직자에 대한 책임을 추궁하고 주민의 직접 참여를 확대하기 위한 제도. 유권자인 주민이 해당 지방 자치 단체의 장 및 지방 의회 의원을 소환할 수 있음

개념 체크

1. 맹자는 민본주의 관점에서 백성이 군주를 부모와 같이 여기고 따라야 하지만, 군주가 백성을 위하지 않으면 왕조를 교체하는 (　　) 이/가 가능하다고 보았다.
2. 선출된 대표가 시민의 의견을 대신 정치에 반영하는 정치 형태를 (　　)(이)라고 한다.
3. (　　)은/는 부정의한 법이나 정책을 개정하거나 변혁시키려는 목적으로 행하는 의도적인 위법 행위이다.

정답
1. 역성혁명
2. 대의 민주주의
3. 시민 불복종

② 시민 불복종의 역사적 연원

• 자연법사상: 실정법은 자연법을 바탕으로 해야 하므로 자연법에 위배되는 실정법의 정당성을 검토해 보아야 함
• 뉘른베르크 재판: 개인은 자국의 정의롭지 못한 법률을 따른 것에 대한 책임을 져야 한다는 시민 불복종에 대한 국제법적 원칙을 제시함

✪ 자연법
인위적이지 않은 자연적 성질에 바탕을 둔 법으로 실정법의 토대가 됨. 민족, 사회, 시대를 초월해 영구불변의 보편타당성을 지님

(2) 시민 불복종의 일반적인 정당화 조건

최후의 수단	개선을 위한 합법적인 방법을 시도했지만 효과가 없을 때 고려하는 최후의 수단이어야 함
비폭력	비폭력적인 방법을 사용해야 함
공동선 추구	특정 개인이나 집단의 이익이 아닌 사회 정의 실현과 같은 공익을 목적으로 해야 함
공개성	불복종의 정당성과 정의의 규범적·윤리적 근거를 널리 알리기 위해 공개적으로 이루어져야 함
처벌 감수	법체계 전체를 부정하는 것이 아니므로 자신의 위법 행위에 대한 처벌을 감수해야 함

(3) 시민 불복종에 대한 다양한 관점

소로	• 법보다 정의에 대한 존경심이 더 중요함 • 악법에 대한 불복종은 도덕적이고 정의로운 행동임 • 양심에 따라 부정의에 대해 적극적으로 불복종해야 함
간디	• 부당한 법에 대한 불복종은 정당함 • 비폭력적이고 평화적인 방법을 사용해야 함
롤스	• 사회적 다수에 의해 공유된 정의관이 불복종의 기준이 되어야 함 • 거의 정의로운 사회에서 부정의한 법과 정책의 변화를 위해 전개되어야 함
싱어	• 시민 불복종이 산출할 이익과 손해를 계산해 보아야 함 • 불복종 행위의 성공 가능성을 고려해야 함
드워킨	헌법이 정치 도덕의 근본을 형성하므로 이를 어기는 법이 있다면 헌법 정신에 비추어 그 정당성을 의심받게 되므로 헌법 정신에 반하는 법률에 대해 시민이 저항할 수 있음

✪ 드워킨
미국의 철학자이자 법학자로 "법과 권리", "자유주의적 평등" 등의 저서가 있음

자료 플러스 시민 불복종에 대한 소로, 롤스, 싱어의 입장

• 불의가 당신으로 하여금 다른 사람에게 불의를 행하는 하수인이 되라고 요구한다면, 분명히 말하는데 그 법을 어기라. 당신의 생명으로 하여금 그 기계를 멈추는 역마찰이 되도록 하라. 내가 해야 할 일은 내가 극력 비난하는 해악에게 나 자신을 빌려주는 일은 어쨌든 간에 없도록 하는 것이다. – 소로, "시민 불복종" –
• 시민 불복종 행위를 통해서 우리는 공동 사회의 다수자가 갖는 정의감을 나타내게 되고, 우리의 신중한 견지에서 볼 때 자유롭게 평등한 사람들 사이에서 사회 협동체의 원칙이 존중되지 않고 있음을 선언하게 된다. 이러한 정의(定義)에 대한 한 가지 예비적인 설명을 하자면 시민 불복종 행위가 항의의 대상이 되고 있는 바로 그 법을 위반하라는 요구를 하지는 않는다. 그것은 사람들이 직접적인 시민 불복종이라 부르는 것뿐만 아니라 간접적인 시민 불복종이라 하는 것까지도 고려하고 있다. – 롤스, "정의론" –
• 법의 힘에 저항하지 않음으로써, 비폭력적으로 행위 함으로써, 그들의 행위에 대한 법적인 처벌을 받아들임으로써, 시민 불복종을 하는 사람들은 자신들의 항의의 진지성과 법의 통치 및 민주주의 기본 원칙들에 대한 자신들의 존중을 명백히 한다. – 싱어, "실천 윤리학" –

소로에 따르면 법에 대한 존경심보다는 먼저 정의에 대한 존경심을 기르는 것이 바람직하다. 내가 마땅히 따라야 할 유일한 의무는, 어떤 때이건 내가 옳다고 생각하는 일을 행하는 것이다. 롤스에 따르면 부정의하다고 간주되는 법이나 정책도 어기지 않아야 할 강력한 이유가 있는 것이므로 정의는 마땅히 그러한 고려를 해야 한다. 그 대신에 우리는 자신의 처지를 드러내는 방식으로 교통 법규나 처벌이 경미한 다른 법을 어길 수도 있다. 싱어에 따르면 시민 불복종은 비록 불법적이기는 하지만, 그것이 다수를 위협하거나 강제하지 않는다. 따라서 시민 불복종은 부정의한 법을 시정하기 위한 합법적인 수단이 실패했을 때 시행할 수 있는 적합한 수단이 될 수 있다.

개념 체크

1. 롤스는 사회적 다수에 의해 (   )이/가 시민 불복종의 기준이 되어야 한다고 주장하였다.
2. 싱어는 시민 불복종이 산출할 (   )을/를 계산해 보아야 한다고 주장하였다.
3. 소로는 부정의한 법이나 정부 정책에 대한 불복종의 정당한 근거는 개인의 (   )(이)라고 주장하였다.

정답
1. 공유된 정의관
2. 이익과 손해
3. 양심

수능 기본 문제

[24015-0115]

01 갑, 을 사상가들 모두가 긍정의 대답을 할 질문만을 〈보기〉에서 고른 것은?

> 갑: 덕(德)으로써 어진 정치를 베푸는 것이 왕도(王道)이다. 정치를 실행할 때에는 덕(德)을 지닌 현자가 합당한 지위에 있고 능력 있는 사람이 합당한 직책에 있게 해야 한다.
> 을: 현명한 군주는 군신 사이에 혈육 간의 친밀함이 없음을 잘 알아서 이익과 해(害)를 주는 제도를 마련해 천하에 제시할 뿐이다. 정치를 실행할 때에는 명확한 법을 설정하고 엄격한 형벌을 제시해야 한다.

● 보기 ●

ㄱ. 군주는 백성들의 생업을 보장하는 데 힘써야 하는가?
ㄴ. 군주는 백성들에게 포상과 처벌을 공정하게 집행해야 하는가?
ㄷ. 군주는 백성들의 이기적 본성을 다스릴 수단을 마련해야 하는가?
ㄹ. 군주는 나라를 다스림에 앞서 먼저 자신을 수양하여 인의(仁義)를 갖추어야 하는가?

① ㄱ, ㄴ ② ㄱ, ㄷ ③ ㄴ, ㄷ
④ ㄴ, ㄹ ⑤ ㄷ, ㄹ

[24015-0116]

02 다음을 주장한 사상가의 입장만을 〈보기〉에서 있는 대로 고른 것은?

> 모든 국가(polis)는 분명 일종의 공동체이며, 모든 공동체는 어떤 좋음을 실현하기 위해 구성된다. 모든 공동체가 어떤 좋음을 추구하는 것이라면, 모든 공동체 중에서 으뜸가며 다른 공동체를 모두 포괄하는 공동체야말로 분명 으뜸가는 좋음을 가장 훌륭하게 추구할 것인데, 이것이 이른바 국가 또는 국가 공동체이다.

● 보기 ●

ㄱ. 국가는 그 본성상 다른 모든 공동체의 최종 목표이다.
ㄴ. 인간은 본성적으로 국가 공동체를 구성하는 존재이다.
ㄷ. 최초의 공동체인 국가는 최상위의 좋음을 목표로 한다.
ㄹ. 시민이 추구하는 좋음과 국가가 추구하는 좋음은 서로 무관하다.

① ㄱ, ㄴ ② ㄴ, ㄹ ③ ㄷ, ㄹ
④ ㄱ, ㄴ, ㄷ ⑤ ㄱ, ㄷ, ㄹ

[24015-0117]

03 다음을 주장한 사상가의 입장으로 적절하지 <u>않은</u> 것은?

> 정의란 각자가 남의 일에 간섭하지 않고 자기 일을 하는 것으로, 국가가 정의로워지는 것은 국가 안에 있는 성향이 다른 세 부류가 저마다 제 일을 하기 때문이다. 또한 국가가 절제 있고 용기 있으며 지혜로운 것도 세 부류가 처한 상이한 성향 때문이다.

① 통치자는 시민들이 각자 타고난 성향에 따라 일을 하도록 해야 한다.
② 통치자는 좋음의 본질에 대한 지혜를 바탕으로 국가를 다스려야 한다.
③ 국가가 정의로워지려면 정치권력과 철학이 하나로 합쳐져야만 한다.
④ 통치자는 장인들에게 사유 재산을 소유할 수 있는 권리를 보장해 주어야 한다.
⑤ 국가가 정의로워지려면 모든 구성원들이 지혜의 탁월성을 갖추어야만 한다.

[24015-0118]

04 갑, 을 사상가들의 입장으로 적절한 것만을 〈보기〉에서 있는 대로 고른 것은?

> 갑: 군주는 덕행(德行)으로 정사(政事)를 주관해야 한다. 백성이 가장 귀하고, 사직이 그다음이며, 군주는 가장 가볍다. 이런 까닭으로 백성의 마음을 얻으면 천자가 된다.
> 을: 군주는 하늘의 뜻에 따라 남의 나라를 위하기를 자신의 나라를 위하는 것같이 해야 한다. 천하가 모두 아울러 서로 사랑[兼愛]하게 되면 곧 다스려지고, 모두가 미워하면 곧 어지러워진다.

● 보기 ●

ㄱ. 갑: 군주는 덕으로 나라를 다스림으로써 인륜(人倫)을 실현해야 한다.
ㄴ. 을: 모두를 서로 이롭게[交利] 해 주는 것은 하늘의 뜻이다.
ㄷ. 을: 자가(自家)와 타가(他家)를 분별없이 대하는 사랑이 사회 혼란의 원인이 된다.
ㄹ. 갑과 을: 군주는 천명(天命)에 따라 백성을 다스려야 한다.

① ㄱ, ㄷ ② ㄴ, ㄹ ③ ㄷ, ㄹ
④ ㄱ, ㄴ, ㄷ ⑤ ㄱ, ㄴ, ㄹ

[24015-0119]

05 다음을 주장한 사상가의 입장만을 〈보기〉에서 있는 대로 고른 것은?

입법부를 선출하고 권한을 부여하는 목적은 그 사회의 모든 구성원들이 가진 재산의 보호 수단이자 울타리로서, 그 사회의 각 구성원이 행사하는 권력을 제한하고 지배력을 억제하는 법률을 제정하고 규칙을 만드는 데 있다. 만일 입법부가 야심, 공포, 어리석음 또는 부패로 인민의 생명, 자유 및 재산에 대한 절대적인 권력을 자신들의 수중에 장악하거나 아니면 그 밖의 다른 자들의 수중에 넘겨줌으로써 사회의 기본적인 규칙을 침해하게 되면, 언제나 그들은 인민이 그들의 수중에 맡긴 권력을 신탁(信託) 위반으로 상실하게 된다.

보기

ㄱ. 국가 권력의 정당성은 시민의 동의에 기초한다.
ㄴ. 인민은 입법부를 자의적으로 폐지할 권력을 지닌다.
ㄷ. 입법권은 인민의 자연권 보장을 위해 신탁된 권력이다.
ㄹ. 국가는 평화로운 삶을 영위하려는 인간의 본성에 의해 형성된 자연적 산물이다.

① ㄱ, ㄷ ② ㄱ, ㄹ ③ ㄴ, ㄹ
④ ㄱ, ㄴ, ㄷ ⑤ ㄴ, ㄷ, ㄹ

[24015-0120]

06 다음을 주장한 사상가가 긍정의 대답을 할 질문으로 가장 적절한 것은?

사회 계약은 다음과 같은 말로 요약된다. "우리는 각자 자신의 신체와 모든 능력을 공동의 것으로 만들어 일반 의지의 최고 감독하에 둔다. 그리고 우리는 각 성원을 전체와 불가분의 부분으로서 한 몸으로 받아들인다."

① 주권은 양도될 수 있는가?
② 주권 자체는 분할될 수 있는가?
③ 주권은 정부에 의해 대표될 수 있는가?
④ 국가 권위에 복종할 의무는 자연 발생적인가?
⑤ 공동선을 보장하려는 일반 의지의 행사가 주권 행위인가?

[24015-0121]

07 갑, 을 사상가들의 입장으로 적절한 것만을 〈보기〉에서 있는 대로 고른 것은?

갑: 시민 불복종에 참여하는 사람들이 뜻하는 것은 다수자의 정의감에 호소하여 진지하고 숙고된 견지에서 볼 때 자유로운 협동의 조건이 침해되었다는 것을 정당하게 알리는 것이다.
을: 노예 제도 폐지론자로 자처하는 사람들은 몸으로나 재산으로나 주 정부를 지원하는 일을 지금 당장 중지해야 한다. 그리고 정의가 자신들을 통해 승리하도록 노력하지 않고, 한 표 앞선 다수가 될 때까지 기다려서는 안 된다.

보기

ㄱ. 갑: 시민 불복종은 다수의 정의관에 근거해야 한다.
ㄴ. 을: 시민 불복종은 최후의 수단으로 시도되어야 한다.
ㄷ. 을: 시민 불복종은 민주주의 사회에서 부정의에 저항하는 방법이 될 수 있다.
ㄹ. 갑과 을: 시민 불복종은 부정의한 법을 교정하기 위한 양심적 행위이다.

① ㄱ, ㄴ ② ㄴ, ㄹ ③ ㄷ, ㄹ
④ ㄱ, ㄴ, ㄷ ⑤ ㄱ, ㄷ, ㄹ

[24015-0122]

08 다음을 주장한 사상가의 입장으로 적절하지 않은 것은?

시민 불복종의 표적의 옳고 그름에 대하여 조사해 보지 않고서 우리로 하여금 언제 불복종이 정당화될 수 있고, 언제 그렇지 않은지 단언할 수 있도록 해 주는 그러한 간단한 도덕적 규칙은 없다. 실제로 심각하게 도덕적으로 그른 어떤 것을 중단시키려고 한다고 확신할 때, 우리에게는 아직도 자문해 보아야 할 다른 도덕적 문제들이 있다. 우리는 우리가 중단시키려고 하는 악의 크기와 우리의 행위가 가져올 법과 민주주의에 대한 존중심의 감소 정도를 저울질해 봐야 한다.

① 시민 불복종은 민주주의적인 의사 결정을 복원하려는 시도이다.
② 특정한 문제에 대한 불복종이 모든 나라에서 정당화되는 것은 아니다.
③ 시민 불복종을 하는 사람들은 항의의 진지성을 명백히 하기 위해 법적 처벌을 거부해야 한다.
④ 불법적인 수단을 사용하는 것이 참된 민주주의적 결정을 확보하기 위한 방법으로 간주될 수 있다.
⑤ 댐 건설로 인해 대체할 수 없는 야생의 상실을 공중에게 알리는 것도 시민 불복종의 목적에 해당된다.

[24015-0123]

1 **다음을 주장한 사상가의 입장으로 적절한 것만을 〈보기〉에서 있는 대로 고른 것은?**

가정은 날마다 되풀이되는 필요를 충족하기 위해 자연적으로 형성된 공동체이다. 마을은 날마다 되풀이되는 필요 이상을 충족하기 위해 여러 가정으로 구성된 공동체이다. 국가는 여러 부락으로 구성되는 완전한 공동체인데, 국가는 이미 완전 자급자족이라는 최고 단계에 도달해 있다고 할 수 있다. 달리 말해 국가는 단순한 생존을 위해 형성되지만 훌륭한 삶을 위해 존속하는 것이다. 따라서 이전 공동체들이 자연스러운 것이라면 모든 국가도 자연스러운 것이다.

보기

ㄱ. 국가는 본성상 가정과 개인에 우선한다.
ㄴ. 국가 공동체 안에서 살고자 하는 행위는 경험적으로 습득된 것이다.
ㄷ. 좋음과 나쁨, 옳고 그름 등의 인식 공유에서 가정과 국가가 생성된다.

① ㄱ ② ㄴ ③ ㄱ, ㄷ ④ ㄴ, ㄷ ⑤ ㄱ, ㄴ, ㄷ

[24015-0124]

2 **(가)의 갑, 을 사상가들의 입장을 (나) 그림으로 표현할 때, A~C에 해당하는 적절한 진술로 옳지 않은 것은?**

(가)	갑: 각각의 인간들이 자연법의 집행권을 포기하고 사회에 양도하여 사회의 구속을 받아들이는 유일한 이유는 재산을 안전하게 보호하고 평화로운 삶을 영위하기 위해서이다. 을: 각각의 인간들은 서로 간의 계약을 통해 자신을 통치하는 권리를 하나의 합의체에 완전히 양도한다. 이들은 자신들의 평화와 공동 방위를 위해 국가가 그들 모두의 힘과 수단을 사용할 수 있도록 절대적 권력과 힘을 부여한다.
(나)	갑 / 을 (A, B, C 벤 다이어그램) 〈범 례〉 A: 갑만의 입장 B: 갑, 을의 공통 입장 C: 을만의 입장

① A: 국가에서 모든 시민은 자연법 위반 행위에 대해 사적으로 처벌할 수 있는 권한을 지닌다.
② A: 통치자가 시민의 재산권을 현저히 침해하면 시민은 통치자를 교체할 수 있는 권리를 지닌다.
③ B: 국가의 정치적 권력에 대한 복종 의무는 시민의 동의에 근거한다.
④ B: 국가는 구성원의 생명과 안전 보장을 위해 형성된 인위적 산물이다.
⑤ C: 자연 상태에서는 모두가 모든 것에 대한 권리를 지니므로 소유권이라고 부를 수 있는 것이 없다.

[24015-0125]

3 갑, 을 사상가들의 입장으로 적절한 것만을 〈보기〉에서 고른 것은?

갑: 군주는 사람에게 상을 줄 일에는 반드시 상을 주어 부하의 능력을 최대로 발휘시키며, 벌을 줄 일에는 반드시 벌을 주어 부정한 행위를 금지시켜야 한다. 법의 밖에서는 엄하게 하지 말고 법 안에서 치밀하게 다루어야 한다.

을: 군주는 백성들의 항산(恒産)을 마련하여 반드시 위로는 부모를 섬길 수 있고, 아래로는 처자식을 먹여 살릴 수 있도록 해야 한다. 백성들은 항산이 없으면 항심(恒心)이 없고, 항심이 없으면 방탕, 사악해져서 하지 못할 짓이 없다.

● 보기 ●

ㄱ. 갑: 부정을 배제하려면 신상(信賞)이 아닌 필벌(必罰)을 강조해야 한다.
ㄴ. 갑: 안전하고 이익이 있는 것에 집착하려는 인간의 본성을 정치에 이용해야 한다.
ㄷ. 을: 군주는 백성들의 항산(恒産)의 보장이 왕도의 시작이 됨을 깨달아야 한다.
ㄹ. 갑과 을: 군주가 이상적인 통치를 하려면 정치와 도덕의 영역을 분리해야 한다.

① ㄱ, ㄴ ② ㄱ, ㄷ ③ ㄴ, ㄷ
④ ㄴ, ㄹ ⑤ ㄷ, ㄹ

[24015-0126]

4 (가)의 갑, 을, 병 사상가들의 입장에서 서로에게 제기할 수 있는 비판을 (나) 그림으로 표현할 때, A~E에 해당하는 진술로 적절한 것만을 〈보기〉에서 있는 대로 고른 것은?

(가)	갑: 인간은 자연 상태에서 열악한 상황에 시달리게 된다. 그 결과 인간은 재산을 보존하기 위해 공동체를 결성하고 스스로를 정부의 지배하에 두고자 한다. 을: 주권자는 시민들의 생명 보호를 위해 모든 권한을 위임받아 탄생한 인위적 인격이다. 입법권과 같이 국가 행정에 수반되는 모든 권한은 주권자에게 있다. 병: 사회 계약은 사회 구성원이 자신의 모든 권리를 공동체에 양도함으로써 일반 의지를 형성하는 것이며, 신체와 재산을 지켜 주는 정치 공동체를 형성하는 것이다.
(나)	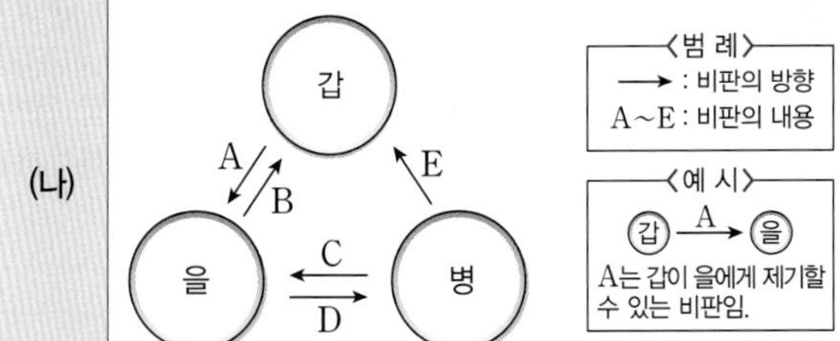

● 보기 ●

ㄱ. A: 정치권력의 신탁 위반 여부는 오직 시민의 판단에 의존함을 간과한다.
ㄴ. B와 D: 국가는 군주와 시민 간 상호 계약 체결에 의해 형성됨을 간과한다.
ㄷ. C와 E: 군주는 계약의 주체들에게서 권한을 양도받은 대리인이자 주권을 대표하는 대표자임을 간과한다.

① ㄱ ② ㄴ ③ ㄱ, ㄷ ④ ㄴ, ㄷ ⑤ ㄱ, ㄴ, ㄷ

[24015-0127]

5 (가)의 갑, 을 사상가들의 입장을 (나) 그림으로 탐구하고자 할 때, A~C에 들어갈 적절한 질문만을 〈보기〉에서 고른 것은?

(가)	갑: 사람들은 사회에 들어갈 때 그들이 자연 상태에서 가졌던 평등, 자유, 집행권을 입법부가 처리할 수 있도록 사회의 수중에 양도한다. 그것은 생명, 자유, 재산을 잘 보존하려는 의도에서 행하는 것이다. 을: 사회 계약은 정치체에 그 단체의 전 구성원을 지배할 절대적 권력을 부여한다. 일반 의지에 의해 지휘되는 이 권한을 우리는 '주권'이라는 명칭으로 부른다. 법에 복종하는 국민이 법의 제정자가 되어야 한다.
(나)	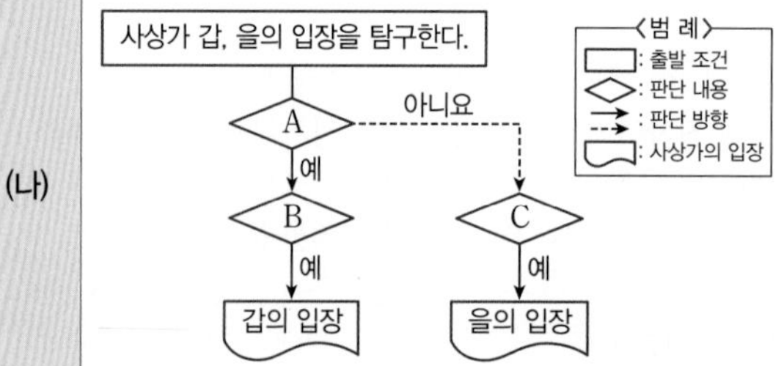

보기

ㄱ. A: 공통의 권력이 부재할 때에도 자연법의 위반은 가능한가?
ㄴ. B: 입법권은 최고의 권력으로 시민에 의해 신탁된 권력인가?
ㄷ. C: 주권과 달리 입법권은 양도와 분할이 가능한가?
ㄹ. C: 사회 계약에 의해 자기 보존을 위한 권리가 제한될 수 있는가?

① ㄱ, ㄴ ② ㄱ, ㄷ ③ ㄴ, ㄷ
④ ㄴ, ㄹ ⑤ ㄷ, ㄹ

[24015-0128]

6 다음을 주장한 사상가의 입장으로 적절한 것만을 〈보기〉에서 있는 대로 고른 것은?

> 시민 불복종은 민주 사회를 특징짓는 공공적인 정의관으로부터 생겨나는 것이라고 규정된다. 시민 불복종의 이론은 입헌 민주주의에 대한 순수히 법적인 관점을 보충하고 있다. 그것은 법에 분명히 반하는 것이긴 하지만 법에 대한 충실성과 민주 체제의 기본적인 정치적 원리들에 호소함을 나타내는 방식으로 합법적인 민주적 권위에 반대할 수 있는 근거를 정식화하려는 것이다.

보기

ㄱ. 시민 불복종은 경고나 훈계를 넘어 그 자체가 위협일 수 있다.
ㄴ. 시민 불복종은 입헌 체제를 유지하는 데 도덕적으로 옳은 방식이다.
ㄷ. 시민 불복종은 비록 불법적인 것이긴 하나 입헌 체제를 안정시키는 방도가 될 수 있다.
ㄹ. 시민 불복종으로 인해 정의로운 체제의 효율성이 침해될 무질서의 가능성을 고려해야 한다.

① ㄱ, ㄴ ② ㄱ, ㄹ ③ ㄴ, ㄷ
④ ㄱ, ㄷ, ㄹ ⑤ ㄴ, ㄷ, ㄹ

[24015-0129]

7 **(가)의 갑, 을의 입장에서 서로에게 제기할 수 있는 비판을 (나) 그림으로 표현할 때, A, B에 해당하는 내용으로 적절한 것만을 〈보기〉에서 고른 것은?**

(가)	갑: 시민 불복종은 거의 정의로운 사회에서 체제의 합법성을 인정하는 시민들에 의해서만 생겨나는 정치적 행위이다. 거의 정의로운 사회에서 정의의 원칙들은 자유롭고 평등한 인간들 간의 자발적인 협동의 기본 조항으로서 공공적으로 인정된다. 을: 우리는 먼저 인간이어야 하고, 그다음 국민이어야 한다. 법에 대한 존경심보다는 정의에 대한 존경심을 기르는 것이 중요하다. 나에게 유일한 의무는 내가 옳다고 생각하는 것을 행동으로 옮기는 것이다.
(나)	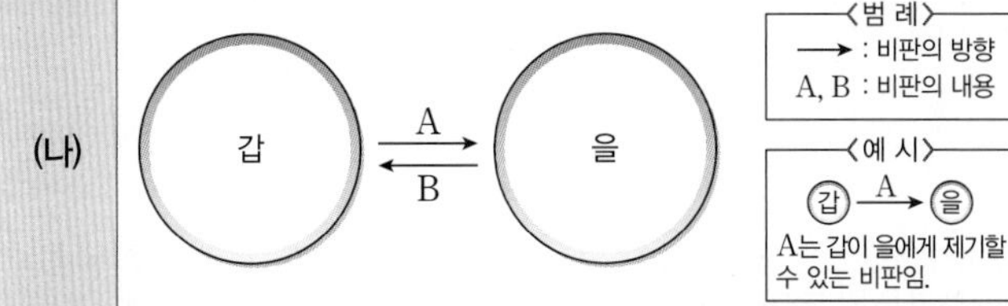

〈범 례〉
→ : 비판의 방향
A, B : 비판의 내용

〈예 시〉
갑 —A→ 을
A는 갑이 을에게 제기할 수 있는 비판임.

● 보기 ●

ㄱ. A: 시민 불복종이 부정의한 정치 체제를 변혁하기 위한 행위임을 간과한다.
ㄴ. A: 시민 불복종에 가담할 수 있는 범위에 한계를 두지 말아야 함을 간과한다.
ㄷ. B: 법이 자신의 양심에 어긋날 경우 즉시 불복종해야 함을 간과한다.
ㄹ. B: 시민 불복종의 정당성을 개인의 양심에 근거해 판단해야 함을 간과한다.

① ㄱ, ㄴ ② ㄱ, ㄷ ③ ㄴ, ㄷ
④ ㄴ, ㄹ ⑤ ㄷ, ㄹ

[24015-0130]

8 **갑, 을 사상가들의 입장에 대한 설명으로 옳지 않은 것은?**

갑: 시민 불복종은 자유롭고 평등한 사람들 사이에서 사회 협동체의 원칙이 존중되지 않고 있음을 선언하는 것이다. 거의 정의로운 사회에서는 부정의하다고 간주되는 법이나 정책도 어기지 않아야 할 강력한 이유가 있음을 고려해야 한다.
을: 시민 불복종은 공리주의 관점에서 정당화된다. 우리는 우리의 행위가 목표 달성에 실패하여 반작용을 불러일으킴으로써 다른 수단으로 성공할 가능성을 감소시킬 가능성도 고려해야 한다.

① 갑은 시민 불복종이 헌법과 사회 제도 일반을 규제하는 정의의 원칙들에 의해 지도되어야 한다고 본다.
② 갑은 시민 불복종을 평등한 자유의 원칙에 대한 심한 위반이나 공정한 기회균등의 원칙에 대한 현저한 위배에 국한시켜야 한다고 본다.
③ 을은 시민 불복종이 부정의한 문제를 다수에게 알려 다수를 불복종에 참여하도록 강제하려는 시도라고 본다.
④ 을은 갑과 달리 시민 불복종은 특정한 원칙에 대한 호소가 아니라 결과주의 관점에서 정당화되어야 한다고 본다.
⑤ 갑과 을은 시민 불복종은 불의한 법을 개혁하기 위한 합법적인 수단이 실패했을 때 시행할 수 있는 적합한 수단이라고 본다.

09 과학 기술과 윤리

✪ 과학 기술의 가치 중립성 논쟁

1. 과학 기술의 긍정적 측면과 부정적 측면

(1) 과학 기술의 긍정적 측면

물질적 풍요와 안락한 삶	• 의식주와 관련된 재화가 대량으로 생산됨 • 삶의 각 영역에서 자동화가 진전되면서 더 많은 여가를 누릴 수 있게 됨
시공간적 제약 극복	• 인터넷망의 연결로 세계 어느 곳에 있는 사람과도 실시간으로 정보를 교환할 수 있음 • 교통수단의 발달로 세계 어느 곳이든 자유롭게 여행할 수 있게 됨
건강 증진과 생명 연장	• 생명 공학 기술의 발달로 각종 난치병을 예방하거나 치료할 수 있게 됨 • 평균 수명이 연장되고 많은 사람들이 건강한 삶을 누리게 됨

(2) 과학 기술의 부정적 측면

환경 문제 발생	• 자연을 개발하고 활용하는 과정에서 자연을 인간의 도구로만 보는 사고방식을 낳음 • 대량 생산과 대량 소비 등으로 자원 고갈, 기후 변화, 동식물의 종(種) 감소, 생태계 파괴 등 심각한 환경 문제가 발생함
인간의 주체성 약화와 비인간화 현상 초래	인간을 위해 존재하는 과학 기술이어야 하는데, 과학 기술에 대한 지나친 의존으로 인간이 과학 기술에 종속되는 비인간화 현상이 발생함
인권과 사생활 침해	• 인터넷을 통해 개인 정보가 유출되는 현상이 발생함 • 다양한 정보 기술을 통해 사람들을 감시하고 통제하는 전자 판옵티콘 사회나 빅 브라더가 출현할 수 있다는 우려가 제기됨
생명의 존엄성 훼손	생명 복제와 유전자 조작 등 생명체를 대상으로 하는 실험으로 인해 생명체가 연구의 목적을 달성하기 위한 하나의 수단으로 여겨지는 문제가 발생함

✪ 전자 판옵티콘

판옵티콘(panopticon)은 벤담이 죄수를 교화할 목적으로 설계한 원형 감옥임. 과학 기술의 발달로 위치 추적 시스템, 감시 카메라 등을 이용해 사람들의 삶을 감시하는 전자 판옵티콘 사회가 도래할 수 있다는 우려가 제기됨

✪ 빅 브라더(big brother)

정보를 독점하고 사회를 통제하는 권력을 일컫는 말로, 조지 오웰의 소설 "1984"에 처음 등장함

개념 플러스 과학 기술 지상주의와 과학 기술 혐오주의

과학 기술 지상주의 (과학 기술 낙관주의)	• 의미: 과학 기술의 발전을 지나치게 낙관적으로 보는 입장 • 인류가 과학 기술을 이용하여 사회의 모든 문제를 해결하고 무한한 행복과 부를 누릴 것이라고 주장함 • 문제점: 과학 기술이 갖는 부정적 측면을 간과하고, 인간의 반성적 사고 능력을 훼손할 수 있음
과학 기술 혐오주의 (과학 기술 비관주의)	• 의미: 과학 기술의 발전을 비관적으로 보는 입장 • 과학 기술의 비인간적이며 비윤리적인 측면을 부각하거나 과학의 합리성 자체를 문제 삼음 • 문제점: 과학 기술의 가치를 인정하지 않고 과학 기술이 인류에게 가져다준 여러 가지 혜택과 성과를 부정한다는 측면에서 현실을 반영하지 못함

개념 체크

1. 다양한 정보 기술을 통해 사람들을 감시하고 통제하는 전자 (　　) 사회가 도래할 수 있다는 우려가 제기되고 있다.
2. (　　)은/는 과학 기술의 발전을 지나치게 낙관적으로 보는 입장이다.
3. (　　)은/는 과학 기술의 비인간적이며 비윤리적인 측면을 부각하거나 과학의 합리성 자체를 문제 삼는 입장이다.

정답

1. 판옵티콘
2. 과학 기술 지상주의(과학 기술 낙관주의)
3. 과학 기술 혐오주의(과학 기술 비관주의)

2. 과학 기술의 가치 중립성 논쟁

(1) 과학 기술을 가치 중립적으로 보는 입장

① 과학 기술 그 자체는 좋은 것도 나쁜 것도 아니라고 봄

② 과학 기술은 객관적인 관찰과 실험, 논리적 사고를 통해 지식을 얻기 때문에 주관적 가치가 개입될 수 없다고 봄

③ 사실을 다루는 과학 기술과 가치를 다루는 윤리는 엄격하게 구분되므로 과학 기술은 윤리적 규제나 평가로부터 자유로워야 한다고 봄

④ 과학 기술을 윤리적 관점에서 규제하려는 시도는 과학 기술의 발달을 저해하고, 왜곡된 결과를 초래할 수 있다고 봄

(2) 과학 기술에 대한 가치 판단이 필요하다는 입장

① 과학 기술의 정당화 과정과 달리 연구 대상의 선정 및 결과 활용의 과정에서는 가치가 개입된다고 봄

정당화 과정	• 과학 기술이 객관적 타당성을 갖춘 지식이나 원리로 인정받기 위한 과정으로, 이때에는 연구자의 주관적 가치가 개입되어서는 안 됨 • 관찰과 실험을 통해 보편적인 법칙을 발견하는 연구 과정에서는 객관성을 확보하는 것이 중요함
연구 대상의 선정 및 결과 활용의 과정	• 과학 기술의 연구 대상을 선정하고 그 결과를 활용하는 과정으로, 이때에는 개인의 가치관이나 기업의 이익, 사회적 필요, 정치적 목적 등 다양한 가치가 개입될 수 있음 • 과학자들의 연구가 대부분 어떤 목적을 지향하는 공공 연구 기관이나 기업의 연구비 지원을 통해 이루어지기 때문에 가치가 개입될 수 있음

② 과학 기술의 자유 또한 다른 자유와 마찬가지로 자기 정당화의 의무와 윤리적 책임이 뒤따라야 한다고 봄

③ 과학 기술이 궁극적으로 지향하는 바는 인간의 존엄성 구현과 삶의 질 향상이라는 윤리적 목적과 연결되어 있다고 봄

④ 과학 기술이 인간의 삶과 불가분의 관계에 있으므로 과학 기술을 연구하고 활용하는 모든 과정을 인간의 삶과 독립적인 영역으로 여겨서는 안 된다고 주장함

자료 플러스 기술에 대한 야스퍼스와 하이데거의 입장

• 어떻든 분명한 것은 기술이란 수단일 뿐이지 그 자체는 선도 아니고 악도 아니라는 사실이다. …(중략)… 기술은 그러한 기술을 실현시키는 것과는 독립해 있는 자립적인 존재로서 일종의 공허한 힘이며 결국은 목적에 대한 수단인 것이다. 어떻게 기술이 인간과 전혀 무관하게 광기를 부릴 수 있다는 말인가? 혹은 어떻게 인간을 포함한 전 지구가 오직 유일한 거대한 공장의 재료가 될 수 있다는 말인가? …(중략)… 인간 오성은 그러한 것을 가능한 것으로서 구성할 수 있을지 모르지만 인간 존재에 대한 우리의 의식은 그러한 사태란 전체로서는 불가능하다고 말할 것이다. – 야스퍼스, "역사의 기원과 목표" –

• 기술의 본질은 결코 기술적인 어떤 것이 아니다. 우리가 기술적인 것만을 생각하고 그것을 이용하는 데에만 급급하여 그것에 매몰되거나 그것을 회피하는 한, 기술의 본질에 대한 우리의 관계를 결코 경험할 수 없는 것도 그 때문이다. 우리가 기술을 열정적으로 긍정하건 부정하건 관계없이 우리는 어디서나 부자유스럽게 기술에 붙들려 있는 셈이다. 그러나 최악의 경우는 기술을 중립적인 것으로 고찰할 때이며, 이 경우 우리는 무방비 상태로 기술에 내맡겨진다. 왜냐하면 현대에 와서 특히 사람들이 옳다고 신봉하는 이러한 사고방식은 우리를 전적으로 기술의 본질에 대해 맹목적이게 하기 때문이다. – 하이데거, "기술에 대한 물음" –

야스퍼스에 따르면 기술은 인간 사회와 무관하게 그 자체의 발전 논리를 가지고 있으며, 기술 그 자체는 선도 아니고 악도 아닌 수단일 뿐이다. 인간의 목적 설정에 따라 긍정적인 효과 혹은 부정적인 효과를 낼 수 있다. 반면에 하이데거는 기술이 단순한 가치 중립적 도구가 아니며, 감추어져 있는 존재의 모습을 드러내 주는 수단이라고 파악하였다. 그는 기술을 가치 중립적 도구로만 보게 될 경우 인간이 기술에 종속당할 것이라고 보았다.

✪ 야스퍼스
독일의 철학자로, "철학"을 펴내 '실존 철학'을 체계적으로 전개함. 서구 사회의 기계 문명, 대중 사회적 상황에 대한 성찰을 강조함

✪ 하이데거
독일의 실존 철학자로, 그가 실존 사상의 대표자로 간주되는 것은 주요 저서 "존재와 시간"에서 현존재의 실존론적 분석 부분 때문임. 이 책에 불안, 죽음, 양심 등 실존과 관계된 여러 양태가 서술되어 있음

개념 체크

1. 과학 기술을 ( )(으)로 보는 입장에서는 과학 기술은 윤리적 규제나 평가로부터 자유로워야 한다고 본다.
2. 과학 기술의 ( ) 과정이란 과학 기술이 객관적 타당성을 갖춘 지식이나 원리로 인정받기 위한 과정이다.
3. 과학 기술에 대한 가치 판단이 필요하다고 보는 입장에서는 과학 기술을 연구하고 활용하는 모든 과정을 ( ) 영역으로 여겨서는 안 된다고 주장한다.

정답
1. 가치 중립적
2. 정당화
3. 독립적

과학 기술의 사회적 책임

1. 과학 기술자의 책임

(1) 과학 기술자의 내적 책임

① 과학 기술자는 과학 기술 연구 윤리를 실천해야 하는데, 과학 기술 연구 윤리란 과학 기술자가 정직하고 성실한 태도로 책임 있는 연구를 수행하기 위해 지켜야 할 윤리적 원칙과 행동 양식을 말함

② 과학 기술자는 연구 과정에서 위조, 변조, 표절, 부당한 저자 표기 등의 비윤리적 행위를 해서는 안 됨

③ 과학 기술자는 실험 대상을 윤리적으로 대우해야 하고, 연구 결과를 완전하게 공표해야 하며, 실질적으로 기여한 정도에 따라 연구 공로를 공정하게 배분해야 함

④ 과학 기술자는 연구 윤리를 지키며 자신의 연구가 참 또는 거짓인지를 밝혀야 하고, 다른 연구자들이 신뢰할 수 있는 검증 과정을 거쳐야 함

⑤ 과학 기술자는 자신의 연구가 사회적·윤리적으로 용인될 수 있는지, 그리고 피실험자가 있다면 실험에 대한 동의 절차가 적절했는지 살펴보아야 함

(2) 과학 기술자의 외적 책임(사회적 책임)

① 과학 기술자는 자신의 연구 결과가 사회에 미칠 영향에 대해 책임을 져야 함

② 과학 기술자는 과학 기술의 결과물이 사회에 미칠 수 있는 부정적 영향과 미래에 초래할 수 있는 위험을 폭넓게 검토하여 이에 대한 예방적 조치를 해야 함

③ 과학 기술자는 적정 기술, 식량 증산 기술, 대체 에너지 기술 등과 같은 다양한 기술을 개발하여 인류의 당면 과제를 해결하는 데 기여해야 함

④ 과학 기술자는 자신의 연구 활동이 인간의 존엄성을 구현하고 삶의 질 향상을 위한 것인지 성찰하는 자세를 가져야 함

⑤ 과학 기술자는 선한 의도로 시작한 연구일지라도 사회적으로 해로운 결과가 예상된다면 연구를 중단해야 함

2. 요나스의 책임 윤리

(1) 책임 윤리의 필요성 제시

① 책임의 범위를 현세대로 한정하는 전통적 윤리관으로는 과학 기술 시대에 발생할 수 있는 문제를 해결하는 데 한계가 있다고 봄

② ‘행해진 것에 대한 사후 책임 부과’를 특징으로 하는 전통적 윤리학의 책임 개념과는 다른 ‘행위되어야 할 것에 대한 책임’을 제시함

③ 인간만이 책임질 수 있는 유일한 존재이며, 책임질 수 있는 능력은 책임을 이행해야 한다는 당위(當爲)로 이어져야 한다고 봄

(2) 인류 존속에 관한 현세대의 책임 강조

① 인류가 존재해야 한다는 당위적 요청을 근거로 인류 존속에 관한 현세대의 책임을 강조함

② 칸트의 정언 명령을 변형하여 “너의 행위의 결과가 미래에 지구상에서 인간이 살아갈 수 있는 가능성을 파괴하지 않도록 행위 하라.”라는 새로운 생태학적 정언 명령을 제시함

③ 우리의 책임은 일차적으로는 미래 세대의 존재를 보장하는 것이며, 이차적으로는 그들의 삶의 질을 배려하는 것이라고 봄

연구 부정행위

위조	존재하지 않는 자료나 연구 결과 등을 허위로 만들어 내는 행위
변조	연구 재료나 장비 등을 조작하거나 자료를 변형·삭제하여 연구 내용과 결과를 왜곡하는 행위
표절	타인의 저작물을 출처 표기 없이 자기 것처럼 부당하게 사용하는 행위
부당한 저자 표기	연구에 공헌한 사람에게 저자 자격을 부여하지 않거나, 중요한 공헌을 하지 않은 사람에게 저자 자격을 부여하는 행위

적정 기술

어느 특정한 지역의 사정에 알맞은 기술적 해법을 제시해 주는 기술. 서구의 첨단 기술이나 거대 기술이 아니라 지역의 특성에 맞는 기술이 진정으로 그 지역 주민의 삶을 개선할 수 있다는 생각에서 시작됨

정언 명령

칸트 윤리학에서 행위의 목적이나 결과와 관계없이 그 자체가 선이기 때문에 무조건 지켜야 하는 도덕적 명령

개념 체크

1. (　　　)(이)란 과학 기술자가 정직하고 성실한 태도로 책임 있는 연구를 수행하기 위해 지켜야 할 윤리적 원칙과 행동 양식을 말한다.
2. 과학 기술자는 자신의 연구가 참 또는 거짓인지를 밝혀야 하고, 다른 연구자들이 신뢰할 수 있는 (　　　) 과정을 거쳐야 한다.
3. 과학 기술자가 자신의 연구 결과가 사회에 미칠 영향에 대해 책임을 져야 한다는 것은 과학 기술자의 (　　　) 책임이다.

정답
1. 과학 기술 연구 윤리
2. 검증
3. 외적(사회적)

자료 플러스 요나스의 책임 윤리

전통 윤리학의 모든 도덕적 명령과 격률은, 그것이 내용적으로 아무리 상이하다고 할지라도 행위의 직접적인 영역에 제한되어 있다는 점을 보여 주고 있다. "너의 이웃을 네 자신과 같이 사랑하라.", "다른 사람이 너에게 행하기를 원하는 바를 그에게 행하라." …(중략)… "너의 이웃 사람을 언제든지 수단으로 대해서는 안 되며, 항상 목적 그 자체로서 대하라." 등등. 이 모든 격률에서 행위자와 그의 행위의 대상이 되는 타인은 현실의 공통적인 참여자라는 사실에 주의를 기울이게 된다. …(중략)… 인간 행위의 새로운 유형에 적합하고 새로운 유형의 행위 주체를 지향하는 명법은 대충 다음과 같을 수 있다. "너의 행위의 효과가 지상에서의 진정한 인간적 삶의 지속과 조화될 수 있도록 행위 하라." 부정적 형태로 표현하면 다음과 같다. "너의 행위의 효과가 인간 생명의 미래의 가능성에 대해 파괴적이지 않도록 행위 하라."

– 요나스, "책임의 원칙: 기술 시대의 생태학적 윤리" –

요나스는 기존의 전통적인 윤리적 세계가 동시대인들로 구성되어 있으며, 이 세계의 미래에 대한 전망은 예견될 수 있는 삶의 기간으로 제한되어 있다고 지적하였다. 그는 현대 과학 기술이 산출한 행위들의 규모가 너무나 새롭고 이로 인하여 새로운 윤리 문제들이 발생하고 있기 때문에 기존의 전통 윤리로는 이러한 부분을 해결할 수 없다고 보고, 책임의 대상에 자연과 미래 세대를 포함하는 새로운 책임 윤리의 필요성을 제기하였다.

기출 플러스 과학 기술에 대한 요나스와 베이컨의 입장 [2022학년도 9월 모의평가]

갑: 우리는 원하는 것보다 원하지 않는 것을 더 잘 안다. 따라서 실제로 무엇을 보호해야 하는가를 알아내기 위해 우리는 희망보다 공포로부터 논의를 시작해야 한다. 왜냐하면 행위를 하도록 북돋우는 공포가 책임의 본질적 속성이기 때문이다.

을: 인간은 자연의 사용자 및 자연의 해석자로서 자연에 대해서 실제로 관찰하고 고찰한 것만큼 자연을 이해할 수 있고, 무엇인가를 할 수 있다. 더 나은 지식이 만들어지면 과학 기술의 진보를 기대할 수 있다는 것이 우리가 희망을 말하는 근거이다.

갑은 요나스, 을은 베이컨이다. 요나스가 주장하는 공포의 발견술이란 인간 실존 그 자체에 대한 의무를 선에서 찾기보다 불행한 예언을 적용함으로써 인간이 앞으로 처하게 될 운명을 진단하고 그 예방책을 찾고자 하는 것이다. 베이컨은 기술과 과학 문명에 대한 무한한 신뢰를 바탕으로 정치적 · 경제적 문제들을 해결할 수 있을 것이라 믿었다. 베이컨은 과학이 전적으로 유용한 결과만을 가져온다고 보았다.

3. 과학 기술 개발의 사회적 합의와 윤리 의식의 함양

(1) **사회 제도적 차원의 합의**: 과학 기술의 연구 개발 과정과 결과를 평가 · 감시 · 통제할 수 있는 기관 또는 국가의 각종 윤리 위원회 활동을 강화하고 기술 영향 평가 제도를 시행해야 함

(2) **과학 기술 개발과 활용에 대한 윤리적 성찰**: 순천절물(順天節物)의 정신은 자연에 따르고 절도에 맞게 행동하는 것으로, 인간의 이기심과 물질적 욕망을 줄이고 인간은 자연의 일부로 자연과 함께 살아갈 때 생존할 수 있음을 깨닫게 함

기술 영향 평가 제도
새로운 과학 기술의 발전이 국민 생활에 미치는 영향을 미리 평가하고, 그 결과를 정책에 반영함으로써 기술의 바람직한 발전 방향을 모색하기 위해 정부에서 실시하는 제도

개념 체크

1. 요나스가 주장하는 (　　　)(이)란 인간이 앞으로 처하게 될 불행한 운명에 주목하여 그 예방책을 찾고자 하는 것이다.
2. 베이컨은 (　　　)이/가 전적으로 유용한 결과만을 가져온다고 보았다.
3. (　　　)의 정신은 인간의 이기심과 물질적 욕망을 줄이고, 인간은 자연의 일부로 자연과 함께 살아갈 때 생존할 수 있음을 깨닫게 한다.

정답
1. 공포의 발견술
2. 과학
3. 순천절물(順天節物)

[24015-0131]

01 다음을 주장한 사상가의 입장으로 가장 적절한 것은?

> 우리 학술원의 목적은 사물의 숨겨진 원인과 작용을 탐구하는 데 있다. 그럼으로써 인간 활동의 영역을 넓히며 인간의 목적에 맞게 사물을 변화시키는 것이다. 우리는 천연 광산을 본떠서 동굴을 만들고 거기서 새로운 인조 금속과 물질을 만들어 가지고 병을 치유하며 생명을 연장하기도 한다. 또한 우리는 유성의 체계를 모방하고 그것의 운동을 보여 주는 거대한 건물을 만들었다. 여기에서 눈과 비를 인공적으로 내리게 할 수 있다.

① 과학은 부정적 측면을 지니므로 과학 발전은 지체되어야 한다.
② 과학의 목적을 인간의 행복한 삶이 아니라 진리 추구에 두어야 한다.
③ 인간은 자연의 일부임을 인정하고 인간과 자연의 조화를 추구해야 한다.
④ 과학을 이용하여 자연을 변화시킴으로써 삶의 문제들을 해결할 수 있다.
⑤ 관찰과 실험을 통한 과학적 지식은 불완전하므로 인간 삶에 도움이 되지 않는다.

[24015-0132]

02 갑, 을의 입장에 대한 설명으로 옳은 것만을 〈보기〉에서 고른 것은?

> 갑: 과학 기술은 인간에게 풍요로운 삶과 시공간의 제약 극복, 전자 민주주의의 발전 등을 가져왔다. 우리는 과학 기술을 이용하여 무한한 행복과 부를 누리게 될 것이다.
> 을: 과학 기술은 인류에게 많은 혜택을 주었지만 한편으로 대량 살상 무기 양산, 기술 지배 현상과 인간 소외 현상 등의 문제를 야기하였다. 우리는 이러한 문제에 대한 성찰의 자세를 지녀야 한다.

보기

ㄱ. 갑은 과학 기술의 긍정적 측면을 강조하고 있다.
ㄴ. 을은 과학 기술 혐오주의의 입장을 취하고 있다.
ㄷ. 을은 과학 기술에 대한 반성적 태도의 필요성을 제기하고 있다.
ㄹ. 갑과 을은 과학 기술이 유토피아를 실현해 줄 것이라고 전망한다.

① ㄱ, ㄴ　② ㄱ, ㄷ　③ ㄴ, ㄷ
④ ㄴ, ㄹ　⑤ ㄷ, ㄹ

[24015-0133]

03 다음 글에서 강조하는 내용으로 가장 적절한 것은?

> 사실과 가치의 영역은 명확하게 구분되어야 하며, 이것은 과학과 윤리의 관계에도 동일하게 적용되어야 한다. 과학 기술은 객관적 관찰과 실험, 논리적 사고를 통해 지식을 얻기 때문에 과학 기술에 주관적 가치가 개입되어서는 안 된다. 과학 기술을 윤리적 관점에서 규제하려는 시도는 과학적 진리 추구를 방해하고 왜곡된 결과를 초래할 뿐이다.

① 과학 기술에 대한 반성적 성찰의 태도를 지녀야 한다.
② 과학 기술을 가치 중립적으로 바라보는 태도를 지양해야 한다.
③ 과학 기술의 전 과정에 대한 가치 개입의 필요성을 인정해야 한다.
④ 과학 기술은 사회적 필요에 의해 만들어지는 것임을 인식해야 한다.
⑤ 사실을 다루는 과학 기술과 가치를 다루는 윤리는 엄격히 구분되어야 한다.

[24015-0134]

04 다음을 주장한 사상가의 입장에서 긍정의 대답을 할 질문으로 가장 적절한 것은?

> 기술의 본질은 결코 기술적인 어떤 것이 아니다. 우리가 기술적인 것만을 생각하고 그것을 이용하는 데에만 급급하여 그것에 매몰되거나 그것을 회피하는 한 기술의 본질에 대한 우리의 관계를 결코 경험할 수 없다. 최악의 경우는 기술을 중립적인 것으로 고찰할 때이며, 이 경우 우리는 무방비 상태로 기술에 내맡겨진다.

① 과학 기술을 적용할 때 인간의 가치 판단을 배제해야 하는가?
② 과학 기술의 본질을 인간 목적을 위한 도구로 한정해야 하는가?
③ 과학 기술 자체를 윤리적 판단 대상으로 보는 것은 부적절한가?
④ 과학 기술을 인간과 독립하여 존재하는 것으로 간주해야 하는가?
⑤ 과학 기술의 작용과 결과에 대한 비판적 성찰의 태도가 필요한가?

[24015-0135]

05 다음 글의 입장으로 옳지 않은 것은?

과학자는 자신의 연구 자체에 대한 책임을 져야 하며 이를 위해 과학 기술 연구 윤리를 실천해야 한다. 과학자는 먼저 연구 윤리를 지키며 자신의 연구가 참 또는 거짓인지를 밝혀야 한다. 또한 연구 과정에서 위조, 표절 등 비윤리적 행위를 해서는 안 된다. 그리고 자신의 연구 방법이 사회적·윤리적으로 용인될 수 있는지에 대해서 살펴보아야 한다.

① 과학자는 연구 결과를 허위로 만들어 내는 행위를 해서는 안 된다.
② 과학자는 연구 자료에 대한 거짓 없이 연구 활동에 전념해야 한다.
③ 과학자는 타인의 연구 결과를 자신의 것처럼 부당하게 사용해서는 안 된다.
④ 과학자는 연구 활동을 하면서 다른 연구자들이 신뢰할 수 있는 검증 과정을 거쳐야 한다.
⑤ 과학자가 새로운 지식을 얻을 수 있다면 사회적으로 문제가 될 수 있는 연구 방법도 사용해야 한다.

[24015-0136]

06 다음을 주장한 사상가의 입장만을 〈보기〉에서 고른 것은?

이제까지 전혀 알려지지 않았던 힘을 과학을 통해 부여받고, 경제를 통해 끊임없이 충동을 부여받아 마침내 사슬로부터 풀려난 프로메테우스는 자신의 권력이 인간에게 불행이 되지 않도록 자발적인 통제를 통해 자신의 권력을 제어할 수 있는 하나의 윤리학을 요청한다. 올바른 행동에 관한 전통적 지혜는 모두 과거의 경험에 의중을 두고 있어 완전히 새로운 양태의 권력과 이러한 권력을 창출하는 양식들을 규제할 규범을 제시하지 못한다. 이제 윤리의 나침반으로 기능할 수 있는 것은 미리 사유된 위험 자체이다. 위험이 미칠 수 있는 지구적 범위, 인간의 몰락 과정에 대한 징조를 통해 새로운 윤리적 원칙들이 발견될 수 있다.

보기

ㄱ. 인류 존속을 위해 과학에 대한 윤리적 성찰이 요구된다.
ㄴ. 새로운 윤리는 인간 행위의 전반적 결과를 고려해야 한다.
ㄷ. 기술 발전이 가져올 희망적 미래를 바탕으로 새로운 윤리를 정립해야 한다.
ㄹ. 인간 중심의 전통 윤리학은 과학의 발전으로 발생하는 문제를 충분히 해결할 수 있다.

① ㄱ, ㄴ ② ㄱ, ㄷ ③ ㄴ, ㄷ ④ ㄴ, ㄹ ⑤ ㄷ, ㄹ

[24015-0137]

07 다음 글에서 강조하는 내용으로 가장 적절한 것은?

과학 기술이 객관적 타당성을 갖춘 지식이나 원리로 인정받기 위한 과정에서는 연구자의 주관적 가치가 개입되어서는 안 된다. 하지만 그렇다고 해서 과학 기술의 전 과정에서 주관적 가치가 개입되어서는 안 된다고 주장하는 것은 적절하지 않다. 과학 기술의 연구 대상을 선정하고 연구 결과를 활용하는 과정에는 가치가 개입되고 있고, 또한 개입되어야 하기 때문이다.

① 과학 기술의 결과 활용의 과정에서는 가치가 개입될 수 있다.
② 과학 기술의 연구 대상 선정 과정에 가치가 개입되어서는 안 된다.
③ 과학 기술의 정당화 과정에는 과학자의 주관적 가치가 개입되어도 상관없다.
④ 과학 기술의 전 과정에 가치가 개입되지 않아야만 유용한 결과물을 만들어 낼 수 있다.
⑤ 과학 기술의 정당화 과정을 제외한 전 과정에서 가치 중립성을 철저히 준수해야 한다.

[24015-0138]

08 다음 신문 칼럼에서 강조하는 내용으로 가장 적절한 것은?

○○ 신문 ○○○○년 ○○월 ○○일

칼럼

과학 기술의 발전이 급속도로 진행되면서 이로 인해 개인과 사회에 미치는 영향력이 더욱 커지고 있다. 이러한 상황에서 과학 기술의 악영향을 최소화하기 위한 노력이 절실히 요구된다. 이를 위해 과학 기술의 연구·개발 과정과 결과를 평가하고 통제할 수 있는 기관 또는 국가의 각종 윤리 위원회 활동을 강화하고, 전문가 중심의 평가와 일반 대중의 토론을 바탕으로 한 참여적 평가를 포함하는 기술 영향 평가 제도를 더욱 철저히 시행해야 할 필요가 있다.

① 과학 기술에 대한 평가는 전문가에게 일임해야 한다.
② 과학 기술의 평가와 통제에 국가가 개입해서는 안 된다.
③ 가치 중립적 자세로 과학 기술의 영향력 평가에 임해야 한다.
④ 과학 기술의 평가와 통제를 위한 사회 제도적 노력이 필요하다.
⑤ 과학 기술 영향 평가를 과학자의 양심에 맡겨야만 과학 기술의 악영향이 최소화된다.

[24015-0139]

1 **(가)의 입장에 비해 (나)의 입장이 갖는 상대적 특징을 그림의 ㉠~㉤ 중에서 고른 것은?**

(가) 과학 기술에 선악의 잣대를 들이대서는 안 된다. 그리고 연구 결과의 성과와 활용에 대해서 과학 기술자에게 책임을 물어서도 안 된다. 과학 기술자가 자유롭게 연구할 수 있는 풍토를 만들어야만 기술의 진보를 이룰 수 있다. 이를 위해 과학 기술자에게 윤리적 규제를 해서는 안 된다.

(나) 과학 기술을 가치 중립적으로 바라보아서는 안 되며, 과학 기술자는 자신의 연구 결과의 성과와 활용에 대해서 반드시 책임을 져야만 한다. 과학 기술이 사회에 미치는 영향력은 엄청나기 때문에 과학 기술에 대한 적절한 사회적 통제가 필요하며, 과학 기술자는 자신의 연구 과정과 연구 결과 활용에 대한 윤리적 규제를 수용해야 한다.

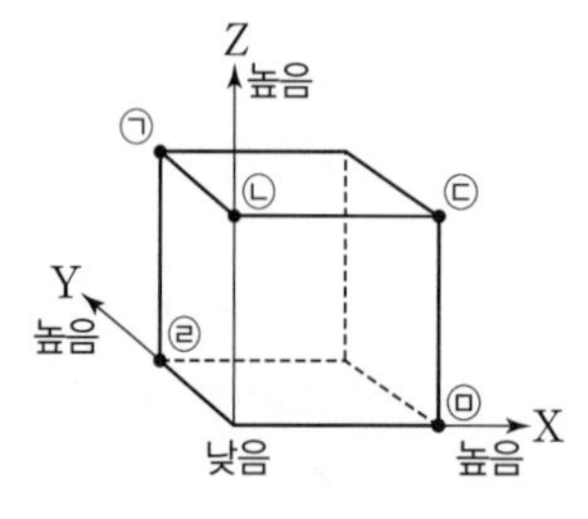

- X: 과학 기술에 대한 가치 판단 배제를 강조하는 정도
- Y: 과학 기술의 활용에 대한 과학 기술자의 책임을 강조하는 정도
- Z: 과학 기술자의 연구 활동에 대한 외부 통제의 필요성을 강조하는 정도

① ㉠ ② ㉡ ③ ㉢ ④ ㉣ ⑤ ㉤

[24015-0140]

2 **다음 글에서 강조하는 입장으로 가장 적절한 것은?**

과학 기술자는 이미 전문적인 교육을 받았기 때문에 과학 기술과 관련된 사회적 논쟁에서 쟁점을 명확하게 할 수 있는 좋은 위치에 있다. 그리고 과학 기술이 가지고 있는 현재적·잠재적 위험을 발견하고 평가하는 데 가장 먼저 참여할 수 있는 집단이 과학 기술자이다. 또한 과학 기술자는 현재 과학 기술이 가지고 있는 문제를 회피할 수 있는 대안을 제안하고 탐구할 수 있는 능력을 가지고 있다. 이처럼 과학 기술자는 일반 대중과 달리 과학 기술에 대한 전문적인 지식을 보유하고 있거나 그것을 쉽게 확보할 수 있기 때문에 그러한 지식을 사회와 일반 대중을 위해 바람직한 방향으로 활용해야 하는 책임을 지니고 있음을 유념해야 한다.

① 과학 기술자는 모든 책임에서 면제되어 자유롭게 연구해야 한다.
② 과학 기술자는 자신의 전문성을 바탕으로 사회적 책임을 다해야 한다.
③ 과학 기술자에게 내적 책임 이외에 외적 책임까지 요구해서는 안 된다.
④ 과학 기술의 활용 과정에서 발생하는 책임은 전적으로 활용 당사자에게 있다.
⑤ 과학 기술자는 연구 대상의 선정 및 활용의 과정에서 가치 중립적 입장을 견지해야 한다.

[24015-0141]

3 (가)의 갑, 을 사상가들의 입장을 (나) 그림으로 탐구하고자 할 때, A~C에 들어갈 적절한 질문만을 <보기>에서 있는 대로 고른 것은?

(가)	갑: 기술은 그저 하나의 수단만이 아니라 탈은폐의 한 방식이다. 현대의 기술을 지배하고 있는 탈은폐는 도발적 요청이라는 의미의 '닦아세움'의 성격을 띤다. 이 도발적 요청은 자연의 에너지를 채굴하고 변형시키며, 저장하고 분배하며, 이를 다시 한번 전환해 사용함으로써 이루어진다. 을: 어떻든 분명한 것은 기술이란 수단일 뿐이지 그 자체는 선도 아니고 악도 아니라는 사실이다. 중요한 것은 인간이 기술에서 어떤 것을 끄집어내는가이며, 기술이 인간에게 어떻게 봉사하고 인간이 기술을 어떤 조건 아래 놓는가이다.
(나)	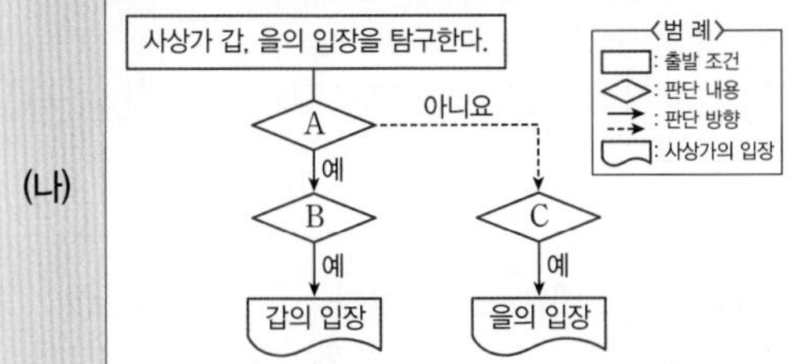

● 보기 ●

ㄱ. A: 기술의 활용에 대한 반성적 검토가 필요한가?
ㄴ. B: 기술은 인간이 세계와 맺는 관계를 규정하는가?
ㄷ. B: 기술의 본질을 인간을 위한 도구 역할에 한정해야 하는가?
ㄹ. C: 기술 자체를 윤리적 판단의 대상으로 규정하는 것은 부적절한가?

① ㄱ, ㄴ ② ㄱ, ㄷ ③ ㄴ, ㄹ
④ ㄱ, ㄷ, ㄹ ⑤ ㄴ, ㄷ, ㄹ

[24015-0142]

4 갑, 을 사상가들의 입장으로 가장 적절한 것은?

갑: 인간은 자연의 사용자 및 자연의 해석자로서 자연의 질서에 대해 실제로 관찰하고, 고찰한 것만큼 무엇인가를 할 수 있으며 이해할 수 있다. 지금까지 학문에서 발견된 것들은 대체로 통속적인 개념에 따른 것이다. 그러나 자연의 심오한 비밀을 알아내기 위해서는 더욱 확실하고 견고한 방법으로 사물로부터 개념과 공리를 이끌어 내야 한다.
을: 베이컨의 명제는 '아는 것이 힘'이라고 말한다. 이제 베이컨의 기원은 자신의 지휘 아래 도달한 승리의 최고점에서 자신의 부족함과 자아 모순을 드러내 버렸다. 다시 말하면 자기 자신에 대한 통제력을 상실하였으며, 그것은 바로 인간을 스스로에게서, 그리고 자연을 인간으로부터 보호할 수 있는 능력을 상실하였음을 의미한다. 인간은 기술 문명의 힘으로 모든 것을 위험에 빠뜨리게 되었다. 이제 인간의 책임은 생물계의 상태와 인간 종족의 미래의 생존까지 포괄하게 되었다.

① 갑: 인간은 자연의 일부로서 자연과 조화를 모색해야 한다.
② 갑: 자연의 내재적 가치를 인정하고 자연의 보존을 위해 힘써야 한다.
③ 을: 과학 기술의 활용과 그 결과에 대한 윤리적 검토가 필요하다.
④ 을: 과학 기술의 영향력의 크기와 인간의 책임에 대한 요구는 반비례한다.
⑤ 갑과 을: 과학 기술에 대한 긍정적 전망을 바탕으로 인간의 미래를 설계해야 한다.

[24015-0143]

5 그림의 강연자의 입장으로 적절한 것만을 <보기>에서 있는 대로 고른 것은?

정보 통신 기술은 판옵티콘의 하나의 감시적 권력을 다중의 감시로 바꾸어 놓았습니다. 디지털 매체들은 매시간 편리함을 제공하는 대신 사용자의 의지를 배제한 채 사용자의 정보를 기록하고 있습니다. 이 특성은 TV, 신용 카드, 교통 카드, 내비게이션, 인터넷 서핑 등 사람들의 일상에서 다양하게 나타납니다. 현대인들도 결국 일방적 감시는 아니더라도, 이미 다중의 감시 속에 구속되어 살고 있습니다. 과거의 판옵티콘은 감시자의 감시 자체가 눈에 보이지 않으므로 감시자의 존재는 가상화됩니다. 그러나 정보 사회의 판옵티콘은 시선의 존재 자체가 가상화되어 감시자나 감시자의 시선 자체가 인식되지 않는 상태에 놓여 있게 됩니다. 다만, 과거의 감시는 타자로부터 구속된 것이지만, 현대의 감시는 일종의 동의를 전제로 한다고 볼 수 있으므로 구성 관계에는 차이가 있습니다. 그러나 사용자가 원하지 않는 정보의 노출이나 정보의 자의적 사용은 역시 정보 사회의 판옵티콘이 가지는 권력인 것입니다.

보기

ㄱ. 정보 사회는 다양한 기술을 통해 다중 감시 체계를 형성한다.
ㄴ. 정보 사회는 권력을 지닌 1인이 개인들을 통제하는 감시 사회이다.
ㄷ. 정보 사회의 개인에 대한 정보 통제는 항상 사용자의 동의 없이 이루어진다.
ㄹ. 정보 통신 기술은 개인의 의지와 상관없이 개인 정보를 이용할 위험성을 지닌다.

① ㄱ, ㄴ ② ㄱ, ㄹ ③ ㄴ, ㄷ ④ ㄱ, ㄷ, ㄹ ⑤ ㄴ, ㄷ, ㄹ

[24015-0144]

6 (가)의 갑, 을의 입장을 (나) 그림으로 표현할 때, A~C에 해당하는 적절한 진술만을 <보기>에서 있는 대로 고른 것은?

(가)

갑: 과학 기술은 관찰과 실험을 통해 객관적인 법칙을 발견하는 것을 목적으로 하며, 이를 위해서는 관찰과 실험의 객관성을 확보하는 것이 가장 중요하기 때문에 연구자의 주관적 가치가 개입되어서는 안 된다. 간혹 과학 기술의 연구 대상 선정이나 연구 진행 과정에 가치가 개입되는 경우가 있는데, 과학 기술의 목적을 달성하기 위해서는 연구의 전 과정에 가치 판단이 개입되어서는 안 되며, 과학 기술에 대한 도덕적 판단은 지양해야 한다.

을: 과학 기술 연구의 객관성을 확보하는 과정에서는 연구자의 주관적 가치가 개입되어서는 안 되지만, 과학 기술의 연구 목적을 설정하고 연구 결과를 현실에 적용하는 경우에는 가치 판단이 개입될 수 있다. 이처럼 과학 기술은 도덕적 평가로부터 자유로울 수 없으며, 과학 기술의 개발과 활용에 대한 윤리적 숙고의 과정이 필요하다.

(나)

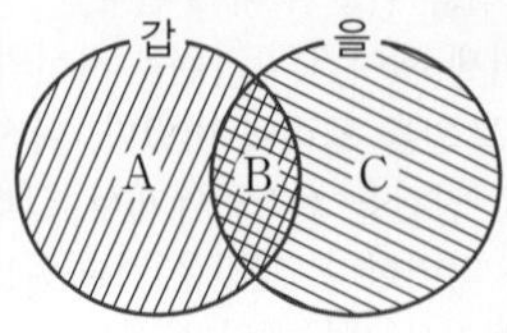

<범례>
A: 갑만의 입장
B: 갑, 을의 공통 입장
C: 을만의 입장

보기

ㄱ. A: 과학 기술은 윤리적 평가로부터 자유로워야 한다.
ㄴ. B: 과학 기술의 정당화 과정에는 가치 중립성이 요구된다.
ㄷ. B: 과학 기술 연구는 진리 탐구가 아니라 사회적 필요에 의해 이루어진다.
ㄹ. C: 과학 기술 연구 대상 선정 과정에 다양한 가치가 개입될 가능성이 있다.

① ㄱ, ㄴ ② ㄱ, ㄷ ③ ㄴ, ㄹ ④ ㄱ, ㄷ, ㄹ ⑤ ㄴ, ㄷ, ㄹ

[24015-0145]

7 (가)의 갑, 을 사상가들의 입장에서 서로에게 제기할 수 있는 비판을 (나) 그림으로 표현할 때, A, B에 해당하는 내용으로 가장 적절한 것은?

(가)	갑: 인류 자체의 권력과 지배권을 우주 전체에 대해 수립하고 확대하려고 노력하는 사람이 있다면 이런 야망은 더할 나위 없이 건전하고 고귀한 것이다. 자연에 대한 인간의 지배권은 오직 기술과 학문에 달려 있다. 신께서 선물로 주신 자연에 대한 인류의 지배권을 회복하고 그 힘을 행사하기 위해서는 올바른 이성과 진실된 신앙의 인도를 받아야 한다. 을: 우리는 기술적인 것을 그저 기술적으로, 다시 말해 인간과 그가 만든 기계들에서 표상하려는 자세를 멀리해야 한다. 현대 기술은 단순히 인간의 행위도 아니고 더구나 그런 행위 안에서의 단순한 수단도 아니다. 기술을 그저 도구적으로 또는 인간학적으로 규정하는 것은 원칙적으로 충분하지 못하다.
(나)	갑 ⇄ 을 (갑 → 을: A, 을 → 갑: B) 〈범 례〉 → : 비판의 방향 / A, B : 비판의 내용 〈예 시〉 갑 —A→ 을 : A는 갑이 을에게 제기할 수 있는 비판임.

① A: 과학 기술이 인간에게 미치는 부정적 측면을 검토해야 함을 간과한다.
② A: 과학 기술이 자연에 대한 인간의 영향력을 증대시킬 수 있음을 간과한다.
③ B: 과학 기술의 목적을 인간 삶의 개선에 두어야 함을 간과한다.
④ B: 관찰과 실험을 통해 유용한 과학 기술적 지식을 습득할 수 있음을 간과한다.
⑤ B: 과학 기술을 인간의 도구로만 보는 관점에 대한 반성적 성찰이 필요함을 간과한다.

[24015-0146]

8 다음을 주장한 사상가의 입장으로 가장 적절한 것은?

> 현대의 기술이 산출한 행위들의 규모는 너무나 새롭고, 그 대상과 결과가 너무나 새로운 것이었기 때문에 전통 윤리의 틀로서는 이 행위들을 더 이상 파악할 수 없다. 이런 상황에서 지식은 이제까지 지식의 역할을 위해 요구되어 왔던 모든 것을 넘어서서 아주 절박한 의무가 된다. 그리고 지식은 우리 행위의 인과적 규모에 일치하는 크기를 가져야 한다. 하지만 예견적 지식은 인간 행위에 권력을 부여하는 기술적 지식에 뒤처진다. 이러한 예견적 지식의 힘과 행위의 권력 사이의 간격은 새로운 윤리적 문제를 만들어 낸다. 전통적 윤리는 인간적 삶의 전 지구적 조건과 종의 먼 미래와 실존을 고려할 필요가 없었다. 그렇지만 이러한 것들이 오늘날 작용하고 있다는 사실이 한마디로 말해 권리와 의무에 관한 새로운 견해를 요구하는 것이다.

① 비이성적 존재도 책임의 대상뿐만 아니라 책임의 주체에 포함해야 한다.
② 과학 기술의 발전으로 인한 부작용은 과학 기술을 통해서만 해결해야 한다.
③ 과학 기술은 인류가 희망하던 이상적 세계를 실현할 수 있는 능력을 지닌다.
④ 과학 기술이 가져오는 혜택을 포기해야만 새로운 윤리적 문제를 해결할 수 있다.
⑤ 과학 기술의 영향력이 인간의 예측 범위를 넘음으로써 새로운 윤리적 문제를 일으킨다.

10 정보 사회와 윤리

정보 기술 발달과 정보 윤리

1. 정보 기술의 발달과 사회의 변화

(1) 정보 기술의 발달에 따른 긍정적 변화

① 삶의 편리성 증대: 일상적인 업무를 스마트폰이나 컴퓨터를 통해 쉽고 빠르게 처리할 수 있음

② 수평적·다원적 사회 변화: 정보 기술의 발달로 쌍방향 의사소통이 가능해져 수평적이고 다원적인 사회로 변화되고, 사이버 공간의 등장으로 누구나 자신의 의견을 자유롭게 표현할 수 있게 되어 정치 참여 기회가 확대됨

③ 전문적 지식의 습득 기회 확대: 전문적 지식이나 정보를 인터넷 검색이나 블로그 등을 통해 얻을 수 있는 기회가 확대됨

④ 다양한 문화에 대한 이해의 폭 확대: 전 세계의 예술이나 풍습 등과 관련된 정보를 인터넷을 통해 접해 봄으로써 다양한 문화를 경험하고 이해할 수 있음

(2) 정보 기술의 발달에 따른 부정적 변화

① 감시와 통제의 가능성 증가: 정보 통신 기술을 활용하여 구성원들을 감시하고 통제할 가능성이 높아짐

② 기술에 대한 의존성 증가: 정보 통신 기술이 주는 편리함에 빠져 비판적 성찰 없이 맹목적으로 기술을 수용하는 경우가 증가함

③ 다양한 윤리적 문제 발생: 불법 복제, 표절, 사이버 폭력 등 다양한 사이버 범죄가 발생할 가능성이 높아짐

정보 자기 결정권
자신의 개인 정보를 누구에게 어떤 범위까지 얼마 동안 어떤 형식으로 공개할 것인지 등에 관해 정보의 주인인 개인이 알고 정당한 처리를 요구할 수 있는 권리

2. 정보 기술의 발달에 따른 윤리적 문제

(1) 사생활 침해 문제

① 컴퓨터와 정보 통신 기술의 발전으로 개인 정보가 쉽게 노출되고 도용되는 문제가 발생함

② 사생활 침해 문제는 자신의 의사와 무관하게 여러 가지 개인 정보가 다른 사람에게 노출되거나 악용되는 것을 말함

③ 국가 권력에 의해 개인 정보가 악용되어 개인이 통제·억압당할 경우 개인의 자유가 침해당하고 민주주의가 퇴보하는 등 심각한 문제가 발생할 수 있음

④ 정보의 유통 과정 전체에서 개인이 자신의 정보를 결정하고 통제하는 권한을 가져야 한다는 정보 자기 결정권을 강조하는 방향으로 논의가 전개되면서 '잊힐 권리'가 강조되고 있음

개념 플러스 | 잊힐 권리

잊힐 권리란 개인 정보를 비롯하여 자신이 공개를 원하지 않는 민감한 정보가 포털 사이트 등을 통해 많은 사람에게 공개되지 않도록 정보를 통제할 수 있는 권리를 말한다. 동호회나 소셜 네트워크 서비스 공간 등에서 과거 자신이 했던 발언에 대해 후회하더라도 글을 지우거나 검색되지 않게 하는 것이 쉽지 않다는 문제의식에서 출발한 개념이지만, 점차 인권을 보장하기 위한 조치의 하나로 인식되고 있다. 우리나라에서는 '정보 통신망 이용 촉진 및 정보 보호 등에 관한 법률'을 통해 잊힐 권리를 적용하고 있다. 개인이 자신의 정보 삭제를 요청하면 검색 서비스 사업자는 해당 정보에 대한 삭제 혹은 접근을 일시적으로 차단하는 임시 조치를 취해야 한다는 내용이다.

개념 체크

1. 사이버 공간의 등장으로 누구나 자신의 의견을 자유롭게 표현할 수 있게 되어 (　　)이/가 확대되었다.
2. (　　) 문제는 자신의 의사와 무관하게 개인 정보가 다른 사람에게 노출되거나 악용되는 것을 말한다.
3. (　　)(이)란 개인 정보를 비롯하여 자신이 원하지 않는 민감한 정보가 포털 사이트 등을 통해 많은 사람에게 공개되지 않도록 정보를 통제할 수 있는 권리를 말한다.

정답
1. 정치 참여 기회 또는 표현의 자유
2. 사생활 침해
3. 잊힐 권리

(2) 저작권 문제

① 저작권법에 의해 배타적으로 보호되는 저작물을 무단으로 이용하여 저작권자의 권리를 침해하는 행위가 발생하고 있음

② 저작권을 둘러싸고 지적 산물에 대한 창작자의 재산권과 인격권을 보호해야 한다는 입장과 사회적 산물인 정보에 대한 권리를 공유해야 한다는 입장이 대립하고 있음

저작권 보호를 주장하는 입장	• 정보 생산에 필요한 시간과 노력, 비용에 대하여 정당한 대가를 지불해야 한다고 봄 • 창작자의 노력에 대한 경제적 이익을 보장함으로써 창작 의욕을 높이고 더 많은 지적 산물을 생산할 수 있다고 봄 • 창작자에게 정보에 대한 배타적 독점권을 부여하기 때문에 정보의 자유로운 교류를 방해할 수 있다는 비판을 받음
정보 공유를 주장하는 입장	• 모든 저작물은 인류가 생산한 정보와 지식을 활용하여 구성된 공공재이며, 이러한 공공재는 공동체의 이익을 위해 사용되어야 한다고 봄 • 저작물에 관한 과도한 권리 행사는 새로운 창작을 방해할 수 있으며, 정보 격차에 따른 불평등을 발생시킨다고 봄 • 창작자의 노력을 충분히 고려하지 못하고, 창작물의 질적 수준이 낮아질 수 있다는 비판을 받음

✪ 저작권
지식 재산권 중에서 문학, 학술 또는 예술의 범위에 속하는 저작물에 대하여 창작자가 가지는 권리

✪ 정보 격차
교육, 소득 수준, 성별, 지역 등의 차이로 정보에 대한 접근과 이용에 차이가 생기고, 그 결과 경제적·사회적 불균형이 발생하는 현상

(3) 사이버 폭력 문제

① 사이버 폭력의 의미: 사이버 공간에서 상대방이 원하지 않는 글이나 영상 등을 이용하여 정신적·심리적 피해를 주는 행위

② 사이버 폭력의 유형: 사이버 따돌림, 사이버 명예 훼손, 사이버 스토킹, 사이버 성폭력 등

③ 사이버 폭력의 특징

- 시공간의 제약을 받지 않고 일상적으로 발생할 수 있음
- 정보의 복제와 유포가 쉬워 광범위하고 빠르게 확산됨
- 한번 유포된 정보를 수정하거나 회수하기 어려워 피해자는 지속적인 고통에 시달리게 됨
- 사이버 폭력의 가해자들이 폭력의 심각성을 인식하지 못함: 가해자들이 피해자의 고통을 직접 목격하기 어려우며, 사이버 폭력이 집단으로 이루어질 경우 가해자들이 자신의 잘못을 다른 사람에게 전가하기 쉬움

(4) 표현의 자유 문제

① 표현의 자유는 자아실현의 토대가 되고 인간의 존엄성을 실현하는 데 바탕이 됨

② 표현의 자유는 현실 공간뿐만 아니라 사이버 공간에서도 기본적 권리로서 보장되어야 함

③ 다른 사람의 인권을 침해하지 않고, 사회 질서를 어지럽히지 않는 범위 내에서 표현의 자유를 허용해야 함

≡ 개념 플러스 | 표현의 자유와 개인의 인격권 보호 간의 갈등

표현의 자유는 민주주의를 실현하는 기초이며, 국민의 알 권리를 충족시키기 위해 보장되어야 한다. 그런데 표현의 자유를 지나치게 강조할 경우 개인의 인격권이 침해되는 문제가 발생할 수 있다. 인격권은 권리의 주체와 분리해 생각할 수 없는 인격적 이익을 내용으로 하는 권리로, 모든 자유권의 출발점이 된다. 반대로 개인의 인격권을 지나치게 강조할 경우 국민의 알 권리를 충족시키지 못하고 공익상 필요한 경우에도 정보에 접근할 수 없는 불합리한 결과가 발생할 수 있다.

개념 체크

1. 저작권 보호를 주장하는 입장에서는 창작자의 노력에 대한 (　　　)을/를 보장함으로써 창작 의욕을 높이고 더 많은 지적 산물을 생산할 수 있다고 본다.
2. 정보 공유를 주장하는 입장에서는 모든 저작물을 인류가 생산한 정보와 지식을 활용하여 구성된 (　　　)(이)라고 본다.
3. (　　　)(이)란 사이버 공간에서 상대방이 원하지 않는 글이나 영상 등을 이용하여 정신적·심리적 피해를 주는 행위이다.

정답
1. 경제적 이익
2. 공공재
3. 사이버 폭력

3. 정보 사회에 필요한 정보 윤리

존중	사이버 공간에서는 타인의 인격과 사생활, 다른 사람의 지식 재산권을 존중해야 함
책임	사이버 공간에서 익명성으로 인해 나타나는 비윤리적인 행동을 삼가고, 정보가 자유롭게 제작, 유통되므로 자신의 행동이 가져올 결과를 신중히 생각하고 행동하는 책임 의식을 지녀야 함
정의	사이버 공간에서는 다른 사람의 기본적 자유와 권리를 침해하지 않고, 정보의 진실성과 공정성을 추구하여 정의를 실현해야 함
해악 금지	사이버 폭력, 개인 정보 유출, 피싱과 파밍, 해킹과 바이러스 유포 등과 같은 행동으로 다른 사람과 사회에 해악을 끼쳐서는 안 됨

피싱(phishing)
불특정 다수에게 메일을 발송해 위장된 홈페이지로 접속하게 한 뒤 인터넷 이용자들의 금융 정보 등을 빼내는 것

파밍(pharming)
사용자가 자신의 웹 브라우저에서 정확한 웹 페이지 주소를 입력해도 가짜 웹 페이지에 접속하게 하여 개인 정보를 훔치는 것

정보 사회의 매체 윤리

1. 뉴 미디어 시대의 매체의 특징과 문제점

(1) 뉴 미디어의 특징

① 매체와 뉴 미디어의 의미

매체 (media)	정보를 시공간적으로 이동시키는 수단으로, 신문이나 서적 등의 인쇄 매체와 텔레비전, 라디오 등의 방송 매체 등이 있음
뉴 미디어 (new media)	기존의 매체들이 제공하던 정보를 인터넷을 통해 가공, 전달, 소비하는 포괄적 융합 매체를 의미함

② 뉴 미디어의 특징

상호 작용화	송수신자 사이에 쌍방향 정보 교환을 가능하게 하여, 정보 생산자와 소비자가 비교적 수평적인 관계를 바탕으로 활발하게 상호 작용할 수 있음
비동시화	정보 교환에서 송수신자가 동시에 참여하지 않고도 수신자가 원하는 시간에 정보를 이용할 수 있게 함
탈대중화	대규모 집단에 획일적 메시지를 전달하는 방식에서 벗어나 특정 대상과 특정 정보를 상호 교환할 수 있음
능동화	정보를 발견하는 동시에 취합 · 공개할 수 있고 다양한 의견을 반영하여 즉각적으로 정보를 수집할 수 있어 이용자가 더욱 능동적으로 활동할 수 있음
종합화	아날로그 시대에 개별적으로 존재했던 매체들이 하나의 정보망으로 통합되어 멀티미디어화됨

(2) 뉴 미디어의 문제점

정보의 객관성 문제	• 전문성이 검증되지 않은 뉴 미디어의 정보는 기존 매체에 비해 신뢰하기 어려움 → 뉴 미디어의 정보가 객관성을 지니는지를 점검할 감시 장치가 기존 매체에 비해 부족함 • 뉴 미디어가 전달하는 부정확한 정보가 빠른 확산력과 결합하면 심각한 사회 문제로 나타날 수 있음
책임의 분산으로 인한 문제	매체가 다양해지면서 특정 저작물을 여러 공간에 저장함으로써 정보가 분산되어 존재하며, 그 결과 책임도 분산되어 윤리적 책임 의식이 약화될 수 있음
사적 정보 노출의 문제	매체가 발달하면서 정보를 교환하고 처리하는 과정에서 사적 정보가 노출될 수 있음

개념 체크

1. 정보 사회에 필요한 정보 윤리 중 (   )(이)란 사이버 폭력, 개인 정보 유출, 해킹과 바이러스 유포 등과 같은 행동으로 다른 사람과 사회에 해악을 끼쳐서는 안 된다는 것이다.
2. (   )은/는 기존 매체들이 제공하던 정보를 인터넷을 통해 가공, 전달, 소비하는 포괄적 융합 매체를 의미한다.
3. 뉴 미디어의 특징 중에서 (   )은/는 뉴 미디어가 정보 교환에서 송수신자가 동시에 참여하지 않고도 수신자가 원하는 시간에 정보를 볼 수 있게 한다는 것이다.

정답
1. 해악 금지
2. 뉴 미디어
3. 비동시화

2. 뉴 미디어 시대의 매체 윤리

(1) 개인 정보의 신중한 처리

① 뉴 미디어를 통한 개인 정보의 공개는 사람들의 알 권리를 충족시킬 수 있지만, 한편으로는 인격권의 침해로 이어질 수 있음

② 시민의 알 권리를 충족하는 과정에서 개인의 명예나 사생활, 인격권을 침해하지 않도록 개인 정보를 신중하게 다루어야 함

(2) 표절 금지

① 내용에 큰 차이가 없는 기사들이 동시적으로 다양한 언론사의 이름을 달고 게재되는 사례가 있음

② 표절 행위는 기사 작성자의 권리와 재산에 대한 침해인 동시에 뉴 미디어 언론에 대한 신뢰를 무너뜨림

(3) 상호 간의 소통과 시민 의식 함양

① 정보를 바탕으로 대화하고 교류함으로써 공동으로 체험하고 협력할 수 있는 능력과 자세를 갖추어야 함

② 매체 이용자들은 규범의 준수뿐만 아니라 사회 참여, 시민 의식 등을 포함한 윤리적 태도를 갖추어야 함

(4) 매체 이해력 습득

① 매체 이해력이란 매체의 내용을 비판적으로 해석하면서 매체를 제대로 사용하고 바람직하게 표현하는 능력으로, 미디어 리터러시(media literacy)라고도 함

② 뉴 미디어가 생산하는 정보 중에는 거짓 정보도 있는데, 이러한 거짓 정보를 무비판적으로 받아들이고 이를 뉴 미디어상에 유포하면 광범위한 피해가 발생할 수 있음

③ 매체 이용자들은 매체가 제공하는 정보를 제대로 평가하기 위해 비판적 사고 능력을 길러야 하고, 자신의 목적에 맞게 기존의 정보를 새로운 정보로 조합하는 능력도 길러야 함

개념 플러스 | 미디어 리터러시

미디어 리터러시는 정보 사회에서 매체를 사용하고 이해하는 데 필요한 기본적인 읽기, 쓰기 능력을 말한다. 포괄적으로는 다양한 형태의 커뮤니케이션에 접근하고 분석하며 평가하여 발산하는 능력을 의미한다. 디지털 시대에서 미디어 리터러시의 함양을 위해서는 정보의 가치를 제대로 평가하기 위한 비판적 사고력이 특히 요구된다. 즉, 다양한 형태의 미디어에서 제공하는 여러 가지 형태의 정보를 이해하고 활용하며 이를 새롭게 가공·편집하여 새로운 지식을 창출하는 능력과 지식을 공유하는 능력을 필요로 한다.

기출 플러스 | 뉴 미디어 시대의 매체 윤리 [2022학년도 수능]

인터넷을 활용한 뉴 미디어의 발달로 우리는 정보의 소비뿐 아니라 유통과 생산에도 적극 참여하고 있다. 그 과정에서 우리는 사이버 공간에서 자신의 정체를 숨길 수 있다는 막연한 생각을 갖고 허위 정보 내지 유해 정보를 생산하거나 전달하기도 한다. 이러한 정보의 홍수로 인해 사회 곳곳에서 선의의 피해자가 발생하고 있다. 잘못된 정보의 희생자가 되지 않으려면 우리 스스로 정보를 비판적으로 수용하는 지혜가 필요하다. 무엇보다 사이버 공간에서 실명을 숨겨도 IP 추적과 같은 방법으로 실제 사용자가 밝혀질 수 있음을 기억해야 한다. 따라서 사이버 공간에서도 우리는 책임 있는 존재로 활동해야 한다.

사이버 공간에서는 익명성으로 인해 윤리적 문제가 발생하고 있다. 이러한 윤리적 문제의 피해를 예방하기 위해서는 개인들은 미디어 리터러시를 길러야 하고, 사이버 공간에서 익명성으로 나타나는 비윤리적인 행동을 삼가도록 책임을 다해야 한다.

개념 체크

1. 시민의 (　　)을/를 충족하는 과정에서 개인의 명예나 사생활, 인격권을 침해하지 않도록 개인 정보를 신중하게 다루어야 한다.

2 (　　)은/는 기사 작성자의 권리와 재산에 대한 침해인 동시에 뉴 미디어 언론에 대한 신뢰를 무너뜨린다.

3 (　　)(이)란 매체가 제공하는 정보를 비판적으로 읽어 내면서 매체를 제대로 사용하고 바람직하게 표현하는 능력이다.

정답

1. 알 권리
2. 표절 행위
3. 매체 이해력(미디어 리터러시)

수능 기본 문제

[24015-0147]

01 다음 규정이 마련된 이유로 가장 적절한 것은?

> 다음과 같은 사유가 있을 경우 정보 주체는 개인 정보 관리자에게 자신에 관한 개인 정보를 삭제할 것을 요구하고 더 이상의 배포를 금지할 권리를 갖는다.
>
> ① 수집 또는 처리 목적과 관련하여 그 정보가 더 이상 필요하지 아니한 경우
> ② 정보 주체가 처리에 대한 동의를 철회하거나 동의한 보관 기간이 경과한 경우
> ③ 정보 주체가 개인 정보의 처리를 거부한 경우
> ④ 개인 정보의 처리가 그 밖의 이유로 이 규칙안과 부합하지 않는 경우

① 시민의 알 권리를 확충하기 위해서이다.
② 개인의 사생활과 인격권을 보호하기 위해서이다.
③ 국가가 일괄적으로 개인 정보를 통제하기 위해서이다.
④ 정보의 공유를 통해 정보 격차를 해소하기 위해서이다.
⑤ 개인 정보에 대한 언론의 접근 기회 확대를 위해서이다.

[24015-0148]

02 다음 글의 입장으로 적절한 것만을 〈보기〉에서 고른 것은?

> 자신의 땀과 노력을 들인 노동의 결과에 대하여 배타적 소유권을 인정하는 것은 정당하다. 정보의 생성도 특정 개인이나 집단의 노력과 투자의 산물이기 때문에 정보의 소유권을 우선적으로 보호해야 한다. 만약 적절한 보상 시스템이 존재하지 않는다면 정보의 생성은 빈약해지고 결과적으로 사회적 의미의 정보 유통은 불가능해진다.

보기

ㄱ. 지적 산물에 대한 창작자의 재산권을 보장해야 한다.
ㄴ. 정보 생산자에 대한 충분한 보상이 정보의 확산을 가져올 수 있다.
ㄷ. 정보의 자유로운 교환을 위해 정보 이용에 비용을 부과해서는 안 된다.
ㄹ. 모든 정보는 공공재이기 때문에 공동체의 이익을 위해서 사용되어야 한다.

① ㄱ, ㄴ ② ㄱ, ㄷ ③ ㄴ, ㄷ
④ ㄴ, ㄹ ⑤ ㄷ, ㄹ

[24015-0149]

03 다음 글에서 강조하는 내용으로 가장 적절한 것은?

> 사이버 폭력의 문제를 이해할 때 사이버 공간을 현실 세계와 독립된 별개의 공간처럼 생각하는 경향이 있다. 하지만 현실 세계와 독립적인 사이버 공간의 구조를 상상할 수 있더라도 그 공간의 구조를 정착시키는 것은 공간 내에서 이루어지는 상호 작용과 같은 실제 행위이다. 즉, 사이버 공간의 행위 주체는 사실상 현실 세계의 행위 주체와 동일하다. 사이버 공간의 특수성을 고려하여 익명성을 제거하는 제도를 마련하는 것은 사이버 폭력을 막기 위한 적절한 방안이 아니다. 오히려 사이버 공간에서 활동하는 개인들이 올바른 가치와 규범을 확립하여 자신들의 행동을 스스로 통제할 수 있도록 하는 것이 가장 적절한 방안이다.

① 개인들의 자율적 규제를 통해 사이버 폭력 문제를 해결해야 한다.
② 사이버 공간과 현실 공간을 전혀 별개의 독립된 공간으로 이해해야 한다.
③ 사이버 폭력 문제를 해결하기 위해서는 사이버 공간의 익명성을 제거해야 한다.
④ 사이버 공간과 현실 공간의 행위 주체를 구분해야만 사이버 폭력 문제를 해결할 수 있다.
⑤ 사이버 폭력 문제의 해결을 위해 사이버 공간의 특수성에 맞는 대안 마련이 가장 선행되어야 한다.

[24015-0150]

04 그림은 서술형 평가 문제와 학생 답안이다. 학생 답안의 ㉠~㉤ 중 적절하지 않은 것은?

> **서술형 평가**
>
> ◎ 문제: 다음 A의 특징에 대해 서술하시오.
>
> | A | : 기존의 매체들이 제공하던 정보를 인터넷을 통해 가공, 전달, 소비하는 포괄적 융합 매체 |
>
> ◎ 학생 답안
>
> A는 ㉠ 송수신자 사이에 쌍방향 정보 교환을 가능하게 하고, ㉡ 정보 교환에서 수신자가 원하는 시간에 정보를 이용할 수 있으며, ㉢ 특정 대상과의 소통이 아닌 대규모 집단을 대상으로 획일적 메시지를 전하는 특성이 강하다. 또한 ㉣ 다양한 의견을 반영하여 즉각적으로 정보를 수집할 수 있어 이용자가 더욱 능동적으로 활동할 수 있으며, ㉤ 개별적으로 존재했던 매체들이 하나의 정보망으로 통합되어 멀티미디어화되는 특징을 지닌다.

①  ②  ③  ④  ⑤ 

[24015-0151]

05 다음 신문 칼럼에서 강조하는 내용으로 가장 적절한 것은?

○○ 신문 ○○○○년 ○○월 ○○일

칼럼

사이버 공간은 누구에게나 열려 있는 개방적 공간인 동시에 서로 대등하게 상호 작용할 수 있는 공간이다. 이 공간에서는 현실 공간에서 논의하기 어려운 담론을 자유롭게 생산하고, 정치적 비판을 과감히 수행할 수 있다. 그런데 악성 댓글과 같은 문제를 이유로 사이버 공간의 법적 통제를 강화해야 한다는 주장이 있다. 하지만 다른 사람의 인권을 침해하지 않는다면 누구나 사이버 공간에서 자신의 의사를 자유롭게 표현할 수 있어야만 사이버 공간의 이점이 더욱 살아날 수 있다.

① 사이버 공간에 대한 공적 규제를 강화해야 한다.
② 표현의 자유 확대를 통해 사이버 공간의 폐쇄성을 극복해야 한다.
③ 사이버 공간의 특성에 맞게 제한 없는 표현의 자유를 보장해야 한다.
④ 사이버 공간이 자유로운 공론의 장이 되도록 표현의 자유를 보장해야 한다.
⑤ 사이버 공간에 대한 의존성 심화로 인한 문제에 대해 해결책을 마련해야 한다.

[24015-0152]

06 다음 글에서 강조하는 내용으로 가장 적절한 것은?

우리는 해킹이나 개인 정보 유출 등과 같은 첨단 기술 범죄를 엄격하게 법적 문제로 간주하기보다는 도덕적 문제로 간주함으로써 그것을 방지할 좋은 기회를 가지고 있다. 법이 많다고 해서 그것이 나쁜 행위를 할 수 있는 점점 더 많은 기회와 싸워야 하는 직원들의 양심에 도움이 되는 것은 아니다. 대신에 범죄 예방을 위해 업무 환경 개선을 위한 정책과 더불어 타인과 사회에 피해를 주지 않기 위한 도덕적 감수성을 육성하는 교육이 절실히 요구된다.

① 강력한 법적 처벌만이 정보 범죄 해결의 최선책이다.
② 정보 범죄 예방을 위한 어떤 정책도 실효성을 지니지 못한다.
③ 정보의 자유로운 제작과 유통을 통해 정보 범죄를 해결할 수 있다.
④ 개인들의 양심에 기대는 것만이 정보 범죄 예방의 유일한 해결책이다.
⑤ 개인들의 해악 금지 윤리 원칙 준수가 정보 범죄 예방에 도움이 된다.

[24015-0153]

07 다음 글의 입장에서 긍정의 대답을 할 질문만을 〈보기〉에서 고른 것은?

허위 정보에 대한 규제 정책이 제대로 시행되기 위해서는 허위 정보를 둘러싼 당사자들의 이해관계의 조율이 전제되어야 한다. 허위 정보에 관한 가장 큰 논란은 허위 정보의 개념이 명확하지 않아 생기는 과잉 규제의 우려와 표현의 자유 침해 문제이다. 하지만 장애인, 외국인 노동자 등에 대한 혐오 선동이나 차별을 조장하는, 또는 국민의 생명과 안전에 직접적인 위해를 야기할 우려가 있는 허위 정보에 대해서는 철저한 규제가 필요하며, 허위 정보의 확산 속도와 피해의 광범위성을 감안해 지체 없이 조치를 취해야 한다.

보기

ㄱ. 어떠한 경우에도 허위 정보 규제를 불허해야 하는가?
ㄴ. 사회적 약자에 대한 차별을 조장하는 허위 정보에 대해서는 규제가 필요한가?
ㄷ. 허위 정보 규제를 위해 먼저 허위 정보와 관련된 이해 당사자들의 의견을 수렴해야 하는가?
ㄹ. 국민의 안전을 침해하는 허위 정보라 하더라도 부작용 최소화를 위해 점진적으로 규제해야 하는가?

① ㄱ, ㄴ ② ㄱ, ㄷ ③ ㄴ, ㄷ ④ ㄴ, ㄹ ⑤ ㄷ, ㄹ

[24015-0154]

08 ㉠에 들어갈 진술로 적절한 것만을 〈보기〉에서 고른 것은?

매체 이해력이란 매체의 내용을 비판적으로 해석하면서, 사회적 규칙의 테두리 내에서 매체를 제대로 사용하고 바람직하게 표현하는 능력이다. 수없이 쏟아지는 정보 속에서 자신이 원하는 정보를 선택하고 정보의 진위를 파악하기 위해서는 어느 때보다 높은 이해력과 판단력을 필요로 하며, 이런 측면에서 매체 이해력의 필요성은 더욱 증가하고 있다. 매체 이용자들이 매체 이해력을 증진하기 위해서는 [㉠]

보기

ㄱ. 기존의 정보를 새로운 정보로 조합하는 능력을 길러야 한다.
ㄴ. 정보를 제대로 평가하기 위한 비판적 사고 능력을 길러야 한다.
ㄷ. 매체가 제공하는 정보에 대한 무조건적 신뢰를 바탕으로 정보를 활용해야 한다.
ㄹ. 사회가 합의한 규범 준수보다는 정보 생산의 효율성 증대를 위해 노력해야 한다.

① ㄱ, ㄴ ② ㄱ, ㄷ ③ ㄴ, ㄷ ④ ㄴ, ㄹ ⑤ ㄷ, ㄹ

[24015-0155]

1 **(가)의 입장에 비해 (나)의 입장이 갖는 상대적 특징을 그림의 ㉠~㉤ 중에서 고른 것은?**

(가) 자유로운 의사의 형성은 정보에 대한 접근이 충분히 보장될 때 비로소 가능한 것이며, 그러한 의미에서 정보에 대한 접근, 수집, 처리의 자유, 즉 알 권리는 표현의 자유와 밀접한 관계에 있다. 공공의 이익을 위해 개인의 사생활 보호보다 알 권리 충족이 우선되어야 하며, 국민은 국가 정보뿐만 아니라 개인의 정보에 대해서도 자유롭게 접근할 수 있는 권리를 부여받아야 한다.

(나) 국민의 알 권리 충족을 위하여 개인의 정보를 제한 없이 공개해야 한다는 주장은 개인의 사생활을 침해하고 명예를 훼손하는 등의 문제점을 양산한다. 따라서 국민의 알 권리보다 개인의 사생활과 인격 보호가 우선되어야 한다. 이를 위해 개인은 정보 관리자에게 자신의 개인 정보에 관한 삭제권을 행사할 수 있어야 한다.

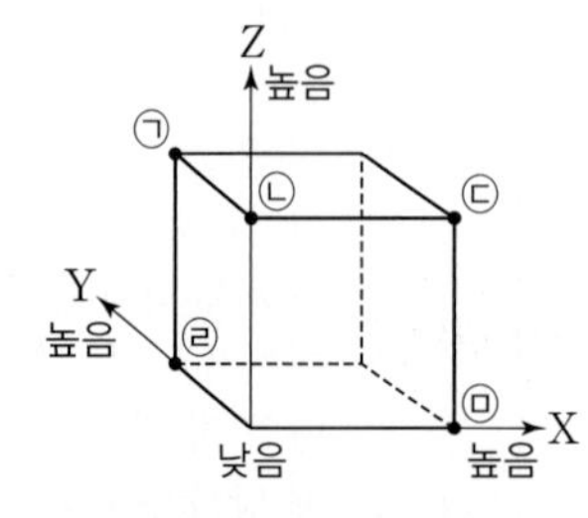

- X: 공익을 위해 알 권리 충족을 강조하는 정도
- Y: 개인의 정보 자기 결정권을 강조하는 정도
- Z: 개인의 인격권과 프라이버시 보호를 강조하는 정도

① ㉠ ② ㉡ ③ ㉢ ④ ㉣ ⑤ ㉤

[24015-0156]

2 **다음을 주장한 사상가의 입장에서 〈문제 상황〉 속 A에게 제시할 조언으로 가장 적절한 것은?**

사람들이 진리의 모든 측면을 인식하는 능력이 지금보다 훨씬 더 나아질 때까지 다양한 의견이 이 세상에 존재하는 것은 악이 아니라 오히려 선이다. 사람은 불완전한 존재이기 때문에 다양한 의견과 행동 양식이 존재하는 것이 유익하다. 다른 사람들에게 피해를 주지 않는 한도 내에서 사람들은 자유롭게 자신의 의견을 형성하고 거리낌 없이 발표할 수 있는 자유를 부여받아야 한다.

〈문제 상황〉

인터넷에서 사회 쟁점에 대해 다양한 의견 제시가 가능한 게시판을 운영하는 A는 최근 일부 쟁점에 대해 서로 다른 의견을 가진 사람들의 논쟁이 격화되어 심각한 갈등 상황이 빚어지자 게시판을 폐쇄해야 할지 고민하고 있다.

① 소수의 의견이 지나치게 다양한 것이 갈등의 원인임을 명심하세요.
② 다양한 의견 제시를 통해 진리를 더욱 명확히 인식할 수 있음을 명심하세요.
③ 갈등 해결을 위해서는 다수의 의견을 따르도록 하는 것이 최선임을 명심하세요.
④ 인터넷에서 개인들의 의사 표현이 사회 질서를 어지럽히는 요소임을 명심하세요.
⑤ 진리의 인식을 위해 표현의 자유는 어떠한 경우에도 제한되어서는 안 된다는 점을 명심하세요.

[24015-0157]

3 (가)의 갑, 을의 입장을 (나) 그림으로 표현할 때, A~C에 해당하는 적절한 진술만을 〈보기〉에서 있는 대로 고른 것은?

(가)	갑: 저작자에게 모든 권리를 최대한 보장하고, 저작물은 저작자의 창조적 노력의 산물이므로 저작권은 저작자 개인에게 귀속되어야 한다. 저작권이 최대로 보장되어야 창작 의욕이 고취되고 수준 높은 저작물이 창작될 수 있으며, 이를 통해 사회의 발전도 가능하다. 저작권의 엄격한 보호는 정보 사회의 전제 조건이다. 을: 저작자의 권리는 가능한 한 축소하고 이용자의 권리는 최대한 보장해야 한다. 정보 생성을 촉진하기 위해 만든 저작권이 오히려 현실적으로 사회 발전에 방해되는 요소로 작용하기 때문에 저작권은 가능한 한 축소하는 것이 바람직하다. 정보가 공공재로서 자유롭게 생산, 유통될 때 사회에 필요한 양질의 지식이 생산될 수 있다.
(나)	

● 보 기 ●

ㄱ. A: 모든 저작물을 공동체가 함께 소유하는 재산으로 간주해야 한다.
ㄴ. B: 양질의 저작물이 생산될 수 있는 환경을 마련해야 한다.
ㄷ. B: 창작자는 자신의 지적 산물에 대한 권리를 가질 수 있다.
ㄹ. C: 대가 없이 공유될 수 있는 지식의 보급이 많아져야 사회가 발전한다.

① ㄱ, ㄴ　② ㄱ, ㄷ　③ ㄴ, ㄹ
④ ㄱ, ㄷ, ㄹ　⑤ ㄴ, ㄷ, ㄹ

[24015-0158]

4 갑, 을의 입장으로 가장 적절한 것은?

갑: 인터넷을 통해 개인과 다양한 집단이 새로운 매체의 역할을 하는 현재의 상황은 기존 언론 규범과 질서가 무너진 상태로, 기존의 규제 체계가 갖추어져 있다고는 하지만 실효성이 낮습니다. 허위 정보로 이용자들의 권리가 제대로 구제받지 못하는 현실의 문제들을 해결할 추가 입법이 요구됩니다.

을: 표현물 규제에 관한 위헌 법률 심사 기준과 같은 기존의 법리를 통해 허위 정보 문제를 충분히 해결할 수 있습니다. 지금은 오히려 언론에 대한 불필요한 표현물 규제를 걷어 내야 할 시점입니다. 현재 존재하는 여러 형태의 규제로 시민의 알 권리가 제한되고 다양한 목소리를 낼 수 있는 자유가 위축되고 있습니다.

① 갑: 뉴 미디어는 개인의 권리를 보장할 수 있는 체계를 갖추고 있다.
② 갑: 현재의 규제 수단만으로도 허위 정보 문제를 충분히 해결할 수 있다.
③ 을: 허위 정보 확산 방지를 위한 새로운 규제 법안이 마련되어야 한다.
④ 을: 표현의 자유 보장을 위해 언론에 대한 과도한 규제를 철폐해야 한다.
⑤ 갑과 을: 허위 정보 문제는 개인의 자율적 노력을 통해서만 해결 가능하다.

[24015-0159]

5 그림의 강연자의 입장으로 적절한 것만을 〈보기〉에서 있는 대로 고른 것은?

스팸 메일과 음란물, 명예 훼손, 그리고 증오적 표현은 문제가 되는 표현으로서, 개인의 권리와 공익 사이의 균형을 모색하고 있는 사이버 공간의 법체계에 대한 심각한 도전으로 간주되고 있습니다. 스팸 메일을 금지하는 법률과 같은 위로부터의 정부 규제나 정교한 차단 장치의 사용과 같은 기술적 시도는 이러한 문제를 해결하기 위한 적절한 방안입니다. 하지만 이러한 방안을 사용하더라도 개인의 자율성과 같은 핵심적인 가치는 최대한 존중되어야 합니다. 타인에 대한 존중, 자신의 언행에 대한 책임, 타인의 자유와 권리를 침해하지 않으려는 정의와 같은 덕목은 사이버 공간의 문제를 해결할 수 있는 바람직한 대안이 될 수 있습니다.

보기

ㄱ. 개인과 기관의 자율적 규제는 사이버 공간 문제 해결의 충분조건이다.
ㄴ. 사이버 공간의 문제 해결을 위해 제도적 규제와 기술적 노력이 요구된다.
ㄷ. 사이버 공간의 문제를 해결하는 데 개인의 도덕성은 도움이 되지 않는다.
ㄹ. 개인의 자율성을 침해하지 않는 범위 내에서 사이버 공간의 문제 해결책이 마련되어야 한다.

① ㄱ, ㄴ ② ㄱ, ㄷ ③ ㄴ, ㄹ
④ ㄱ, ㄷ, ㄹ ⑤ ㄴ, ㄷ, ㄹ

[24015-0160]

6 다음 글에서 강조하는 내용으로 가장 적절한 것은?

인터넷상에서 사이버 자아의 형성은 현실의 고정된 관념을 해체하고 새로운 자아 개념을 형성할 수 있는 기회를 제공한다. 사이버 공간에서 개인은 자신의 모습을 만들고 부수고 다시 만들고 또다시 새로운 모습으로 끊임없이 수정·변환하며 자신의 역량을 재학습할 수 있는 기회를 가질 수 있다. 하지만 개인이 핵심적 자아를 유지하면서 다차원적인 정체성 실험을 통해 자기가 확장되는 경험을 하지 못하고, 현실에서의 정체성을 사이버 자아로 대체하고 싶은 열망에서 헤어 나오지 못하는 경우도 있다. 그리고 그러한 간극으로 인해 절망, 우울증, 현실 거부 등의 정서적 반응을 보이면서 현실 적응에 어려움을 겪게 되기도 한다. 그렇다고 사이버 자아의 형성 자체를 거부할 필요는 없다. 개인의 자아 정체성을 확고히 유지한 상태에서 새로운 자아의 모습을 탐색하는 기회를 가질 수 있다면, 현실의 제한에서 벗어나 더욱 폭넓게 다양한 자신의 모습과 가능성을 모색할 수 있을 것이다.

① 다양한 사이버 자아의 형성은 현실 적응에 아무런 영향을 미치지 않는다.
② 사이버 공간에서의 자아 형성을 근본적으로 차단할 방법을 모색해야 한다.
③ 사이버 공간에서 형성된 자아는 현실의 자아와 어떤 상관관계도 지니지 않는다.
④ 정보 사회에 적응하기 위해 현실의 자아를 버리고 사이버 자아로 대체해야 한다.
⑤ 자기 정체성을 견고히 유지하며 사이버 공간에서 자기 탐색의 기회를 가져야 한다.

[24015-0161]

7 **갑은 긍정, 을은 부정의 대답을 할 질문으로 가장 적절한 것은?**

> 갑: 인터넷은 기존의 매체와 달리 쌍방향적이고 신속하여 시민의 정치 참여 비용을 절감함으로써 시민의 직접적인 정치 참여와 숙의를 활성화할 수 있다. 정보 기술의 발달은 과거 국가가 독점해 오던 정보를 시민에게 공개하여 시민의 정보 권리를 강화하고 시민과 정부 사이의 커뮤니케이션을 용이하게 하여 민주주의의 확산을 가져올 것이다.
> 을: 인터넷이 대중의 참여를 유도하여 정치 과정의 변화를 가져온다고 주장하는 사람들의 주장은 옳지 않다. 인터넷은 기존 오프라인상의 사회 권력 구조를 그대로 반영할 뿐만 아니라 오히려 강화한다. 즉, 인터넷은 정치적으로 무관심한 다수의 대중을 변화시키지 못하며, 후보자 선정이나 숙의 민주주의를 이끌어 내는 데 기여하지 못한다.

① 인터넷은 정보에 대한 국가의 독점적 지배를 강화하는가?
② 인터넷은 수직적이고 일원화된 사회 체제를 공고히 하는가?
③ 인터넷은 대중의 정치적 참여를 활성화하는 데 한계를 지니는가?
④ 인터넷은 현실 사회의 정치적인 영향력과 이익을 그대로 반영하는가?
⑤ 인터넷은 소통의 부족이라는 대의 민주주의의 한계 보완에 기여하는가?

[24015-0162]

8 **다음 글의 입장으로 적절한 것만을 〈보기〉에서 있는 대로 고른 것은?**

> 디지털 미디어의 발달이 가져온 개인 미디어의 1인 제작 시스템의 가능성은, 미디어의 개념 자체를 대중 매체 중심에서 대중 매체와 개인 미디어가 공존하며 넘나드는 복잡한 것으로 바꾸어 놓았고, 이에 따라 대중 매체 텍스트의 비판적 읽기를 중심으로 이해되었던 미디어 리터러시의 개념에도 변화가 불가피하게 되었다. 이제 미디어 리터러시는 미디어의 수용자 입장에서 비판적 읽기를 강조하는 데 그치지 않고, 실질적인 유통 가능성을 염두에 두고 생산자 입장에서 미디어를 창의적으로 활용하는 것까지도 포함하게 되었다. 디지털 시대를 살아가는 개인은 정보의 가치를 제대로 평가하고 거짓 정보를 걸러 낼 수 있는 비판적 사고력을 지녀야 하고, 여러 형태의 정보를 활용하여 새로운 지식을 창출하고 공유하는 능력을 길러야 한다. 물론 이 과정에서 타인의 개인 정보를 함부로 유출하거나 사회에 해악을 끼치는 행위를 해서는 안 된다.

보기

ㄱ. 개인은 윤리적 원칙을 준수하면서 정보 생산과 유통 과정에 참여해야 한다.
ㄴ. 개인은 미디어가 제공하는 정보의 진위를 판별할 수 있는 능력을 길러야 한다.
ㄷ. 디지털 시대의 미디어 리터러시는 정보 접근 능력, 이해 능력, 활용 능력을 포함한다.
ㄹ. 디지털 미디어는 생산자로서의 대중 매체와 소비자로서의 일반 대중을 엄격히 구분한다.

① ㄱ, ㄴ　② ㄴ, ㄹ　③ ㄷ, ㄹ
④ ㄱ, ㄴ, ㄷ　⑤ ㄱ, ㄷ, ㄹ

11 자연과 윤리

자연을 바라보는 동서양의 관점

1. 자연을 바라보는 서양의 관점

(1) 인간 중심주의

① 도덕적 지위를 지닌 유일한 존재는 인간이며, 모든 자연 대상을 오직 인간의 입장에서 바라보는 관점

② 인간 이외의 모든 자연 존재의 가치를 오직 인간을 위한 수단으로만 인정하는 도구적 자연관의 성격을 지님

③ 인간만이 직접적인 도덕적 고려의 대상이며, 동물이나 식물 등 인간이 아닌 존재는 도덕적 고려의 대상이 아니라고 봄

④ 인간 중심주의의 긍정적 측면과 한계

- 긍정적 측면: 자연 현상을 객관적으로 이해하고 과학 기술을 발전시켜 인간의 삶을 풍요롭게 하는 데 이바지함
- 한계: 자연에 대한 인간의 지배와 착취를 정당화하며, 자연을 인간의 욕구 충족을 위한 수단으로 전락시켜 오늘날 인류가 직면하고 있는 환경 문제의 근본 원인이 됨

⑤ 강경한 인간 중심주의와 온건한 인간 중심주의

강경한 인간 중심주의	온건한 인간 중심주의
• 과학 지상주의적 태도와 이성 중심적 사고는 강경한 인간 중심주의를 형성함 • 자연에 대한 강경한 인간 중심주의 관점은 자연의 본래적 가치를 인정하지 않고 자연을 인간을 위한 도구로만 여기는 도구적 자연관을 강화함 • 도구적 자연관을 지닌 강경한 인간 중심주의는 산업화와 도시화 과정에서 자연이나 환경을 고려하지 않는 무분별한 개발을 가속화하였음	• 현세대를 포함한 인류의 장기적인 이익을 위해 자연 친화적인 삶을 추구해야 한다고 주장함 • 인간을 다른 존재보다 본질적으로 더 가치 있다고 여긴다는 점에서 인간 중심주의에 해당함 • 강경한 인간 중심주의에 비해 자연에 대한 존중과 책임 문제에 관심을 기울이지만, 여전히 자연을 인간의 욕구를 충족하기 위한 대상으로 본다는 점에서 한계가 있음

⑥ 대표적 사상가

아리스토텔레스	자연은 목적 없이 아무것도 만들지 않으며, 모든 동물은 본래 사람을 위해 존재한다고 봄
아퀴나스	• 신의 섭리에 따라 동물은 자연의 과정에서 인간이 사용하도록 운명 지어졌다고 봄 • 인간이 동물에게 동정 어린 감정을 나타낸다면, 그는 그만큼 더 동료 인간들에게 동정심을 가질 것이라고 주장함
베이컨	• 인간의 힘은 자연을 관찰하고 분석하여 얻는 지식을 통해 생겨난다고 봄 • 자연을 인류의 복지를 위한 수단으로 보고 자연에 관한 지식의 활용을 강조함
데카르트	• 이분법적 세계관에 입각하여 인간과 자연의 관계를 인식 주체와 인식 대상으로 설정함 • 인간의 정신을 물질로 환원할 수 없는 것으로 본 반면, 자연을 단순한 물질 또는 기계로 파악함으로써 도덕적 고려의 대상에서 제외함
칸트	• 이성적 존재만이 자율적으로 행동하는 도덕적 주체가 될 수 있으며, 이성이 결여된 동물은 도덕의 주체가 될 수 없다고 봄 • 동물이 수행한 봉사에 대한 감사는 간접적으로 인간의 의무에 속한다고 주장함 • 이성은 없지만 생명이 있는 동물을 잔학하게 다루는 것은 인간의 자기 자신에 대한 의무에 어긋난다고 주장함 • 자연을 무자비하게 파괴하고자 하는 성향은 다른 사람을 대하는 태도에도 영향을 미치므로 인간에 대한 의무를 거스르는 것이라고 봄

아퀴나스
중세 유럽의 스콜라 철학을 대표하는 이탈리아의 신학자이자 철학자로 "신학대전"을 집필함

베이컨
영국의 철학자이자 정치가로, 저서 "뉴 아틀란티스"에서 인간의 편안한 삶과 안락함을 위해 자연 과학적 탐구를 강조함

데카르트
프랑스의 철학자이자 수학자로, 합리론을 주창한 근대 철학의 아버지로 불림

이분법적 세계관
정신 대 육체, 인간 대 자연, 남자 대 여자 등과 같이 세계를 두 개의 서로 배척되는 개체로 인식하는 것

개념 체크

1. 인간 중심주의에서는 인간 이외의 모든 자연 존재의 가치를 오직 인간을 위한 (   )(으)로 간주한다.
2. 데카르트는 자연을 단순한 물질 또는 (   )(으)로 파악하였다.
3. 칸트는 동물을 잔학하게 다루는 것은 인간의 자기 자신에 대한 (   )에 어긋난다고 보았다.

정답
1. 수단
2. 기계
3. 의무

(2) 동물 중심주의

① 도덕적 고려의 범위를 동물까지 확대해야 한다고 봄
② 동물의 도덕적 지위를 인정하고, 동물의 복지와 권리의 향상을 강조함
③ 동물 중심주의의 긍정적 측면과 한계
- 긍정적 측면: 상업적 이익을 위한 동물 학대와 동물 실험 등 동물에 대한 비도덕적 관행을 반성하는 계기를 마련해 줌
- 한계: 인간과 동물의 이익이 충돌할 때 현실적인 대안을 제공하기 어려울 뿐만 아니라 동물 이외의 식물, 생태계 전체에 대한 고려가 미흡하다는 한계를 지님

④ 대표적 사상가

싱어	• 공리주의 입장에서 쾌락과 고통을 느끼는 존재의 이익을 동등하게 고려해야 한다는 이익 평등 고려의 원칙을 제시함 • 인간과 마찬가지로 쾌락과 고통을 느끼는 동물을 단지 종이 다르다는 이유만으로 차별하는 것은 종 차별주의라고 비판함
레건	• 의무론에 기초하여 내재적 가치를 갖는 개체들은 단지 수단으로만 취급되어서는 안 된다고 봄 • 일부 동물은 도덕적으로 무능할지라도 자기의 삶을 영위할 수 있는 삶의 주체로서 내재적 가치를 지니기 때문에 도덕적으로 존중받을 권리가 있다고 봄

✪ 이익 평등 고려의 원칙
쾌락과 고통을 느끼는 모든 존재의 이익을 동등하게 고려해야 한다는 원칙

✪ 종(種) 차별주의
자기가 소속되어 있는 종의 이익은 옹호하면서 다른 종의 이익은 배척하는 편견 또는 왜곡된 태도

✪ 내재적 가치
인간의 경험적 좋음이나 평가에서 독립하여 스스로 자기 안에서 갖는 가치

자료 플러스 싱어와 레건의 동물 중심주의

- 만일 한 존재가 고통을 받는다면, 그러한 고통을 고려하지 말아야 할 도덕적 이유가 있을 수 없다. 그 존재가 어떤 성질을 가졌든 간에 평등의 원칙은 그 존재의 고통을 어떤 다른 존재와 대략의 비교가 이루어질 수 있는 한 그러한 존재들의 비슷한 고통과 동등한 것으로 볼 것을 요구한다. 만약 한 존재가 고통이나 행복이나 즐거움을 겪을 수 없다면, 고려해야 할 것은 아무것도 없다. 이러한 것이 타자의 이익을 고려할 때 쾌고 감수 능력(sentience)이라는 경계선이 유일한 옹호 가능한 경계선이 되는 까닭이다. – 싱어, "실천 윤리학" –
- 삶의 주체가 된다는 것은 믿음, 욕구, 지각, 기억, 자신의 미래를 포함해 미래에 대한 의식이 있다는 것, 쾌락과 고통 등의 감정을 느낄 수 있다는 것, 즉 선호와 복지에 대한 이익 관심, 자기의 욕구와 목표를 위해 행위할 수 있는 능력을 가진다는 것, 순간의 시간을 넘어서 자신의 정체성을 느낄 수 있고, 타자와는 별개로 자신의 삶이 좋을 수도 나쁠 수도 있다는 의미에서 자신의 복지를 갖고 있다는 것이다. – 레건, "동물의 권리" –

싱어는 쾌고 감수 능력을 지닌 동물은 이익 관심을 지니며, 모든 이익 관심은 평등하게 고려받아야 한다고 주장하였다. 레건은 인간이 아닌 삶의 주체인 동물은 도덕적 무능력자(moral patients)이지만 내재적 가치를 지니므로 이들을 단순한 도구로 여기거나 다루어서는 안 된다고 주장하였다.

개념 체크

1. 싱어는 쾌락과 고통을 느끼는 존재의 이익을 동등하게 고려해야 한다는 (　　　) 의 원칙을 제시하였다.
2. 레건은 (　　　)에 기초하여 내재적 가치를 갖는 삶의 주체들을 단지 수단으로만 취급해서는 안 된다고 보았다.
3. 생명 중심주의는 개별 생명체에 중점을 두고 있어 생태계를 구성하는 (　　　)을/를 고려하지 못한다는 한계를 지닌다.

정답
1. 이익 평등 고려
2. 의무론
3. 무생물

(3) 생명 중심주의

① 모든 생명체는 그 자체로서 가치를 지니므로 도덕적 고려의 범위를 모든 생명체로 확대해야 한다고 봄
② 도덕적 지위를 갖는 기준은 생명이며, 인간과 동물뿐만 아니라 식물을 포함한 모든 생명체는 생명이라는 점에서 내재적 가치를 지닌다고 봄
③ 생명 중심주의의 긍정적 측면과 한계
- 긍정적 측면: 인간 중심주의에서 벗어나 모든 생명체의 고유한 가치를 일깨워 줌
- 한계: 모든 생명체를 존중하는 것은 현실적으로 실천 가능성이 낮으며, 개별 생명체에 중점을 두고 있어 생태계를 구성하는 무생물을 도덕적으로 고려하지 못함

④ 대표적 사상가

슈바이처	• 생명 외경(畏敬) 사상을 제시하여 생명을 소중히 여기는 태도를 강조함 • 생명을 유지하고 촉진하는 것은 선(善)이며, 생명을 파괴하고 훼손하는 것은 악(惡)이라고 봄 • 모든 생명은 동등한 가치를 지니지만 불가피하게 생명을 해쳐야 하는 선택의 상황이 있을 수 있다는 점을 인정하면서, 그러한 선택에는 도덕적 책임을 느껴야 한다고 주장함
테일러	• 모든 유기체는 각각 자신의 방식으로 고유의 선을 추구하는 유일한 개체라는 의미에서 목적론적 삶의 중심이라고 봄 • 다른 생명체가 지구 생명 공동체의 일원인 것과 동일한 의미와 조건으로 인간도 그 공동체의 일원일 뿐이며, 인간은 다른 생명체보다 본질적으로 우월하지 않다고 봄

✪ 생명 외경
생명의 신비를 두려워하고 존경하는 마음으로 생명을 지극히 소중히 하는 태도

자료 플러스 슈바이처와 테일러의 생명 중심주의

• 생명 외경은 인간과 피조물 사이의 관계를 무엇이라고 말하는가? 내가 어느 동물을 손상시켰다면 그 일이 필요 불가결한 일이었던가 하는 문제에 대해 명백해야 한다. 나는 피할 수 없는 일 이상으로 나아가서는 안 된다. …(중략)… 얻어 낸 결과가 인간에게 도움을 주게 하기 위하여 동물을 수술하고 약을 주고 병균을 주사하는 사람은 이 잔인한 행위가 가치 있는 목적을 수반한다고 일반적으로 유유자적해서는 안 된다. 어떤 경우에나 그들은 인류를 위해서 동물을 희생시키는 일이 실제로 필요 불가결한 일인가를 깊이 생각해 보아야 한다. – 슈바이처, "문화와 윤리" –

• 우리가 생명 중심 관점을 받아들일 때, 그리고 우리가 그 관점에서 자연계와 생명을 볼 때, 우리는 각 생명체의 매 순간 존재를 예리하고 명확하게 인식한다. 특정 유기체에 주의를 집중하면 우리가 개체로서 그 유기체와 공유하는 어떤 특징이 드러난다. 우리 자신과 마찬가지로 다른 생명체도 목적론적 삶의 중심이다. 그들의 행동과 내적 과정은 그들의 선의 실현을 중심으로 어떤 경향성을 끊임없이 형성한다. 우리의 선의 내용과 우리가 선을 추구하는 수단이 그들과 다르더라도, 우리의 삶과 그들의 삶에서 실증되는 목적론적 질서는 우리 모두에게 공통되는 근본적인 현실을 의미한다. – 테일러, "자연에 대한 존중" –

슈바이처는 생명이 그 자체로 선이며 본래적 가치를 지니므로 모든 생명을 존중해야 한다고 주장하였다. 그는 인간이 살아남으려면 다른 생명을 해치는 것이 불가피할 때도 있는데, 이러한 상황에서도 생명을 함부로 죽여서는 안 된다고 주장하였다. 테일러는 모든 생명체가 목적론적 삶의 중심으로서 고유의 선을 지닌다고 보고, 생명체를 도덕적으로 고려하고 존중해야 한다고 주장하였다.

✪ 개체론
개체에 대한 존중에 초점을 맞추는 환경 윤리 이론. 인간 중심주의, 동물 중심주의, 생명 중심주의가 여기에 해당함

✪ 전일론
전체로서 자연환경, 종과 생태계의 보존에 초점을 맞추는 환경 윤리 이론. 생태 중심주의가 여기에 해당함

개념 체크

1. 슈바이처는 생명을 유지하고 촉진하는 것은 (   )이며, 생명을 파괴하고 훼손하는 것은 악이라고 보았다.
2. 테일러는 모든 유기체가 각자 자신의 방식으로 고유의 선을 추구하는 유일한 개체라는 의미에서 (   )(이)라고 보았다.
3. 테일러는 가장 기본적인 의무로, 어떤 생명체에게도 피해를 끼치지 않아야 한다는 (   )을/를 제시하였다.

정답
1. 선
2. 목적론적 삶의 중심
3. 악행 금지의 의무(불침해의 의무)

개념 플러스 테일러의 자연 존중의 네 가지 의무

• 악행 금지의 의무(불침해의 의무): 가장 기본적인 의무로, 어떤 생명체에게도 피해를 끼치지 않아야 함
• 불간섭의 의무: 개별 유기체의 자유를 간섭하거나 생태계를 조작, 통제, 개조하려는 시도를 하지 말아야 함
• 성실의 의무(신의의 의무): 인간의 즐거움과 쾌락을 위해 야생 동물을 사냥, 낚시하거나 덫을 놓는 등의 기만행위를 금지해야 함
• 보상적 정의의 의무: 인간이 다른 생명체에게 해를 끼쳤을 경우 마땅히 피해를 보상해야 함

(4) 생태 중심주의

① 무생물을 포함한 생태계 전체를 도덕적 고려의 대상으로 간주함

② 동물 중심주의나 생명 중심주의 윤리가 개체에 대한 존중에 초점을 두는 개체론의 성격을 지닌다고 비판하면서, 도덕적 고려의 범위를 개별 생명체가 아닌 생태계 전체로 보아야 한다는 전체론 혹은 전일론적 입장을 취함

③ 생태 중심주의의 긍정적 측면과 한계

- 긍정적 측면: 생태계를 포괄적으로 바라볼 수 있는 시각을 제공해 주어 환경 문제를 해결하는 데 도움을 줌
- 한계: 생태계 전체의 선을 위해 개별 구성원을 희생시킬 수 있다는 환경 파시즘으로 흐를 위험이 있고, 환경 문제를 해결하기 위해 불특정 다수에게 과도한 책임을 부과한다는 한계를 지님

④ 대표적 사상가

레오폴드	• 토양, 물, 식물과 동물 또는 집합적으로 대지를 포함하도록 도덕 공동체의 범위를 확대하는 대지 윤리를 주장함 • 대지는 인간을 비롯한 자연의 모든 존재가 한데 어울려 살아가는 생명 공동체이며, 인간은 대지의 지배자가 아니라 한 구성원일 뿐이라고 봄 • 생태계, 즉 생명 공동체의 온전함과 안정성, 아름다움을 보전하는 것이 윤리적이라고 봄
네스	• 인간 중심주의적 환경 보호 운동을 비판하고 세계관과 생활 양식 자체를 생태 중심적으로 바꿔야 한다고 보는 심층 생태주의를 주장함 • 자신을 자연과의 상호 연관 속에서 존재하는 것으로 이해하는 '큰 자아실현'과 모든 생명체를 상호 연결된 전체의 평등한 구성원으로 보는 '생명 중심적 평등'을 제시함

✪ 큰 자아실현

'큰 자아'는 자연과 함께 있는 자아를 뜻하며, '큰 자아실현'은 자기를 자연의 일부로 자연과의 상호 연관 속에서 존재하는 것으로 이해하는 과정을 의미함

✪ 생명 중심적 평등

생명 공동체 내 모든 생명체는 유기적 관계에서 평등한 가치를 지님

자료 플러스 레오폴드의 대지 윤리

대지 윤리는 단순히 이 공동체의 범위를 흙, 물, 식물과 동물을 포괄하여 대지를 포함하도록 확장하는 것이다. …(중략)… 간단히 말해서 대지 윤리는 인류의 역할을 대지 공동체의 정복자에서 그것의 평범한 구성원이자 시민으로 변화시킨다. 대지 윤리는 인류의 동료 구성원에 대한 존중 그리고 공동체 자체에 대한 존중을 필연적으로 수반한다.

– 레오폴드, "모래 군의 열두 달" –

레오폴드는 대지를 지배와 이용의 대상으로 간주하는 인간 중심주의 윤리와 달리 수많은 존재가 서로 균형을 맞추며 살아가는 공동체로 파악하고, 이를 존중해야 한다고 주장하였다.

자료 플러스 네스의 심층 생태주의

우리에게 환경 윤리가 필요하지만 사람들이 자연에 대한 사랑을 보여 주기 위해 이타적으로 자기 이익을 포기하고 심지어 희생까지 한다고 느낀다면, 그것은 장기적으로는 생태에 역효과를 낳을 바탕이 될 수 있다는 것입니다. 대신, 그보다 넓은 관점인 동일시를 통하면, 환경 보호 덕분에 자기 이익에도 도움이 된다는 것을 알 수 있습니다. 진정한 자기 사랑을 통해서, 더 넓어지고 깊어진 자기에 대한 사랑을 통해서 말입니다.

– 네스 외, "산처럼 생각하라" –

네스는 인간이 자연으로부터 독립되어 있다는 관점을 거부하고 전체 관계를 중요시하며, 환경 문제를 해결하려면 세계관과 생활 양식 자체를 근본적으로 바꾸어야 한다고 주장하였다.

자료 플러스 심층 생태주의의 기본 원리(강령)

1. 인간과 인간이 아닌 생명체들의 번영은 그 자체로 고유의 가치를 갖는다. 인간이 아닌 생명체들의 가치는 인간에게 유용한가의 여부와는 별개이다.
2. 생명체의 풍부함과 다양성은 그 자체로 가치 있고, 인간과 지구상에 존재하는 모든 생명체의 삶이 번성하는 데 이바지한다.

– 데이비드 로텐버그, "생각하는 것이 왜 고통스러운가요?" –

개념 체크

1. 생태 중심주의는 생태계 전체의 선을 위해 개별 구성원을 희생시킬 수 있다는 (　　)(으)로 흐를 위험이 있다.
2. 레오폴드는 동물과 식물뿐만 아니라 토양, 물 등이 군집해 있는 대지도 (　　)에 포함해야 한다는 대지 윤리를 주장하였다.
3. 네스는 모든 생명체를 상호 연결된 전체의 평등한 구성원으로 보는 (　　)을/를 제시하였다.

정답

1. 환경 파시즘
2. 도덕 공동체
3. 생명 중심적 평등

2. 자연을 바라보는 동양의 관점

(1) 유교의 관점

① 만물이 본래의 가치를 지닌다고 보며, 인간과 자연이 조화를 이루는 천인합일(天人合一)의 경지를 지향함

② 하늘과 땅은 서로 느끼고 상응하며 맞물리면서 끊임없이 만물을 낳고 기르는 존재라고 하여 자연을 살아 있는 유기체로 봄

③ 자연의 생명력을 도덕적으로 해석하며, 인간이 자연을 본받아 다른 존재와 타인에게 사랑을 실천해야 한다고 봄

✪ 천인합일
하늘과 사람이 하나로 합쳐진다는 유교의 개념

(2) 불교의 관점

① 모든 존재가 원인과 조건으로 연결되어 서로 영향을 주고받는다는 연기론을 주장하면서 만물의 상호 의존성을 강조함

② 연기적 세계관에서는 그물의 구슬들이 서로를 비추어 주기에 빛이 나는 인드라망처럼 우주와 인간이 한 몸으로 연결되어 있으므로 자연을 훼손하는 것은 곧 자신을 파괴하는 행위로 봄

③ 불살생(不殺生)의 계율에 따른 생명 존중 사상과 무소유의 가르침에 나타난 검약 정신 등은 환경친화적 사상을 갖는 데 도움을 줌

✪ 인드라망
불법(佛法)을 지키는 수호신인 제석천(帝釋天)이 사용했다고 전해지는 그물망. 그물코에 걸려 있는 구슬들은 서로 의존하여 빛을 내는데, 이것은 무수한 원인과 조건이 얽혀 있는 연기(緣起)를 상징함

(3) 도가의 관점

① 자연은 아무런 목적이 없는 무위(無爲)의 체계로서 무목적의 질서를 담고 있다고 봄

② 무위자연(無爲自然)을 추구하며 인간의 인위적인 의지나 욕구와 무관하게 존재하는 자연의 가치와 아름다움을 중시함

③ "사람은 땅을 본받고, 땅은 하늘을 본받고, 하늘은 도를 본받고, 도는 자연을 본받는다."라고 하면서 인간은 자연의 법칙에 순응하며 살아야 한다고 강조함

✪ 무위자연
억지로 무엇을 하지 않고 순수하게 자연의 순리에 따라 삶을 산다는 도가의 개념

자료 플러스 동양 사상의 자연관

- 군자는 만물을 아끼지만 인애(仁愛)하지는 않고, 백성들을 인애하지만 친애(親愛)하지는 않는다. 부모를 친애하고 백성들을 인애하며, 백성들을 인애하고 만물을 사랑한다. – "맹자" –
- 온갖 모든 중생이 다 나의 아버지요 어머니거늘, 그들을 잡아서 먹거나 해치는 것은 곧 나의 부모를 죽이거나 해치는 것이며, 또한 나의 옛 몸을 먹는 것이다. 모든 땅과 물은 다 나의 옛 몸이고, 모든 온기와 존재는 다 나의 본래 몸이다. – "범망경" –
- 스스로의 덕을 소중히 품고 화합의 마음을 키우며 천지자연을 따르는 자를 진인(眞人)이라고 한다. 눈에 비치는 대로 사물을 보고 귀에 들리는 대로 들으며 마음이 움직이는 대로 하되 본심으로 돌아온다. 이러한 자는 그 마음이 무심하여 밧줄처럼 평탄하고 그 변화는 모두 자연을 따르고 있어서 사물에 거역하는 일이 없다. – "장자" –

유교에서는 하늘을 인간의 선한 본성의 근원으로 보고 인간이 자연을 본받아 타인을 사랑하는 삶을 살 것을 강조한다. 불교에서는 만물의 상호 의존성을 강조하고, 만물의 상호 의존성에서 비롯된 사랑인 자비의 실천을 강조한다. 도가에서는 자연의 흐름을 거스르지 않고 자연의 순리에 따르는 삶을 강조한다.

개념 체크

1. 유교에서는 자연의 생명력을 (   )(으)로 해석하며, 인간이 자연을 본받아 다른 존재와 타인에게 사랑을 실천해야 한다고 본다.
2. 불교에서는 불살생의 계율에 따른 (   ) 사상을 제시한다.
3. 도가에서는 (   )을/를 추구하며, 인간의 인위적인 의지나 욕구와 무관하게 존재하는 자연의 가치와 아름다움을 중시한다.

정답
1. 도덕적
2. 생명 존중
3. 무위자연

환경 문제에 대한 윤리적 쟁점

1. 환경 문제의 원인과 특징

(1) 환경 문제의 원인

① 자연을 오직 인간을 위한 수단으로 여기는 도구적 자연관을 환경 문제의 근본적인 원인으로 볼 수 있음

② 산업화와 도시화로 토양, 물, 대기의 오염이 심각해지고, 무분별한 개발과 남획으로 자원 고갈, 생물 다양성 감소와 같은 생태계 파괴가 발생함

(2) 환경 문제의 특징

① 지구의 자정 능력을 넘어서 회복하기 어려운 수준으로 발생하고 있음

② 전 지구적으로 영향을 끼치는 초국가적 성격을 지님

③ 다양한 원인으로 환경 문제가 발생하여 책임 소재를 명확히 가리기 어려움

④ 장기간에 걸쳐 발생하는 만큼 다시 회복하고 해결하는 데 많은 어려움이 있음

⑤ 현세대에만 국한되는 것이 아니라 미래 세대까지 연결됨

2. 기후 변화의 윤리적 문제

(1) 기후 변화의 원인과 문제점

원인	• 기후 변화란 자연적 요인 또는 인간 활동의 결과로 장기적으로 기후가 변하는 현상으로, 대표적인 것이 지구 온난화임 • 지구 온난화는 대기 중에 존재하는 온실가스의 작용으로 지구 표면의 기온이 상승하는 현상인데, 화석 연료 사용의 증가와 산림 파괴 등으로 온실가스가 급증하면서 지구 온난화가 심화되고 있음
문제점	• 홍수, 가뭄, 해일 등 자연재해가 자주 일어나고 있음 • 농작물의 생산량이 줄어들어 식량난이 발생하고 있음 • 생태계가 교란되며 새로운 질병이 유행하기도 함 • 해수면이 상승하여 저지대에 사는 많은 사람들이 삶의 터전을 잃고 있음

온실가스
지구의 대기 속에 있으면서 땅에서 복사되는 에너지를 일부 흡수하여 온실 효과를 일으키는 기체로, 이산화 탄소, 메탄, 프레온 등을 말함

(2) 기후 정의

① 기후 정의란 기후 변화에 따른 불평등을 해소함으로써 실현되는 정의로, 기후 변화 문제를 형평성의 관점에서 바라봄

② 기후 변화의 피해는 기후 변화에 상대적으로 영향을 덜 끼친 개발 도상국과 경제적 약자에게 훨씬 크게 나타난다는 점에서 기후 정의의 문제가 제기됨

③ 기후 정의를 실현하기 위해서는 기후 변화로 고통받고 있는 나라에 지원을 확대하고, 여성, 어린이, 노동자 등 사회 취약 계층이 받는 기후 변화의 영향을 최소화하기 위한 노력이 필요함

(3) 기후 변화 문제를 해결하기 위한 국제적 노력

기후 변화 협약 (1992)	세계 각국은 기후 변화에 대응하기 위해 국제적인 협력이 필요하다고 인식하여 기후 변화 협약을 채택함
교토 의정서 (1997)	• 기후 변화 협약의 내용을 의무적으로 이행하기 위해 교토 의정서를 마련함 • 교토 의정서는 온실가스를 많이 배출하고 있는 선진국의 온실가스 배출 감축량을 설정하고, 탄소 배출권을 거래할 수 있게 함
파리 협정 (2015)	• 탄소 배출 감축 의무를 선진국뿐만 아니라 개발 도상국에까지 확대 적용함 • 개발 도상국에 기금을 집중적으로 지원하기로 함

개념 체크

1. 자연을 오직 인간을 위한 수단으로 간주하는 (　　　)을/를 환경 문제의 근본 원인으로 볼 수 있다.
2. (　　　)(이)란 자연적인 요인 또는 인간 활동의 결과로 장기적으로 기후가 변하는 현상을 말한다.
3. 파리 협정은 탄소 배출 감축 의무를 선진국뿐만 아니라 (　　　)에까지 확대 적용하였다.

정답
1. 도구적 자연관
2. 기후 변화
3. 개발 도상국

개념 플러스 탄소 배출권 거래 제도

지구 온난화를 막기 위한 기후 변화 협약에 따라 교토 의정서에서 '온실가스 배출권 거래 제도'가 도입되었다. 국가마다 할당된 온실가스 감축량 의무 달성을 위해 자국의 기업별, 부문별로 배출량을 할당하고, 기업이 할당된 온실가스 감축 의무를 이행하지 못할 경우 다른 나라나 기업으로부터 할당량을 매입할 수 있도록 하는 제도이다. 이는 경제적 유인을 제공하여 온실가스를 효과적으로 감축할 수 있는 장점이 있는 반면, 자본주의 시장 경제 논리를 환경 문제에 도입함으로써 돈만 지불하면 온실가스를 배출해도 된다는 그릇된 인식을 지니게 할 우려가 있다.

3. 미래 세대에 대한 책임

(1) 환경 문제와 미래 세대의 생존

① 환경 문제는 미래 세대의 생존 및 삶의 질 문제와 직결되어 있음

② 기후 변화, 환경 오염이 지속되면 미래 세대는 깨끗한 환경에서 풍요롭게 살아갈 수 없음

③ 현세대는 미래 세대의 삶의 질에 관심을 가지고 온전한 자연을 물려주기 위해 환경 보전의 의무를 다해야 함

④ 인류는 하나의 연속적 세대로 이루어진 도덕 공동체이며, 어느 세대도 자신의 이익을 위해 전 인류의 공동 자산인 자연환경을 남용할 권리를 가지고 있지 않음

(2) 미래 세대에 대한 책임과 배려의 윤리

요나스의 책임 윤리	인류 존속에 대한 현세대의 책임을 강조하면서, 현세대가 가진 책임은 일차적으로 미래 세대의 존재를 보장하는 것이며, 이차적으로는 그들의 삶의 질을 배려하는 것이라고 주장함
나딩스의 배려 윤리	우리가 미래 세대의 관점에서 판단한다면 환경을 보호하는 행위는 그들에게 이익을 주는 가치 있는 행동으로서 배려 윤리를 실천하는 것이라고 주장함

✪ 생물 다양성 협약
지구상에 존재하는 생물종의 다양성을 보존하기 위해 마련한 국제 협약으로, 1992년 유엔 환경 개발 회의에서 채택됨

✪ 녹색 기후 기금
선진국이 개발 도상국의 온실가스 감축과 기후 변화 적응을 지원하기 위해 마련한 기금을 관리하기 위해 설립한 국제기구

개념 체크

1. 요나스는 인류 존속에 대한 현세대의 책임을 강조하면서, 현세대가 가진 책임은 일차적으로 (   )의 존재를 보장하는 것이라고 보았다.
2. 나딩스는 우리가 미래 세대의 관점에서 판단한다면 환경을 보호하는 행위는 그들에게 이익을 주는 가치 있는 행동으로서 (   )을/를 실천하는 것이라고 주장하였다.
3. 환경적으로 건전하고 지속 가능한 발전이란 미래 세대의 필요를 충족할 수 있는 범위에서 (   )의 필요를 충족하는 개발 방식이다.

정답
1. 미래 세대
2. 배려 윤리
3. 현세대

4. 환경적으로 건전하고 지속 가능한 발전

(1) 환경 보전과 개발에 대한 논쟁

① 개발론과 보전론의 입장

개발론	자연은 도구적 가치를 지니며 개발에 따른 환경 문제는 경제 성장과 기술 발달로 해결할 수 있다는 점에 근거하여 자연 개발을 주장함
보전론	자연은 내재적 가치를 지닌다는 점과 자연을 보전하는 것이 장기적으로도 큰 이익이라는 점에서 자연 보전을 주장함

② 개발과 보전 사이의 딜레마에 대한 해결책으로 '환경적으로 건전하고 지속 가능한 발전'의 개념이 등장함

(2) 환경적으로 건전하고 지속 가능한 발전

의미	• 미래 세대의 필요를 충족할 수 있는 범위에서 현세대의 필요를 충족하는 개발 방식임 • 생태 지속 가능성의 범위에서 환경 개발을 추구함으로써 인간과 자연이 공존하며, 개발과 보전을 양자택일이 아니라 조화와 균형의 관점에서 바라보자는 것
환경적으로 건전하고 지속 가능한 발전을 실현하기 위한 노력	• 개인적 차원: 에너지 절약, 일회용품 사용 줄이기 등 친환경적 소비를 생활화해야 함 • 국가적 차원: 신·재생 에너지 개발을 제도적으로 지원하고, 환경 오염 물질 배출을 규제하는 법을 엄격히 시행하는 등의 노력을 확대해야 함 • 국제적 차원: 파리 협정, 람사르 협약, 생물 다양성 협약 등과 같은 국가 간 합의와 탄소 배출권 거래 제도, 녹색 기후 기금 등과 같은 제도나 기구를 통해 국제적인 협력을 이끌어 내야 함

[24015-0163]

01 다음을 주장한 사상가의 입장으로 가장 적절한 것은?

동물을 폭력적으로 그리고 동시에 잔학하게 다루는 것은 인간의 자기 자신에 대한 의무와 내면에서 더욱더 배치된다. 왜냐하면 그로 인해 동물의 고통에 대한 공감이 인간 안에서 둔화되고, 그로써 타인과의 관계에서의 도덕성에 매우 이로운 자연 소질이 약화되어 점차로 절멸될 것이기 때문이다.

① 동물은 자율적인 행위 능력이 있는 주체이다.
② 동물은 그 자체로 도덕적 의무의 직접적인 대상이다.
③ 동물을 포함한 모든 생명체는 생태계의 동등한 구성원이다.
④ 동물의 고통에 대한 공감은 인간의 도덕성 촉진에 기여한다.
⑤ 동물에 대한 폭력은 사회적 유용성을 감소시키므로 옳지 않다.

[24015-0164]

02 갑, 을 사상가들이 모두 긍정의 대답을 할 질문만을 〈보기〉에서 고른 것은?

갑: 자연의 사용자 및 자연의 해석자로서 인간은 자연의 질서에 관해 실제로 관찰하고 고찰한 것만큼 무엇인가를 할 수 있다. 인간의 지식이 곧 인간의 힘이다.
을: 자연은 일종의 기계이며, 자연의 모든 과정은 필연적이고 자연적인 인과 법칙의 지배를 받는다. 인간은 이성을 통해 이러한 인과 법칙을 파악하고 설명할 수 있다.

● 보기 ●

ㄱ. 자연은 기계가 아닌 생명이 있는 유기체인가?
ㄴ. 자연을 인류를 위한 도구로 보는 것은 잘못인가?
ㄷ. 자연에 대한 인간의 지배와 이용은 정당화 가능한가?
ㄹ. 자연과 인간의 관계에 대한 이성적 고찰이 필요한가?

① ㄱ, ㄴ　② ㄱ, ㄷ　③ ㄴ, ㄷ
④ ㄴ, ㄹ　⑤ ㄷ, ㄹ

[24015-0165]

03 갑 사상가의 입장에 비해 을 사상가의 입장이 갖는 상대적 특징을 그림의 ㉠~㉤ 중에서 고른 것은?

갑: 동물은 신의 섭리에 따라 당연하게 인간에 의해 이용되도록 정해져 있다. 따라서 인간은 동물을 죽이거나 혹은 어떤 다른 식으로 이용함에 있어 부정을 저지른다고 볼 수 없다.
을: 동물은 인간과 마찬가지로 목적론적 삶의 중심이다. 인간의 목적을 위해 그들이 존재하는 것처럼 취급하는 방식은 잘못이다. 모든 생명체의 선이 보호되고 증진되어야 하는 것은 그들을 위해서이다.

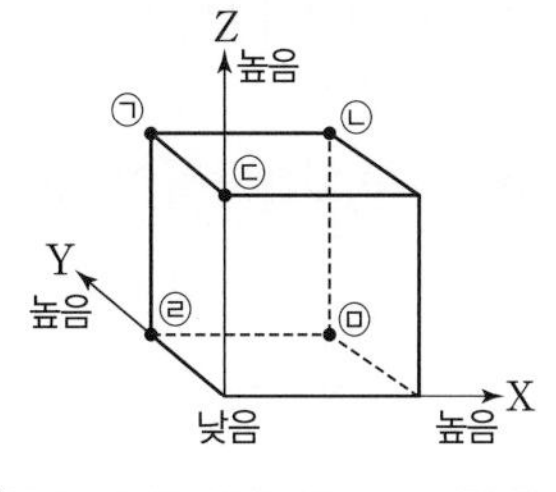

• X: 인간을 동물보다 우월하다고 보는 정도
• Y: 동물을 인간의 도구로 여겨서는 안 된다고 보는 정도
• Z: 인간 이외의 생명체도 도덕적으로 존중해야 한다고 보는 정도

① ㉠　② ㉡　③ ㉢　④ ㉣　⑤ ㉤

[24015-0166]

04 다음을 주장한 사상가의 입장으로 적절하지 않은 것은?

평등의 원리는 한 존재의 고통을 다른 존재의 동일한 고통과 동등하게 취급할 것을 요구한다. 한 존재가 고통을 느낄 수 없다면, 또는 즐거움이나 행복을 누릴 수 없다면 거기에서 고려해야 할 바는 아무것도 없다. 그리하여 쾌고 감수 능력은 다른 존재들의 이익에 관심을 가질지의 여부를 판가름하는 우리가 옹호할 수 있는 유일한 경계가 된다.

① 이성은 도덕적 고려의 범위를 결정하는 기준이 아니다.
② 동물이 인간의 이익에 기여해야 보호의 대상에 포함된다.
③ 쾌고 감수 능력이 없는 존재는 도덕적 존중의 대상이 아니다.
④ 다른 존재의 이익을 고려할지 여부는 유정성을 기준으로 삼아야 한다.
⑤ 인간과 쾌고 감수 능력을 지닌 동물의 이익 관심은 동등하게 고려받아야 한다.

[24015-0167]

05 다음을 주장한 사상가의 입장으로 가장 적절한 것은?

> 인간과 인간이 아닌 삶의 주체는 도덕적으로 존중받을 도덕적 권리를 갖는다. 이러한 권리를 가진 개체들은 다른 것들의 이익을 위해 의도적으로 해를 입어서는 안 된다. 적어도 일부 포유동물은 삶의 주체로서의 특징을 가지고 있으며, 정의는 우리가 삶의 주체를 존중하는 마음으로 대우할 것을 요구한다.

① 모든 삶의 주체는 도덕적 행위 능력을 가진다.
② 생명을 지닌 모든 존재는 도덕적 존중의 대상이다.
③ 삶의 주체 중 일부는 내재적 가치를 지니지 못한다.
④ 어떤 동물도 인간과 동등한 도덕적 대우를 받을 수 없다.
⑤ 감정적 생활을 하고 목적을 추구할 수 있는 동물이 있다.

[24015-0168]

06 (가), (나) 사상의 입장으로 적절하지 않은 것은?

> (가) 모든 중생이 나의 아버지요 어머니거늘, 그들을 잡아서 먹거나 해치는 것은 곧 나의 부모를 죽이거나 해치는 것이며, 또한 나의 옛 몸을 먹는 것이다. 모든 땅과 물은 다 나의 옛 몸이고, 모든 온기와 존재는 다 나의 본래 몸이다.
> (나) 하늘은 아버지이고, 땅은 어머니이다. 천지에 가득 찬 기운은 나의 몸이요, 천지를 운용하는 원리는 나의 본성이 된다. 사람들과 나는 한배에서 나왔고, 만물은 나와 더불어 한 형제이다.

① (가): 자연의 모든 존재는 상호 의존적으로 존재한다.
② (가): 모든 중생은 자비를 실천해야 불성(佛性)을 형성할 수 있다.
③ (나): 자연은 만물을 낳고 기르는 살아 있는 유기체이다.
④ (나): 인간은 천인합일(天人合一)을 지향하며 자연과 조화를 이루어야 한다.
⑤ (가)와 (나): 자연은 인간의 욕구 충족 여부와 무관하게 존중되어야 한다.

[24015-0169]

07 다음 사상의 입장만을 〈보기〉에서 있는 대로 고른 것은?

> 지구상의 인간과 인간 이외의 생명의 안녕과 번영은 그 자체로 가치를 가진다. 이 가치는 자연계가 인간의 목적을 위해 얼마나 유용한가 하는 문제와는 독립해 있다. 생명체의 풍부함과 다양성은 이러한 가치의 실현에 이바지하며, 또한 그 자체로 가치를 지닌다. 인간은 생명 유지에 필요한 경우를 제외하고는 이러한 풍부함과 다양성을 감소시킬 권리가 없다.

보기

ㄱ. 인간은 다른 생명체와 달리 자연으로부터 독립되어 있다.
ㄴ. 모든 생명 유기체는 생태계 속에서 본래적으로 연결되어 있다.
ㄷ. 개별 생명체를 살상하는 행위는 어떤 경우에도 정당화될 수 없다.
ㄹ. 인간은 자연의 가치를 자신의 이익 실현에 대한 기여도로 판단해서는 안 된다.

① ㄱ, ㄴ　② ㄴ, ㄹ　③ ㄷ, ㄹ　④ ㄱ, ㄴ, ㄷ　⑤ ㄱ, ㄷ, ㄹ

[24015-0170]

08 다음 사상의 입장만을 〈보기〉에서 고른 것은?

> 도(道)는 크고, 하늘도 크고, 땅도 크다. 세상에는 큰 것들이 있는데 사람도 그 가운데 하나이다. 사람은 땅을 본받고, 땅은 하늘을 본받고, 하늘은 도를 본받고, 도는 스스로 그러함[自然]을 본받는다.

보기

ㄱ. 자연을 생명이 없는 물질적 재료로 보아야 한다.
ㄴ. 자연은 특정한 목적이 없는 무위(無爲)의 체계이다.
ㄷ. 자연의 흐름에 순응하고 욕구를 절제하면서 살아야 한다.
ㄹ. 자연은 인간의 도덕적 본성[性]의 근원이므로 존중의 대상이다.

① ㄱ, ㄴ　② ㄱ, ㄷ　③ ㄴ, ㄷ　④ ㄴ, ㄹ　⑤ ㄷ, ㄹ

[24015-0171]

1 다음 신문 칼럼에서 강조하는 내용으로 가장 적절한 것은?

○○ 신문 ○○○○년 ○○월 ○○일

칼럼

기후 변화를 초래한 국가들이 기후 변화의 피해를 가장 많이 입거나 온실가스 배출량 감축의 책임을 져야 정의롭다. 그런데 현실에서 기후 변화의 피해는 기후 변화에 직접적 책임이 없는 개발 도상국이나 경제적 약자에게 크게 나타나고 있다. 기후 변화에 직접적 책임을 져야 하는 선진국들은 기후 변화의 피해를 상대적으로 적게 받을 뿐만 아니라 '탄소 배출권 거래 제도' 등과 같은 경제적 논리의 해결책을 강조하고 있다. 기후 부정의를 궁극적으로 시정하기 위해서는 국제 사회 차원의 직접적 노력이 필요하다. 국제 사회는 기후 변화로 고통받고 있는 나라에 지원을 확대하고, 여성, 어린이, 노동자 등 사회 취약 계층이 받는 기후 변화의 영향을 최소화하기 위해 노력해야 한다.

① 온실가스 배출 억제를 위해 선진국의 경제 성장을 유보시켜야 한다.
② 기후 변화 문제는 시장 경제 논리로 접근해야 궁극적으로 해결 가능하다.
③ 기후 변화로 인한 피해자가 기후 위기 극복의 방안을 마련해야 정의롭다.
④ 기후 변화의 극복을 위해 선진국과 개발 도상국이 동일한 배상금을 마련해야 한다.
⑤ 기후 변화에 따른 불평등 해소를 위해 사회적 약자에 대한 국제적 지원이 필요하다.

[24015-0172]

2 갑 사상가의 입장에서 〈사례〉의 A에게 제시할 조언으로 가장 적절한 것은?

갑: 대지를 우리가 속한 공동체로 바라보게 될 때, 우리는 대지를 사랑과 존중으로써 이용하게 될 것이다. 대지가 공동체라는 것은 생태학의 기초 개념이지만, 대지가 사랑과 존중을 받아야 한다는 것은 윤리적 문제이다. 대지 윤리는 공동체의 범위를 흙, 물, 식물과 동물을 포괄하는 대지를 포함하도록 확장하는 것이다.

〈사례〉

건설 사업자 A는 ○○산을 개발하여 대규모 오락 시설을 건립하려고 계획하고 있다. 산림 훼손과 강에 오염물 방출 등의 부작용으로 건설을 반대하는 목소리가 많지만, A는 부를 축적하기 위해 무리하게 건설 계획을 추진하고 있다.

① 대지는 인류가 공동으로 소유한 상품임을 명심하세요.
② 개별 생명체를 보존하는 것이 생태계의 안정보다 중요함을 명심하세요.
③ 자연물을 이용하는 행위는 어떠한 경우에도 허용될 수 없음을 명심하세요.
④ 자연 그 자체의 가치는 인간의 이해와 무관하게 존중받아야 함을 명심하세요.
⑤ 인간은 생명 공동체의 관리자로서 대지를 온전하게 다스려야 함을 명심하세요.

[24015-0173]

3 **다음을 주장한 사상가의 입장만을 〈보기〉에서 있는 대로 고른 것은?**

인류가 이제까지 실행한 것과 앞으로 실행할 것에 의해 마땅히 실존해야 하든 안 하든 관계없이, 그 모든 것에 대해 인류의 실존은 항상 우선적이다. 실존을 통해 자기 규제의 가능성과 초월적인 가능성을 모두 열어 놓아야 한다. 우주적 책임으로서 이 가능성의 보존은 바로 실존에 대한 의무를 의미한다. 인류의 실존은 간단하게 인류가 살아 있다는 것을 의미한다. '인류가 존재한다.'는 적나라한 존재적인 사실은 이 점에 대해서 묻지도 않았던 사람들에게 '인류가 계속 존재해야 한다.'는 존재론적 명령이 된다.

보기

ㄱ. 인류 전체를 세대의 연속으로 이루어진 도덕 공동체로 보아야 한다.
ㄴ. 자연 보호를 위한 비용이 크면 인류 존속의 명령은 유보되어야 한다.
ㄷ. 현세대는 인류 존속에 대한 책임 이행을 무조건적 의무로 여겨야 한다.
ㄹ. 무분별한 개발을 자제하여 미래 세대의 삶의 질을 보호하기 위해 노력해야 한다.

① ㄱ, ㄴ ② ㄱ, ㄷ ③ ㄴ, ㄹ
④ ㄱ, ㄷ, ㄹ ⑤ ㄴ, ㄷ, ㄹ

[24015-0174]

4 **다음 가상 편지를 쓴 사상가가 지지할 내용으로 가장 적절한 것은?**

○○에게

지난 편지에서 주장한 동물에 대한 선생님의 입장에 동의할 수 없어 답장을 보냅니다. 선생님은 동물 학대가 인간 학대로 이어질 수 있기 때문에 우리가 동물에게 친절해야 한다고 주장하셨습니다. 하지만 선생님의 그러한 입장은 전적으로 종 차별주의적 표명이라 할 수 있습니다. 우리가 동물에게 친절해야 하는 참된 이유는 동물이 쾌고 감수 능력을 토대로 이익 관심을 갖기 때문입니다. 동물은 이익을 가지고 있기 때문에 그들의 이익을 고려해야 합니다. 인간과 동물의 쾌고를 비교했을 때 불가피한 경우 동물의 희생이 정당화될 수도 있지만, 동물을 도덕적 배려의 대상으로부터 원천적으로 배제하는 것은 정당하지 못한 것입니다.

① 인간과 동물이 선호하는 이익 관심의 대상은 항상 같다.
② 인간과 동물을 동일하게 대우해야 종 차별주의를 극복할 수 있다.
③ 인간과 동물의 권리는 전체 생태계의 안정을 위해 희생되어야 한다.
④ 인간과 동물에게는 동등한 수준의 도덕적 행위 능력을 요구해야 한다.
⑤ 인간과 동물이 느끼는 쾌고의 정도를 비교하여 동물의 희생이 정당화되는 경우가 있다.

[24015-0175]

5 (가)의 갑, 을 사상가들의 입장을 (나) 그림으로 탐구하고자 할 때, A~C에 들어갈 질문으로 가장 적절한 것은?

(가)
갑: 인간과 모든 이성적 존재는 목적 그 자체로서 존재하며, 이들은 자기 자신과 다른 이성적 존재들에 대한 행위에서 항상 동시에 목적으로서 간주되어야 한다. 인간은 인간에 대한 의무 이외에 다른 존재자들에 대해 의무를 가질 수 없다.
을: 인간이 지닌 어떤 특성을 가지고 인간이 다른 나머지 생명 종(種)의 구성원들보다 우월하다고 주장하는 것은, 인간이 지구 생명 공동체의 일원이라는 사고와 모든 생명은 목적론적 삶의 중심이라는 사고에 비추어 볼 때 근거가 없다. 자신의 고유한 선을 갖는 존재는 본래적 가치를 지닌다.

(나)
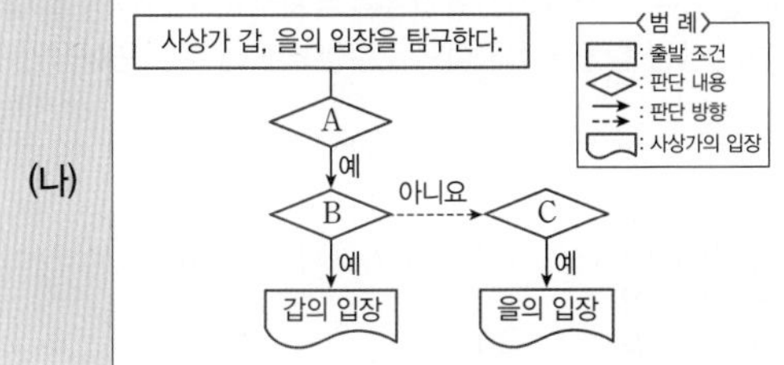

① A: 인간 이외의 자연물을 단순한 수단으로 대하는 것은 잘못인가?
② A: 생명체는 목적론적 삶의 중심이므로 모두 도덕적 행위자가 될 수 있는가?
③ B: 모든 생명체는 의식의 유무와 무관하게 내재적 가치를 지니는가?
④ B: 이성을 지닌 존재는 도덕적 고려의 대상에 포함될 수 있는 존재인가?
⑤ C: 고유의 선을 지닌 존재는 도덕적 존중을 받을 자격을 가질 수 있는가?

[24015-0176]

6 (가)의 갑, 을 사상가들의 입장에서 서로에게 제기할 수 있는 비판을 (나) 그림으로 표현할 때, A, B에 해당하는 내용으로 가장 적절한 것은?

(가)
갑: 우리의 식생활, 동물을 사육하는 방식, 과학에서의 동물 실험 절차, 야생 생물에 대한 사냥과 함정, 모피, 그리고 서커스, 로데오, 동물원에 대한 우리의 태도를 쾌고 감수 능력을 가진 존재들의 이익을 평등하게 고려하도록 변화시켜야 한다. 우리의 태도가 변한다면, 고통의 양은 엄청나게 줄어들 것이다.
을: 식용 송아지의 운명을 보고 우리는 슬픔을 느끼지 않을 수 없다. 여기서 문제는 동물을 먹을 수 있고, 조작할 수 있고, 스포츠나 돈을 위해 임의대로 이용할 수 있는 우리의 자원으로 보는 관행 자체이다. 송아지와 같이 고유의 가치를 갖는 동물은 삶의 주체로서 도덕적 권리를 갖는다.

(나)
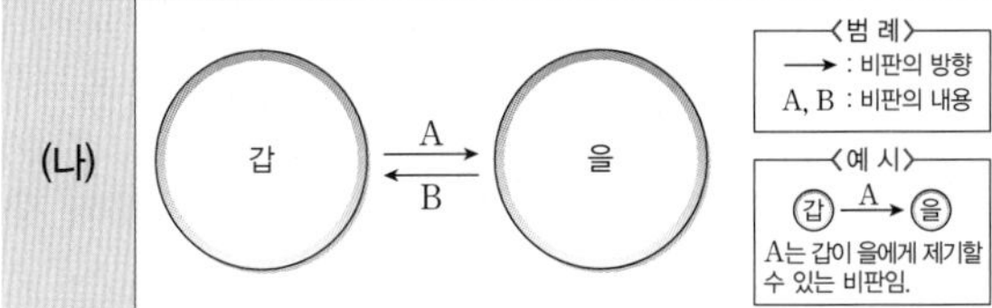

① A: 동물 학대 금지의 근거를 유용성에서 찾으려 해서는 안 됨을 간과한다.
② A: 모든 동물을 동일하게 대우해야 평등의 원칙에 위배되지 않음을 간과한다.
③ A: 삶을 주체적으로 영위할 수 있는 존재에 대한 도덕적 의무가 있음을 간과한다.
④ B: 쾌고 감수 능력은 동물의 이익에 관심을 두어야 하는 유일한 근거가 아님을 간과한다.
⑤ B: 종이 다르다는 이유만으로 동물의 이익 관심을 고려하지 않는 것은 차별임을 간과한다.

[24015-0177]

7 (가)의 갑, 을, 병 사상가들의 입장을 (나) 그림으로 표현할 때, A~D에 해당하는 적절한 진술만을 〈보기〉에서 있는 대로 고른 것은?

(가)

갑: 살아 있는 모든 것은 고유의 선을 갖는다. 식물의 선은 영양적 기능을 수행하는 것이고, 동물의 선은 이것 이외에 자신의 욕구를 충족시키는 것이며, 인간의 선은 숙고하는 삶을 사는 것이다. 식물의 선과 동물의 선은 인간의 선을 위해 사용된다.

을: 도덕 무능력자는 무엇이 옳은 행동인지를 분별하여 행동할 수 있는 능력, 심사숙고하여 적절한 도덕 원리를 수립할 수 있는 능력을 결여하고 있다. 도덕 행위자가 도덕적 무능력자의 권리를 인정해야 하는 이유는 그들이 삶의 주체이기 때문이다.

병: 생명체가 목적론적 삶의 중심이라는 것은 그것이 자신의 생존을 유지하고, 자신의 종을 재생산하며, 변화하는 환경에 적응하게 하는 생명 활동을 성공적으로 수행하게 해 주는 항상적인 경향성을 갖고 있다는 것이다.

(나)

갑 A D B C 을 병

〈범 례〉
A: 갑만의 입장
B: 을만의 입장
C: 병만의 입장
D: 갑과 병만의 공통 입장

〈보기〉

ㄱ. A: 인간은 사유 능력을 지닌 존재로 다른 모든 동물과 달리 도덕적 존중의 대상이다.
ㄴ. B: 모든 동물은 식물과 달리 삶의 주체이므로 도덕적 권리를 가진다.
ㄷ. C: 인간이 식물에게 피해를 끼쳤을 경우 피해를 보상하는 것은 의무이다.
ㄹ. D: 도덕적 행위 능력은 생명체의 도덕적 지위를 결정하는 주요 요인이다.

① ㄱ, ㄴ ② ㄱ, ㄷ ③ ㄴ, ㄹ
④ ㄱ, ㄷ, ㄹ ⑤ ㄴ, ㄷ, ㄹ

[24015-0178]

8 ㉠에 들어갈 진술로 가장 적절한 것은?

인간은 모든 살려고 하는 의지에 대해 자신에게 부여했던 생명에 대한 경외를 부여하지 않으면 안 된다. 그래서 생명을 유지하고 생명을 증진하며 생명을 고양하는 것을 선으로, 반대로 생명을 파괴하고 생명에 해를 끼치며 생명을 억압하는 것을 악으로 보아야 한다. 그런데 중세의 어느 사상가는 "신의 섭리에 따라 동물은 자연의 과정에서 인간이 사용하도록 운명 지어졌다."라고 주장하였다. 나는 이 사상가가 [㉠]고 생각한다.

① 모든 생명체는 인간의 삶에 이바지하도록 신에 의해 창조된 것임을 간과하고 있다
② 인간의 생존을 위해 다른 생명체를 해치는 일은 정당화될 수 있음을 간과하고 있다
③ 동물과 달리 식물은 생명에 대한 의지를 지니고 있는 존재가 아님을 간과하고 있다
④ 생명은 그 자체로는 선이 아니지만 도덕적으로 배려해야 할 대상임을 간과하고 있다
⑤ 인간을 포함한 모든 생명체는 살기 위해 애쓰는 존재로 존중의 대상임을 간과하고 있다

[24015-0179]

9 **그림의 강연자가 지지할 입장으로 적절하지 않은 것은?**

> 많은 사람들은 산림이 아름답고, 야생 생물의 안식처라는 이유로 산림을 보전해야 한다고 주장하고 있습니다. 하지만 우리의 산림 정책의 목표는 산림을 보전하는 것이 아니라 행복한 가정을 꾸미는 데 있습니다. 우리는 산림에 대한 과학인 임학(林學)을 활용하여 산림을 잘 관리하고, 파괴하거나 황폐화하지 않으면서 필요한 것을 얻어 낼 수 있도록 노력해야 합니다. 우리는 인류를 위해 산림을 사용하고 그것의 사용을 최대한 오래 유지해야 하기 때문입니다. 즉, 산림에 대한 우리의 목표는 최대한 장기간 동안 최대 다수에게 최대한의 이익이 되도록 산림을 이용하는 데 있습니다.

① 자연은 인간의 이익을 실현하기 위한 도구로 사용될 수 있다.
② 야생 환경을 본래 상태 그대로 보전하는 것이 임학의 목표이다.
③ 개발이 인류에게 주는 도움에 따라 환경 정책이 달라질 수 있다.
④ 인간의 장기적 이익을 위해 자연환경에 대한 착취를 막아야 한다.
⑤ 산림 정책을 수립할 때 자연과 인간을 동등하게 존중할 필요가 없다.

[24015-0180]

10 **(가)의 갑, 을 사상가들의 입장에서 (나)의 질문에 대한 대답으로 적절한 것만을 〈보기〉에서 고른 것은?**

(가)	갑: 사물은 저것이 아닌 것이 없고, 또 이것 아닌 것이 없다. 그러므로 저것은 이것에서 생겨나고, 이것 또한 저것에서 비롯된다. 삶이 있으면 죽음이 있고, 죽음이 있으면 반드시 삶이 있다. 그래서 성인(聖人)은 그것을 자연의 조명(照明)에 비추어 본다. 을: 이것이 있기 때문에 저것이 있고, 이것이 일어나기 때문에 저것이 일어난다. 곧 무명(無明)을 인연하여 행이 있고 나아가서는 순수하게 큰 괴로움의 무더기가 모이며, 무명이 멸하기 때문에 행이 멸하고 나아가서는 순수하게 큰 괴로움의 무더기가 멸한다.
(나)	오늘날 인류가 직면한 환경 문제를 극복하기 위해 우리는 어떤 노력을 해야 할까요?

보기

ㄱ. 갑: 인위적인 분별을 버리고 자연 만물의 평등성을 이해해야 합니다.
ㄴ. 갑: 자연이 인간에게 준 도덕적 본성을 깨달아 순수하게 살아가야 합니다.
ㄷ. 을: 자연 만물이 인과(因果)로 서로 연결되어 있음을 알아야 합니다.
ㄹ. 을: 만물은 독립적으로 발생하는 것임을 알고 만물에 대한 자비를 실천해야 합니다.

① ㄱ, ㄴ　② ㄱ, ㄷ　③ ㄴ, ㄷ
④ ㄴ, ㄹ　⑤ ㄷ, ㄹ

12 예술과 대중문화 윤리

미적 가치와 윤리적 가치

1. 인간의 삶과 예술

(1) 예술의 의미

① 예술의 어원

동양	한자어 예술(藝術)의 '예(藝)'는 '심는다'는 뜻으로 기초적인 교양의 씨를 뿌린다는 의미를 가지며, '술(術)'은 '나라 안의 길'이라는 뜻으로 어떤 곤란한 과제를 능숙하게 해결할 수 있는 능력을 의미함
서양	영어 아트(art)는 일정한 과제를 해낼 수 있는 숙련된 능력으로서 기술을 의미하는 그리스어 '테크네(techne)'에서 유래하였음

② 예술의 의미: 미적 가치를 표현하고 창조하는 일에 목적을 둔 모든 인간 활동과 산물

(2) 예술의 역할

① 인간에게 심리적 안정과 즐거움을 주고 소통의 매개가 됨으로써 인간 간의 교류를 촉진함

② 사회 모순을 비판하여 인간의 의식과 사회 개혁에 이바지하며 도덕적 교훈을 제공하여 삶을 성숙하게 하는 데 기여함

2. 예술과 윤리의 관계에 대한 입장

(1) 도덕주의

① 예술의 목적: 모든 예술 작품은 고결한 품성과 올바른 행위를 포함하여 도덕적 교훈이나 본보기를 제공해야 함

② 예술관

- 도덕적 가치가 미적 가치보다 우위에 있으므로 예술은 윤리의 인도를 받아야 한다고 봄
- 예술가도 사회인이며 예술 활동 역시 사회 활동이므로 예술은 사회의 모순을 비판하고 사회 발전에 이바지해야 한다고 보는 참여 예술론과 관계됨

③ 문제점: 예술에서 미적 요소가 경시될 수 있고 자유로운 창작이 제한될 수 있음

④ 대표적 사상가

플라톤	• 예술의 존재 이유가 선을 권장하고 덕성을 장려하는 데 있다고 보고, 예술 작품이 도덕적 가치를 담고 있는지를 국가가 판단해야 한다고 주장함 • 도덕 기준에 따라 선별된 예술 작품을 통해서 인간은 영혼의 조화와 질서를 깨닫고, 청소년은 건전한 품성과 사고를 기를 수 있다고 봄
톨스토이	"예술은 개인의 감정을 표현하여 다른 사람에게 전하는 모든 것이다."라고 함. 특히 표현된 감정이 다른 사람에게 전달되어 공감을 불러일으키는 것을 중요하게 생각함

자료 플러스 톨스토이의 도덕주의

진짜 예술을 가짜 예술과 구별하기 위한 확실한 특징은 예술의 감염성(感染性)이다. 어떤 사람이 다른 사람의 작품을 경험하면서 그 작가와 공감(共感)하고 그 작품을 감상한 다른 사람들과도 공감한다면 그 작품은 틀림없는 예술품이다. 하지만 만일 같은 예술 작품을 감상하는 다른 사람들과 정신적으로 합일하는 감정을 일으키지 못하면 그것은 진정한 예술품이 아니다.

– 톨스토이, "예술이란 무엇인가" –

톨스토이는 사회의 종교적 자각(사회 구성원들이 도달한 최고의 선)에 입각한 좋은 예술만을 인정하고 미래의 예술은 좋은 예술을 양산해야 한다고 주장하였다.

톨스토이
러시아의 소설가이자 사상가. 예술은 언어와 같이 인간의 감정을 바꾸게 하며, 진보와 완전을 향해 정진하는 인류 운동의 한 수단이라고 봄

개념 체크

1. 예술은 (　　　)을/를 표현하고 창조하는 일에 목적을 둔 모든 인간 활동과 산물이다.
2. 도덕주의는 도덕적 가치가 미적 가치보다 우위에 있으므로 예술은 (　　　)의 인도를 받아야 한다고 본다.
3. 플라톤은 예술의 존재 이유가 (　　　)을/를 권장하고 덕성을 장려하는 데 있다고 보았다.

정답

1. 미적 가치
2. 윤리
3. 선

자료 플러스 플라톤의 도덕주의

시가(詩歌) 교육이 가장 중요한 것은 이런 이유 때문이겠지. 리듬과 선법(화음)은 혼의 내면으로 가장 깊숙이 젖어 들어 우아함을 대동함으로써 혼을 가장 강력하게 사로잡는 것이야. 어떤 사람이 이를 옳게 교육을 받는다면 우아한 사람으로 만들 것이나 그렇지 못할 경우에는 그 반대로 만들 것이기 때문일세. 또 시가에서 마땅히 받아야 할 교육을 받은 이는 빠져서 없는 것들과 훌륭하게 만들어지지 못한 것들 또는 훌륭하게 자라지 못한 것들에 대해 가장 민감하게 알아볼 것이네. 그들은 옳게 싫어할 줄 알아서 아름다운 것들을 칭찬하고 기뻐하여 혼 속에 받아들임으로써 이것들에서 교육을 받아 스스로 훌륭하디 훌륭한 사람이 되는데, 일찍이 어려서부터 그 논거도 알기 전에 추한 것은 비난하고 미워하기를 올바르게 교육받은 사람인지라 그 논거를 접하게 되면 그 친근성 덕에 그걸 알아보고서는 제일 반길 것이기 때문에 말일세. – 플라톤, "국가" –

플라톤은 예술이 올바른 품성 함양을 위한 삶의 모범을 제공해야 하며, 예술가는 도덕적 이상을 모방하여 영혼의 조화를 추구해야 한다고 보았다.

(2) 심미주의(예술 지상주의)

① 예술의 목적: 미적 경험은 다른 것을 산출하기 때문이 아니라 그 자체로 가치가 있으므로 예술은 미적 가치의 구현을 목적으로 해야 함

② 예술관

- 예술은 윤리적 평가로부터 자유로워야 하며, 예술을 도덕, 정치 등 다른 것을 위한 수단으로 취급해서는 안 된다고 봄
- '예술을 위한 예술'을 주장하므로 예술의 자율성을 옹호하는 순수 예술론을 지지함

③ 문제점: 예술과 현실을 분리함으로써 예술의 사회적 영향력을 간과함

④ 대표적 사상가

와일드	• 예술가가 다른 사람의 욕구를 만족시키려는 순간 그는 예술가이기를 포기한 것이며, 예술가에게 윤리적 공감은 독창성을 잃게 하는 것이라고 주장함 • 예술에서 도덕이 불필요함을 주장하며 '예술을 위한 예술'을 기치로 삼는 심미주의 입장을 취함
스핑건	• 시(詩)가 도덕적이라든가 혹은 비도덕적이라고 말하는 것은, 정삼각형은 도덕적이고 이등변 삼각형은 비도덕적이라고 말하는 것과 같이 무의미하다고 주장함 • 예술을 다른 목적을 위한 도구로 이용하면 예술이 규격화 혹은 획일화되어 창조성과 창의성이 파괴될 것이라고 주장함

✪ **와일드**
아일랜드의 시인, 소설가, 극작가로 '예술을 위한 예술'을 주장함

✪ **스핑건**
미국의 문학자이자 비평가로 예술이 도덕적 평가에서 자유로워야 함을 역설함

자료 플러스 와일드의 심미주의

- 예술은 예술 안에서 그 완벽함을 추구할 뿐, 예술 밖에서 완벽함을 찾지 않는다. 예술은 닮은꼴이라는 외적인 기준에 의해서 재단될 수 있는 것이 아니다. 따라서 예술은 거울이라기보다는 장막이다. 예술은 어떤 숲에도 피지 않는 꽃이다. 어떤 숲에서도 울지 않는 새이다. 예술은 수많은 세계를 만들어 내고 파괴한다. 예술은 주홍빛 실로 하늘에서 달을 끌어오는 것이다. 예술의 눈으로 볼 때, 자연에는 어떤 법칙도 없다. – 와일드, "오스카 와일드 산문집" –
- 심미주의는 평범한 것들에 색채를 부여하고, 아름다움을 돋보이게 하려는 하나의 시도이다. 그 아름다움이 어디에 존재하는가는 중요하지 않다. 아름다움과 모든 사물들 사이에는, 감지할 수 있는 아름다움과 또 다른 아름다움의 상관관계처럼 미묘한 관계가 존재한다. 그 문제를 공부해 왔던 사람들만이, 오직 그런 사람들만이 보고 느낄 수 있는 관계이다. – 와일드, "와일드가 말하는 오스카" –

와일드는 예술이 도덕이나 정치 등 다른 어떤 것을 위한 수단이 되어서는 안 되며, 예술은 자율성을 바탕으로 예술 자체의 아름다움을 추구해야 한다고 보았다.

개념 체크

1. 심미주의는 예술을 도덕, 정치 등 다른 것을 위한 (　　)(으)로 취급해서는 안 된다고 본다.
2. 와일드는 예술에서 (　　) 이/가 불필요하다고 주장하며 '예술을 위한 예술'을 기치로 삼는 심미주의 입장을 취하였다.
3. 스핑건은 예술을 다른 목적을 위한 도구로 이용하면 예술이 규격화 혹은 (　　)되어 창조성과 창의성이 파괴될 것이라고 주장하였다.

정답
1. 수단 또는 도구
2. 도덕
3. 획일화

개념 플러스 순수 예술론과 참여 예술론

순수 예술의 옹호자들은 예술이 현실로부터 자유로운 영역이어야 한다고 본다. 이들에 따르면 예술은 어떠한 현실적 목적을 추구해서는 안 된다. 예술의 목적은 예술만이 될 수 있고, 예술은 예술 외적인 모든 타율을 거부해야 한다. 요컨대 예술은 자율적이고 순수하며 아름다워야 한다. 이에 반해 참여 예술의 옹호자들은 현실과의 모든 관계를 부정하는 순수 예술을 현실 도피라고 비판한다. 예술가도 시대의 아들이고 예술도 시대의 소산이기 때문이다. 따라서 예술은 현실을 반영하고 개선하며, 이를 통해 역사 발전에 기여해야 한다고 본다. 요컨대 예술은 참여인 것이다. – 김수용 외, "예술의 시대" –

(3) 미적 가치와 윤리적 가치의 바람직한 관계

① 칸트: 자유로운 미적 체험이나 자유로운 도덕적 행위가 이기적인 욕구를 추구하는 것이 아니라는 점에서 미와 도덕성은 유사성을 가지며 '미는 도덕성의 상징'이라고 봄. 또한 미는 도덕성의 실현에 기여한다고 봄

② 정약용: 악(樂)을 통해 인격을 수양하여 성인이 될 수 있으므로 항상 악을 가까이해야 함

③ 공자: "인간은 시(詩)에서 감흥을 일으키고, 예(禮)에서 서며, 악(樂)으로써 자기를 완성하게 된다." 이는 시, 예, 악이 인간됨의 형성에서 기본적인 교양이 된다는 의미임

④ 예술은 미적 가치를 추구할 뿐만 아니라 윤리적 가치와 조화로운 관계를 추구함으로써 인격 형성에 긍정적 영향을 미침

정약용
18세기 실학사상을 집대성한 한국의 실학자이자 개혁가

자료 플러스 미(美)에 대한 칸트의 입장

미는 도덕성의 상징이다. 바로 이 점에서 아름다움은 만족을 주며, 다른 모든 사람에게 동의를 요구하는 것이다. 이때 우리의 마음은 감각적 쾌락을 넘어서 순화되고 고양된 고귀함을 느끼며, 사람들의 비슷한 준칙에 따라서 다른 모든 것들의 가치를 판단한다. …(중략)… 순수하게 감성적인 동물은 감각적인 즐거움만을 느낄 수 있으며, 순수하게 이성적인 존재의 의욕은 선에 해당한다. 인간은 이성적 존재자가 느낄 수 있는 선을 추구할 수도 있고, 동물이 느낄 수 있는 안락함을 추구할 수도 있다. 그러나 미적 즐거움은 동물과 신적 존재 사이의 중간자인 인간에게 고유한 것이며, 감성적인 것으로부터 순수 이성적인 것으로 나아가는 계기를 마련한다.
– 칸트, "판단력 비판" –

칸트는 미적 체험이나 도덕적 행위는 모두 자유가 전제될 때 성립될 수 있으며 이기적인 욕구를 벗어나 있다는 점에서 동일하다고 보았다. 그러므로 '미는 도덕성의 상징이다.'라고 말할 수 있으며, 더 나아가 미는 도덕성의 실현에 기여할 수 있게 된다.

개념 체크

1. 칸트는 자유로운 미적 체험이나 자유로운 도덕적 행위가 (   )을/를 추구하지 않는다는 점에서 유사성을 가진다고 보았다.
2. 정약용은 악(樂)을 통해 인격을 수양하여 (   )이/가 될 수 있으므로 항상 악을 가까이해야 한다고 보았다.
3. 공자는 시(詩)에서 감흥을 일으키고, 예(禮)에서 서며, (   )(으)로써 자기를 완성하게 된다고 하였다.

정답
1. 이기적인 욕구
2. 성인
3. 악(樂)

자료 플러스 아리스토텔레스의 예술관

모방한다는 것은 인간에게 자연스러운 일이어서 인간은 어릴 적부터 이러한 경향을 나타낸다. 또한 모든 인간은 모방에 의한 재현에 쾌감을 느낀다. 다음 사실이 그 증거이다. 실물을 보기에 괴로운 존재들도 매우 정확하게 그린 그림으로 보면 우리는 좋아한다. 왜냐하면 철학자가 배우면서 느끼는 살아 있는 쾌감을 다른 사람들도 조금일지라도 나눌 수 있기 때문이다. 그림을 보고 쾌감을 느끼는 것은 바라봄으로써 배우기 때문이다. 말하자면 어떤 형상이 어떤 사람을 그린 것인지 알아보는 것처럼 각 사물이 무엇인지를 추리하기 때문이다. 예술은 자연이 성공시키지 못한 것을 완성하는 것을 목표로 삼는다. – 아리스토텔레스, "시학" –

아리스토텔레스는 예술을 자연의 모방이라고 하였다. 여기서 모방은 대상에 대한 수동적인 모방을 넘어 대상의 아름다움을 실제보다 한층 돋보이게 하는 능동적인 모방을 의미한다.

3. 예술의 상업화

(1) 현대 예술의 특징

① 포스트모더니즘적 관점의 등장

- 고급과 저급, 성스러운 것과 속된 것, 창조품과 기성품, 작가와 관객 사이의 경계를 허물고, 일상생활에서 마주하는 모든 대상을 미적 대상으로 간주하는 등 권위주의적 사고나 인간을 억압하는 제도를 혁신하는 데 기여함
- 팝 아트(pop art)와 키치(kitsch)의 등장: 대안 없이 기존 질서의 가치 체계를 해체하거나 과거의 작품을 패러디하거나 기존 작품을 혼성 모방하는 경향을 지님

② 예술의 상업화의 확산

- 상품을 사고파는 행위를 통해 이윤을 얻는 일이 예술 작품에도 적용되는 예술의 상업화가 확산됨
- 예술 작품을 대량으로 생산하고 소비할 수 있도록 하는 대중 매체의 발달로 예술 작품에 상품 가치를 매겨 거래함으로써 예술에서도 경제적 가치를 중시하게 됨

(2) 예술의 상업화의 긍정적 측면

① 특수 계층만 누려 왔던 예술 작품에 일반 대중도 쉽게 접근할 수 있는 계기를 제공함

② 예술가에게 경제적 이익은 물론 예술 활동을 할 수 있는 기반을 마련해 줌으로써 창작 의욕을 북돋움

(3) 예술의 상업화의 부정적 측면

① 작가 정신보다 대중성을 중시함으로써 예술의 자율성을 훼손함

② 상업적 가치가 예술을 평가하는 척도가 됨으로써 예술 작품이 지향해야 하는 미적 가치와 윤리적 가치를 간과함

③ 예술이 경제적 이익을 위한 오락으로 전락하여 관능적이고 말초적인 표현에 치우치게 됨으로써 예술의 질적 저하를 가져올 수 있음

④ 상투적이고 기계적인 기법을 복제함으로써 예술을 오락물이나 심심풀이 대용물로 전락시켜 예술의 창조성을 경시함

대중문화의 윤리적 문제

1. 대중문화의 의미와 중요성

(1) 대중문화의 의미

① 대중 사회를 기반으로 형성되어 다수의 사람들이 소비하고 향유하는 문화

② 텔레비전, 인터넷, 라디오, 영화, 신문, 만화 등을 통해 많은 사람들이 쉽게 접하고 즐기는 문화

(2) 대중문화의 중요성

① 대중문화에 대한 일상적 노출이 개인의 가치관이나 행동 양식에 영향을 줌

② 대중문화는 짧은 시간에 많은 사람에게 전파되므로 사회 변화에도 영향을 줌

(3) 대중문화의 긍정적 효과

① 다양한 문화를 저렴한 비용으로 풍부하게 공급함으로써 문화의 대중화에 이바지함

② 대중이 사회에 관심을 가지고 참여할 수 있도록 기회를 제공함

포스트모더니즘
'탈근대'의 의미로, 이성에 의해 억눌린 감성의 해방을 주장하고 예술의 획일성을 비판함

팝 아트
대중에게 친숙한 만화나 광고, 사물, 대중 스타 등을 인용하여 이해하기 쉽고 재미있게 표현한 예술 양식으로, 워홀, 리히텐슈타인, 해링 등의 작가들이 있음

키치
진품을 모방하여 헐값에 파는 그림을 일컬음. 순수 예술을 훼손했다는 부정적 평가와 대중의 욕구를 충족시켰다는 긍정적 평가를 동시에 받음

개념 체크

1. 예술의 상업화로 예술 작품에 상품 가치를 매겨 거래함으로써 예술에서도 (　　) 가치를 중시하게 되었다.
2. 예술의 상업화는 작가 정신보다 (　　)을/를 중시함으로써 예술의 자율성을 훼손한다는 부정적 측면을 지닌다.
3. (　　)은/는 대중 사회를 기반으로 형성되어 다수의 사람들이 소비하고 향유하는 문화이다.

정답

1. 경제적
2. 대중성
3. 대중문화

2. 대중문화와 관련된 윤리적 문제

(1) 선정성과 폭력성

① 대중문화가 흥행이나 수익성만을 추구하면서 이목을 끌기 위해 과도하게 선정적이고 폭력적인 요소를 포함하게 됨

② 문제점: 폭력을 미화함으로써 청소년을 포함한 대중의 정서에 악영향을 미칠 수 있고, 지나친 선정성과 폭력성에 노출될 경우 모방 범죄로 이어질 수 있음

(2) 자본 종속

① 막대한 자본 투자로 발전하는 현대의 대중문화에서 자본의 힘이 대중문화를 지배하는 현상

② 문제점

- 막대한 자본 투자력을 지닌 일부 문화 기획사가 대중문화를 주도하게 됨
- 상업적 이익만을 우선하는 획일화된 문화 상품이 양산되어 문화의 다양성이 위축될 수 있음
- 대중문화를 생산하고 소비하는 각 개인이 문화 산업의 도구가 됨으로써 문화의 창조성과 예술의 자율성이 제약될 수 있음

✪ 문화 산업

자본주의적으로 대량 생산된 대중문화 또는 문화를 생산하는 산업을 의미함. 아도르노는 문화가 이윤 추구의 도구가 되면서 문화 산업이 사물화된 의식을 조장하고 대중을 무력화함으로써 독점 자본주의 체제가 유지되고 재생산될 수 있도록 기능한다고 주장함

자료 플러스 | 아도르노의 문화 산업 비판

> 오늘날 문화 소비자들의 자발성이나 상상력이 위축된 이유를 그 어떤 심리적 메커니즘에서 찾을 필요는 없다. 제작물 자체가 자신의 객관적인 속성에 따라 그러한 능력을 불구로 만들어 버린 것이다. 문화 상품의 속성은 제작물을 제대로 파악하기 위해서는 민첩성과 관찰력과 상당한 사전 지식을 요구하지만 관객으로 하여금 – 재빨리 스쳐 지나가는 사실들을 놓치지 않기 위해 – 적극적으로 사유하는 것을 불가능하도록 만든다는 데 있다. …(중략)… 문화 산업의 생산물은 여가 생활에서조차 소비가 활발하게 이루어지기를 노린다. 개개의 문화 생산물은 모든 사람을 일하는 시간과 마찬가지로 휴식 시간에도 잡아 놓는 거대한 경제 체계의 일부이다. 어떤 영화나 방송 프로그램이든 언뜻 보면 임의적인 것처럼 보이지만 사실은 사람을 각 사회에서 요구하는 규격품처럼 재생산하려는 의도를 담고 있다.
>
> – 아도르노 외, "계몽의 변증법" –

아도르노는 상업화된 예술에 대해 문화 산업이라고 비판하면서, 현대 예술은 자본에 종속되어 문화 산업으로 획일화되었다고 보았다. 따라서 하나의 상품으로 전락한 예술 작품을 감상하는 것은 감상자에게 고유한 체험이 아니라 표준화된 소비 양식이 될 뿐이라고 보았다.

개념 체크

1. 대중문화가 흥행이나 (　　)만을 추구하면서 과도하게 선정적이고 폭력적인 요소를 포함하게 되는 문제가 발생한다.
2. 아도르노는 상업화된 예술에 대해 (　　)(이)라고 비판하면서, 현대 예술은 자본에 종속되었다고 보았다.
3. 대중문화에 대한 윤리적 규제를 찬성하는 입장에서는 성을 상품으로 대상화하면 성의 (　　)이/가 훼손되므로 규제가 필요하다고 본다.

정답

1. 수익성
2. 문화 산업
3. 인격적 가치

3. 대중문화에 대한 윤리적 규제

(1) 윤리적 규제에 대한 찬성 입장

① 성을 상품으로 대상화하면 성의 인격적 가치가 훼손되므로 규제가 필요함

② 청소년의 정서에 해로운 대중문화를 윤리적 규제를 통해 선별해 내야 함

(2) 윤리적 규제에 대한 반대 입장

① 대중문화에 대한 윤리적 규제는 대중문화의 자율성과 표현의 자유를 침해할 수 있음

② 대중은 다양한 대중문화를 즐길 문화적 권리를 지님

(3) 대중문화의 건전한 발전을 위한 자세

① 대중문화의 소비자는 대중문화를 비판적으로 수용해야 함

② 대중문화의 생산자는 건전한 대중문화를 보급하기 위해 노력해야 함

③ 법적 · 제도적 노력을 병행하여 대중문화의 올바른 발전 방향을 모색해야 함

[24015-0181]

01 다음 사상의 입장에 대한 설명만을 <보기>에서 고른 것은?

군자만이 악(樂)을 알 수 있다. 성(聲)을 살펴 음(音)을 알고 음을 살펴 악을 알고 악을 살펴 정치를 알게 되면 치도(治道)를 갖추게 된다. 악을 알면 예(禮)에 가깝게 된다.

● 보기 ●

ㄱ. 음악을 통해 백성들이 덕성을 함양할 수 있다고 본다.
ㄴ. 음악은 내용이 아니라 형식에 비추어 평가해야 한다고 본다.
ㄷ. 음악은 사회 구성원들의 조화로운 공존에 기여할 수 있다고 본다.
ㄹ. 음악은 예술의 영역에 속하므로 음악의 정치적 효과는 없다고 본다.

① ㄱ, ㄴ ② ㄱ, ㄷ ③ ㄴ, ㄷ
④ ㄴ, ㄹ ⑤ ㄷ, ㄹ

[24015-0182]

02 다음을 주장한 사상가가 긍정의 대답을 할 질문으로 가장 적절한 것은?

시가 도덕적이라거나 혹은 비도덕적이라고 말하는 것은 정삼각형은 도덕적이고 이등변 삼각형은 비도덕적이라고 말하는 것과 마찬가지로 무의미하다. 우리는 맞지도 않는 기준을 가지고 어떤 것을 실험하려는 어리석음을 분명히 인식해야 한다. 저녁 식탁에서의 이러한 대화를 상상해 보라. “이 배추가 국제법에 따라 재배되었다면 훌륭할 텐데.” 혹은 “당신은 왜 내 파이가 맛있는지 아십니까? 파이는 결코 거짓말을 하지 않거든요.”

① 예술에 대한 평가는 오직 미적 가치에 근거해야 하는가?
② 예술가는 사회를 변화시키려는 비판적 지성인이어야 하는가?
③ 예술을 선의 구현을 목적으로 하는 미적 행위로 간주해야 하는가?
④ 예술 작품에 대한 평가는 사회적 통념에 위배되지 않아야 하는가?
⑤ 예술가는 예술이 지닌 도덕적·사회적 영향력을 고려하여 창작 활동에 임해야 하는가?

[24015-0183]

03 다음 가상 편지를 쓴 사상가가 지지할 내용으로 가장 적절한 것은?

○○에게

자네가 질문한 예술가의 역할에 대해 말하겠네. 아름다움은 대상의 완전함, 즉 정확한 비례와 균형에서 나오는 것이라네. 진리가 완전하듯이 아름다움 역시 완전해야 하고, 이는 동시에 도덕적인 좋음을 뜻하는 것이지. 그래서 예술은 진리를 모방하는 것이므로 예술가들은 선을 자신의 작품 속에 담아야 한다네.

① 예술가는 선악의 평가에 초연한 존재이어야 한다.
② 예술의 미적 가치는 도덕적 가치보다 우위에 있다.
③ 예술가는 철학자의 도덕적 이상을 모방해서는 안 된다.
④ 예술에 대한 국가 검열은 창작을 방해하므로 옳지 않다.
⑤ 예술은 올바른 품성 함양을 위한 모범을 제공해야 한다.

[24015-0184]

04 (가)의 입장에 비해 (나)의 입장이 갖는 상대적 특징을 그림의 ㉠~㉤ 중에서 고른 것은?

(가) 예술 작품에 대한 검열은 예술가의 표현의 자유를 침해한다. 예술 작품에 대한 검열은 인간의 다양한 사고와 표현을 보장해야 한다는 도덕적인 기준에 위배된다.
(나) 예술 작품이 선정성과 폭력성을 의도적으로 드러낸다면 이미 예술이 아니다. 표현의 자유는 인간 존엄성이라는 최상의 가치에 의해 제한될 수 있으므로, 예술 작품에 대한 검열은 도덕적으로 정당하다.

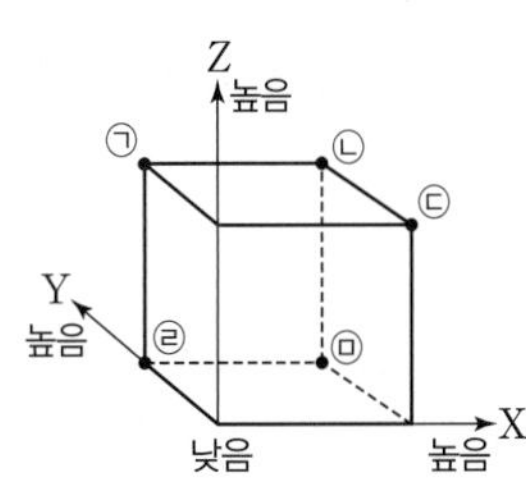

• X: 예술 작품에 대한 검열은 정당함을 강조하는 정도
• Y: 도덕성을 기준으로 작품 활동의 범위를 제한하는 정도
• Z: 창작물의 표현에 대한 예술가의 개성을 존중하는 정도

① ㉠ ② ㉡ ③ ㉢ ④ ㉣ ⑤ ㉤

[24015-0185]

05 다음을 주장한 사상가의 입장으로 적절하지 않은 것은?

미적인 것은 도덕적 선의 상징이다. 바로 이 점에서 미적인 것은 만족을 주며, 다른 모든 사람에게 동의를 요구하는 것이다. 이때 우리의 마음은 감각적 쾌락을 넘어서 순화되고 고양된 고귀함을 느끼며, 다른 사람의 가치도 그들이 지닌 판단력의 비슷한 준칙에 따라 평가하는 것이다.

① 미는 인간의 도덕성 실현에 기여할 수 있다.
② 미적 체험은 자유가 전제될 때 성립될 수 있다.
③ 미적 판단과 도덕적 판단은 그 형식이 유사하다.
④ 미와 선은 의존적인 것으로 독립된 영역이 없다.
⑤ 미적 즐거움은 감성에 인간을 구속하는 것이 아니다.

[24015-0186]

06 갑, 을의 입장에 대한 설명으로 적절하지 않은 것은?

갑: 예술에는 고급과 저급, 성스러운 것과 속된 것, 창조품과 기성품을 구분하는 벽이 있어서는 안 된다. 우리는 일상생활에서 마주하는 모든 대상을 미적 대상으로 간주하여 인간을 억압하는 제도를 혁신해야 한다. 예술의 상업화는 예술을 통해 인간을 억압하였던 권위주의적 사고를 변화시키는 데 크게 기여하였다.
을: 예술이 지향해야 하는 미적 가치와 윤리적 가치를 간과해서는 안 된다. 우리는 각 예술 작품이 가지고 있는 가치를 평가하고 구분하여 예술의 질적 가치와 창조성을 보호하도록 노력해야 한다. 예술의 상업화는 대중성을 강조하고 복제를 허용함으로써 예술의 질적 저하를 일으키게 될 것이다.

① 갑은 예술에 대한 모방품도 미적 대상이 된다고 본다.
② 갑은 예술 작품에 상품 가치를 부여할 수 있다고 본다.
③ 을은 예술 작품에 대한 질적 구분이 가능하다고 본다.
④ 을은 예술에 대한 평가를 도덕적 가치와 무관한 것으로 본다.
⑤ 갑과 을은 예술을 통해 미적 가치를 경험할 수 있다고 본다.

[24015-0187]

07 다음을 주장한 사상가의 입장만을 〈보기〉에서 있는 대로 고른 것은?

영화나 라디오는 획일화된 체계를 만들어 내고 있다. 대중문화의 조종자들은 독점을 숨기려 하지도 않는다. 독점적 힘의 행사도 점점 노골화된다. 영화나 라디오는 예술인 척할 필요가 없다. 대중 매체는 단순히 장사 이외에는 아무것도 아니다. 그들 스스로 자신을 산업이라 부르며, 사장의 수입이 공개되면 그로써 그들의 생산물이 사회적으로 유용한가 아닌가에 대한 의심은 충분히 제거된 것으로 간주한다.

보기

ㄱ. 대중문화의 산업화는 예술의 본질 실현에 기여한다.
ㄴ. 대중문화의 생산물은 상업적으로 유용한 경우가 많다.
ㄷ. 대중문화는 감상자의 예술적 개성 증진을 목적으로 한다.
ㄹ. 대중문화의 영향력 증대는 문화 획일화 현상을 심화시킨다.

① ㄱ, ㄴ ② ㄱ, ㄷ ③ ㄴ, ㄹ
④ ㄱ, ㄷ, ㄹ ⑤ ㄴ, ㄷ, ㄹ

[24015-0188]

08 그림의 강연자가 긍정의 대답을 할 질문만을 〈보기〉에서 있는 대로 고른 것은?

모든 인간은 모방에 의한 재현에 쾌감을 느낍니다. 실물을 보기에 괴로운 존재들도 정확하게 그린 그림으로 보면 우리는 좋아하지요. 철학자가 배우면서 느끼는 살아 있는 쾌감을 다른 사람들도 조금이라도 나눌 수 있기 때문입니다. 그림을 보고 쾌감을 느끼는 것은 바라봄으로써 배우기 때문입니다. 예술은 자연이 성공시키지 못한 것을 완성하는 것을 목표로 합니다.

보기

ㄱ. 예술이 주는 쾌감은 타인과 공유 가능한가?
ㄴ. 자연을 모방한 것을 예술이라 부를 수 있는가?
ㄷ. 예술가는 철학자와 달리 타인과 쾌감을 공유할 수 있는가?
ㄹ. 자연의 아름다움보다 예술의 아름다움이 돋보일 수 있는가?

① ㄱ, ㄴ ② ㄱ, ㄷ ③ ㄷ, ㄹ
④ ㄱ, ㄴ, ㄹ ⑤ ㄴ, ㄷ, ㄹ

[24015-0189]

1 **갑 사상가의 입장에서 을 사상가에게 제기할 수 있는 비판으로 가장 적절한 것은?**

> 갑: 아름다운 음악에서 리듬과 하모니는 영혼의 내부로 파고 들어가서 우아함을 심어 주고, 올바른 자에게는 우아함을, 올바르지 못한 자에게는 추악함을 알게 해 줄 수 있다.
> 을: 아름다운 사물은 오직 아름다움의 의미로 받아들여야 한다. 아름다운 것에서 추악한 의미를 발견하는 사람은 타락한 사람이며, 아름다운 것에서 아름다운 의미를 발견하는 사람은 교양 있는 사람이다.

① 예술의 가치는 예술 그 자체에서 찾아야 함을 간과한다.
② 예술가는 대중의 요구를 반드시 수용해야 함을 간과한다.
③ 예술가는 선악에 초연하여 창작 활동에 임해야 함을 간과한다.
④ 예술가는 진리를 모방하여 선을 작품 속에 담아야 함을 간과한다.
⑤ 예술은 선을 실현하기 위한 수련의 방법으로 채택될 수 없음을 간과한다.

[24015-0190]

2 **갑 사상가는 긍정, 을 사상가는 부정의 대답을 할 질문으로 가장 적절한 것은?**

> 갑: 예악을 제정한 것은 사람들을 절제시키기 위함이었다. 상복(喪服)을 입고 곡읍(哭泣)을 하는 것은 상사(喪事)의 규모를 절제하기 위한 것이고, 종(鐘)과 북의 음과 춤을 추는 것은 조화와 안락을 위한 것이다. 혼인과 관계(冠笄)의 제도를 행하는 것은 남녀의 구별을 위함이며, 술과 음식으로 빈객을 상대하는 것은 교제와 접대를 바르게 하기 위함이다.
> 을: 예는 재물의 낭비를 가져올 뿐이다. 불필요한 낭비를 없애 백성들의 수고로움을 덜어 준다면 천하에 이로울 것이다. 임금이나 대신들이 음악을 좋아하여 듣기만 한다면 국가는 어지러워지고 나라는 위태로워진다. 관리로 있는 사람이 음악을 좋아하여 듣기만 한다면 창고나 나라 곳간은 부실하게 된다. 농부 된 사람이 음악을 좋아하여 듣기만 한다면 콩과 조가 부족하게 된다.

① 음악은 무익한 것이므로 연주되지 말아야 하는가?
② 음악에 대한 윤리적 평가보다 백성의 이익을 우선해야 하는가?
③ 음악의 형식이 지니는 그 자체의 미적 가치만을 중시해야 하는가?
④ 음악의 사회적 영향력에 대해 유용성의 관점에서 숙고해야 하는가?
⑤ 올바른 음악은 백성들이 덕을 실현하는 데 기여하므로 장려되어야 하는가?

[24015-0191]

3 그림은 서술형 평가 문제와 학생 답안이다. 학생 답안의 ㉠~㉤ 중 옳지 <u>않은</u> 것은?

서술형 평가

◎ **문제**: 다음을 주장한 사상가의 입장에 대하여 서술하시오.

> 대중문화를 만들어 내는 대중 매체는 극소수 독점 자본가들의 소유 아래 있으며, 그들은 단지 이윤 추구를 위해 대중문화라는 이름으로 문화와 예술을 상품화한다. 이러한 문화 산업은 예술을 흉내 내는 것일 뿐이며, 규격화된 획일성으로 예술을 재생산하여 왜곡함으로써 예술의 진지성을 해친다.

◎ **학생 답안**

위 사상가는 ㉠ 상업화된 예술에 대해 문화 산업이라고 비판하였다. 그는 ㉡ 현대 예술이 자본에 종속되어 있다고 보았으며, ㉢ 현대 예술이 문화 산업으로 획일화되었다고 주장하였다. 그는 ㉣ 대중 매체가 감상자들의 고유한 예술적 체험 기회 증진을 목적으로 문화를 상품화한다고 보았다. 또한 그는 ㉤ 사람들이 대중 예술을 감상하는 것이 감상자들에게 표준화된 소비 양식이 될 수 있음을 강조하였다.

① ㉠ ② ㉡ ③ ㉢ ④ ㉣ ⑤ ㉤

[24015-0192]

4 다음을 주장한 사상가의 입장만을 〈보기〉에서 있는 대로 고른 것은?

> 우리는 선(善)과 우아를 추적하는 타고난 재능의 장인들을 찾아내야 하네. 우리 공동체의 젊은이들이 건강한 곳에서 살 수 있도록 말일세. 여기서는 모든 것이 이로워서 그들의 눈과 귀는 훌륭한 예술 작품의 영향만 받을 것이네. 그 효과는 좋은 곳에서 불어온 미풍처럼 건강을 가져다줄 거라네. 그리하여 어릴 때부터 자기도 모르는 사이에 이성(理性)의 아름다움을 받아들이고 그와 친숙해져 조화롭게 해 줄 것이네.

● 보기 ●

ㄱ. 예술가는 도덕적 이상을 모방하여 영혼의 조화를 추구해야 한다.
ㄴ. 아름다움과 올바름은 상호 모순적인 것으로 올바름이 항상 우월하다.
ㄷ. 예술 창작물은 올바른 품성 함양을 위한 삶의 모범을 제공할 수 있다.
ㄹ. 훌륭한 예술 작품은 올바름을 파악하는 판단 능력의 함양에 기여한다.

① ㄱ, ㄴ ② ㄱ, ㄷ ③ ㄴ, ㄹ
④ ㄱ, ㄷ, ㄹ ⑤ ㄴ, ㄷ, ㄹ

[24015-0193]

5 **갑 사상가의 입장에서 〈사례〉의 A에게 제시할 조언으로 가장 적절한 것은?**

> 갑: 인간은 쾌락을 추구하고 고통을 피하려는 존재이다. 따라서 쾌락의 양을 늘리는 데 기여하는 것은 선한 행위이지만, 고통과 불행을 증가시키는 것은 악한 행위이다. 공리는 이해 당사자에게 쾌락을 산출하거나 고통의 발생을 막는 경향을 가진 어떤 대상의 속성이다. 이해 당사자가 공동체 전체라면 그 공동체의 행복을 의미하며, 이해 당사자가 특정 개인이라면 그 개인의 행복을 의미한다.
>
> 〈사례〉
>
> 만화 창작자 A는 선정성을 이유로 법원으로부터 자신의 창작물에 대한 판매와 배포 금지 판결을 받았다. A는 작가가 작품을 창작한 의도의 성실성이야말로 그 작품이 문학적 가치와 지적인 가치를 가지느냐의 여부를 가늠하는 실마리라고 주장하였다. 더불어 사회의 도덕적 승인을 받지 못한다고 해서 창작물을 외설로 간주해서는 안 된다는 의견을 펼쳤다.

① 자신의 창작물이 보편적인 정언 명령과 상충하는 것은 아닌지 검토하세요.
② 자신의 창작물이 사회 전체의 행복을 감소시키는 것은 아닌지 검토하세요.
③ 자신의 창작물이 인간을 목적이 아닌 수단으로만 대하는 것은 아닌지 검토하세요.
④ 자신의 창작물이 고상한 쾌락이 아닌 저급한 쾌락을 충족하는 것인지 검토하세요.
⑤ 자신의 창작물이 미치는 결과의 유용성이 아닌 창작 동기의 도덕성을 검토하세요.

[24015-0194]

6 **다음 가상 대담의 갑 사상가가 지지할 입장으로 가장 적절한 것은?**

① 예술은 사회적 유용성 증진을 목적으로 하는 도구이다.
② 예술은 예술 이외의 기준에 의해서 재단될 수 있는 것이 아니다.
③ 예술가는 감상자가 미적 체험을 하도록 대중의 취향을 고려해야 한다.
④ 예술적 가치는 윤리적 가치와 상호 보완적으로 영향을 주고받아야 한다.
⑤ 예술을 도덕 판단의 대상으로 간주하는 것을 잘못으로 여겨서는 안 된다.

[24015-0195]

7 다음 글의 내용으로 가장 적절한 것은?

> 예술은 오락, 정보, 인생 등을 미화하는 기능을 수행하며, 나름대로 취향이나 심미적 가치를 표현하고 있다. 예술은 정치적인 가치도 지니고 있다. 정치적인 가치를 명시적, 암시적으로 내포하고 있거나 정치적인 결과를 띠게 되는 경우도 있다. 예술이란 그것을 창조하고 사용하는 사람으로부터 떠나서 존재할 수 없는 것이기 때문이다. 만약 떠나서 존재할 수 있는 예술이라면 그것은 아무도 돌보지 않는 박물관 속에나 내버려져 있을 그런 문화이다. 예술은 가치와 그것들을 표현하는 형태로 이루어진다. 이 형태란 음악, 미술, 디자인, 문학, 연극, 코미디, 비평, 뉴스 등과 이들을 표현하는 매체인 서적, 신문, 음반, 영화, 텔레비전, 그림, 건축 등을 말한다.

① 예술은 예술을 다양한 형태로 향유하는 사람들의 취향을 반영할 수 있다.
② 예술은 감상자들을 정치적으로 각성하려는 목적으로 활용되어서는 안 된다.
③ 예술은 창작자가 아니라 감상자의 미적 체험을 위한 것으로 간주되어야 한다.
④ 예술은 창작자의 고유한 표현이므로 감상자에게 미치는 영향을 고려할 필요가 없다.
⑤ 예술은 미적 영역에 존재하며 사회의 다양한 가치로부터 독립적으로 분리되어 있다.

[24015-0196]

8 다음 신문 칼럼에서 강조하는 내용으로 가장 적절한 것은?

> ○○ 신문 ○○○○년 ○○월 ○○일
>
> 칼럼
>
> 팝 아트는 코카콜라 같은 것이다. 돈을 더 낸다고 더 좋은 콜라를 마실 수 있는 것은 아니다. 돈을 더 내면 콜라의 수가 많아지는 것일 뿐 내용이 좋아지지는 않는다. 누구나 같은 것을 마신다. 대통령이 마시는 콜라든, 유명 연예인이 마시는 콜라든, 길거리 건달이 마시는 콜라든 모두 같은 것이다. 평등하고 쉽다. 가장 환상적인 예술은 비즈니스에서 성공하는 것이다. 히피가 유행하던 시절의 사람들은 비즈니스의 개념을 격하했다. 히피들은 '돈은 더러운 것이다.' 또는 '일하는 것은 추하다.' 라고 했다. 그러나 돈 버는 일은 예술이고, 일하는 것도 예술이며, 돈을 잘 버는 비즈니스가 최고의 예술이다. 예술에는 고급과 저급이 존재할 수 없다. 부를 갖춘 자나 사회적 지위가 높은 사람만이 누리는 기존의 예술은 비즈니스에서 성공하기 어렵고 많은 사람들이 함께 누리기도 어렵다.

① 예술에 대한 상업적 투자가 활성화될수록 예술의 수준이 저하된다.
② 예술가는 기존 권력층의 위선을 드러내는 저항 정신을 가져야 한다.
③ 예술 작품이 지니는 가치는 시장의 원리에 의해 평가되어서는 안 된다.
④ 현대인의 일상에서 예술의 소재를 찾는 것은 옳지 않음을 알아야 한다.
⑤ 일부 계층만이 누리는 예술보다 대중들이 함께 누리는 문화 상품이 더 가치 있다.

13 의식주 윤리와 다문화 사회 윤리

1. 의식주 윤리

(1) 의복 문화와 윤리적 문제

① 의복의 윤리적 의미

개인적 차원	의복을 통해 개성과 가치관을 표현하고 형성함
사회적 차원	• 관혼상제처럼 중요한 행사에 격식 있는 의복을 착용하고 상대에게 예의를 표시함 • 의복을 통해 개인이 속한 집단의 특징과 개인이 살고 있는 시대의 성격이 드러남

② 의복 문화의 윤리적 문제

- 유행 추구 현상: 소비자들이 유행에 무비판적으로 동조하거나 기업의 판매 전략에 휘둘릴 수 있음
- 명품 선호 현상: 무분별한 명품 소비는 과소비와 사치 풍조를 조장하여 사회적 위화감을 조성할 수 있고, 자기 과시의 그릇된 표현이 될 수 있음
- 동물 학대 문제: 모피나 가죽옷을 생산하기 위해 동물에게 과도한 고통을 줄 수 있음
- 제복(制服, 유니폼)에 의한 개성 억압 문제: 제복은 집단의 정체성 유지와 규율을 위해 필요하지만 개성과 다양성을 제한함

③ 의복 문화의 윤리적 문제 해결을 위한 자세

- 의복은 타인과의 관계에서 예절을 표현하는 수단: 시간, 장소, 상황에 맞는 옷차림을 해야 함
- 환경 문제, 자원 낭비 등을 초래할 수 있는 패스트 패션에 대한 반성적 태도 필요: 환경을 고려하는 절제 있는 소비를 실천해야 함

✪ 패스트 패션
소비자의 기호를 바로 파악해 유행에 따라 신제품을 출시하여 제품 수명이 짧은 의류

(2) 음식 문화와 윤리적 문제

① 음식의 윤리적 의미

생명권으로서의 의미	음식 섭취를 통해 생명과 건강이 유지됨
사회적 도덕성으로서의 의미	음식의 생산과 유통, 소비에 이르기까지 안전성과 생태계의 질서를 고려해야 함

자료 플러스 | 불교의 음식 윤리

• 우리는 음식의 적당한 양을 아는 자가 되리라. 우리는 지혜롭게 숙고하면서 음식을 수용하리라. 그것은 즐기기 위해서도 아니고, 취하기 위해서도 아니고, 치장을 하기 위해서도 아니고, 장식을 하기 위해서도 아니며, 단지 이 몸을 지탱하고 존속하고 잔인함을 쉬고 청정범행(淸淨梵行)을 잘 지키기 위함이다.

– "맛지마 니까야" –

• 공양할 때는 소리 내지 말며, 발우나 수저를 집고 놓을 때에는 반드시 얼굴을 들고 돌아보지 말며, 맛있고 맛없는 음식을 가려서 좋아하거나 싫어하지 말며, 묵묵히 말하지 말고, 잡념이 일어나지 않게 막으며, 밥을 받는 것이 다만 몸이 마르는 것을 치료하여 도업을 이루기 위함인 줄을 알아야 하며, 반야심경을 염(念)하되, 주는 이와 받는 이, 주고받는 물건이 청정함을 관(觀)하여 도용(道用)을 어기지 말지니라.

– 지눌, "계초심학인문(誡初心學人文)" –

불교에서는 음식을 먹는 것을 수행의 연장이라 보고, 음식을 먹을 때 자기 절제의 자세가 필요하다고 본다.

개념 체크

1. (　　)은/는 소비자들이 유행에 무비판적으로 동조하거나 기업의 판매 전략에 휘둘릴 수 있다는 윤리적 문제를 가진다.
2. 의복은 타인과의 관계에서 예절을 표현하는 수단이므로 시간, (　　), (　　)을/를 고려하여 이에 알맞은 옷차림을 해야 한다.
3. 환경 문제, 자원 낭비 등을 초래할 수 있는 패스트 패션에 대한 (　　)을/를 바탕으로 환경을 고려하는 절제 있는 소비를 실천해야 한다.

정답

1. 유행 추구 현상
2. 장소, 상황
3. 반성적 태도

② 음식 문화의 윤리적 문제
- 유전자 조작 식품(GMO) 및 농약과 화학 물질의 과다한 첨가는 안전성 문제와 함께 인권으로서의 생명권을 침해할 수 있음
- 무분별한 식량 생산과 음식 소비에 따른 환경 문제 발생: 토양 및 대기 오염, 음식물 쓰레기 증가
- 패스트푸드와 같은 정크 푸드에 의한 비만과 절제하지 못하는 폭식과 탐식의 문제
- 동물에 대한 비윤리적 대우 문제: 공장식 축산과 동물 학대

③ 음식 문화의 윤리적 문제 해결을 위한 자세
- 음식을 통해 타인은 물론 자연과 긴밀한 관계를 맺음 → 공동체와 생태적 지속 가능성을 고려함
- 음식 생산자, 유통업자, 소비자 모두 건강한 사회에 대한 책임 의식을 지녀야 함
- 소비자의 음식에 대한 알 권리 보장과 윤리적 식품 구매 실천: 슬로푸드 운동, 로컬 푸드 운동 → 음식 소비에서 바람직한 윤리적 가치를 지향해야 함
- 윤리적 음식 문화를 위한 제도적 장치 마련: 안전한 먹거리 인증제, 식품 첨가물 성분 표시 의무화, 동물의 고통을 최소화하기 위한 기준을 마련해야 함

✪ 유전자 조작 식품(GMO)
식품 생산성과 질을 높이기 위해서 본래의 유전자를 새롭게 조작하고 변형해 만든 식품

✪ 정크 푸드
열량은 높지만 영양가는 낮은 패스트푸드와 인스턴트 식품의 총칭

✪ 슬로푸드 운동
자연적인 숙성이나 발효를 거친 음식 등 전통적인 방식으로 만든 음식을 섭취하자는 운동

✪ 로컬 푸드 운동
지역에서 생산된 먹거리를 그 지역에서 소비하자는 운동으로, 음식물의 먼 거리 이동에 따른 이산화 탄소 발생량을 줄일 수 있음

(3) 주거 문화와 윤리적 문제

① 주거의 의미

주거 공간의 의미	• 가족 구성원들의 사회생활이 이루어지는 생활 공간으로 품성과 가치관 형성에 영향을 줌 • 주거는 공간만이 아니라 그곳에서 이루어지는 생활까지를 포함하는 개념임
주거 공간으로서 집의 윤리적 의미	• 휴식과 행복, 평화를 누릴 수 있는 내적 공간임 • 가족은 물론 이웃·지역 사회에 대한 소속감 형성 → 삶의 질과 인간다움 형성에 영향을 줌

② 주거 문화의 윤리적 문제
- 집의 실존적 의미 상실: 현대인은 편안하고 안정된 고향으로서의 주거 공간을 상실함
- 집의 경제적 가치에만 집착하는 문제: 경제적 이익 추구의 관점에서만 집을 바라봄으로써 하우스 푸어 등이 발생함

③ 주거 문화의 윤리적 문제 해결을 위한 방안
- 볼노브: 자신의 공간을 자기 삶의 중심으로 형성해야 한다는 공간 책임론을 제시하며, 집이라는 공간은 인간과의 관계 속에서 의미를 지닌다고 봄
- 하이데거: 내적 공간으로서 집의 본래적 의미가 상실되어 가는 세태를 '고향의 상실'이라고 비판하면서, 휴식과 평화를 누리고 자기 자신에게로 돌아갈 수 있는 내적 공간으로서 집의 본래적 의미를 찾아야 한다고 주장함

자료 플러스 거주에 대한 하이데거의 입장

거주함의 근본 특성은 보살핌이다. …(중략)… 거주함은 사방의 사중적인 보살핌으로서 스스로 일어난다. 소중히 보살핌이란 사방을 그것의 본질 안에서 수호함을 의미한다. 수호되는 것은 간직되어야 한다. 만약 거주함이 단지 땅 위에서, 하늘 아래에서, 신적인 것들 앞에서, 죽을 자들과 더불어 있는 그런 체류에 불과하다면 죽을 자들은 결코 이러한 보살핌으로서의 거주함을 실현할 수 없을 것이다. 거주함은 오히려 언제나 이미 사물들 곁에서의 체류이다. 소중히 보살핌으로서의 거주함은 사방을 죽을 자들이 체류하고 있는 그것 안에, 즉 사물들 안에 참답게 보존한다.

– 하이데거, "강연과 논문" –

하이데거에 따르면 거주함은 사방의 본질을 사물들 안으로 가져옴으로써 사방을 소중히 보살피는 것이다. 그는 사물들은 그것들 자신이 사물들로서 그것들의 본질 안에 초연히 내맡겨질 때에만 사방을 간직할 수 있다고 보았다.

개념 체크

1. 유전자 조작 식품 및 농약과 화학 물질의 과다한 첨가는 안전성 문제와 함께 인권으로서의 (   )을/를 침해할 수 있다.
2. 볼노브는 자신의 공간을 자기 삶의 중심으로 형성해야 한다는 (   )을/를 제시하며, 집이라는 공간은 인간과의 관계 속에서 의미를 지닌다고 보았다.
3. 하이데거는 우리가 거주의 본래적인 문제를 아직도 전혀 숙고하지 않는다는 점에서 (   )을/를 상실한 삶을 살아가고 있다고 보았다.

정답
1. 생명권
2. 공간 책임론
3. 고향

2. 윤리적 소비

(1) 현대인의 소비 생활

① 오늘날 소비의 특징

- 소비의 가치: 기본적 욕구 충족과 개성 표현 및 경제 성장을 위해 필요함
- 소비의 특징: 자본주의의 대량 소비문화가 확산되고, 소유의 자유가 보장되어 개별화된 소비 생활이 가능해짐

② 현대 소비문화의 문제점

- 대량 소비와 과소비 문제: 자원 고갈과 환경 오염으로 생태계 파괴 초래
- 과시 소비와 충동 소비 문제: 계층 간 위화감 조성, 근로 의욕 약화

자료 플러스 베블런의 과시 소비

> 타인의 존경을 얻고 유지하기 위해서는 부나 권력을 그저 획득하는 것만으로는 충분하지 않다. 부나 권력은 타인에게 증거로서 드러나는 한에서만 존경이 부여되기 때문이다. 극빈층을 포함한 사회의 어떤 계층도 모든 관례적인 과시 소비를 하지 않는 경우는 없다. 절체절명의 긴박한 상황에 처하지 않는 한 과시 소비를 겨냥한 물품을 포기하지는 않는다. 밖으로 있어 보이는 체하려고 허세가 다하는 마지막 순간까지 비참할 정도의 옹색과 불편조차도 참아 내는 것이다. 자기 보존 본능을 제외하고는 경쟁적인 비교 성향은 아마도 가장 강하고 지속적인 경제적 동기일 것이다.
> – 베블런, "유한계급론" –

베블런은 자본주의 사회에서 거의 모든 계층의 사람들이 과시 소비를 한다고 보았으며, 특히 유한계급인 부자들은 강자로서 존경을 받고 자신의 사회적 지위를 드러내기 위해 끊임없이 과시 소비를 하게 된다고 보았다. 이로부터 가격이 오르는데도 일부 계층의 과시욕이나 허영심 등으로 인해 수요가 줄어들지 않는 현상을 '베블런 효과'라고 지칭하게 되었다.

(2) 합리적 소비와 윤리적 소비

① 합리적 소비와 윤리적 소비 비교

합리적 소비	소비자는 자신의 욕구와 상품에 대한 정보를 바탕으로 소득 범위 내에서 상품을 적절하게 선택하여 최소 비용으로 최대 만족을 얻을 수 있어야 함
윤리적 소비	재화나 서비스를 만들고 유통하는 전체 과정을 윤리적 가치에 따라 판단하여 소비하는 것으로 평화, 인권, 사회 정의, 환경 등 인류의 보편 가치를 중시하며, '녹색 소비'와 '착한 소비'가 이에 해당됨

② 윤리적 소비의 의의

- 공정한 상품 거래와 노동에 대한 정당한 대가 지급을 통해 정의로운 경제 체제 실현에 기여함
- 인권을 고려하지 않는 상품 구매를 거부함으로써 기업의 윤리적 책무를 일깨움
- 생태학적으로 건강한 소비, 인류의 행복과 지속 가능성에 기여하는 소비를 실천함

3. 문화 다양성과 존중

(1) 다문화 사회와 문화 다양성

① 다문화 사회의 특징: 여러 분야의 교류 증가로 다양성과 다원성이 강조되고, 새로운 문화 요소가 도입되어 문화 선택의 폭이 확대됨

② 다문화 존중의 이유

- 지역과 역사, 사회 환경에 따라 각기 다른 특성을 갖는 문화는 그 자체로 가치를 지님
- 다양한 문화를 인정할 때 더욱 풍요로운 삶을 누릴 수 있음

✪ 녹색 소비
환경을 보호하기 위해 만든 제품을 소비하는 등 소비 활동에서 환경 보호를 생활화하는 것

✪ 착한 소비
소비 활동에서 경제 정의를 실현하고 인권을 고려하며 환경을 보호하기 위해 노력하는 것

개념 체크

1. 베블런은 자본주의 사회에서 거의 모든 계층의 사람들이 (   )을/를 한다고 보았다.
2. 자신의 욕구와 상품에 대한 정보를 바탕으로 소득 범위 내에서 상품을 적절하게 선택하여 최소 비용으로 최대 만족을 얻도록 소비하는 것을 (   )(이)라고 한다.
3. 재화나 서비스를 만들고 유통하는 전체 과정을 윤리적 가치에 따라 판단하여 소비하는 것을 (   )(이)라고 한다.

정답
1. 과시 소비
2. 합리적 소비
3. 윤리적 소비

(2) 다문화 사회와 문화 정체성

차별적 배제 모형	특정 지역이나 특정 직업에 대해서만 외국인 또는 이민자의 유입을 받아들이는 배타적인 이주민 정책
동화주의	이민자가 출신국의 언어, 문화, 사회적 특성을 포기하고 주류 사회의 일원이 되도록 주류 문화로 편입시켜야 한다고 보는 입장
샐러드 볼 이론	다른 맛을 가진 채소와 과일들이 서로 조화를 이루어 샐러드를 만들 듯이, 다양한 문화가 서로 대등하게 조화를 이루어야 한다고 보는 입장
국수 대접 이론	국수가 주된 역할을 하고 고명이 부수적인 역할을 하여 맛을 내듯이, 주류 문화와 비주류 문화가 공존해야 한다고 보는 입장

(3) 바람직한 문화 정체성 확립을 위한 자세

① 문화의 다양성을 인정하면서 문화 정체성을 유지하기 위해서는 화이부동(和而不同)의 태도가 필요함

② 우리 문화를 창조적으로 계승하면서 다양한 이질적 문화를 주체적으로 수용하는 태도가 필요함

(4) 다문화 사회에서 관용의 필요성과 한계

① 문화 상대주의와 윤리 상대주의

- 문화 상대주의: 자문화 중심주의 또는 문화 사대주의와 같이 문화의 우위를 평가하는 것이 아니라 다른 나라의 문화를 상대의 관점에서 인정하고 존중할 것을 강조하는 입장
- 윤리 상대주의: 행위의 도덕적 옳음과 그름은 사회마다 다양하기 때문에 보편적 도덕 기준은 존재하지 않는다는 입장
- 윤리 상대주의의 문제점: 보편 윤리를 위반하는 문화까지 인정하게 되어 비판적·윤리적 성찰을 방해함

② 관용의 의미와 필요성

- 의미: 원래 종교적 자유를 의미하였으나 오늘날 인종, 문화, 성(性), 예술로 확장되어 다른 생각이나 입장을 인정하고 이해하려는 태도를 가리킴
- 필요성: 이질적인 문화를 가진 사람들 간에 평화로운 공존을 모색하고, 문화적 편견과 차별의 극복을 통해 자유와 인간 존중의 가치를 실현하고자 함

③ 다문화 사회에서 관용의 한계

- 관용의 역설: 무제한적인 관용은 인권 침해와 사회 혼란을 초래할 수 있음
- 관용의 한계: 인류의 보편 가치인 인권과 자유를 침해하려는 시도와 도덕적 악(惡)에 대해서는 불관용해야 하고, 사회 질서를 훼손하지 않는 범위 내에서 관용을 베풀어야 함

4. 종교의 공존과 관용

(1) 종교의 의미와 본질

① 종교의 의미: 초자연적인 절대자의 힘에 의존하여 인간 삶의 고뇌를 해결하고 삶의 궁극적 의미를 추구하는 문화 체계

② 종교의 본질: 사람들은 출생, 죽음, 고통처럼 사람의 힘으로 어찌할 수 없는 한계 상황을 종교를 통해 극복하고자 하며, 삶과 죽음의 의미와 같은 궁극적 물음에 대해 종교를 통해 해답을 얻고자 함

✪ 화이부동
남과 화목하게 지내지만 자기의 중심과 원칙을 잃지 않음

✪ 자문화 중심주의
자기 문화의 우월성에 빠져 다른 문화를 부정적으로 평가하는 태도

✪ 문화 사대주의
특정 문화만을 가장 좋은 것으로 여겨 동경하거나 숭상하는 나머지 자기 문화를 업신여기거나 비하하는 태도

✪ 한계 상황
죽음과 같이 사람의 힘으로는 어찌할 수 없는 막다른 극한의 상황

개념 체크

1. (　　)은/는 이민자가 출신국의 언어, 문화, 사회적 특성을 포기하고 주류 사회의 일원이 되도록 주류 문화로 편입시켜야 한다고 보는 입장을 말한다.
2. (　　)(이)란 행위의 옳고 그름이 사회마다 다르기 때문에 보편적 도덕 기준은 존재하지 않는다는 것을 뜻한다.
3. (　　)은/는 초자연적인 절대자의 힘에 의존하여 인간 삶의 고뇌를 해결하고 삶의 궁극적 의미를 추구하는 문화 체계를 말한다.

정답
1. 동화주의
2. 윤리 상대주의
3. 종교

(2) 종교와 윤리의 관계

① 종교와 윤리의 공통점

- 인간의 존엄성 중시: 종교는 인간의 존엄성을 바탕으로 타인에 대한 배려를 강조하는 보편 윤리를 포함하고 있음
- 사회 정의 실현에 관심: 소외된 이웃에 대한 사랑과 자비의 실천을 강조함

② 종교와 윤리의 차이점

- 종교가 성스러움이나 초월적 문제를 다룬다면, 윤리는 도덕규범이나 그 규범의 근거에 대해 탐구함
- 종교가 신앙심을 바탕으로 신에 대한 의존을 강조한다면, 윤리는 이성이나 양심, 도덕 감정 등을 근거로 도덕적 행위의 실천에 관심을 둠

③ 종교와 윤리의 상보적 관계

- 바람직한 종교: 인간 존중과 도덕을 전제로 하여 삶의 의미와 가치를 신장하면서 초월적 세계와 관계를 맺는 종교 → 성(聖)과 속(俗)의 조화를 추구하여 현실 속에서 종교를 이해하고 타인을 사랑하는 교리의 이행을 위해 노력함으로써 종교에 대한 믿음이 인도주의의 실천과 연결되도록 함
- 종교가 가진 윤리적 규범에 대한 관심과 이해가 필요함
- 종교와 윤리가 상호 발전에 도움을 줄 수 있음을 깨달아야 함

자료 플러스 엘리아데의 성과 속

> 인간이 성스러움을 아는 것은 그것이 속된 것과는 전혀 다른 어떤 것으로서 스스로를 현현(顯現)하고 보여 주기 때문이다. 이 성스러운 것의 현현이 성현(聖顯)이다. 성현은 어떤 성스러운 것이 우리에게 나타나는 것 이외의 다른 것을 표현하고 있지 않다. 종교의 역사는 가장 원시적인 것에서부터 고도로 발달한 것에 이르기까지 많은 성현, 즉 성스러운 여러 실재의 현현으로 이루어져 있다고 말할 수 있다. 가장 원시적 성현(예컨대 돌이나 나무와 같은 일상적 대상 속에 성스러운 것이 나타나는 것)에서 높은 수준의 성현(그리스도교에서 예수 그리스도 안에 하느님의 신성이 부여되는 것)에 이르기까지 일관된 연속성이 흐르고 있다. 어떤 경우에나 우리는 항상 동일한 신비스러운 사건에 직면한다. 즉, 전혀 다른, 이 세상 것이 아닌 하나의 실재, 이 자연적인 '속된' 세계에서 불가결한 요소를 이루는 여러 사물 가운데 나타나는 사건에 직면하게 된다.
>
> – 엘리아데, "성과 속" –

엘리아데는 성과 속이 분리되어 있거나 단절되어 있지 않으며, 결국 일상적인 삶 자체가 언제든지 성스러움의 드러남, 즉 성현이 될 수 있다고 보았다. 따라서 그는 세속과 성스러움의 세계가 조화롭게 공존하는 종교 생활을 강조하였다.

(3) 종교 간 갈등 문제

① 종교 간 갈등의 원인

- 다른 종교에 대한 무지와 편견
- 민족적 · 문화적 · 경제적 이해관계의 상충
- 자기 종교의 절대성을 지나치게 주장하는 배타적 태도

② 종교 간 갈등 해결을 위한 자세

- 관용의 태도: 종교의 자유를 인정하고 타인에게 자신의 믿음을 강요하면 안 됨
- 대화와 협력: 종교 간의 대화를 통해 타 종교에 대한 이해를 높여 상호 협력함
- 보편적 가치 존중: 인권, 사랑, 평화와 같은 가치에 대한 실천 의지를 가짐

✪ 종교와 윤리의 관계에 대한 다양한 입장

- 종교를 윤리의 일부로 보는 입장
- 종교와 윤리를 동일한 것으로 보는 입장
- 종교와 윤리를 분리된 체계로 보는 입장
- 종교를 윤리의 실천을 위해 필요하다고 여기는 입장

개념 체크

1. 종교가 신앙심을 바탕으로 신에 대한 의존을 강조한다면, 윤리는 이성이나 양심, 도덕 감정 등을 근거로 (　　)에 관심을 둔다.
2. (　　)은/는 성스러움이 현현(顯現)함으로써 사물은 어떤 전혀 다른 것이 되는데, 그러나 그 후에도 의연히 그 사물임은 변하지 않는다고 보았다.
3. 종교 간 갈등을 해결하기 위해서는 종교의 자유를 인정하고 자신의 종교를 타인에게 강요하지 않는 (　　)의 태도가 필요하다.

정답

1. 도덕적 행위의 실천
2. 엘리아데
3. 관용

수능 기본 문제

[24015-0197]

01 다음 글의 입장으로 적절한 것만을 〈보기〉에서 고른 것은?

> 거주는 집 안에 살고 있는 인간의 표현으로 인간 자체의 공간화된 부분이다. 거주한다는 것은 단순히 공간의 점유만을 의미하지 않으며, 그 안에서 자신의 정체성을 형성하고 확인하는 것이다. 따라서 거주 공간과 그 속에서 삶을 영위하는 공동체는 인간적인 아늑함과 편안함의 실현을 위해 분리될 수 없는 관계를 맺고 있다.

보기

ㄱ. 거주 공간을 체험과 무관한 객관적 공간으로 여겨야 한다.
ㄴ. 인간은 거주 공간을 점유하지 않고 타인과 항상 공유해야 한다.
ㄷ. 거주 공간은 개인의 정체성 형성과 불가분의 관계에 있음을 알아야 한다.
ㄹ. 인간은 거주 공간에서 평화를 누리며 자신을 돌아볼 수 있음을 알아야 한다.

① ㄱ, ㄴ ② ㄱ, ㄷ ③ ㄴ, ㄷ
④ ㄴ, ㄹ ⑤ ㄷ, ㄹ

[24015-0198]

02 다음을 주장한 사상가가 긍정의 대답을 할 질문으로 가장 적절한 것은?

> 우리는 먹을거리와 관련하여 몇 가지 도덕 문제를 생각해 보아야 한다. 우선, 우리는 먹는 음식이 어떻게 만들어졌는지 알 권리가 있다. 식품 생산 비용을 일방적으로 어느 한 쪽에 전가해 피해를 주지 말아야 한다. 식품 생산과 소비에서 중요하지 않은 이유로 동물에게 고통을 주는 것이 잘못이라는 것도 알아야 한다. 식품 관련 노동자들은 타당한 임금과 작업 조건을 보장받아야 한다. 또한 생명과 건강의 유지를 위해 적절한 영양을 얻기 위한 식품이 필요하며, 이는 다른 어떤 욕망보다 정당한 것으로 간주되어야 한다.

① 어떠한 생명도 먹을거리의 재료로 활용되어서는 안 되는가?
② 생존의 필요성보다 미각적 즐거움을 기준으로 음식을 선택해야 하는가?
③ 식품 업체는 생산물에 대한 진실된 정보를 소비자에게 제공해야 하는가?
④ 식품 생산자의 자율성 보장을 위해 식품을 만드는 과정을 비공개해야 하는가?
⑤ 모든 사람의 건강 유지를 위해서는 식품의 가격을 무조건 낮게 정해야 하는가?

[24015-0199]

03 다음 가상 편지를 쓴 사상가가 지지할 내용으로 가장 적절한 것은?

> ○○에게
>
> 자네가 궁금해한 종교에 관한 나의 입장을 말하겠네. 종교적 사안에 대해 서로 다르게 생각하는 사람들을 관용하는 것은 복음과 이성이 일치하는 것이라네. 자비와 온화함으로부터 벗어난 사람들의 자만과 야심, 무절제와 열정을 비난하고 싶지는 않네. 그러나 다른 종교에 대한 박해와 그리스도인답지 못한 잔혹함을 공화국에 대한 걱정과 법의 준수로 미화해서는 안 된다네. 또한 종교를 구실로 자신의 도덕적 방종과 범죄로부터 자신이 면책되기를 바라서도 안 되네.

① 자기 종교에 미치는 이익을 기준으로 타 종교를 관용해야 한다.
② 다른 종교는 그 자체로 자신의 신앙을 위협하는 것으로 파악해야 한다.
③ 개별 종교가 지니는 교리를 비교하여 모든 종교의 단일화를 모색해야 한다.
④ 종교 간의 갈등을 줄이기 위해 힘의 논리에 따라 종교 간의 질서를 확립해야 한다.
⑤ 종교 행위는 인간의 존엄성을 보호해야 한다는 보편 윤리에 위배되어서는 안 된다.

[24015-0200]

04 (가)의 입장에 비해 (나)의 입장이 갖는 상대적 특징을 그림의 ㉠~㉤ 중에서 고른 것은?

> (가) 이민자는 주류 문화의 일원으로 편입되어야 한다. 이민자는 자신들의 문화적 특성을 포기하고 주류 문화의 일원이 되어야 한다.
> (나) 이민자의 문화적 정체성도 원주민의 문화적 정체성과 동등하게 존중받아야 한다. 한 사회 내에서 문화 간의 우열은 존재할 수 없다.

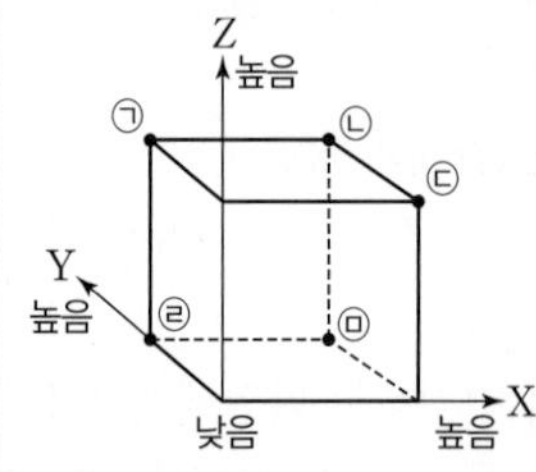

• X: 다양한 문화 간의 평등을 강조하는 정도
• Y: 이질적인 문화 간의 공존을 지향하는 정도
• Z: 주류 문화에 대한 이주민의 동화를 강조하는 정도

① ㉠ ② ㉡ ③ ㉢ ④ ㉣ ⑤ ㉤

[24015-0201]

05 다음을 주장한 사상가의 입장으로 가장 적절한 것은?

> 우리는 나무를 단지 나무로 보면서도 동시에 나무 이상의 나무로 보기도 한다. 앞의 나무는 우리가 일상적으로 경험하는 나무로 속(俗)에 속하며, 뒤의 나무는 독특한 경험을 통해서만 드러나는 나무로 성(聖)에 속한다. 자연적인 것은 초자연적인 것과 불가분의 관계에 있으며, 세계의 것을 초월하는 어떤 것을 드러낸다. 따라서 인간이 느끼고 접촉하고 사랑한 모든 것은 성의 드러남이 될 수 있다.

① 일상생활에서는 성스러움을 체험할 수 없다.
② 감각만으로 파악 불가능한 궁극적 실재가 있다.
③ 종교적 인간은 자연 그 자체를 신으로 숭배한다.
④ 초자연적인 것과 자연적인 것은 상호 모순적이다.
⑤ 과학적 탐구가 성스러움을 인식하는 유일한 방법이다.

[24015-0202]

06 (가)의 입장에서 (나)의 입장에 대해 제기할 수 있는 비판으로 가장 적절한 것은?

> (가) 소비는 자신을 넘어 사회와 자연에 이르기까지 영향을 미치는 행위이다. 소비자는 자신뿐만 아니라 사회와 자연에 미치는 영향을 고려하여 상품을 선택해야 한다.
> (나) 소비는 소비자의 만족감 충족을 목적으로 하는 행위이다. 소비자는 자신의 욕구와 상품에 대한 정보를 고려하여 소득 범위 내에서 효용성을 최대로 하는 상품을 구매해야 한다.

① 최소 비용으로 최대 만족을 얻는 소비가 바람직함을 간과한다.
② 자신의 경제력과 기호를 충분히 고려하여 소비해야 함을 간과한다.
③ 한 개인의 소비 행위는 다른 구성원의 이익과 무관함을 간과한다.
④ 소비 과정에서 생태계의 건강을 고려하는 결정을 해야 함을 간과한다.
⑤ 소득 범위를 넘어서는 과시 소비는 효율적이지 못한 소비임을 간과한다.

[24015-0203]

07 다음을 주장한 사상가의 입장으로 가장 적절한 것은?

> 가치 있는 재화의 과시적 소비는 유한계급의 세속적 명성을 얻기 위한 수단이다. 부가 그의 손에 축적되면, 다른 사람의 도움이 없이는 그의 부유함을 충분히 증명하기 어렵다. 그리하여 귀중한 선물을 하거나 값비싼 연회를 베풀어 친구나 경쟁 상대의 도움을 얻으려고 한다.

① 사치품에 대한 유한계급의 선호도는 비쌀수록 낮아진다.
② 상품의 가격은 항상 상품의 생산비를 기준으로 책정된다.
③ 유한계급은 소비를 통해 자신의 경제력을 드러내고자 한다.
④ 인간은 합리적 존재이므로 과시를 위한 소비를 하지 않는다.
⑤ 사회 전체의 부가 증대되면 과시 소비에 대한 욕구가 해소된다.

[24015-0204]

08 그림의 강연자가 긍정의 대답을 할 질문만을 〈보기〉에서 고른 것은?

> 패스트 패션은 대량 생산과 대량 소비를 조장하여 환경 문제의 원인이 됩니다. 패스트 패션 시장의 확대는 환경 의식의 강화로 생활 폐기물이 줄어드는 추세에 역행하는 것입니다. 또한 패스트 패션은 옷의 가격을 낮추는 과정에서 아동 고용, 열악한 근로 환경 등 노동 착취 문제를 발생시키고 있습니다. 우리는 의복을 착용하는 과정에서도 이러한 사회 문제에 대해 관심을 가져야 합니다.

〈보기〉
ㄱ. 의복 교체 주기가 최대한 짧은 의류를 선택해야 하는가?
ㄴ. 사회나 환경에 미치는 영향을 고려하여 의복을 선택해야 하는가?
ㄷ. 생산과 소비가 대량으로 이루어지는 의복을 착용하여 유행을 선도해야 하는가?
ㄹ. 의복을 선택할 때는 경제적 관점뿐만 아니라 윤리적 관점에서도 검토해야 하는가?

① ㄱ, ㄴ　② ㄱ, ㄷ　③ ㄴ, ㄷ
④ ㄴ, ㄹ　⑤ ㄷ, ㄹ

[24015-0205]

1 **갑의 입장에서 을에게 제기할 수 있는 비판으로 가장 적절한 것은?**

갑: 다문화 사회에서 이민자들의 안정적인 사회 적응을 위해서는 이들의 고유한 정체성을 존중해야 한다. 보편적 도덕에 위배되지 않는 모든 문화의 고유성은 존중되어야 한다. 서로 다른 야채와 과일이 어울려 조화로운 맛을 내는 샐러드처럼 여러 문화가 공존하는 가운데 사회 안정을 추구해야 한다.

을: 다문화 사회에서 이민자들의 안정적인 사회 적응을 위해서는, 이들이 기존의 주류 사회에 대한 정보를 이해하고 습득할 수 있도록 정책적 프로그램을 개발해야 한다. 그래야 기존 주류 사회의 고유한 정체성을 이민자들이 내면화할 수 있게 되며, 기존의 주류 사회 질서에 이민자들이 녹아들 수 있기 때문이다.

① 이민자 문화의 기존 문화로의 편입을 강조해서는 안 됨을 간과하고 있다.
② 윤리적 상대주의에 따라 모든 문화적 전통을 허용해야 함을 간과하고 있다.
③ 여러 민족의 문화가 한 사회 내에서 공존하는 것은 잘못임을 간과하고 있다.
④ 사회 합의를 기준으로 이질적인 문화 간의 우열을 정해야 함을 간과하고 있다.
⑤ 이민자 문화의 정체성을 바탕으로 기존 문화를 변화시켜야 함을 간과하고 있다.

[24015-0206]

2 **갑, 을의 입장에 대한 설명으로 적절한 것만을 〈보기〉에서 있는 대로 고른 것은?**

갑: 소비는 자신의 경제력 안에서 최선의 제품을 구매하는 것이어야 한다. 경제 활동의 가장 중요한 원칙인 '투자 대비 산출 가치의 최대화'에 따라 가장 적은 돈을 소비하여 가장 활용 가치가 큰 물건을 선택하는 것이 합리적이다. 개인은 소비 활동이 미치는 사회적 영향력까지 고려할 필요가 없다.

을: 소비는 그 행위와 관련된 다양한 연결 고리를 충분히 고려해야 한다. 인간의 경제 활동은 정치, 사회, 환경 등 다양한 영역과 관련되기 때문이다. 예컨대 인간과 동물, 환경을 착취하고 해를 끼치는 비윤리적 상품에 돈을 지불하지 않고, 윤리적 상품에 지갑을 열어야 한다.

● 보기 ●

ㄱ. 갑은 경제력이 크면 소득 범위를 넘어서는 소비가 바람직하다고 본다.
ㄴ. 을은 상품의 구매를 통해 사회 정의 실현에 기여할 수 있다고 본다.
ㄷ. 을은 개인의 소비 활동이 다른 사회 영역에 영향을 미칠 수 없다고 본다.
ㄹ. 갑과 을은 바람직한 소비를 위해 욕구를 절제하는 것이 필요하다고 본다.

① ㄱ, ㄴ　② ㄱ, ㄷ　③ ㄴ, ㄹ
④ ㄱ, ㄷ, ㄹ　⑤ ㄴ, ㄷ, ㄹ

[24015-0207]

3 그림은 서술형 평가 문제와 학생 답안이다. 학생 답안의 ㉠~㉤ 중 옳지 않은 것은?

서술형 평가

◎ 문제: 다음을 주장한 사상가의 입장에 대하여 서술하시오.

> 거주함은 인간 존재의 근본 특성이다. 인간은 현존재로서 땅, 하늘, 신적인 것들, 죽을 자들의 본질을 사물들 안으로 가져와 소중히 보살피며, 세계 안에서 건축하고 사유하면서 거주한다. 우리는 거주 문제의 극복을 위해 주택 건설이나 공급의 확대를 시도한다. 그러나 우리는 거주의 본래적인 문제를 아직도 전혀 숙고하지 않는다는 점에서 고향을 상실한 삶을 살아가고 있다.

◎ 학생 답안

위 사상가는 ㉠ 거주함의 본래적 의미가 상실되어 가는 세태를 비판하면서, ㉡ 거주함의 본질을 경제적 가치와 연관 지어 설명해야 한다고 강조하였다. 그는 ㉢ 인간이 거주함을 통해 사방을 보살필 수 있다고 주장하며, ㉣ 거주함은 사방을 보살피면서 자신을 되찾는 것이어야 한다고 강조하였다. 그래서 그는 ㉤ 거주함을 통해 세계 안에서 건축하고 사유하면서 고향을 되찾아야 한다고 강조하였다.

① ㉠ ② ㉡ ③ ㉢ ④ ㉣ ⑤ ㉤

[24015-0208]

4 다음을 주장한 사상가가 부정의 대답을 할 질문으로 가장 적절한 것은?

> 반란자들, 살인자들, 도둑들, 강도들, 중상 비방자들 따위는 그들이 어느 교회에 속해 있든지 간에 징계받아야 하며 억압받아야 한다. 그러나 어떤 사람들의 교리가 평화를 지향하고 그들의 행실이 주의 깊고 책망할 데 없다면, 그들은 다른 시민들과 동일한 대우를 받아야 한다. 그리스도교 세계의 종교에 관한 대부분의 소송과 전쟁은 피할 수 없는 의견의 다양함이 아니라 허용될 수 있는 다양한 의견을 가진 사람들에 대해 관용하지 않는 것에 의해 만들어진 것이다.

① 종교의 다름을 이유로 타인을 억압하는 행위는 부당한가?
② 사회 질서를 해치는 범죄자들에 대한 관용은 불필요한가?
③ 개인의 종교적 신념에 의한 행위는 모두 정당화될 수 있는가?
④ 종교적 교리가 다르더라도 타 종교에 대한 관용이 가능할 수 있는가?
⑤ 그리스도교 교리에 포함되지 않는 행위도 관용의 대상이 될 수 있는가?

[24015-0209]

5 **갑 사상가의 입장에서 〈사례〉의 A에게 제시할 조언으로 가장 적절한 것은?**

> 갑: 공양할 때는 소리 내지 말며, 발우나 수저를 집고 놓을 때에는 반드시 얼굴을 들고 돌아보지 말며, 맛있고 맛없는 음식을 가려서 좋아하거나 싫어하지 말며, 묵묵히 말하지 말고, 잡념이 일어나지 않게 막으며, 밥을 받는 것이 다만 몸이 마르는 것을 치료하여 도업을 이루기 위함인 줄을 알아야 하며, 반야심경을 염(念)하되, 주는 이와 받는 이, 주고받는 물건이 청정함을 관(觀)하여 도용(道用)을 어기지 말지니라.
>
> 〈사례〉
>
> 평소 A는 음식을 먹을 때 남보다 많이 먹기 위해 허겁지겁 먹는 편이다. 그런 습관 때문에 학급의 다른 친구들이 자신과 함께 식사하기 꺼린다는 것을 안 A는 어떻게 해야 할지 고민을 하고 있다.

① 음식을 먹는 행위를 통해 식욕을 최대한 채우도록 노력하세요.
② 음식을 먹을 때 자기 절제의 자세를 갖추어야 함을 이해하세요.
③ 음식을 먹는 것은 단순히 건강을 위한 것에 불과함을 이해하세요.
④ 음식을 가급적 빠르게 섭취하여 수행 시간 확보를 위해 노력하세요.
⑤ 음식은 타인과 함께하는 것이 아닌 혼자 누리는 것임을 이해하세요.

[24015-0210]

6 **다음 가상 대담의 갑 사상가가 지지할 입장만을 〈보기〉에서 있는 대로 고른 것은?**

1

산업 사회에서 가장 강하고 지속적인 경제적 동기는 무엇이라고 생각하시나요?

갑

2

자기 보존 본능을 제외하면 경쟁적인 비교 성향일 것입니다. 산업 사회에서는 경쟁적인 비교 성향이 부(富)의 경쟁으로 표현되지요. 이는 과시적 낭비의 형태로 표현됩니다.

갑

3

그렇다면, 선생님은 유한계급인 부자뿐만 아니라 다른 사회 계층도 과시 소비를 한다고 보시는 건가요?

갑

4

네, 그렇습니다. 극빈층도 절체절명의 상황에 처하지 않는 한 과시 소비를 하려 합니다. 가장 기본적인 필요가 충족된다면 누구도 과시적 낭비 욕구를 버릴 수 없습니다.

갑

보기

ㄱ. 유한계급은 자신의 재력을 은폐하려는 소비 경향을 나타낸다.
ㄴ. 자본주의 사회에서는 경제적 상위 계층만이 과시 소비를 한다.
ㄷ. 과시욕이나 허영심은 명품에 대한 지속적 수요를 유지하는 원인이 된다.
ㄹ. 타인과 비교하려는 성향은 소득 범위를 넘어서는 낭비를 일으킬 수 있다.

① ㄱ, ㄴ ② ㄱ, ㄷ ③ ㄷ, ㄹ
④ ㄱ, ㄴ, ㄹ ⑤ ㄴ, ㄷ, ㄹ

[24015-0211]

7 다음은 어느 선언문의 일부이다. 이 선언문의 입장만을 〈보기〉에서 있는 대로 고른 것은?

제1조
생태 다양성이 자연에 필요한 것처럼 교류 · 혁신 · 창조성의 근원으로서 문화 다양성은 인류에게 필요하다. 이러한 의미에서 문화 다양성은 인류의 공동 유산이며 현재와 미래 세대를 위한 혜택으로서 인식하고 확인해야 한다.

제2조
우리 사회에서는 다원적이며 역동적인 문화 정체성을 지닌 사람들과 집단의 조화로운 상호 작용을 보장해야 한다. 모든 시민을 포용하고 모든 시민이 참여할 수 있게 하는 정책은 사회적 단결, 시민 사회의 역동성과 평화를 보장한다.

제4조
문화 다양성을 지키는 것은 윤리적으로 의무이며, 인간 존엄성을 존중하는 것이다. 인권과 기본적인 자유의 실천은 소수 민족과 원주민들의 권리를 포함한다. 누구도 국제법으로 보장하는 인권을 침해하거나 제한하는 데 문화 다양성을 이용해서는 안 된다.

보 기

ㄱ. 다양한 문화 간의 교류는 새로운 문화 창조의 기반이 될 수 있다.
ㄴ. 모든 문화의 특징을 윤리적 제한 없이 인정하는 것은 인간의 의무이다.
ㄷ. 한 사회 내에서 여러 문화가 공존하는 것은 사회 통합을 저해할 수밖에 없다.
ㄹ. 문화는 인류를 구성하는 개별 집단의 정체성을 구현하는 것으로 다양성이 존중되어야 한다.

① ㄱ, ㄴ ② ㄱ, ㄹ ③ ㄷ, ㄹ
④ ㄱ, ㄴ, ㄷ ⑤ ㄴ, ㄷ, ㄹ

[24015-0212]

8 다음 신문 칼럼에서 강조하는 내용으로 가장 적절한 것은?

○○ 신문 ○○○○년 ○○월 ○○일

칼럼

종교와 과학 간에는 상호 존중과 우호의 협약이 있다. 이는 윤리적이고 지성적인 토대 위에서 원칙에 입각하여 종교와 과학 양쪽에 똑같이 적용되어야 한다. 종교가 과학의 영역에서 사실적 결론의 본질을 제대로 밝힐 수 없다면, 과학자 역시 세상의 경험적 본질에 관한 우월한 지식을 바탕으로 도덕적 진실에 관한 더 높은 혜안을 지녔다고 주장할 수 없다. 이와 같은 상호 겸손한 태도는 다양한 열망이 존재하는 세상에서 현실적으로 중요한 결과를 가져온다.

① 종교와 과학의 주된 연구 과정은 동일함을 이해해야 한다.
② 종교와 과학은 각각의 고유한 가치를 상호 존중해야 한다.
③ 종교는 과학적 증거가 뒷받침되지 않는 진리를 거부해야 한다.
④ 종교는 과학이 제시하는 도덕적 삶의 방향을 항상 따라야 한다.
⑤ 종교를 과학으로부터 독립된 별개의 영역으로 간주해서는 안 된다.

14 갈등 해결과 소통, 민족 통합의 윤리

갈등 해결과 소통의 윤리

1. 사회 갈등과 사회 통합

(1) 갈등의 의미와 기능

① 의미: 개인이나 집단 사이에 목표나 이해관계가 달라 서로 충돌하거나 화합하지 못하는 것

② 사회 갈등의 다양한 원인

원인	내용
사회적 가치의 희소성	인간의 욕망은 무한한 데 비해 지위, 명예, 부와 같은 사회적 가치는 유한함 → 분배 과정이 공정하지 않거나 분배 과정에서 누군가가 소외되면 갈등 발생
가치관과 이해관계의 차이	자신의 가치관이나 이해관계의 차이에 따라 사회 문제를 다르게 해석함 → 각자의 주장, 가치관 등이 충돌할 때 타인의 생각을 무시하면 갈등 발생
소통의 부재	사회에서 첨예하게 대립하는 주제를 두고 소통이 원활하게 이루어지지 않음 → 한쪽에만 유리한 결론이 나면 갈등 발생
정치적 상황의 변화	권위주의적 체제가 종식되고 시민 사회의 자율성이 확대됨 → 집단적으로 다양한 자율성이 표출되기 때문에 갈등 발생
경제적 상황의 변화	자본주의적 생산 양식과 생활 방식이 일반화됨 → 양극화와 경쟁이 심화되기 때문에 갈등 발생

③ 갈등의 기능

기능	내용
순기능	갈등을 예방하고 조정하는 사회는 갈등을 통해 사회에 내재된 문제를 명확히 인식하게 됨으로써 사회 발전의 계기로 삼을 수 있음
역기능	자신의 이해관계와 가치관을 고집하고 상대방의 문제점만을 지적하며 한 치의 양보도 없는 사회는 갈등이 깊어져 사회가 해체될 수 있음

자료 플러스 갈등의 순기능

• 사회에서 갈등은 필요 불가결한 것이며, 예방도 필요하지만 어떻게 해소하는지가 더 중요하다. 갈등을 통해 개인과 조직의 문제점을 드러내어 통합·발전의 계기가 될 수 있으며, 침체된 조직과 사회에 활력을 불어넣는 순기능도 있기 때문이다. — 이선우 외, "소통과 갈등 관리" —

• 갈등은 실제 문제의 소재를 명확히 한다. 즉, 개인이나 집단이 그들의 관심사나 차이점을 표시할 경우 표면상에 드러나는 문제와 실제 문제를 파악하는 데 도움이 된다. 갈등이 없이는 많은 조직상의 문제가 알려지지 않거나 해결되지 못한 상태에 빠지게 된다. — 김선희 외, "인적 자원 개발론" —

• 외부 집단과의 갈등은 집단에 대한 성원들의 동일화를 더욱 강화시키는 기능을 한다. 외부 집단과 갈등이 커질수록 집단의 내적인 응집력은 높아지고 집단 구조의 권력 집중화는 더욱 강화되며, 구성원들의 집단 이탈은 감소되고 집단의 에너지와 자원 동원의 수준은 높아진다. …(중략)… 갈등이 합리적으로 해결되면 개인의 발전과 집단 재통합의 계기가 될 수 있다. 갈등은 인간관계에 있어서 중요한 상호 작용으로서 상호 간 자기주장을 공유할 수 있는 기본적 기회를 제공해 준다. — 이성록, "갈등 관리론" —

사회 갈등은 동전의 양면과 같아서 역기능도 가지고 있지만 순기능도 함께 지니고 있다. 갈등은 사회 통합의 걸림돌이 되기도 하지만, 갈등이 합리적으로 해결되면 사회 발전과 재통합의 계기가 될 수 있다. 따라서 사회 갈등을 해결하는 과정에서 갈등의 역기능은 최소화하고 갈등의 순기능은 최대화하려는 노력이 필요하다. 그러므로 갈등을 무조건 회피하기보다는 갈등의 근본적인 원인을 충분히 검토하여 집단과 사회가 발전하는 계기가 될 수 있도록 노력해야 한다.

사회 통합
사회 내 개인이나 집단이 상호 작용을 통해 하나로 통합되는 과정

갈등(葛藤)의 유래
갈등은 '칡 갈(葛)'과 '등나무 등(藤)'이 합쳐진 말로 칡과 등나무가 얽혀 있는 모습에서 유래함

개념 체크

1. (　　　)(이)란 개인이나 집단 사이에 목표나 이해관계가 달라 서로 충돌하거나 화합하지 못하는 것을 의미한다.
2. 소통의 부재, 사회적 가치의 희소성, 가치관과 이해관계의 차이 등은 갈등을 일으키는 (　　　)이/가 될 수 있다.
3. 갈등은 사회 해체의 원인이 되기도 하지만, 갈등이 합리적으로 해결되면 사회 발전과 (　　　)의 계기가 될 수 있다.

정답
1. 갈등
2. 원인
3. (재)통합

(2) 한국 사회의 갈등 양상

① 이념 갈등

발생 원인	한 사회의 구성원들이 서로 추구하는 이념이 달라서 충돌이 발생함
갈등 양상	• 사회 안정과 질서를 중시하는 보수적 입장과 변화를 통해 사회의 문제점을 해결하려는 진보적 입장 간 갈등이 심화됨 • 우리 사회의 모든 쟁점을 이분법적으로 바라봄으로써 사회 갈등이 심화됨 • 정책 대결이 아닌 소모적 논쟁으로 이어져 많은 사회 비용이 발생함
해결 방안	• 서로의 가치관을 이분법으로 구분하여 적대시하지 말아야 함 • 상대방의 가치관을 인정하고 합리적 의견은 수용해야 함 • 상호 소통하는 동반자 관계 형성이 필요함 • 자유와 평등, 질서와 변화, 성장과 분배, 산업화와 민주화 등의 균형을 추구해야 함

② 세대 갈등

발생 원인	• 빠른 경제 성장과 급속한 사회 변화로 세대 간 의식과 가치관 차이가 커짐 • 전통 사회에서 기성세대가 가졌던 권위가 상대적으로 약화되면서 젊은 세대에게 존경심을 잃고 있음
갈등 양상	• 기성세대와 젊은 세대가 서로 차이를 인정하지 않고 부정적으로 바라봄으로써 갈등이 심화됨 • 최근에는 실업난, 국민연금법 개정, 노인 부양 문제 등 경제적 요인으로 인해 세대 간에 의견이 충돌하기도 함
해결 방안	• 세대 간의 차이를 자연스럽게 수용하고, 적극적인 소통을 통해 공감대를 형성해야 함 • 기성세대는 우리 사회를 일구어 낸 장본인이며, 젊은 세대는 독창적 시각으로 미래 사회를 이끌어 갈 인재이므로 상호 존중의 자세가 필요함

③ 지역 갈등

발생 원인	• 사회적 자원의 배분, 공공시설의 입지 선정 등과 같은 경제적 요인으로 발생함 • 특정 지역에 대한 차별 의식이나 특권 의식이 지역 간의 갈등을 유발함
갈등 양상	• 수도권과 지방, 도시와 농촌, 영남과 호남, 지역 개발의 이해관계 등 지역 간 다양한 양상으로 나타남 • 자신이 속한 지역의 이익만을 추구하는 지역 이기주의로 나타나기도 함 • 지역의 역사적 · 지리적 상황과 결부하여 지역감정으로 드러나기도 하고, 정치적 갈등으로 확대되기도 함 • 지역 갈등을 이용하려는 왜곡된 정치 구조는 갈등을 더욱 부각시킴 • 연고주의에 기반을 둔 지역 갈등은 불공정한 인사나 혜택으로 연결되어 집단 간 갈등을 심화시킴
해결 방안	• 지역마다 특색 있게 발전할 수 있도록 국가와 사회가 균형 있게 지원해야 함 • 정치적으로는 지역주의에서 벗어나 화합할 수 있도록 노력해야 함

(3) 사회 통합을 위한 노력

① 사회 통합의 필요성

- 개인의 행복한 삶: 갈등이 만연하여 충돌과 대립이 일상화되면 개인은 고통을 받는 것은 물론 정상적인 생활을 할 수 없어 불행해질 수 있음
- 사회 발전: 갈등은 사회적 역량의 결집을 방해하여 사회 발전을 가로막음
- 국가 경쟁력 강화: 갈등에 따른 사회 분열은 구성원의 소속감과 연대감을 해쳐 국가적 어려움이나 과제 해결을 어렵게 만들고 국가 경쟁력을 약화시킴

② 사회 통합을 위한 방안

- 상호 존중과 신뢰를 토대로 소통하려고 노력해야 함
- 사회 구성원들은 연대 의식을 갖추고 사익뿐만 아니라 공익을 존중해야 함
- 공청회, 설명회 등 사회 통합을 위한 제도와 정책을 마련해야 함
- 사회의 각 주체는 고유한 권리와 역할을 이해하고 맡은 바 역할을 충실히 이행해야 함
- 타인의 가치관, 신념이 나와 다를 수 있음을 이해하고, 양보와 관용의 정신을 발휘해야 함

✪ 이념
이상적인 것으로 여겨지는 생각이나 견해

✪ 지역감정
특정한 지역에 살고 있거나 그 지역 출신인 사람들에게 다른 지역 사람이 가지는 좋지 않은 생각이나 편견

✪ 연대 의식
공동체 구성원들이 모두 함께 살아가야 한다는 것을 인식하고 공통으로 나누어 가지는 귀속 의식

개념 체크

1. (　　) 갈등은 사회 구성원들이 서로 추구하는 생각이나 견해가 달라서 다양한 입장 간에 발생하는 갈등이다.
2. 기성세대와 젊은 세대가 서로 차이를 인정하지 않고 부정적으로 바라보면 (　　) 갈등이 심화된다.
3. 사회 통합을 위해서는 공동체 구성원들이 모두 함께 살아가야 한다는 것을 인식하고 공통으로 나누어 가지는 귀속 의식인 (　　)을/를 가져야 한다.

정답
1. 이념
2. 세대
3. 연대 의식

2. 소통과 담론의 윤리

(1) 소통과 담론의 필요성과 윤리적 자세

① 소통과 담론의 필요성
- 사회 구성원들이 서로의 차이를 인정하고 갈등을 합리적으로 해결할 수 있음
- 사회 구성원들의 참여를 바탕으로 사회 통합을 이룰 수 있음
- 도덕적 권위를 갖춘 합의를 도출할 수 있음

② 소통과 담론의 과정에서 필요한 윤리적 자세
- 사회적 · 경제적 지위 등을 이유로 담론에 참여할 수 있는 권리가 침해되지 않도록 해야 함
- 대화 상대방을 존중하는 태도를 지녀야 함
- 자신의 오류 가능성을 인정하는 겸허한 태도를 갖춰야 함
- 상대를 속이거나 현혹하려는 태도를 버리고 진실한 대화에 힘써야 함
- 공적 의사 결정에 적극적으로 참여하려는 태도가 필요함

(2) 동서양의 소통과 담론의 윤리

원효	• 특수하고 상대적인 각자의 입장에서 벗어나 대승적으로 융합해야 함을 강조함 • 화쟁(和諍) 사상: "모든 종파와 사상을 분리시켜 고집하지 말고, 일심(一心)을 토대로 더 높은 차원에서 하나로 종합해야 한다." → 포용과 존중의 중요성을 강조함
공자	화이부동(和而不同): 군자는 도덕 원칙을 지키면서 주변과 조화를 이루지만, 소인은 자신의 원칙을 버리고 남과 같아지는 데만 급급해하는 태도를 지님 → 조화의 중요성을 강조함
하버마스	• 담론 윤리를 통해 서로 이해하여 합의를 이루어 나가는 과정을 중시함 • 의사소통의 합리성: 상호 간의 논증적인 토론 과정을 거쳐 보편적인 합의에 도달하는 것 • 이상적 담화 상황: 모든 사람이 평등하게 논의에 참여하고, 자유롭게 의견을 제시할 수 있어야 하며, 논의에 참여한 사람들은 진실성을 가지고 발언해야 함 • 공론장: 시민 사회 내부에서 작동하는 의사소통의 영역으로, 언론, 텔레비전의 공론, 문화적 공론, 정치적 공론, 학술적 공론 등 매우 다양함

✪ 이상적 담화 상황의 규칙

첫째, 언어 능력과 행위 능력을 가지는 모든 주체는 담론에 참여할 수 있어야 한다.
둘째, 누구나 어떤 주장에 대해서도 문제를 제기할 수 있고, 어떤 주장이라도 담론에 부칠 수 있으며, 자기의 생각과 원하는 바를 표현할 수 있어야 한다.
셋째, 어떤 담론의 참가자도 담론의 내적 또는 외적 강제에 의해서 위의 첫째와 둘째에서 명시한 권리를 행사하는 데 방해를 받아서는 안 된다.

자료 플러스 | 하버마스의 담론 윤리

> 내가 일반 법칙이 될 것을 바라는 어떤 준칙을 다른 모든 사람들에게 타당한 것으로 규정적으로 명하는 대신에, 나는 보편성 주장의 논의적 검토를 목적으로 나의 준칙을 다른 사람에게 제시해야 한다. 무게 중심은 각자가 모순 없이 일반 법칙으로 원할 수 있는 것으로부터 모든 사람이 일치하여 보편적 규범으로 승인하기를 원하는 것으로 이행된다. 나는 논의 참여자들이 그들의 행위 계획을 합의적으로 조정하는 상호 작용을 의사소통적이라 부른다. 이때 매번 도달한 합의는 타당성 주장에 대한 간주관적 인정에 따라 평가된다. 언어적 협의 과정의 경우 행위자들은 의견을 서로 주고받으며 그들의 언어 행위와 함께 각기 상황에 따라 타당성 주장, 즉 진리 주장, 정당성 주장 및 진실성 주장을 제시한다.

하버마스는 개인의 주관적인 판단만으로는 보편타당한 규범이 성립될 수 없기 때문에 대화가 필요하고, 대화의 당사자들이 합의한 결과를 수용하고 그것을 의무로 받아들이기 위해서는 합리적인 의사소통이 필요하다고 보았다. 그는 합리적인 의사소통을 통한 합의가 규범성을 가지기 위해서는 모든 담론 참여자들이 의사소통 행위를 행할 동등한 기회를 가져야 하며 해석, 주장, 권고, 정당화 등을 제시하고 그 타당성을 문제 삼거나 반박할 동등한 기회를 가져야 한다고 보았다. 또한 그는 담론에 참여할 수 있는 화자들은 행위자로서 자신의 기분이나 느낌, 바람을 표현할 동등한 기회를 갖는 사람들로 한정해야 하고, 행위자로서 명령하거나 저항하고, 허용하거나 금지하고, 약속하거나 약속을 파기하고, 해명하거나 해명을 요구할 동등한 기회를 갖는 사람들로 한정해야 한다고 보았다.

개념 체크

1. 원효는 모든 종파와 사상을 분리시켜 고집하지 말고, 더 높은 차원에서 하나로 종합해야 한다는 (　　) 사상을 강조하였다.
2. 공자는 군자는 도덕 원칙을 지키면서 조화를 이루지만, 소인은 자신의 원칙을 버리고 남과 같아지는 데만 급급해 한다고 설명하면서 (　　)을/를 강조하였다.
3. (　　)은/는 담론 윤리를 통해 서로 이해하여 합의를 이루어 나가는 과정이 중요하다고 강조하였다.

정답
1. 화쟁
2. 화이부동
3. 하버마스

민족 통합의 윤리

1. 통일 문제를 둘러싼 쟁점

(1) 통일에 대한 찬반 논쟁

① 반세기가 넘도록 분단이 이어지면서 통일을 둘러싼 다양한 쟁점이 논의되고 있음

② 통일에 대한 찬반 논거

통일 찬성 논거	통일 반대 논거
• 이산가족의 고통 해소 • 민족 동질성의 회복과 민족 공동체 실현 • 전쟁 공포의 해소로 한반도 평화 정착 및 아시아와 세계 평화에 기여 • 군사비 감소로 복지 혜택 증가 • 북한 주민의 인권 문제 해결 • 민족의 경제적 번영과 국제적 위상 제고	• 사회적 · 문화적 차이로 갈등 발생 • 군사 도발 등으로 생긴 북한에 대한 거부감 • 막대한 통일 비용으로 경제적 부담과 경제적 위기 초래 • 북한 주민의 남한 이주로 실업과 범죄 증가 등 사회적 혼란 야기 • 통합 과정에서 정치적 · 군사적 혼란 발생

③ 통일에 대한 무관심한 태도나 맹목적으로 찬성하거나 반대하는 태도에서 벗어나 통일 문제를 깊이 성찰하는 태도가 요구됨

(2) 통일과 관련된 비용 문제

① 통일과 관련된 비용

분단 비용	• 의미: 분단으로 인해 남북한이 부담하는 유 · 무형의 모든 비용 • 분단이 지속되는 동안 영구적으로 발생하는 비용 • 민족 구성원 모두의 손해로 이어지는 소모적인 성격의 비용 예 국방비, 외교적 경쟁 비용, 이산가족의 고통, 국민들의 불안 등
통일 비용	• 의미: 통일 과정과 이후 남북한 간 격차를 해소하고 이질적인 요소를 통합하는 데 부담해야 할 비용 • 통일 이후 일정 기간 동안 한시적으로 발생하는 비용 • 통일 한국의 번영을 위한 투자적인 성격의 생산적 비용 예 화폐 통합 비용, 생산 시설 구축 비용, 실업 등 초기 사회 문제 처리 비용 등
통일 편익	• 의미: 통일로 얻게 되는 경제적 · 비경제적 보상과 혜택 • 통일 이후 지속적으로 발생 예 시장 규모 확대로 인한 교역 증가, 북한 주민의 인권 문제 해결 등

② 통일을 체계적으로 준비함으로써 통일 비용에 대한 부담을 줄이고 통일 편익을 최대화할 수 있도록 노력해야 함

(3) 북한 인권 문제

① 문제점: 인권은 인간이라면 누구나 누려야 할 보편적 가치이지만, 북한의 경우 인권을 보장해야 할 의무를 제대로 이행하지 못하고 있다는 비판을 받고 있음

② 북한 인권 문제 개입에 대한 찬반 입장

찬성 입장	국가가 자국민의 인권을 유린하거나 인권을 보장할 역량과 의지가 부족할 경우 국제 사회가 인도적 차원에서 개입할 수 있음
반대 입장	국가는 외교 관계와 내정에서 최고 권위를 가지므로 다른 나라로부터 간섭을 받지 않을 권리가 있음

③ 국제 사회와 공조하여 북한의 변화를 유도하면서 북한 주민의 인권 문제를 해결해 나가는 지혜가 필요함

통일의 필요성

• 개인적 차원
  - 이산가족의 고통 해소
  - 자유롭고 평화로우며 풍요로운 삶 향유
  - 보편적 가치 보장
• 국가 · 민족적 차원
  - 국가 역량 낭비 제거
  - 경제 규모 확장
  - 전쟁 위협 해소
  - 민족 통합과 문화 발전
• 국제적 차원
  - 북한 인권, 핵 문제 해결
  - 동북아시아와 세계 평화에 기여

개념 체크

1. 분단 비용은 분단으로 인해 남북한이 부담하는 유·무형의 모든 비용으로 (　　) 성격의 비용이다.
2. 통일로 얻게 되는 경제적·비경제적 보상과 혜택을 (　　)(이)라고 한다.
3. (　　)은/는 인간이라면 누구나 누려야 할 보편적 가치이지만, 북한의 경우 이를 보장해야 할 의무를 제대로 이행하지 못하고 있다는 비판을 받고 있다.

정답

1. 소모적
2. 통일 편익
3. 인권

2. 통일이 지향해야 할 가치

(1) 통일 한국이 지향해야 할 가치

① 평화: 전쟁의 공포가 사라진 평화로운 국가를 지향해야 함

② 자유: 자신의 신념과 선택에 따른 자유로운 삶이 보장되는 국가를 지향해야 함

③ 인권: 모든 사람의 존엄과 가치가 존중되는 인권 국가를 지향해야 함

④ 정의: 모두가 합당한 대우를 받는 정의로운 국가를 지향해야 함

(2) 남북통일을 위한 노력

개인적 차원	• 북한을 경계의 대상이자 동반자로 이해하는 균형 있는 인식을 가져야 함 • 통일에 대해 관심을 가져야 함
국가적 차원	• 안보 기반의 구축과 신뢰 형성을 위한 교류와 협력의 노력을 병행해야 함 • 통일의 필요성과 방법, 통일 한국의 미래상 등에 관한 국민적 이해와 합의를 도출해야 함 • 동북아시아 주변국뿐만 아니라 국제 사회와 협력을 강화해야 함

(3) 통일 한국의 미래상

미래상	내용
수준 높은 문화 국가	우수한 전통문화를 계승하고 다양한 문화와 조화를 이루며 창조적으로 문화를 발전시켜야 함
자주적인 민족 국가	외세 의존적 통일이 아니라 우리의 힘으로 통일 국가를 만들어야 하며, 통일 후 자주적인 민족 국가로서 역할을 수행해야 함
정의로운 복지 국가	사회 구성원들의 삶의 질이 향상된 풍요로운 복지 국가를 만들어야 함
자유로운 민주 국가	자유와 평등, 인권 등 기본적 권리가 보장되며, 정치적으로 국민들의 의사에 따라 국가의 정책이 결정되는 자유로운 민주 국가를 만들어야 함
평화롭고 풍요로운 국가	남한의 기술·자본과 북한의 자원·노동력의 상승효과로 경제적으로 풍요로우며, 세계 평화와 인류 공영에 기여하는 국가를 만들어야 함

✪ 상승효과
여러 요인이 함께 작용하여 하나씩 작용할 때보다 더 커지는 효과

자료 플러스 독일 통일의 교훈

• 독일 통일은 통일에 대한 체계적인 준비 없이 이루어져 통합 과정에서 불법 행위 청산 작업, 재산권 문제, 동독 경제 재건을 위한 통일 비용 문제, 동서독 주민 간 갈등과 같은 여러 문제가 발생하였다. 이러한 문제들은 연방 정부의 노력으로 점차 해소되어 나갔으며, 동독 경제의 개선 등으로 통일의 효과가 나타나기 시작하였다. 통일 초기 동독 지역의 경제 성장은 자생적 시장 질서에 의한 것이라기보다는 주로 서독으로부터의 재정 이전을 통해 달성되었다. 그러나 점차 서독의 재정 이전은 줄어든 반면 동독의 경제는 자생력을 찾게 되었으며, 이는 통일 초기에 우려했던 통일 비용이나 경제 통합 문제가 거의 해결되었음을 의미한다.

• 통일은 사회 통합을 달성해야 하는 과제도 가져왔다. 통일의 순간에는 '우리는 하나의 독일'이라는 동류의식이 지배적이었다. 그러나 통합이 진척되면서 동서독 주민 간 편견과 차별 의식, 갈등이 심화되었다. 동독인들의 기대가 충족되지 않으면서 오히려 과거를 그리워하는 '오스탈지(Ostalgie)' 현상도 나타났다. 반면 막대한 재정 지원을 담당하게 된 서독인들은 가중되는 부담에 불만을 가지기 시작했다. 조세 부담률의 증대와 실업 증가, 물가 상승, 재정 적자 확대, 국제 수지 악화, 외채 증가 등은 통일을 비판적으로 보는 계기가 되었다. 그러나 독일 통일은 동독의 경제가 활성화되고 정치적·경제적 안정을 찾아감에 따라 동서독 주민 간 '마음의 벽'도 허물어지고 있다. 물론 독일의 내적 통합은 정치적·경제적 기회의 균등으로만 통합될 수 없다는 점에서, 인간 존중의 가치와 사회적 유대감을 강화시키려는 제반 사회 단체 또한 중요한 역할을 하였다.

– 통일부 통일 교육원, "통일 문제의 이해" –

우리도 독일 통일의 사례처럼 남북한 간의 서로 다른 이념과 문화의 이질성을 통합하는 과정에서 심각한 사회적 갈등과 혼란을 겪을 수 있다. 외형적인 통일을 넘어 심리적·문화적 통일을 이루기 위해서는 통일에 대한 올바른 이해와 철저한 통일 준비가 필요하다.

개념 체크

1. 통일 한국은 모두가 합당한 대우를 받는 (　　　)로운 국가를 지향해야 한다.
2. 남북통일을 위해서는 안보 기반의 구축과 더불어 신뢰 형성을 위한 (　　　)의 노력을 병행해야 한다.
3. 외세 의존적 통일이 아니라 우리 힘으로 통일 국가를 만들어, 통일 후 (　　　)적인 민족 국가로서 역할을 수행해야 한다.

정답

1. 정의
2. 교류와 협력
3. 자주

[24015-0213]

01 다음을 주장한 사상가의 입장으로 가장 적절한 것은?

> 자연은 우리 인간을 향해 이렇게 말한다. "당신네 모두는 연약하고 무지한 존재로 태어나 이 땅 위에서 짧은 시간을 살다가 죽어 그 육체로 땅을 비옥하게 할 것이오. 당신들은 연약한 존재이므로 서로를 도우시오. 당신들은 무지하므로 서로를 가르치고 용인하시오. 만약 당신들 모두가 같은 의견이고 단 한 사람만이 반대 의견이라면 당신들은 그 사람을 용서해야 하오. …(중략)… 나는 당신들에게 땅을 경작할 팔과 당신들을 인도해 줄 한 줌의 이성을 주었소. 나는 당신들 각자의 가슴에 서로를 도와 삶을 견뎌 나갈 수 있도록 동정심의 싹을 심어 주었소. 당신네의 당파적 논쟁의 격앙된 고함으로 자연의 목소리를 지우지 마시오. 당신네 인간들이 걸핏하면 벌이는 잔인한 전쟁, 과오와 우연과 불행이 펼쳐지는 무대인 그 전쟁 한복판에서도 오직 나 자연만이 당신들을, 당신들 서로 간의 필요로 결합하게 할 수 있소."

① 인간은 오류를 범할 가능성이 없는 전지적 존재이다.
② 사회적 분열은 인간 이성으로 해결할 수 없는 재앙이다.
③ 상대방에 대한 관용을 통해 사회의 갈등을 막을 수 있다.
④ 인간은 이성을 통해 자기주장을 타인에게 관철시켜야 한다.
⑤ 갈등 해결을 위해 인간은 자신의 무지를 인정하지 않아야 한다.

[24015-0214]

02 갑이 을에게 제기할 비판의 내용으로 가장 적절한 것은?

> 갑: 조직이나 사회 내의 갈등은 불가피한 것이다. 갈등은 분열이나 무질서 등을 초래하기도 하지만, 적정 수준의 갈등은 그 해결 과정에서 혁신의 아이디어를 제공하거나 구성원들에게 활력과 생기를 불어넣어 줄 수 있다.
> 을: 조직이나 사회 내의 갈등은 무조건 피해야 할 대상이다. 갈등은 소위 문제아들에 의해 발생하고, 사회 발전과 통합에 방해가 된다. 따라서 갈등의 원인을 미리 파악하여 갈등을 피하거나 예방하려는 노력이 필요하다.

① 갈등은 예방을 통해 차단될 수 있음을 간과한다.
② 갈등은 사회적 역기능만 가지고 있음을 간과한다.
③ 갈등의 원인에 대한 사전적 검토가 필요함을 간과한다.
④ 갈등은 발생 수준과 무관하게 해로운 대상임을 간과한다.
⑤ 갈등은 해소 과정을 통해 사회에 활력을 줄 수 있음을 간과한다.

[24015-0215]

03 다음을 주장한 고대 동양 사상가의 입장으로 가장 적절한 것은?

> • 군자는 화합하나 무턱대고 함께하지는 않고, 소인은 무턱대고 함께하나 화합하지는 않는다.
> • 남들이 자기를 알아주지 않는 것을 근심하지 않고, 나 자신이 남을 알지 못하는 것을 근심해야 한다.
> • 자기가 바라지 않는 일은 남에게 행하지 말아야 한다.

① 타인과 조화를 이루기 위해서는 도덕적 신념을 버릴 수 있어야 한다.
② 갈등을 예방하려면 모든 사람의 견해를 비판의 잣대 없이 수용해야 한다.
③ 더불어 살아가기 위해 상대의 입장에서 생각해 보는 자세를 지녀야 한다.
④ 옳고 그름에 대한 분별보다 타인에 대한 무조건적 존중의 태도가 중요하다.
⑤ 화합을 위해서는 주체성을 견지하기보다 타인의 가치관에 동화되어야 한다.

[24015-0216]

04 다음을 주장한 동양 사상가가 긍정의 대답을 할 질문으로 가장 적절한 것은?

> 깨달음의 길은 넓고 확 트여 걸림이 없고 범주가 없다. 무엇에 기대는 것이 아주 없기 때문에 타당하지 않음이 없다. 이 때문에 일체의 다른 가르침이 모두 깨달음의 가르침이요, 온갖 학파의 주장이 옳지 않음이 없으며, 온갖 법문이 다 진리에 들어갈 수 있다. 그런데 자기가 조금 들은 바 좁은 견해만을 내세워 그 견해에 동조하면 옳다고 하고, 그 견해에 반대하면 모두 잘못이라고 하는 사람이 있다.

① 부분적 진리에 안주하여 쟁론을 해결해야 하는가?
② 자신의 주장이 옳다는 생각을 끝까지 고수해야 하는가?
③ 대립하는 종파의 견해는 높은 차원에서 서로 통섭될 수 있는가?
④ 서로 다른 종파는 이원적 대립을 통해 각자의 입장을 견지해야 하는가?
⑤ 서로 다른 견해를 이해하려면 각 견해의 개별 맥락에 대한 파악은 불필요한가?

[24015-0217]

05 다음을 주장한 사상가의 입장에서 〈문제 상황〉에 대해 제시할 조언으로 가장 적절한 것은?

> 말할 수 있고 행위 능력이 있는 사람들은 모두가 자유롭게 담론에 참여할 자격이 있다. 이들은 자신의 주장뿐만 아니라 개인적인 바람, 욕구 등도 표현할 수 있다. 또한 다른 사람의 주장에 의문을 제기하고 비판도 할 수 있다. 그리고 이와 같은 권리를 행사할 때 내부나 외부의 강요 때문에 방해받지 않아야 한다.
>
> 〈문제 상황〉
>
> 정부는 △△동과 □□동의 주변 지역에 폐기물 처리 시설 설립을 추진하기로 결정하였다. 그런데 이러한 소식이 발표되자 환경적 피해를 이유로 해당 지역 주민들의 극심한 반대에 부딪히게 되었고, 정부와 지역 주민 간 갈등이 심각해지고 있다.

① 지역 환경 전문가의 판단으로 해결책을 마련하세요.
② 정부는 공권력을 행사하여 시설 설립을 추진하세요.
③ 효율적 의사 결정을 위해 주민들의 사적 희망 사항을 배제하세요.
④ 소득에 따라 개인의 발언 기회에 차등을 두는 공론장을 마련하세요.
⑤ 이해 당사자 모두가 자유롭게 논박할 수 있는 담론 기회를 제공하세요.

[24015-0218]

06 ㉠에 들어갈 진술로 가장 적절한 것은?

> 남북한의 분단 구조는 소모적인 경쟁과 대결로 많은 자원이 낭비될 뿐만 아니라 구성원의 고통과 손실 등 상당한 사회적 비용을 유발하고 있다. 이러한 상황에서 통일은 분단으로 인한 고통을 해소하고, 개개인에게 다양한 분야에서 더 넓은 선택의 기회와 자유를 제공할 것이다. 또한 통일로 인해 안보 위협이 해소된다면 이는 한반도에 새로운 성장 동력을 가져다줄 것이며, 남북 경제권의 결합을 가져와 남북이 통일된 민족 공동체로서 함께 발전할 수 있는 기회를 열어 줄 것이다. 이처럼 통일은 [㉠]

① 개인의 삶의 기회 확대와 국가 발전에 기여할 것이다.
② 안보 위협으로 인한 불안정한 상황을 심화시킬 것이다.
③ 남북한 주민들의 삶에서 선택의 자유를 제한할 것이다.
④ 남북한의 적대 관계를 해소하는 데 걸림돌이 될 것이다.
⑤ 남한에만 배타적으로 사회적·경제적 이익을 가져다줄 것이다.

[24015-0219]

07 다음 글의 입장에서 지지할 내용의 진술만을 〈보기〉에서 있는 대로 고른 것은?

> 남북 관계는 다른 국가들과의 관계보다 훨씬 복잡하고 특수한 관계이다. 북한은 우리의 안보를 위협하는 경계의 대상임과 동시에 상호 교류·협력을 해야 하는 상대이다. 또한 남북 관계는 국가 간 관계와 민족 내부 관계라는 두 가지 성격을 동시에 가지고 있다. 장기적으로 남북 관계의 개선과 신뢰를 토대로 한 통일 기반 마련을 위해서는 남북의 현실에 대한 객관적, 역사적 이해를 바탕으로 상호 존중 및 실질적 호혜의 관계로 이끌어 나가야 한다.

보기

ㄱ. 남북 간 신뢰 구축을 위해 상호 존중을 기반으로 호혜적 관계를 발전시켜 나가야 한다.
ㄴ. 북한의 대내외적 환경과 구체적 실상에 근거하여 북한에 대한 객관적인 이해가 필요하다.
ㄷ. 갈등과 긴장, 협력과 대화를 반복하고 있는 남북 관계의 역사에 대한 사실적 이해가 요청된다.
ㄹ. 평화 통일을 위해서는 안보의 관점과 협력의 관점 중 하나만을 택하여 북한을 파악해야 한다.

① ㄱ, ㄴ ② ㄱ, ㄹ ③ ㄷ, ㄹ
④ ㄱ, ㄴ, ㄷ ⑤ ㄴ, ㄷ, ㄹ

[24015-0220]

08 밑줄 친 ㉠, ㉡에 대한 설명으로 옳은 것만을 〈보기〉에서 고른 것은?

> 남북한의 상이한 체제와 제도, 생활 수준을 통합하는 과정에서 상당한 ㉠ 통일 비용의 발생은 불가피하다. 하지만 통일 비용은 미래 이익을 창출하기 위한 투자성 비용으로 이해해야 한다. 통일 비용은 남북 간 격차를 줄이고 남북한의 자원을 연계함으로써 시너지 효과를 창출하기 때문이다. 한편, 통일은 통일 비용을 상쇄하고도 남을 정도의 ㉡ 통일 편익을 가져온다. 통일 편익은 통일로 인한 경제적 편익뿐만 아니라 비경제적 편익도 포함한다.

보기

ㄱ. ㉠의 예로 통일 한국의 화폐 통합 비용을 들 수 있다.
ㄴ. ㉠은 분단이 지속되는 동안 발생하는 소모적 비용이다.
ㄷ. ㉡의 예로 이산가족의 심리적 아픔 치유를 들 수 있다.
ㄹ. ㉡은 통일 이후 일정 기간에 발생하는 한시적 혜택이다.

① ㄱ, ㄴ ② ㄱ, ㄷ ③ ㄴ, ㄷ ④ ㄴ, ㄹ ⑤ ㄷ, ㄹ

[24015-0221]

1 **갑, 을의 입장으로 가장 적절한 것은?**

사회 갈등은 응집성을 이완해 사회의 안정성을 깨뜨리며 구성원들의 심리에 부담으로 작용하여 개인의 창의성, 자발성을 마비시킵니다. 또한 심화된 갈등은 구성원 간 불신을 증가시키기도 합니다. 갈등의 해결 과정에서도 개인이나 집단은 목표 달성에 집중할 수 없게 되어 결국 갈등은 사회 발전에 걸림돌로 작용하게 됩니다. 이러한 갈등은 사회악으로서 철저히 제거되어야 합니다.	사회 갈등은 구성원들에게 갈등의 관리 방법과 소통을 위한 학습 기회를 제공해 줍니다. 갈등을 해결하는 과정을 통해 집단은 내부 결속력을 높일 수 있으며, 개인들은 다양한 관점을 수용함으로써 혁신의 동기를 부여받게 됩니다. 갈등은 일시적으로 사회 정체를 일으킬 수 있으나, 결과적으로 사회 발전과 통합을 촉진하게 됩니다. 이러한 갈등은 필요악으로서 잘 관리되어야 할 대상입니다.

① 갑: 사회 갈등은 조직과 개인의 추진력을 약화시켜 전반적인 결집력을 떨어뜨린다.
② 갑: 사회 갈등은 구성원들에게 상호 작용의 장을 제공하여 사회 발전의 계기로 작용한다.
③ 을: 사회 갈등은 그 해결 과정이 소모적이므로 최대한 회피해야 한다.
④ 을: 사회 갈등은 조직이나 개인의 요구를 무시함으로써 쇄신을 불가능하게 한다.
⑤ 갑과 을: 사회 갈등은 역기능을 지니고 있지만 결과적으로는 사회 통합에 기여한다.

[24015-0222]

2 **(가) 사상의 입장에서 (나)의 〈문제 상황〉에 대해 제시할 조언으로 가장 적절한 것은?**

(가)	• 내가 말하고 행하는 도(道)는 언제나 하나로 통한다. 그것은 충서(忠恕)일 따름이다. • 대개 인(仁)이란 사람이 원래부터 가지고 있는 것이고 스스로 행하는 것으로 서로 다투어 경쟁할 것이 아니니 어찌 사양할 것이 있겠는가.
(나)	〈문제 상황〉 최근 지하철이나 버스 등 대중교통에서 교통 약자석을 둘러싼 사회적 갈등이 심해지고 있다. 고령자뿐만 아니라 장애인, 임산부, 영유아를 동반한 자, 어린이 등 이동에 불편을 느끼는 사람들을 위해 만든 해당 좌석의 취지에도 불구하고, 사람들의 이기심으로 양보의 미덕은 사라지고 우리 사회의 구성원 간의 갈등을 더욱 증폭시키고 있다.

① 언제나 양보를 당연하게 바라는 마음을 적극적으로 표출해야 함을 기억하세요.
② 나이에 따른 질서를 정해 연장자순으로만 교통 약자석에 앉을 수 있도록 하세요.
③ 자신보다 좌석이 필요한 교통 약자를 배려하는 마음으로 대중교통을 이용하세요.
④ 자리에 앉은 후에는 다른 이용자들의 상황에 대한 고려는 불필요함을 인식하세요.
⑤ 교통 약자석의 원활한 운용을 위해 특정 세대의 일방적 노력이 요구됨을 명심하세요.

[24015-0223]

3 **다음을 주장한 사상가의 입장으로 가장 적절한 것은?**

불성(佛性)의 본연[體]은 바로 일심(一心)이니, 일심에서는 실체로 여기는 모든 착각을 멀리 여읜다. 실체로 여기는 모든 착각을 멀리 여의었으므로 해당되는 것이 하나도 없고, 해당되는 것이 없기 때문에 해당되지 않음이 없다. 그렇기 때문에 일심에서 말하자면, 그 마음은 원인[因]도 아니요 결과[果]도 아니며, 성스러운 진리[眞]도 아니고 속된 것[俗]도 아니며, 사람[人]도 아니고 세계[法]도 아니며, 생겨남[起]도 아니고 사라짐[伏]도 아니다. 그러나 그 마음을 관계[緣]에서 말하자면 마음은 생겨남도 되고 사라짐도 되며, 세계도 되고 사람도 되며, 속된 것도 되고 성스러운 진리도 되며, 원인도 짓고 결과도 짓는다. 이것을 일컬어 '그렇지 않지만 그렇지 않은 것도 아님'의 면모라 하니, 따라서 여러 주장이 모두 그르기도 하고 모두 옳기도 하다.

① 다양한 의견을 포용하여 종합해도 진리에 대한 깨달음에 도달할 수 없다.
② 세속적인 것과 성스러운 진리는 서로 다르지 않아 하나로 융합될 수 있다.
③ 갈등과 대립을 해결하기 위한 최선의 결정은 다수의 의사를 따르는 것이다.
④ 화합을 위해 모든 사람은 각자가 지닌 고정된 관념과 견해를 지켜 내야 한다.
⑤ 궁극적인 앎은 모든 사상과 이념을 옳고 그름의 영역으로 분별함으로써 얻어진다.

[24015-0224]

4 **다음을 주장한 사상가가 부정의 대답을 할 질문으로 가장 적절한 것은?**

모든 타당한 규범은 다음 조건을 충족해야 한다. 모든 개인의 이해를 만족하기 위해서 그 규범을 일반적으로 따를 때 발생할 수 있는 결과와 부작용을 모든 당사자가 수락할 수 있어야 한다. 그리고 이미 알고 있는 대안적 조절 가능성의 효과보다 결과와 부작용을 고려해야 한다. 어떤 준칙이 일반 법칙이 되기를 바란다면 다른 사람들에게 이 준칙의 타당성을 규정적으로 명령하거나 강제하지 말아야 한다. 대신 나의 준칙이 보편화 가능한지 논의하여 검토할 수 있도록 다른 사람에게 제시해야 한다. 무게 중심을 개인이 모순 없이 일반 원칙으로서 원할 수 있는 것으로부터 모든 사람이 보편적 규범으로 승인하기를 원하는 것으로 이행하는 것이다.

① 이상적 담화 상황을 통해 참여자는 상호 주관성을 토대로 보편적 규범에 합의하게 되는가?
② 담론 참여자는 담론 과정에서 제시된 준칙이 보편적으로 적용 가능한지 검토해 보아야 하는가?
③ 담론의 당사자들은 자유로운 논박을 통해 서로의 주장이 정당화될 수 있는지를 검토해야 하는가?
④ 담론의 모든 참여자들은 담론을 상호 이해보다는 도구적 합리성의 실현을 위한 장치로 인식해야 하는가?
⑤ 담론의 참여자는 자신의 주관과 다르더라도 정당한 담론의 결과가 지니는 도덕적 구속력을 마땅히 받아들여야 하는가?

[24015-0225]

5 **갑의 입장에 비해 을의 입장이 갖는 상대적 특징을 그림의 ㉠~㉤ 중에서 고른 것은?**

갑: 남북한은 사상과 이념, 제도와 생활 양식 등에서 오랫동안 이질화 과정을 거쳐 왔다. 상호 간 사회적·경제적 장벽이 높아진 상황에서 성급한 통일은 남북 주민들 상호 간의 적대감과 불신을 심화시킬 수 있으며, 천문학적인 통일 비용은 남북한 모두에게 경제적 위기를 불러올 것이다. 따라서 통일보다는 평화로운 양자의 공존을 추구하는 것이 남북한 주민들의 인간다운 삶을 보장하는 바람직한 길이다.

을: 남북한의 통일은 한반도 전쟁 가능성으로 인한 불안과 공포를 제거할 것이며, 이산가족과 실향민의 아픔도 치유할 것이다. 또한 통일은 분단 비용을 경제 발전을 위해 사용할 수 있도록 함으로써 한반도의 경제적 위상 제고에도 이바지할 것이다. 이처럼 남북한 주민들의 인권과 평화로운 삶의 실현을 돕는 통일은 반드시 이루어져야 한다.

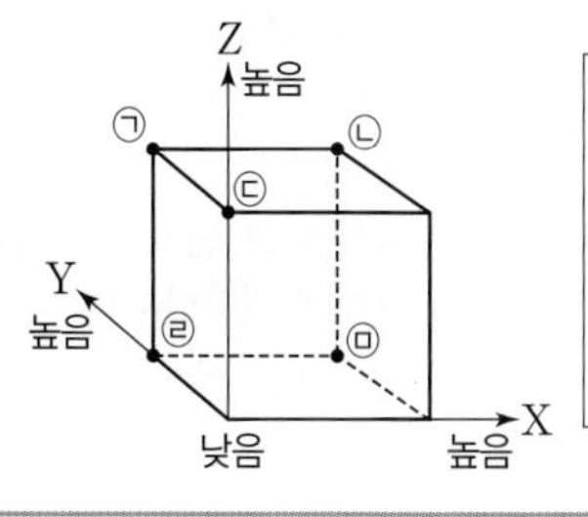

• X: 통일이 경제적 부담으로 작용할 것임을 강조하는 정도
• Y: 통일이 한반도 평화 정착에 도움이 됨을 강조하는 정도
• Z: 인간 존엄성 실현을 위해 통일의 필요성을 강조하는 정도

① ㉠ ② ㉡ ③ ㉢ ④ ㉣ ⑤ ㉤

[24015-0226]

6 **갑, 을의 입장으로 가장 적절한 것은?**

갑: 북한에 대한 지원은 조건 없이 시행되어야 한다. 유엔 식량 계획 보고서에 따르면 북한의 식량난이 심각한 수준에 이르고 있다. 이념과 국적을 떠나 고통받는 사람들을 돕는 것은 당위이자 책임이다. 대북 지원은 남북 간 신뢰를 구축하고 경제 협력을 촉진하여 통일의 발판이 될 것이다. 따라서 북한 주민들의 기본권을 보장하고 지속 가능한 남북 화합을 위해 대북 지원을 시행해야 한다.

을: 북한에 대한 지원은 조건부로 시행되어야 한다. 현재 북한은 핵 실험, 각종 전술 무기 개발 등을 추진하며 세계 안보에 위협을 주고 있다. 또한 비정기적 미사일 도발로 한반도의 불안감을 증폭시키고 있다. 따라서 지원될 자원이 군용으로 전환되지 않도록 하고, 도발에 대한 북한의 사과 및 재발 방지 조치에 관한 확인을 받는다는 조건하에서만 대북 지원을 시행해야 한다.

① 갑: 대북 지원은 북한 주민들의 인권 개선이 이루어질 때 시행되어야 한다.
② 갑: 대북 지원은 도덕적 의무가 아닌 자율적 선택의 문제로 인식되어야 한다.
③ 을: 대북 지원은 안보 위협의 요인이 시정되지 않아도 시행되어야 한다.
④ 을: 대북 지원은 남북 간 정치적, 군사적 상황을 고려하여 시행되어야 한다.
⑤ 갑과 을: 대북 지원의 의무는 차후의 남북 경제 협력이 전제되어야만 발생한다.

[24015-0227]

7 다음 토론의 쟁점으로 가장 적절한 것은?

갑: 인권이 인류 보편의 가치로 인정받는 현대 사회에서 북한은 최소한의 인권을 보장해야 할 의무를 제대로 이행하지 않고 있습니다. 시민으로서 자유와 정치적 권리, 사회·경제적 권리까지도 침해받는 북한 주민의 열악한 인권 상황을 개선하기 위한 국제 사회의 개입이 필요하다고 생각합니다.
을: 북한 사회의 인권 문제가 심각한 상태에 처해 있다는 점에는 동의합니다. 그러나 북한은 엄연히 국제법적 행위 주체이자 독립 국가로서 다른 나라로부터 간섭을 받지 않을 권리를 지닙니다. 북한의 인권 문제에 대한 국제 사회의 개입은 북한에 대한 내정 간섭 문제가 되므로 허용될 수 없습니다.
갑: 그렇지 않습니다. 인권은 개별 인간이 지니는 본연의 권리이지, 국가로부터 주어지는 것이 아닙니다. 국가의 폭력으로부터 시민이 보호받을 권리는 자유롭고 존엄한 인간으로서의 보편적 권리이기 때문에, 인도적 차원에서 북한 주민의 인권 문제에 대한 국제 사회의 적극적 개입과 인권 유린 상황에 대한 제재가 마땅히 이루어져야 합니다.
을: 인권의 중요성은 인정합니다. 하지만 북한은 외교 관계와 내정에서 최고 권리인 주권을 가지며, 북한 사회 내부의 문제에 대한 국제 사회의 개입은 주권 침해에 해당합니다. 정치 집단의 자결권을 핵심으로 여기는 북한 사회의 특수성에 대한 이해를 바탕으로 국제 사회는 섣부른 개입보다 북한 사회의 인권이 증진될 수 있도록 경제·문화 등의 영역에서 북한과 협력을 도모해야 합니다.

① 북한은 독립 국가로서 주권을 행사할 수 있는가?
② 북한 주민의 인권은 여러 측면에서 열악한 상황에 놓여 있는가?
③ 북한 주민의 인권은 기본적이고 보편적인 권리로서 보호받아야 하는가?
④ 북한 주민의 인권 문제를 해결하기 위한 국제 사회의 노력은 불필요한가?
⑤ 북한 사회의 인권 문제에 대한 국제 사회의 적극적 개입은 정당화될 수 있는가?

[24015-0228]

8 ㉠에 들어갈 내용으로 적절한 것만을 〈보기〉에서 있는 대로 고른 것은?

독일이 통일을 이룰 수 있었던 결정적 계기는 제2차 세계 대전 후 독일을 분할 점령했던 미국, 소련, 영국, 프랑스의 동의를 이끌어 낸 것이다. 미국을 제외한 승전국들은 통일 독일의 국제적 위상 강화를 경계하며 독일의 통일에 반대했다. 그러나 서독은 미국과 협력을 강화하면서 점차 다른 국가들을 설득해 나갔다. 또한 서독은 정치 교육을 통해 민주주의의 우수성을 알렸고, 시민들의 관심을 유럽의 평화와 안보 등 국제적 차원으로 확대하였다. 이러한 교육은 통일의 내적 기반을 축적하는 데 크게 기여하였다. 독일은 통일 후 재산권 문제, 통일 비용 문제, 동서독 주민 간 불화 등 여러 갈등을 겪기도 했지만, 연방 정부를 비롯한 다양한 기관과 사회 단체들이 사회적 유대감 강화를 위한 노력을 펼치면서 내적 통합을 이루어 갔다. 이러한 사례를 볼 때, 통일로 나아가야 할 남북 관계에서는 [㉠]

보기

ㄱ. 양자 간 이질성 극복을 위한 상호 이해 교육과 사회적 교류에 힘써야 한다.
ㄴ. 분단 비용의 감수가 통일 비용 지출보다 효용이 크다는 점을 인식해야 한다.
ㄷ. 통일에 대한 국제 사회의 우호적인 환경 조성을 위한 외교적 노력이 필요하다.
ㄹ. 통일 전후의 사회적 통합을 위한 노력보다 체제 통합의 정치적 통일이 우선되어야 한다.

① ㄱ, ㄴ ② ㄱ, ㄷ ③ ㄴ, ㄹ ④ ㄱ, ㄷ, ㄹ ⑤ ㄴ, ㄷ, ㄹ

15 지구촌 평화의 윤리

국제 분쟁의 해결과 평화

1. 국제 관계의 이해

(1) 국제 관계를 바라보는 관점

① 현실주의

- 국가는 이기적 인간들로 구성되어 있고, 세계도 자국의 이익을 추구하는 국가들로 구성되어 있음
- 국제 관계는 각국을 통제할 상위 중앙 권위가 없는 무정부적 상태임
- 국가의 목표는 자국의 이익과 생존이며, 다른 국가는 자국의 생존을 위협하는 잠재적 위협 요소임
- 평화는 힘의 논리에 의한 세력 균형을 통해 전쟁을 예방 또는 억지하는 것임

② 이상주의

- 인간이 이성적 존재이듯 국가도 이성적이고 합리적임
- 분쟁은 인간 본성이 아니라 상대방에 대한 무지나 오해, 잘못된 제도에서 유래함
- 분쟁 해결을 위해 국가, 개인, 국제기구, 비정부 기구 등 다양한 주체들의 노력을 강조함
- 평화는 국가 간 이성적 대화, 협력을 바탕으로 도덕 · 여론 · 법률 · 제도를 통해 만들어 갈 수 있음

③ 현실주의와 이상주의의 한계점

구분	한계점
현실주의	• 자국의 우위를 확보하기 위한 군비 경쟁을 정당화할 수 있음 • 전쟁과 무력행사를 정당화할 위험이 있음 • 국제기구와 비정부 기구 등 다양한 행위 주체와 이들이 미치는 영향력을 간과하여 국제 관계의 협력을 잘 설명하지 못함
이상주의	• 현실에서 나타나는 국가 간 경쟁이나 갈등을 설명하기 어려움 • 국제 관계를 통제할 실효성 있는 제재를 할 수 없음

자료 플러스 | 현실주의의 특징

현실주의는 국가주의, 생존, 자조를 핵심으로 한다. 현실주의는 국가의 경계 밖에서는 무정부 상태의 조건이 존재한다고 본다. 국제 정치는 주권 국가들의 개별적인 집합 위에 그를 가로지르는 중심적인 권위가 존재하지 않는 무정부 상태에서 발생한다. 즉, 현실주의자들은 국제 정치의 기본 구조를 그 안에서 독립적인 개별 주권 국가들이 스스로를 최고의 권위를 가진 존재로 간주하고, 그보다 상위의 권력을 인정하지 않는 무정부 상태의 구조라고 주장한다. 현실주의자들은 국가 생존을 확실히 하는 것이 국가 지도자의 첫 번째 주안점이라고 본다. 모든 국가의 중추적인 국가 이익은 생존이다. 국가들은 경제, 환경, 인도주의와 같은 다양한 이익을 가지고 있지만, 만약 생존이 위태로워진다면 다른 이익이 실현될 수 있는 가능성은 사라진다. 현실주의자들은 국가가 자신의 안전과 생존을 타국이나 국제 연맹 혹은 국제 연합과 같은 국제 제도에 위임하는 것을 신중하지 않은 것으로 간주한다. 현실주의자들은 국가의 자유를 보존하기 위해서는 세력 균형이 필수적이라고 본다. 이에 따르면 만약 약소국가의 생존이 패권 국가 혹은 강대국의 연합으로 위협을 받게 되면 그들은 힘을 합쳐 공식적 동맹을 형성하고 상대의 힘을 견제함으로써 자신의 독립을 유지해야 한다.

– 존 베일리스 · 스티브 스미스, "세계 정치론" –

현실주의 입장에서 볼 때 무정부 상태라는 개념은 반드시 완전한 혼돈이나 무법 상태를 지칭하는 것이 아니다. 무정부 상태라는 개념은 현실주의 입장에서 국제 정치의 영역이 중심적인 권위의 부재로 특징지어진다는 점을 강조하기 위해서 사용하는 것이다. 또한 세력 균형의 기제는 어떠한 경우에도 한 국가나 국가의 연합이 다른 국가들을 압도하는 위치에 이르지 않는 힘의 균형 상태를 확보하려 하는 것이다.

세력 균형
국가들 사이의 세력이 비등하여 어떠한 국가도 무력 도발을 할 수 없는 상태를 뜻하며, 가장 일반적인 세력 균형은 국가 간 동맹을 통해 이루어짐

개념 체크

1. (   ) 관점에서 볼 때, 국제 관계는 각국을 통제할 실효성 있는 권위가 부재한 무정부적 상태이다.
2. 이상주의 관점에서는 평화는 국가 간의 이성적인 (   )와/과 협력을 바탕으로 만들어 갈 수 있다고 본다.
3. 현실주의 관점에서는 평화는 (   )에 의한 세력 균형을 통해 전쟁을 예방 또는 억지하는 것이라고 본다.

정답
1. 현실주의
2. 대화
3. 힘의 논리

개념 플러스 현실주의와 이상주의 비교

구분	현실주의	이상주의
인간관	인간은 이기적 존재	인간은 선한 존재 또는 이성적 존재
분쟁 원인	힘의 논리를 바탕으로 자국의 이익 추구	국가 간의 오해나 제도의 불완전함
분쟁 해결	세력 균형(동맹)	국제기구, 국제법, 국제 규범을 통한 제도의 개선
한계점	국제 관계의 협력을 잘 설명하지 못함	국가 간 경쟁이나 갈등을 설명하기 어려움

(2) 국제 분쟁의 원인과 해결 방안

원인	• 영역과 자원: 국가 간 영역과 자원을 선점하기 위한 과정에서 분쟁 발생 • 종교적 · 문화적 차이: 종교적 · 문화적 차이에 따른 갈등은 타협이나 중재가 어려워 쉽게 분쟁 발생 • 인종 · 민족 차이: 인종이나 민족 간 이해관계가 상충하거나 차별적 대우로 분쟁 발생
윤리적 문제	• 지구촌의 평화 위협: 군사적 우위를 확보하기 위한 핵무기, 생화학 무기 등의 개발 • 인류가 지향하는 보편적 가치의 훼손: 국제 분쟁으로 인간의 존엄성, 정의, 평화, 인권 등의 가치를 훼손하는 인종 청소, 집단 살해와 같은 범죄가 자행되기도 함
해결 방안	• 문명의 다양성과 차이를 존중하고 동질성을 모색하는 자세가 필요함 • 약소국을 배려하는 국제적 차원의 제도 마련과 국제 원조 기구를 통한 기부의 활성화로 국제적 분배 정의를 실현함

2. 평화의 가치와 국제 평화를 위한 노력

(1) 평화의 가치

① 평화는 인류가 갈등, 분열, 전쟁이 지속되는 역사 속에서도 끊임없이 추구해 온 윤리적 가치임

② 평화는 안전을 넘어 인간다운 삶을 실현하기 위한 필수 조건으로 우리가 추구해야 할 윤리적 가치임

(2) 국제 평화를 위한 노력

① 갈퉁: 인간 존엄성, 삶의 질을 중시하는 적극적 평화의 실현을 강조함으로써 평화 개념을 국가 안보 차원에서 인간 안보 차원으로 확장함

소극적 평화	범죄, 테러, 전쟁 등과 같은 직접적 폭력이 사라진 상태
적극적 평화	직접적 폭력뿐만 아니라 구조적 폭력과 문화적 폭력 등의 간접적 폭력까지 제거된 것으로, 모든 사람이 인간다운 삶을 누릴 수 있는 상태

자료 플러스 갈퉁이 주장한 폭력의 종류

직접적 폭력은 언어적 폭력과 신체적 폭력으로 나눌 수 있다. …(중략)… 간접적 폭력은 사회 구조 자체에서 일어난다. 외적으로 일어나는 구조적 폭력의 두 가지 주요한 형태는 정치와 경제에서 잘 알려진 억압과 착취이다. 이 두 가지 형태의 폭력은 몸과 마음에 작용하지만, 반드시 의도된 것은 아니다. 이러한 모든 것의 이면에는 문화적 폭력이 존재한다. 이는 모두 상징적인 것으로 종교와 사상, 언어와 예술, 과학과 법, 대중 매체와 교육의 내부에 존재하는 것이다. 이러한 문화적 폭력의 기능은 직접적 폭력과 구조적 폭력을 정당화하는 것이다.

– 갈퉁, "평화적 수단에 의한 평화" –

갈퉁은 평화를 위해서는 직접적 폭력은 물론이고 간접적 폭력까지 사라져야 한다고 보았다. 그는 폭력을 언어나 신체적 폭력과 같은 직접적 폭력과 구조적 폭력, 문화적 폭력으로 나누어 설명하였다. 구조적 폭력의 주요 형태는 정치와 경제에서 나타나는 억압과 착취이며, 문화적 폭력은 직접적 폭력과 구조적 폭력을 정당화하는 것이다.

✪ 갈퉁
"평화적 수단에 의한 평화"를 쓴 저자로, 노르웨이의 대표적인 평화학자임

✪ 구조적 폭력
부정의한 사회 제도나 구조를 통해 이루어지는 폭력 예 억압, 착취 등

✪ 문화적 폭력
문화적 영역이 직접적 폭력이나 구조적 폭력을 정당화하는 데 이용되는 형태의 폭력

개념 체크

1. 약소국을 배려하는 국제적 차원의 제도 마련과 국제 원조 기구를 통한 기부 활성화로 국제적 (   )을/를 실현할 수 있다.
2. 갈퉁은 인간 존엄성, 삶의 질을 중시하는 (   )의 실현을 강조하였다.
3. 갈퉁에 따르면 구조적 폭력의 두 가지 주요한 형태는 (   )와/과 착취이다.

정답
1. 분배 정의
2. 적극적 평화
3. 억압

② 칸트: 전쟁의 폭력성과 적대성이라는 악순환에서 벗어나 평화를 유지할 수 있는 대책을 제시함
- 평화를 유지하기 위해 모든 국가가 자유로운 국가들 간의 연맹에 참여할 것을 주장함
- 연맹에 참여한 국가의 국민들은 자유와 평화를 보장받을 수 있고, 평화를 요구하는 시민들에 의해 국가 지도자가 쉽게 전쟁을 일으킬 수 없게 됨
- 평화를 실현하는 방법으로 환대권을 강조함

개념 플러스 칸트가 주장한 영구 평화를 위한 예비 조항

1. 장차 전쟁의 화근이 될 수 있는 내용을 암암리에 유보한 채 맺은 어떠한 평화 조약도 결코 평화 조약으로 간주되어서는 안 된다.
2. 어떠한 독립 국가도 상속, 교환, 매매 혹은 증여에 의해 다른 국가의 소유로 전락할 수 없다.
3. 상비군은 조만간 완전히 폐지되어야 한다.
4. 국가 간의 대외적 분쟁과 관련하여 어떠한 국채도 발행되어서는 안 된다.
5. 어떠한 국가도 다른 국가의 체제와 통치에 폭력으로 간섭해서는 안 된다.
6. 어떠한 국가도 다른 나라와의 전쟁 동안에 장래의 평화 시기에 상호 신뢰를 불가능하게 할 것이 틀림없는 다음과 같은 적대 행위, 예컨대 암살자나 독살자의 고용, 항복 조약의 파기, 적국에서의 반역 선동 등을 해서는 안 된다.

자료 플러스 국제법에 관한 칸트의 견해

국제법은 공법으로서 그 자체 개념 속에 각 국가에 그의 권리를 부여하는 일반 의지의 공개적 천명을 포함하며, 이러한 법적 상태는 어떤 계약에서부터 귀결되어야 한다. 그 계약은 반드시 강제법에 근거할 필요는 없고, 오히려 이전에 언급된 국제 연맹에서처럼 자유롭고 지속적인 연합의 계약일 수 있다. 서로 다른 (물리적이거나 도덕적) 인격체를 적극적으로 한데 묶는 어떤 합법적인 조건이 없다면, 있는 것은 오직 사적인 법일 뿐이기 때문이다. 이것은 자연 상태에서나 있게 될 상황이다. – 칸트, "영구 평화론" –

칸트에 따르면 국제법은 하나의 계약의 형태로 실현되는 법적 상태를 전제로 하는 것이며, 이 계약은 모든 국가로 하여금 타 국가와의 관계에서 상호 간에 그리고 함께 평화를 유지하는 것만을 의도하여 맺어지고, 어떤 경우에도 타국을 침략하기 위한 동맹이 아니라는 조건하에서 이루어지는 것이다.

③ 국제 연합: 억압과 차별, 민족 간 분쟁, 종교 간 갈등과 같은 집단 간 분쟁을 해소하기 위해 평화 유지, 군비 축소, 국제 협력 등의 활동을 전개함

④ 국제 비정부 기구: 국경 없는 의사회, 유니세프 등은 평화를 위한 구호 활동을 전개함

국제 사회에 대한 책임과 기여

1. 세계화에 대한 관점

(1) **세계화(globalization)**

① 의미: 국제 사회의 상호 의존성 증가로 세계가 긴밀하게 연결된 사회 체계로 통합되어 가는 현상

② 세계화의 긍정적 · 부정적 측면

긍정적 측면	• 기업들이 국제적 경쟁력을 갖추고 생산성을 높이기 위해 노력함으로써 경제 발전에 기여함 • 소비자는 다양한 상품의 선택 기회를 갖게 되고, 생산자는 더 넓은 시장에서 제품을 팔 수 있게 됨 • 환경, 난민, 인권 문제 등 전 지구적 문제를 해결하고 보편적 가치를 보장하기 위한 국제 협력이 이루어짐 • 세계 여러 나라의 문화가 교류됨에 따라 다양한 문화의 공존과 질적 향상이 이루어짐

✪ 칸트의 환대(歡待)권

어떤 이방인이 다른 나라의 영토에 도착했을 때 이 사람이 평화적으로 행동하는 한 적대적으로 대우받지 않을 권리

✪ 칸트의 "영구 평화론"

칸트는 "영구 평화론"을 통해 전쟁과 평화의 근원적 문제는 국가 간 신뢰가 정착되어 있느냐가 중요하다고 강조하고, 영구 평화를 위한 예비 조항과 확정 조항 등에 대해 서술함. 영구 평화를 위한 확정 조항으로 모든 국가의 시민적 정치 체제는 공화 정체이어야 하고, 국제법은 자유로운 국가들의 연방 체제에 기초해야 하며, 세계 시민법은 보편적 우호의 조건들에 국한되어야 한다고 주장함

개념 체크

1. 칸트는 모든 국가가 평화를 유지하기 위해 자유로운 국가들 간의 (   )에 참여할 것을 주장하였다.
2. 칸트는 영구 평화를 위해 모든 국가의 시민적 정치 체제는 (   )이어야 한다고 주장하였다.
3. (   )은/는 국제 사회의 상호 의존성 증가로 세계가 긴밀하게 연결된 사회 체계로 통합되어 가는 현상을 의미한다.

정답
1. 연맹
2. 공화정(또는 공화 정체)
3. 세계화

부정적 측면	• 자본과 기술을 보유하고 있는 선진국이 경쟁에서 유리해져 국가 간 빈부 격차가 심화됨 • 다른 나라의 경제 위기로 국내 경제가 위험에 노출되는 등 국가 간 상호 의존도가 심화됨 • 세계적 문화 교류는 각 지역이나 나라의 고유 정체성을 약화시키고 문화를 획일화함 • 특정 국가의 권리와 보편 윤리로서 인권이 충돌할 가능성이 커짐 • 영역과 자원 확보를 위한 국가 간 분쟁이 빈번해짐

③ 세계화는 양면성을 지니므로 세계화로 나타나는 문제점을 해소하면서 세계화의 긍정적 측면이 확장될 수 있도록 노력해야 함

(2) **지역화(localization)**

① 의미: 지역의 전통이나 특성을 살려 다른 지역과 차별화된 경쟁력을 갖추려는 현상이나 전략

② 장점: 지역의 이익과 발전을 추구할 수 있음

③ 문제점: 지역 공동체의 폐쇄성과 배타성으로 갈등이 발생할 우려가 있음

(3) **글로컬리즘(glocalism)**

① 의미: 지역의 전통과 특색을 유지하면서도 세계화하는 것

② 장점: 세계화와 지역화의 조화를 추구할 수 있음

③ 실현 방안

- 특정 문화의 기준이나 가치를 다른 문화에 획일적으로 적용하지 않고 현지화하는 방법
- 지역의 고유한 특성을 인류의 보편적 기준이나 가치에 맞게 변형하여 세계로 확산하는 방법

자료 플러스 글로컬리즘

"전 지구적으로 사고하되 국지적으로 실천하라!"라는 구호처럼, 글로컬리즘(glocalism)은 지구화를 의미하는 글로벌리즘(globalism)과 지역화를 의미하는 로컬리즘(localism)이 융합된 것이다. 국가 간 교류가 활발해져 서로의 문화에 대한 이해도와 친숙성이 증가한 결과, 막연히 품어 왔던 편견이 완화되고 타 문화의 장점을 자연스럽게 수용한 문화가 탄생하게 되었다. 국악과 팝이 만나고, 동서양의 입맛을 골고루 섞는 퓨전 음식이 유행하는 것은 현대인들이 '우리 고유의 것' 대 '다른 나라의 것'이라는 배타적인 이분법적 관계보다는 융통성 있는 경계 넘나들기를 통해 열린 마음으로 생산적인 융합을 시도하려고 한 결과이다.

– 조윤경, "미래를 만드는 새로운 문화 새로운 상상력" –

세계화 대 지역화라는 이분법적인 사고를 넘어 글로컬리즘의 통합적인 사고를 갖추고, 지역적인 것과 세계적인 것을 창조적으로 통합하는 혁신이 필요하다.

2. 국제 정의와 해외 원조에 대한 다양한 관점

(1) **국제 정의**

① 필요성: 세계화로 국가 간의 상호 의존도가 높아져 국제 정의의 실현이 요구됨

② 국제 정의의 종류: 형사적 정의와 분배적 정의로 나눌 수 있음

③ 형사적 정의와 분배적 정의 비교

구분	형사적 정의	분배적 정의
의미	범죄에 대한 정당한 처벌을 통해 실현되는 정의	재화의 공정한 분배를 통해 실현되는 정의
침해 사례	전쟁, 집단 학살, 테러, 납치 등 무고한 생명과 인간 존엄성을 훼손하는 반인도주의적 범죄	특정 국가나 계층의 부의 편중으로 말미암은 빈곤과 기아
실현 방안 예시	• 국제 형사 재판소를 통해 반인도적 범죄를 처벌함 • 국제 형사 경찰 기구를 통해 국제 범죄 수사에 공조함	공적 개발 원조 등을 통해 선진국이 빈곤 국가에 경제적 지원과 기술 이전을 함으로써 부의 격차를 줄임

✪ **국제 형사 재판소**
집단 학살, 전쟁 범죄, 반인도적 범죄를 저지른 개인을 조사·처벌하는 국제 재판소

✪ **국제 형사 경찰 기구**
세계 각국의 경찰이 국제 범죄를 방지하고 범죄 진압에 협력하기 위해 만든 조직

✪ **공적 개발 원조**
개발 도상국의 경제 발전, 사회 발전, 복지 증진 등을 주목적으로 하는 원조로, '정부 개발 원조'라고도 함

개념 체크

1. (   )(이)란 지역의 전통과 특색을 유지하면서도 세계화하는 것을 의미한다.
2. 세계화로 국가 간의 상호 의존도가 높아져 (   )의 실현이 요구된다.
3. (   ) 정의는 재화의 공정한 분배를 통해 실현되는 정의를 의미한다.

정답
1. 글로컬리즘
2. 국제 정의
3. 분배적

(2) 해외 원조에 대한 다양한 입장

① 해외 원조에 관한 윤리적 근거

관점	사상가	내용
자선의 관점	노직	• 자유 지상주의: 정당한 절차를 통해 취득한 재산에 대해 개인은 배타적 소유권을 지니며, 처분권 또한 개인의 자유로운 선택에 달려 있음 • 개인이 자발적으로 자신의 부를 빈곤으로 고통받는 사람을 위해 사용할 수는 있지만, 해외 원조나 기부를 실천해야 할 윤리적 의무는 없음 • 원조를 자율적 선택의 문제로 보기 때문에 빈곤 문제 해결에 한계가 있다는 비판을 받음
의무의 관점	의무론	• 어려운 처지의 국가를 돕는 행위는 사람을 목적으로 대우하는 것이며, 보편적인 도덕 법칙이기 때문에 마땅히 해야 하는 윤리적 의무임 • 타인의 고통에 대한 무관심은 보편적 윤리 기준에 어긋남 • 선(善)의 실천은 곧 도덕적 의무임
	싱어	• 공리주의: 고통을 감소시키고 쾌락을 증진하는 것은 인류의 의무임 • 원조를 통해 얻는 이익이 비용보다 클 경우 어떤 공동체의 구성원인지에 관계없이 도움을 주어야 함 • 굶주림과 죽음을 방치하는 것은 인류 전체의 고통을 증가시키는 것임 • 세계 시민주의적 관점: 지구적 차원의 원조를 강조함
	롤스	• 원조의 목적: 불리한 여건으로 '고통받는 사회'를 '질서 정연한 사회'가 되도록 돕는 것임 → 질서 정연한 사회로 진입한 이후에는 그 사회가 여전히 상대적으로 빈곤할지라도 더 이상의 원조는 요구되지 않음 • 원조의 목적을 모든 인류의 복지 수준을 향상시키는 것에 두지 않음 • "정의론"의 '차등의 원칙'을 국제적 분배 정의에는 적용하지 않는다는 비판을 받음

② 약소국 지원의 윤리적 자세

- 개인적 차원: 지구촌 이웃이 겪는 고통에 관심을 갖고 후원과 기부를 실천해야 함
- 국가적 · 국제적 차원: 각 국가는 자신의 경제적 수준에 부합하는 해외 원조를 실천해야 함

✪ 세계 시민주의
사람들이 민족이나 국가 같은 지역 공동체에 속한다는 전통적 관점에서 벗어나 인류를 하나의 세계 시민적 관점에서 바라보는 것. 인류에 대한 보편적 가치를 추구하며 세계 시민으로 살 것을 주장함

✪ 고통받는 사회
대외적으로 공격적 팽창 정책을 펼치지 않으며 정치 문화적 전통, 즉 인적 자본과 기술 수준 그리고 종종 질서 정연해지기 위해 필요로 하는 물질적·과학 기술적 자원이 결핍되어 있는 사회

✪ 질서 정연한 사회
사회 구성원들의 선(善)을 증진하기 위해 세워지고, 구성원들이 공유하는 정의관에 의해 효과적으로 규제되는 사회로서, 모든 사람이 타인들도 동일한 정의의 원리를 받아들이리라는 것을 인정하고 그 사실을 잘 알고 있는 사회이며, 사회의 기본 제도가 정의의 원리를 만족시키고 있으며, 또한 만족시킨다는 것이 알려져 있는 사회

자료 플러스 해외 원조에 대한 싱어의 입장

의심할 여지없이 본능적으로 우리는 우리와 가까운 사람들을 먼저 돕는다. 물에 빠진 어린아이 바로 곁에 서서 바라보기만 할 사람은 거의 없지만, 아프리카의 기근은 많은 사람들이 무시할 수 있다. 그러나 문제는 우리가 보통 '어떻게 하고 있느냐'가 아니라 우리가 '어떻게 해야만 하는가'이다. 얼마나 떨어져 있느냐와 어떤 공동체에 속하는 사람이냐가 우리의 의무에 결정적인 차이점을 만들어 낸다는 견해를 정당화해 줄 타당한 근거를 발견하기는 어렵다. 예를 들어서 인종적 친화성을 고려해 보자. 유럽계의 사람들은 가난한 아프리카인들을 돕기 전에 가난한 유럽인들을 도와야 하는가? 우리들 대부분은 그러한 제안을 즉석에서 거부할 것이며, 우리가 이를 거부해야 할 이유는 이익 평등 고려의 원칙에 대한 우리의 논의에서 제시되었다. 즉, 사람이 음식을 필요로 하는 것은 인종과 아무런 상관이 없으며, 만약 아프리카인들이 유럽인들보다 음식을 더욱 필요로 하고 있는데도 유럽인들을 우선한다면, 이는 이익 평등 고려의 원칙을 위배하는 것이 될 것이다.

– 싱어, "실천 윤리학" –

싱어는 원조의 의무를 지지하면서 다음과 같이 자신의 논변을 정리하였다. 첫째, 만약 도덕적으로 상응하는 중요성을 지닌 다른 일을 희생하지 않고 나쁜 일을 막을 수 있다면 그것을 해야 한다. 둘째, 절대 빈곤은 나쁘다. 셋째, 도덕적으로 상응하는 중요성을 지닌 다른 일을 희생하지 않고 우리가 막을 수 있는 어떤 절대 빈곤이 있다. 싱어는 이러한 논변을 전제로 해외 원조의 의무를 강조하였으며, 이익 평등 고려의 원칙에 따라 인종이나 국적을 넘어 절대 빈곤자들을 도와주어야 한다고 주장하였다.

개념 체크

1. 노직은 원조를 (　　) 선택의 문제로 보기 때문에 개인이 자발적으로 자신의 부를 빈곤으로 고통받는 사람을 위해 사용할 수는 있지만, 해외 원조나 기부를 실천해야 할 윤리적 의무는 없다고 보았다.
2. 싱어는 인류에 대한 보편적 가치를 추구하며 세계 시민으로 살 것을 강조하는 (　　) 관점에서 지구적 차원의 원조를 인류의 의무라고 보았다.
3. 롤스는 원조의 목적이 고통받는 사회를 (　　)이/가 되도록 돕는 것이라고 주장하였다.

정답
1. 자율적
2. 세계 시민주의
3. 질서 정연한 사회

수능 기본 문제

[24015-0229]

01 갑의 입장에 비해 을의 입장이 갖는 상대적 특징을 그림의 ㉠~㉤ 중에서 고른 것은?

> 갑: 인간은 기본적으로 이기적이고, 인간이 모여 만든 국가 역시 자국의 이익을 추구한다. 국제 사회는 주권 국가들의 경쟁적 이익 추구의 무대에 불과하며 무정부 상태라고 할 수 있다. 따라서 여러 국가 간의 세력 균형을 통해 국제 평화를 실현할 수 있다.
>
> 을: 인간은 이성적 존재이므로 이기적 욕망을 제어하고 공동의 이익을 추구할 수 있다. 국제 사회의 갈등은 국가 간 오해나 제도의 불완전성에서 비롯된다. 따라서 국제법이나 국제기구를 운용하거나 국가 간 교류를 통해 협력이 이루어지면 국제 평화를 실현할 수 있다.

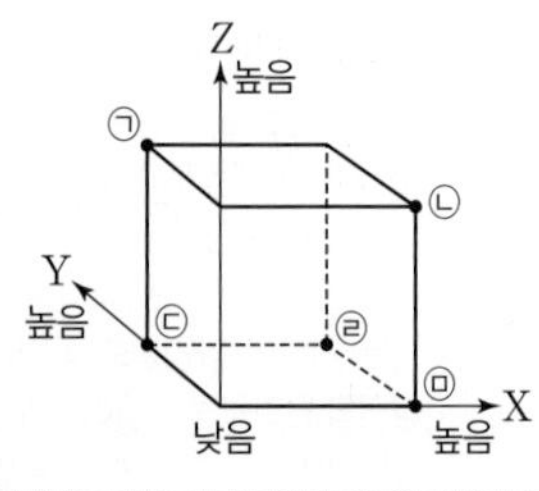

- X: 국제 평화를 위해 이성적 소통과 협력을 강조하는 정도
- Y: 국제 분쟁의 억지를 위해 국가 간 힘의 균형을 강조하는 정도
- Z: 국제 분쟁이 잘못된 정책이나 제도에서 기인함을 강조하는 정도

① ㉠ ② ㉡ ③ ㉢ ④ ㉣ ⑤ ㉤

[24015-0230]

02 다음을 주장한 사상가가 부정의 대답을 할 질문으로 가장 적절한 것은?

> 직접적 폭력은 언어적 폭력과 신체적 폭력으로 나눌 수 있으며, 이러한 폭력은 시간의 흐름에 따라 폭력을 재현하므로 마음에 상처를 남긴다. 구조적 폭력은 개인이나 집단 혹은 국가에 의해 직접적으로 가해지는 것이 아니라 사회 구조 자체가 가하고 있는 폭력을 의미하며 정치적, 억압적, 경제적, 착취적 폭력으로 다시 구분된다. 문화적 폭력은 종교와 사상, 언어, 법과 과학, 대중 매체와 교육 전반에 영향을 미쳐서 구조적 폭력과 직접적 폭력을 정당화하는 역할을 한다.

① 폭력은 인간의 기본 욕구를 무시하는 것인가?
② 적극적 평화 상태는 인간의 존엄성을 보장하는가?
③ 평화를 실현하기 위한 수단은 평화적이어야 하는가?
④ 직접적 폭력의 제거는 궁극적 평화 실현을 보장하는가?
⑤ 진정한 평화 정착을 위해 정치 체제나 생활 양식에 대한 고려가 필요한가?

[24015-0231]

03 갑, 을의 입장으로 옳은 것만을 〈보기〉에서 있는 대로 고른 것은?

> 갑: 세계화는 자본 경쟁에서 선진국에 유리하게 작용하여 국가 간 빈부 격차를 심화시키며, 국가 간 의존도를 높여 개별 국가의 경제적·문화적 자율성을 훼손한다. 또한 특정 국가의 문화와 보편적 가치 간 갈등을 초래하여 국제 분쟁을 증가시킨다.
>
> 을: 세계화는 절대 빈곤층을 감소시키고 여러 기업의 경쟁력을 높여 세계 경제 발전에 이바지하며, 문화 교류를 통해 다양한 문화가 공존할 수 있게 한다. 또한 인권, 환경 문제 등 지구적 차원의 문제를 해결하기 위한 국가 간 협력을 촉진한다.

보기

ㄱ. 갑: 세계화는 빈곤국에 경제적으로 불리하게 작용한다.
ㄴ. 갑: 세계화는 개별 국가들의 경제적 주권 확대를 돕는다.
ㄷ. 을: 세계화는 보편 가치 확립을 위한 국제적 교류를 증가시킨다.
ㄹ. 갑과 을: 세계화는 각국의 고유한 문화적 정체성 유지를 보장한다.

① ㄱ, ㄷ ② ㄱ, ㄹ ③ ㄴ, ㄹ ④ ㄱ, ㄴ, ㄷ ⑤ ㄴ, ㄷ, ㄹ

[24015-0232]

04 다음을 주장한 사상가의 입장으로 옳지 않은 것은?

> 모든 사람의 이익을 동등하게 고려하여, 만약 어떤 사람에게 매우 나쁜 일이 일어나는 것을 방지할 수 있는 힘을 우리가 가지고 있고, 그 나쁜 일을 방지함으로써 그 일에 상응하는 도덕적 중요성을 가진 다른 일이 희생되지 않는다면, 우리는 그렇게 해야만 한다. 사치품을 살 여유가 있는 사람이라면 누구나 극단적인 빈곤에 처한 사람에게 의미 있는 어떤 것을 주는 것이 윤리적 삶의 기본적인 부분이 되도록 해야 한다.

① 정부뿐만 아니라 개인들도 해외 원조의 주체가 될 수 있다.
② 해외 원조의 대상은 지리적 근접성에 따라 우선순위가 정해져야 한다.
③ 전 세계 사람들의 이익은 그들의 국적과 관계없이 동등하게 고려되어야 한다.
④ 경제적 여유가 있는 사람은 극단적인 빈곤에 처한 사람들을 도와야 할 의무가 있다.
⑤ 원조 자원은 한정되어 있으므로 가장 혜택을 크게 낼 수 있는 곳에 사용되어야 한다.

[24015-0233]

05 그림은 서술형 평가 문제와 학생 답안이다. 학생 답안의 ㉠~㉤ 중 옳지 않은 것은?

서술형 평가

◎ 문제: 다음을 주장한 사상가의 '평화'에 대한 입장을 서술하시오.

> 평화 조약에 의해 당장의 전쟁은 종식될 수 있겠지만, 전쟁 상태가 종식될 수는 없다. …(중략)… 평화 상태는 민족 상호 간의 계약 없이는 구축될 수 없고 보장될 수도 없다. 그렇기 때문에 평화 연맹이라고 부를 수 있는 특수한 종류의 연맹이 있지 않으면 안 된다. 평화 연맹은 모든 전쟁을 영구히 종식하고자 한다.

◎ 학생 답안

위 사상가는 ㉠ 영구 평화를 도덕적 · 실천적 과제로 제시하여 이를 추구해 나가는 것이 인간의 의무라고 보았다. 그는 영구 평화를 위한 확정 조항을 통해 ㉡ 모든 국가의 시민적 정치 체제는 공화정이어야 한다고 보았으며, ㉢ 공화정 체제는 법에 의한 지배, 입법권과 행정권의 분리를 특징으로 하여 영구 평화라는 바람직한 결과가 기대되는 체제라고 보았다. 또한 그는 ㉣ 국가들이 평화 연맹에 가입하고, 국제법의 이념에 따라 국가 간의 자유로운 상태가 보장되면 이러한 연맹의 이념이 계속 확장될 것이라고 보았다. 그에 따르면 세계 시민법은 보편적 우호의 조건들에 국한되어야 하는데, 이를 통해 ㉤ 모든 인간에게 환대와 교제의 권리를 어떤 경우에도 보장해야 한다고 주장하였다.

① ㉠　② ㉡　③ ㉢　④ ㉣　⑤ ㉤

[24015-0234]

06 다음을 주장한 사상가의 입장으로 가장 적절한 것은?

> 원조의 목적은 고통받는 사회가 자신의 문제들을 합당하고 합리적으로 관리할 수 있도록 도움으로써 결과적으로 질서 정연한 국제 사회의 구성원이 되도록 하는 것이다.

① 해외 원조를 통해 사회 간 평균적 부의 차이를 줄여야 한다.
② 해외 원조는 경제적 격차 해소를 위한 부의 재분배 과정이다.
③ 천연자원이 열악한 사회는 원조를 받아도 질서 정연한 사회가 될 수 없다.
④ 모든 사회가 정의로운 기본 제도를 갖추게 되어도 원조의 의무는 지속된다.
⑤ 경제적 자원의 배분만으로는 한 사회의 정치적 · 사회적 부정의를 교정할 수 없다.

[24015-0235]

07 갑, 을 사상가들의 입장만을 〈보기〉에서 있는 대로 고른 것은?

> 갑: 질서 정연한 사회의 장기 목표는 고통받는 사회를 질서 정연한 만민의 사회로 가입시키는 것이어야 한다.
> 을: 어떤 사람이 다른 사람에게 피해를 주지 않고 정당하게 소유물을 취득하거나 양도받았다면, 그 사람은 그 소유물에 대한 권리를 가져야 한다.

● 보기 ●

ㄱ. 갑: 원조는 도덕적 차원의 의무로서 행해져야 한다.
ㄴ. 을: 원조 의무를 부여하는 것은 개인의 배타적 소유권을 침해하지 않는다.
ㄷ. 을: 원조는 최소 국가가 개인의 책임으로 요청할 수 없는 문제이다.
ㄹ. 갑과 을: 원조를 통해 경제적으로 빈곤한 모든 나라를 도와야 한다.

① ㄱ, ㄷ　② ㄱ, ㄹ　③ ㄴ, ㄹ
④ ㄱ, ㄴ, ㄷ　⑤ ㄴ, ㄷ, ㄹ

[24015-0236]

08 ㉠에 들어갈 내용으로 적절한 것만을 〈보기〉에서 고른 것은?

> 현대 사회에서는 세계화로 국가 간 경계가 허물어지고 의복, 예술, 음식 등 생활 양식이 확산되는 과정에서 문화의 획일화가 일어난다는 비판이 일고 있다. 개별 지역의 특수하고 고유한 문화가 소멸되거나 배제되는 상황에 대한 우려의 목소리가 커지는 것이다. 이러한 흐름 속에서 '글로컬리즘(glocalism)'은 민속 음악과 팝의 퓨전 음악, 동서양의 퓨전 음식 등을 탄생시키며 지역적인 것과 세계적인 흐름의 통합을 추구하고 있다. 세계화로 인한 특수한 문화적 정체성의 약화 또는 지역화로 인한 지역 공동체의 폐쇄성 등의 문제를 해결하고, 두 현상 간의 조화를 추구하기 위해 글로컬리즘은 [㉠]

● 보기 ●

ㄱ. 세계화와 지역화를 양자택일의 관점으로 바라본다.
ㄴ. 자문화와 타 문화의 장점을 살려 융합을 시도한다.
ㄷ. 이분법적 관점에서 세계적인 것이 지역적인 것을 배제한다고 본다.
ㄹ. 지역적인 것의 특색을 유지하면서도 변형하여 세계로 확산시키고자 한다.

① ㄱ, ㄴ　② ㄱ, ㄷ　③ ㄴ, ㄷ　④ ㄴ, ㄹ　⑤ ㄷ, ㄹ

[24015-0237]

1 **갑은 부정, 을은 긍정의 대답을 할 질문으로 가장 적절한 것은?**

> 갑: 세계화는 모든 국가와 사람들에게 혜택을 제공할 수 있다. 경제적 세계화를 통해 자본은 가난한 지역으로 이동하여 이들 지역의 경쟁력을 강화하고, 신기술의 확산은 이들 지역에 경제 성장 기회를 제공한다. 또한 자유 무역을 통해 경쟁이 증가하면서 비효율적인 국내 산업이 혁신되거나 신산업이 발전할 수 있을 것이다. 이처럼 세계화는 자본, 상품과 서비스의 자유로운 이동을 가능하게 하여 장기적으로 세계의 경제력을 균등화하는 데 기여하고, 다양한 문화 교류를 촉진함으로써 사람들의 만족도도 높여 줄 것이다.
> 을: 세계화는 다국적 기업과 은행에 막대한 권력을 넘김으로써 경제적 불평등을 심화시켰으며, 대량 생산과 소비, 식량의 단일 재배 등을 촉진하여 지구 생태계를 파괴하고 있다. 인류의 문화 다양성을 해치는 세계화를 멈추고 자립 경제에 기초한 지역화를 이루어 나가야 한다. 지역 중심의 경제는 사람과 환경을 소중하게 여기고, 금융 구조와 상업 활동이 지역과 문화에 맞춰 변화할 것이며 문화와 생물, 농업 등 모든 면에서 다양성을 존중할 것이다. 그러면 사람들은 소속감과 목적 의식, 결속력이 높아지면서 행복을 누릴 것이다.

① 세계화는 전 세계의 경제적 분배 정의 실현을 돕는가?
② 세계화는 인류의 삶의 질 증진과 문화적 번영에 기여하는가?
③ 세계화는 지구촌 시민들의 삶과 복지에 광범위한 영향을 끼치는가?
④ 세계화에 따른 경제 성장으로 얻는 이익은 국가 간 형평성 제고에 도움이 되는가?
⑤ 세계화의 흐름에 제동을 걸고 경제 분권화를 통해 지역 자치를 활성화해야 하는가?

[24015-0238]

2 **다음을 주장한 사상가의 입장으로 적절한 것만을 〈보기〉에서 있는 대로 고른 것은?**

> 다음은 국가 간 영구 평화를 위하여 확정된 조항들이다. 첫째, 각 국가의 시민적 체제는 공화정체이어야 한다. 둘째, 국제법은 자유로운 국가들의 연맹 체제에 기초해야 한다. 셋째, 세계 시민법은 보편적 우호를 위한 제반 조건들에 국한되어야 한다.

보기

ㄱ. 상비군의 존재는 침략 전쟁을 유발할 수 있는 요인으로 작용한다.
ㄴ. 개별 독립 국가는 도덕적 인격체로서 매매나 증여의 대상이 될 수 없다.
ㄷ. 평화 연맹은 세계 평화를 위해 개별 국가의 내정에 간섭할 수 있는 권리를 지닌다.
ㄹ. 전쟁의 원인이 될 수 있는 내용이 포함된 그 어떤 조약도 평화 조약으로 보아서는 안 된다.

① ㄱ, ㄷ　② ㄴ, ㄹ　③ ㄷ, ㄹ
④ ㄱ, ㄴ, ㄷ　⑤ ㄱ, ㄴ, ㄹ

[24015-0239]

3 **(가)의 갑, 을, 병 사상가들의 입장에서 서로에게 제기할 수 있는 비판을 (나) 그림으로 표현할 때, A~F에 해당하는 내용으로 가장 적절한 것은?**

(가)	갑: 최소 국가는 강압, 절도, 사기, 강제 계약 등으로부터의 보호와 같은 협소한 기능에만 한정되기 때문에 정당화된다. 따라서 시민들에게 다른 시민들을 돕게 할 목적으로 국가가 강제적 장치를 사용해서는 안 된다. 을: 천연자원과 부가 빈약한 사회라 할지라도, 만약 그들의 종교적·도덕적 신념과 문화의 토대가 되는 해당 사회의 정치적 전통, 법, 재산과 계급 구조가 자유적이거나 적정 수준의 사회를 유지하게 할 수 있는 정도라면, 질서 정연해질 수 있다. 병: 우리는 절대 빈곤에 빠진 사람들을 도울 의무가 있으며, 이는 연못에 빠져 죽어 가는 아이를 구할 의무보다 약한 것이 아니다. 돕는 것은, 하면 칭찬할 만한 가치가 있지만 그렇게 하지 않는다고 해서 나쁜 것은 아닌, 그러한 자선적인 행위가 아니다. 그것은 모든 사람이 마땅히 해야 하는 행위이다.
(나)	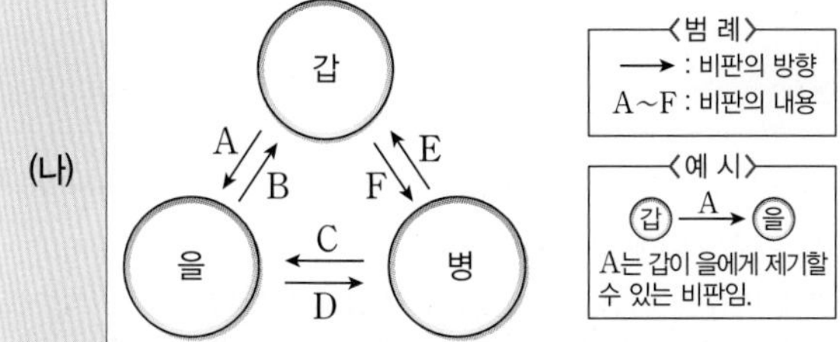 〈범 례〉 → : 비판의 방향 A~F : 비판의 내용 〈예 시〉 갑 —A→ 을 A는 갑이 을에게 제기할 수 있는 비판임.

① A와 F: 개인들에게 원조의 책임을 부과할 수 있는 보편적 원리가 존재함을 간과한다.
② B: 국가 간 부의 평등을 실현하는 것이 해외 원조의 궁극적 목표임을 간과한다.
③ C: 원조는 정치 체제 개선 자체가 아닌 인류의 복지 증진을 위해 필요함을 간과한다.
④ D: 절대 빈곤의 해결을 위한 원조는 도덕적으로 정당화될 수 있음을 간과한다.
⑤ E: 정당하게 취득한 재산의 일부를 기부하는 것은 의무화될 수 없음을 간과한다.

[24015-0240]

4 **다음을 주장한 사상가의 입장으로 가장 적절한 것은?**

> 세계적인 빈곤 문제를 해결하기 위해 소득의 1%를 기부하는 노력이야말로 윤리적으로 올바른 삶을 살기 위한 최소한의 요건이라는 믿음을 사회 전반으로 널리 확산해야 한다. 우리는 영웅이 아니어도 소득의 1%를 기부할 수 있다. 그 정도도 기부하지 않는다는 것은 절박한 빈곤 문제, 그리고 충분히 막을 수 있는 죽음에 대해 아무런 관심이 없음을 말해 주는 것일 뿐이다.

① 원조의 대상은 반드시 가난한 나라의 빈곤한 개인으로 국한되어야 한다.
② 절대 빈곤국의 빈민보다 상대적 빈곤에 처한 선진국 사람을 먼저 도와야 한다.
③ 세계 시민주의의 관점에서 자국민보다는 타국민을 돕는 것이 항상 효율적이다.
④ 공리의 원칙에 따라 모든 사람은 세계 모든 사람의 복지에 동일한 책임을 진다.
⑤ 사치품을 살 여유가 있다면 극단적 빈곤을 겪고 있는 사람을 돕는 것이 윤리적이다.

[24015-0241]

5 **(가)의 갑, 을 사상가들의 입장을 (나) 그림으로 탐구하고자 할 때, A~C에 들어갈 적절한 질문만을 〈보기〉에서 있는 대로 고른 것은?**

(가)	갑: 세계를 지금 이대로 내버려 둔다면, 수백만 명이나 되는 사람들이 자신의 나라가 자유롭거나 적정한 체제를 설립하고 질서 정연한 사회가 되기도 전에, 영양실조와 가난으로 인해 얻은 질병으로 죽어갈 것이다. 우리에게는 얼마 되지 않는 비용을 가지고 실로 곤궁한 타인의 복리에 절대적으로 중요한 변화를 일으킬 수 있을 때마다 발생하는 의무보다 우선할 수 있는 것은 아예 없다. 을: 고통받는 사회는 팽창적이지도 공격적이지도 않은 반면에, 정치적이며 문화적인 전통, 즉 인적 자본과 기술 수준, 종종 질서 정연한 사회가 되는 데 필요한 물질적, 과학 기술적 자원을 결핍하고 있다. 질서 정연한 만민은 고통받는 사회를 원조해야 할 의무를 가지고 있다.
(나)	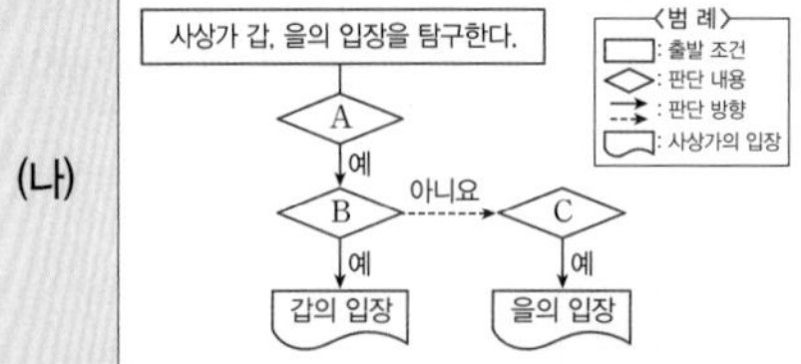

보 기

ㄱ. A: 해외 원조는 인류의 공리 증진을 위해 요청되는 의무인가?
ㄴ. B: 질서 정연한 사회에서 절대 빈곤에 처한 개인은 원조 대상에 포함되는가?
ㄷ. B: 국제 사회의 정의를 위해 모든 국가 간 자원을 평등하게 재분배해야 하는가?
ㄹ. C: 해외 원조는 원조 대상국의 정치 문화 개선을 목적으로 시행되어야 하는가?

① ㄱ, ㄴ ② ㄱ, ㄷ ③ ㄴ, ㄹ ④ ㄱ, ㄷ, ㄹ ⑤ ㄴ, ㄷ, ㄹ

[24015-0242]

6 **갑, 을의 입장으로 가장 적절한 것은?**

국제 정치는 국가 이익과 권력을 위한 투쟁의 무대입니다. 개별 국가의 목표는 생존과 국익 추구이기에 국제 관계는 사실상 무정부 상태라고 보아야 합니다. 오늘날 자원이나 영토, 종교 등을 둘러싸고 발생하는 수많은 국제 분쟁 또한 국가 간 영역과 자원을 선점하기 위한 과정에서 초래된 것입니다. 따라서 각국은 국력을 토대로 국가 간 세력 균형을 유지함으로써 분쟁을 예방하거나 해결할 수 있을 것입니다.

국제 정치에서 평화는 개별 국가의 도덕성을 토대로 실현되어야 합니다. 이성적 존재인 인간들이 모인 공동체로서 국가는 합리적으로 행위 할 수 있습니다. 국제 분쟁은 인간의 본성 때문이 아니라 국가 간 오해나 구조적 · 제도적 문제에서 비롯됩니다. 따라서 개별 국가들이 인간의 존엄성, 정의 등 보편적 가치에 대해 합의하고, 국제 규범, 국제기구 등을 통해 집단 안보를 형성할 때 분쟁을 해결할 수 있을 것입니다.

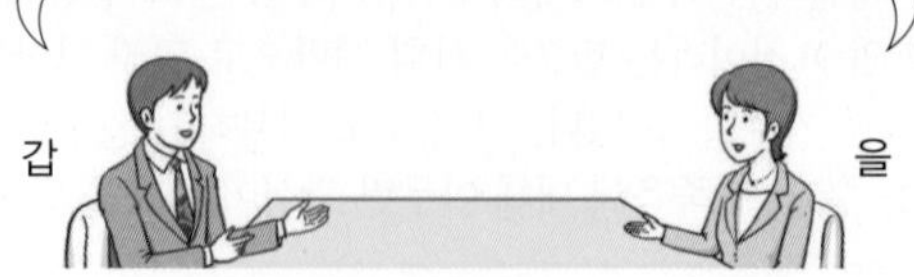

① 갑: 국제 분쟁은 각 국가가 도덕성을 확보함으로써 해결되어야 한다.
② 갑: 국제 관계에서 분쟁을 억지하는 방법은 힘의 논리를 따르는 것이다.
③ 을: 상대 국가에 대한 무지나 편견은 분쟁 발생의 원인이 될 수 없다.
④ 을: 국제법의 준수보다 자국의 권리와 이익을 우선하여 추구해야 한다.
⑤ 갑과 을: 국가 간 분쟁을 해결할 국제적 차원의 절대적 권력체를 수립해야 한다.

[24015-0243]

7 **다음을 주장한 사상가의 입장으로 적절한 것만을 〈보기〉에서 있는 대로 고른 것은?**

직접적 폭력은 그 자체로 보복과 공격적인 소요를 일으킨다. 구조적 폭력은 그 자체로 반복되거나 완성된 폭력을 낳는다. 문화적 폭력 역시 반복과 완성을 통해 그 자체를 형성한다. 직접적 폭력은 구조적 폭력을 형성하는데, 문화적 폭력은 이러한 모든 폭력을 정당화할 수 있다.

보기

ㄱ. 문화적 폭력은 구조적 폭력을 올바른 것으로 보이게 할 수 있다.
ㄴ. 평화를 창조하는 것은 폭력을 줄이거나 예방하는 것과 관계가 있다.
ㄷ. 가시적이고 의도적인 폭력의 제거는 진정한 평화의 실현을 보장한다.
ㄹ. 모든 폭력은 직접적 폭력으로부터 시작되어 구조적 폭력으로 번져 나간다.

① ㄱ, ㄴ　② ㄱ, ㄷ　③ ㄷ, ㄹ
④ ㄱ, ㄴ, ㄹ　⑤ ㄴ, ㄷ, ㄹ

[24015-0244]

8 **㉠에 들어갈 내용으로 적절한 것만을 〈보기〉에서 있는 대로 고른 것은?**

○○ 신문　○○○○년 ○○월 ○○일

칼럼

국가 간 상호 의존도가 높아짐에 따라 전쟁, 집단 학살, 테러 등 반인도주의적 범죄에 대한 공동 대처를 통한 국제 정의 실현의 필요성이 높아지고 있다. 국제 형사 재판소는 이러한 목표를 실현하기 위해 2002년에 발족된 기구로, 국제 사회 공동체의 도덕적 가치에 반하는 중대 범죄에 관해 국제법을 비롯한 보편적 조약에 근거해서 범죄에 주도적 역할을 수행한 개인의 소추, 처벌 및 피해자 배상 등의 역할을 담당해 왔다. 국제 형사 재판소의 활동은 개별 주권 국가 간의 합의에 기초하면서도 그 강제력의 행사는 조약을 체결하기로 동의한 국가들에 의존하고 있다. 그런데 체약국들의 의무 불이행, 일부 강대국들의 정치적 영향력 행사 등은 국제 형사 재판소가 그 중립성과 독립성, 재판의 공정성을 유지하며 제 기능을 발휘하는 데에 사실상 걸림돌이 되고 있다. 세계화의 흐름 속에서 국제적 차원의 형사적 정의 실현을 위해서는 국제 형사 재판 과정에서 [㉠]

보기

ㄱ. 전쟁 범죄를 저지른 개인의 국적을 고려하여 차별적 대우가 이루어지도록 해야 한다.
ㄴ. 강대국들의 부적절한 개입을 차단하여 범죄에 대한 정당한 처벌이 시행되도록 해야 한다.
ㄷ. 재판 운영의 공정성을 높이기 위해 증인 협박, 증거 위조 등의 행위를 엄격히 삼가도록 해야 한다.
ㄹ. 국제 인권법을 비롯한 관련 국제법에 따라 범죄자에 대한 징계와 피해자에 대한 배상이 일관성 있게 시행되도록 해야 한다.

① ㄱ, ㄴ　② ㄱ, ㄷ　③ ㄷ, ㄹ
④ ㄱ, ㄴ, ㄹ　⑤ ㄴ, ㄷ, ㄹ

고1~2 내신 중점 로드맵

과목	고교 입문		기초	기본	특화	+ 단기
국어	고등 예비 과정	내 등급은?	윤혜정의 개념의 나비효과 입문편/워크북 어휘가 독해다!	기본서 올림포스 올림포스 전국연합 학력평가 기출문제집	국어 특화: 국어 독해의 원리 / 국어 문법의 원리	단기 특강
영어			정승익의 수능 개념 잡는 대박구문 주혜연의 해석공식 논리 구조편		영어 특화: Grammar POWER / Reading POWER / Listening POWER / Voca POWER	
수학			기초 50일 수학 매쓰 디렉터의 고1 수학 개념 끝장내기	유형서 올림포스 유형편	고급 올림포스 고난도	
				수학 특화 수학의 왕도		
한국사 사회		인공지능: 수학과 함께하는 고교 AI 입문 수학과 함께하는 AI 기초		기본서 개념완성 개념완성 문항편	고등학생을 위한 다담은 한국사 연표	
과학						

과목	시리즈명	특징	수준	권장 학년
전과목	고등예비과정	예비 고등학생을 위한 과목별 단기 완성		예비 고1
국/수/영	내 등급은?	고1 첫 학력평가+반 배치고사 대비 모의고사		예비 고1
	올림포스	내신과 수능 대비 EBS 대표 국어·수학·영어 기본서		고1~2
	올림포스 전국연합학력평가 기출문제집	전국연합학력평가 문제 + 개념 기본서		고1~2
	단기 특강	단기간에 끝내는 유형별 문항 연습		고1~2
한/사/과	개념완성 & 개념완성 문항편	개념 한 권+문항 한 권으로 끝내는 한국사·탐구 기본서		고1~2
국어	윤혜정의 개념의 나비효과 입문편/워크북	윤혜정 선생님과 함께 시작하는 국어 공부의 첫걸음		예비 고1~고2
	어휘가 독해다!	학평·모평·수능 출제 필수 어휘 학습		예비 고1~고2
	국어 독해의 원리	내신과 수능 대비 문학·독서(비문학) 특화서		고1~2
	국어 문법의 원리	필수 개념과 필수 문항의 언어(문법) 특화서		고1~2
영어	정승익의 수능 개념 잡는 대박구문	정승익 선생님과 CODE로 이해하는 영어 구문		예비 고1~고2
	주혜연의 해석공식 논리 구조편	주혜연 선생님과 함께하는 유형별 지문 독해		예비 고1~고2
	Grammar POWER	구문 분석 트리로 이해하는 영어 문법 특화서		고1~2
	Reading POWER	수준과 학습 목적에 따라 선택하는 영어 독해 특화서		고1~2
	Listening POWER	수준별 수능형 영어듣기 모의고사		고1~2
	Voca POWER	영어 교육과정 필수 어휘와 어원별 어휘 학습		고1~2
수학	50일 수학	50일 만에 완성하는 중학~고교 수학의 맥		예비 고1~고2
	매쓰 디렉터의 고1 수학 개념 끝장내기	스타강사 강의, 손글씨 풀이와 함께 고1 수학 개념 정복		예비 고1~고1
	올림포스 유형편	유형별 반복 학습을 통해 실력 잡는 수학 유형서		고1~2
	올림포스 고난도	1등급을 위한 고난도 유형 집중 연습		고1~2
	수학의 왕도	직관적 개념 설명과 세분화된 문항 수록 수학 특화서		고1~2
한국사	고등학생을 위한 다담은 한국사 연표	연표로 흐름을 잡는 한국사 학습		예비 고1~고2
기타	수학과 함께하는 고교 AI 입문/AI 기초	파이선 프로그래밍, AI 알고리즘에 필요한 수학 개념 학습		예비 고1~고2

고2~N수 수능 집중 로드맵

수능 입문 > 기출 / 연습 > 연계+연계 보완 > 심화 / 발전 > 모의고사

수능 입문		기출 / 연습	연계+연계 보완		심화 / 발전	모의고사
윤혜정의 개념/패턴의 나비효과	강의노트 수능개념	윤혜정의 기출의 나비효과	수능연계교재의 VOCA 1800	수능특강 사용설명서	수능연계완성 3주 특강	FINAL 실전모의고사
하루 6개 1등급 영어독해		수능 기출의 미래	수능연계 기출 Vaccine VOCA 2200	수능특강 연계 기출	박봄의 사회 · 문화 표 분석의 패턴	만점마무리 봉투모의고사
수능 감(感)잡기		수능 기출의 미래 미니모의고사	연계 수능특강	수능 영어 간접연계 서치라이트		만점마무리 봉투모의고사 시즌2
수능특강 Light		수능특강Q 미니모의고사	연계 수능완성	수능완성 사용설명서		

구분	시리즈명	특징	수준	영역
수능 입문	윤혜정의 개념/패턴의 나비효과	윤혜정 선생님과 함께하는 수능 국어 개념/패턴 학습	●	국어
	하루 6개 1등급 영어독해	매일 꾸준한 기출문제 학습으로 완성하는 1등급 영어 독해	●	영어
	수능 감(感) 잡기	동일 소재 · 유형의 내신과 수능 문항 비교로 수능 입문	●	국/수/영
	수능특강 Light	수능 연계교재 학습 전 연계교재 입문서	●	영어
	수능개념	EBSi 대표 강사들과 함께하는 수능 개념 다지기	●	전 영역
기출/연습	윤혜정의 기출의 나비효과	윤혜정 선생님과 함께하는 까다로운 국어 기출 완전 정복	●	국어
	수능 기출의 미래	올해 수능에 딱 필요한 문제만 선별한 기출문제집	●	전 영역
	수능 기출의 미래 미니모의고사	부담없는 실전 훈련, 고품질 기출 미니모의고사	●	국/수/영
	수능특강Q 미니모의고사	매일 15분으로 연습하는 고품격 미니모의고사	●	전 영역
연계 + 연계 보완	수능특강	최신 수능 경향과 기출 유형을 분석한 종합 개념서	●	전 영역
	수능특강 사용설명서	수능 연계교재 수능특강의 지문 · 자료 · 문항 분석	●	국/영
	수능특강 연계 기출	수능특강 수록 작품 · 지문과 연결된 기출문제 학습	●	국어
	수능완성	유형 분석과 실전모의고사로 단련하는 문항 연습	●	전 영역
	수능완성 사용설명서	수능 연계교재 수능완성의 국어 · 영어 지문 분석	●	국/영
	수능 영어 간접연계 서치라이트	출제 가능성이 높은 핵심만 모아 구성한 간접연계 대비 교재	●	영어
	수능연계교재의 VOCA 1800	수능특강과 수능완성의 필수 중요 어휘 1800개 수록	●	영어
	수능연계 기출 Vaccine VOCA 2200	수능-EBS 연계 및 평가원 최다 빈출 어휘 선별 수록	●	영어
심화/발전	수능연계완성 3주 특강	단기간에 끝내는 수능 1등급 변별 문항 대비서	●	국/수/영
	박봄의 사회 · 문화 표 분석의 패턴	박봄 선생님과 사회 · 문화 표 분석 문항의 패턴 연습	●	사회탐구
모의고사	FINAL 실전모의고사	EBS 모의고사 중 최다 분량, 최다 과목 모의고사	●	전 영역
	만점마무리 봉투모의고사	실제 시험지 형태와 OMR 카드로 실전 훈련 모의고사	●	전 영역
	만점마무리 봉투모의고사 시즌2	수능 완벽대비 최종 봉투모의고사	●	국/수/영

memo

문제를 사진 찍고
해설 강의 보기
Google Play | App Store

EBS*i* 사이트
무료 강의 제공

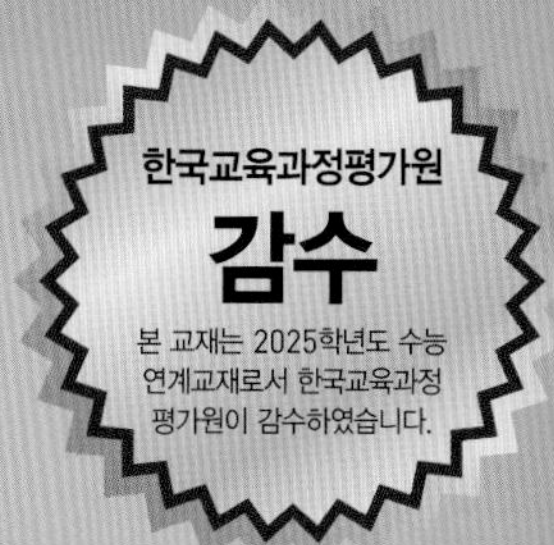

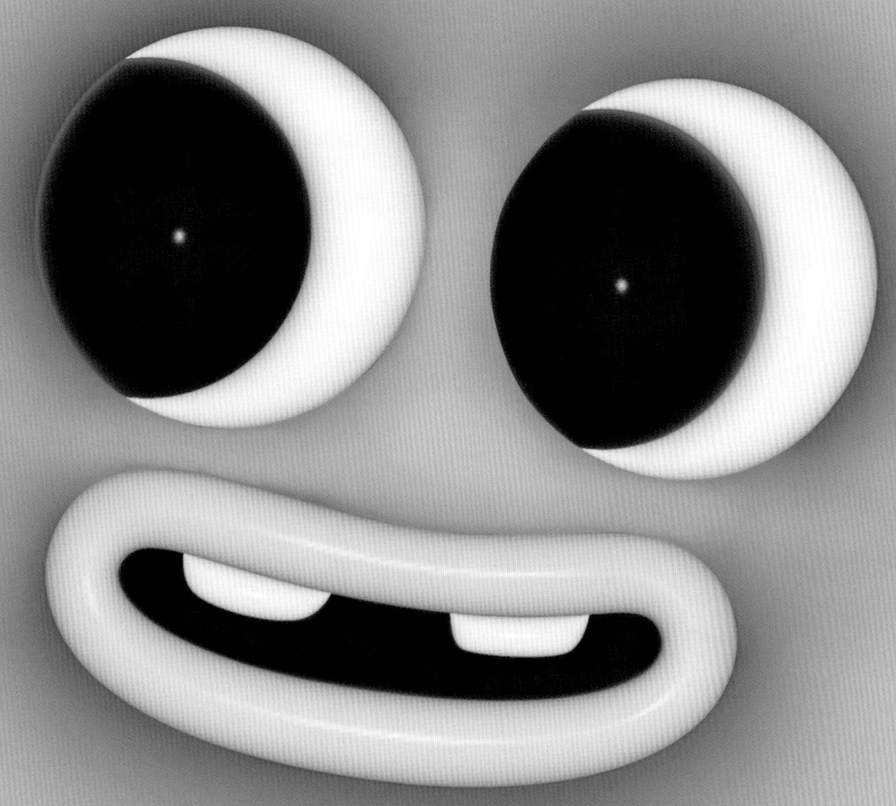

정답과 해설

수능특강

사회탐구영역

생활과 윤리

2025학년도 수능 연계교재

본 교재는 대학수학능력시험을 준비하는 데 도움을 드리고자 도덕과 교육과정을 토대로 제작된 교재입니다.
학교에서 선생님과 함께 교과서의 기본 개념을 충분히 익힌 후 활용하시면 더 큰 학습 효과를 얻을 수 있습니다.

한눈에 보는 정답

01 실천 윤리와 윤리 문제에 대한 탐구

본문 13~18쪽

수능 기본 문제
01 ① 02 ② 03 ③ 04 ⑤
05 ⑤ 06 ④ 07 ④ 08 ①

수능 실전 문제
1 ⑤ 2 ① 3 ④ 4 ④
5 ③ 6 ② 7 ⑤ 8 ③

02 윤리 문제에 대한 접근

본문 25~31쪽

수능 기본 문제
01 ④ 02 ③ 03 ④ 04 ④
05 ④ 06 ③ 07 ③ 08 ④

수능 실전 문제
1 ④ 2 ② 3 ④ 4 ⑤
5 ④ 6 ⑤ 7 ① 8 ④
9 ⑤ 10 ①

03 삶과 죽음의 윤리

본문 37~42쪽

수능 기본 문제
01 ④ 02 ④ 03 ④ 04 ③
05 ② 06 ③ 07 ⑤ 08 ③

수능 실전 문제
1 ① 2 ④ 3 ③ 4 ①
5 ② 6 ① 7 ② 8 ②

04 생명 윤리

본문 47~52쪽

수능 기본 문제
01 ③ 02 ③ 03 ③ 04 ①
05 ③ 06 ③ 07 ④ 08 ③

수능 실전 문제
1 ⑤ 2 ③ 3 ② 4 ③
5 ② 6 ① 7 ② 8 ②

05 사랑과 성 윤리

본문 57~61쪽

수능 기본 문제
01 ④ 02 ⑤ 03 ③ 04 ⑤
05 ① 06 ⑤ 07 ① 08 ④

수능 실전 문제
1 ③ 2 ③ 3 ⑤ 4 ①
5 ⑤ 6 ⑤

06 직업과 청렴의 윤리

본문 66~71쪽

수능 기본 문제
01 ④ 02 ② 03 ④ 04 ①
05 ③ 06 ④ 07 ④ 08 ④

수능 실전 문제
1 ① 2 ① 3 ② 4 ①
5 ④ 6 ④ 7 ③ 8 ④

07 사회 정의와 윤리

본문 78~84쪽

수능 기본 문제
01 ④ 02 ③ 03 ② 04 ⑤
05 ⑤ 06 ① 07 ④ 08 ③

수능 실전 문제
1 ③ 2 ② 3 ⑤ 4 ①
5 ④ 6 ④ 7 ④ 8 ④
9 ③ 10 ②

08 국가와 시민의 윤리

본문 90~95쪽

수능 기본 문제
01 ① 02 ① 03 ⑤ 04 ⑤
05 ① 06 ⑤ 07 ⑤ 08 ③

수능 실전 문제
1 ③ 2 ① 3 ③ 4 ①
5 ④ 6 ⑤ 7 ⑤ 8 ③

09 과학 기술과 윤리

본문 100~105쪽

수능 기본 문제
01 ④ 02 ② 03 ⑤ 04 ⑤
05 ⑤ 06 ① 07 ① 08 ④

수능 실전 문제
1 ① 2 ② 3 ③ 4 ③
5 ② 6 ① 7 ⑤ 8 ⑤

10 정보 사회와 윤리

본문 110~115쪽

수능 기본 문제
01 ② 02 ① 03 ① 04 ③
05 ④ 06 ⑤ 07 ③ 08 ①

수능 실전 문제
1 ① 2 ② 3 ⑤ 4 ④
5 ③ 6 ⑤ 7 ⑤ 8 ④

11 자연과 윤리

본문 123~129쪽

수능 기본 문제
01 ④ 02 ⑤ 03 ① 04 ②
05 ⑤ 06 ② 07 ② 08 ③

수능 실전 문제
1 ⑤ 2 ④ 3 ④ 4 ⑤
5 ⑤ 6 ④ 7 ② 8 ⑤
9 ② 10 ②

12 예술과 대중문화 윤리

본문 135~140쪽

수능 기본 문제
01 ② 02 ① 03 ⑤ 04 ⑤
05 ④ 06 ④ 07 ③ 08 ④

수능 실전 문제
1 ④ 2 ⑤ 3 ④ 4 ④
5 ② 6 ② 7 ① 8 ⑤

13 의식주 윤리와 다문화 사회 윤리

본문 146~151쪽

수능 기본 문제
01 ⑤ 02 ③ 03 ⑤ 04 ⑤
05 ② 06 ④ 07 ③ 08 ④

수능 실전 문제
1 ① 2 ③ 3 ② 4 ③
5 ② 6 ③ 7 ② 8 ②

14 갈등 해결과 소통, 민족 통합의 윤리

본문 157~162쪽

수능 기본 문제
01 ③ 02 ⑤ 03 ③ 04 ③
05 ⑤ 06 ① 07 ④ 08 ②

수능 실전 문제
1 ① 2 ③ 3 ② 4 ④
5 ① 6 ④ 7 ⑤ 8 ②

15 지구촌 평화의 윤리

본문 168~173쪽

수능 기본 문제
01 ② 02 ④ 03 ① 04 ②
05 ⑤ 06 ⑤ 07 ① 08 ④

수능 실전 문제
1 ⑤ 2 ⑤ 3 ③ 4 ⑤
5 ③ 6 ② 7 ① 8 ⑤

정답과 해설

01 실천 윤리와 윤리 문제에 대한 탐구

수능 기본 문제 본문 13~14쪽

01 ①	02 ②	03 ③	04 ⑤
05 ⑤	06 ④	07 ④	08 ①

01 메타 윤리학의 특징 파악

문제 분석 제시문은 메타 윤리학의 입장이다. 메타 윤리학은 인간의 바람직한 삶을 안내하거나 도덕적 문제를 해결하는 것보다는 도덕적 언어의 의미나 도덕적 추론의 논리적 구조를 분석하는 것이 윤리학의 핵심 탐구 과제라고 본다.

정답 찾기 ㄱ. 메타 윤리학은 도덕적 추론 과정의 타당성 분석과 입증을 주목적으로 한다.

ㄴ. 메타 윤리학은 사람들이 사용하는 도덕적 용어의 의미를 분석하는 데 집중한다.

오답 피하기 ㄷ. 규범 윤리학의 입장이다. 메타 윤리학은 도덕적 언어의 의미나 도덕적 추론의 타당성을 분석하지만, 도덕규범의 제시를 통해 도덕적 삶의 지침을 제공하고자 하지는 않는다.

ㄹ. 메타 윤리학은 도덕적 언어에 대한 가치 중립적 분석을 중시한다. 따라서 메타 윤리학은 윤리학이 도덕의 당위적 구속력을 중시해야 한다고 보지 않는다.

02 기술 윤리학의 입장 파악

문제 분석 제시문은 기술 윤리학의 입장이다. 기술 윤리학은 한 문화권 내의 도덕적 관습이나 풍습 등을 경험적으로 조사하여 객관적으로 기술하는 것을 주된 목표로 삼는다.

정답 찾기 ② 기술 윤리학은 보편타당한 도덕규범의 이론 체계를 구성하는 데 관심이 있는 것이 아니라 현실의 도덕 현상을 객관적으로 기술하는 데 관심이 있다.

오답 피하기 ① 기술 윤리학은 현실의 도덕에 대한 가치 중립적 설명을 핵심 과제로 삼아야 한다고 본다.

③ 기술 윤리학은 특정 사회의 도덕규범을 주관적인 가치의 개입 없이 객관적이고 경험적으로 탐구해야 한다고 본다.

④ 기술 윤리학에 따르면 특정 사회의 도덕적 신념은 그 사회의 관습과 밀접한 관련성을 지닌다.

⑤ 기술 윤리학은 도덕 현상이나 풍습을 관찰할 때 그 사회의 문화적 특성을 고려해야 한다고 본다.

03 이론 윤리학과 기술 윤리학의 입장 비교

문제 분석 갑은 이론 윤리학, 을은 기술 윤리학의 입장이다. 이론 윤리학은 윤리적 행위를 위한 근본 원리로 성립될 수 있는 보편적 도덕 원리 제시에 주력한다. 기술 윤리학은 도덕 현상에 대한 객관적 서술과 인과 관계의 설명을 핵심 과제로 삼는다.

정답 찾기 ③ 기술 윤리학은 도덕적 관행을 가치 중립적 입장에서 사실적으로 기술해야 한다고 본다.

오답 피하기 ① 기술 윤리학의 입장이다. 이론 윤리학은 윤리학이 윤리적 행위를 위한 도덕 원리를 제공해야 한다고 본다.

② 이론 윤리학은 어떤 원리가 윤리적 행위의 근본 원리로 성립할 수 있는지를 연구하며, 이를 바탕으로 도덕 이론을 정립해야 한다고 본다.

④ 기술 윤리학은 도덕적인 현상과 문제를 객관적으로 기술하는 데 관심이 있으며, 특정 규범을 제시하여 도덕적 삶을 인도하는 데에는 관심이 없다.

⑤ 메타 윤리학의 입장이다.

04 표현의 자유와 토론에 대한 밀의 입장 파악

문제 분석 그림의 강연자는 밀이다. 밀은 진리를 발견하기 위해서는 표현의 자유와 토론이 반드시 필요하기 때문에 이를 보장해야 한다고 보았다.

정답 찾기 ⑤ 밀은 무엇이 진리인지를 밝힐 수 있는 가장 좋은 방법은 토론이며, 인간은 자신과 의견을 달리하는 사람들과의 토론을 통해 오류 가능성을 줄이고 진리에 한 걸음 더 다가갈 수 있다고 주장하였다.

오답 피하기 ① 밀은 소수의 견해라고 하더라도 진리가 될 수 있다고 보았다.

② 밀은 토론을 통해 합리적인 결론을 도출할 수 있다고 보았다.

③ 밀은 누구라도 자신의 견해가 오류일 수 있다는 가능성을 받아들여야 한다고 보았다.

④ 밀은 다수의 견해가 항상 옳은 것은 아니라고 보았다.

05 도덕적 탐구의 과정 이해

문제 분석 제시된 자료는 도덕적 탐구의 과정이다. 도덕적 탐구 과정은 '윤리적 쟁점 또는 딜레마 확인 → 자료 수집 및 분석 → 입장 채택 및 정당화 근거 제시 → 최선의 대안 도출 → 반성적 성찰 및 입장 정리' 순으로 이루어진다.

정답 찾기 ⑤ 입장 채택 및 정당화 근거 제시 단계에서는 정당화 근거의 타당성을 확보하기 위해 역할 교환 검사와 보편화 결과 검사를 효과적으로 적용할 필요가 있으며, 공감과 배려 같은 도덕적 정서도 고려해야 한다. 따라서 불치병에 시달리는 환자의 입장이 되어 안락사의 필요성에 대해 생각해 보는 것은 입장 채택 및 정당화 근거 제시 단계에 해당한다.

오답 피하기 ① 안락사와 관련된 다양한 자료를 모아서 분석하는 것은 자료 수집 및 분석 단계이다.
② 안락사에 대한 탐구 과정을 통해 배운 점을 검토하는 것은 반성적 성찰 및 입장 정리 단계이다.
③ 안락사가 지니는 윤리적 문제의 핵심이 무엇인지 파악하는 것은 윤리적 쟁점 또는 딜레마 확인 단계이다.
④ 불가피하게 안락사가 필요한 경우의 제도와 절차를 도출하는 것은 최선의 대안 도출 단계이다.

06 실천 윤리학의 입장 파악

문제 분석 제시문은 실천 윤리학의 입장이다. 실천 윤리학은 도덕적 행위의 실천을 목적으로 하며, 구체적인 삶에서 발생하는 윤리 문제에 대해 도덕 원리를 근거로 하여 해결책을 모색하는 데 주된 관심을 둔다.

정답 찾기 ④ 실천 윤리학은 이론 윤리학에서 탐구한 윤리 이론을 도덕적 갈등 상황에 적용해 구체적인 해결책을 마련하고자 한다.

오답 피하기 ① 기술 윤리학의 입장에서 지지할 내용이다.
②, ③ 메타 윤리학의 입장에서 지지할 내용이다.
⑤ 실천 윤리학은 옳고 그름을 가리는 당위적 탐구를 강조하므로 가치 판단을 배제하고 윤리적 대안을 제시해야 한다는 입장이라고 볼 수 없다.

07 이론 윤리학과 실천 윤리학의 입장 비교

문제 분석 (가)는 이론 윤리학, (나)는 실천 윤리학이다. 이론 윤리학은 도덕적 행위를 정당화하는 규범적 근거를 제시하는 것을 중점 과제로 삼는다. 실천 윤리학은 삶에서 발생하는 윤리 문제에 대해 도덕 원리를 근거로 하여 실제적이고 구체적인 해결책을 모색하는 것을 중점 과제로 삼는다.

정답 찾기 ㄱ. 이론 윤리학은 도덕 원리를 바탕으로 바람직한 행위를 위한 지침을 제공해야 한다고 본다.
ㄷ. 실천 윤리학은 도덕 문제 해결을 위해 자연 과학, 법학 등 문제와 관련된 인접 학문의 도움을 받아 대안을 제시할 수 있다고 본다.
ㄹ. 이론 윤리학과 실천 윤리학은 모두 도덕 명제 분석보다 도덕 문제 해결에 힘써야 한다고 본다. 도덕 명제 분석에 힘써야 한다고 보는 것은 메타 윤리학이다.

오답 피하기 ㄴ. 기술 윤리학의 입장이다.

08 아리스토텔레스의 입장 파악

문제 분석 제시문은 아리스토텔레스의 주장이다. 아리스토텔레스는 행위와 태도를 성찰하는 방법으로 '마땅한 때에, 마땅한 일에 대하여, 마땅한 사람에게, 마땅한 동기로' 행하는 중용을 강조하였다.

정답 찾기 ① 아리스토텔레스는 자신의 삶을 성찰하는 방법으로 중용을 강조하였다. 중용은 각각의 상태에서 가장 적절한 상태를 의미한다.

오답 피하기 ② 아리스토텔레스는 질투나 절도와 같이 그 자체로 나쁜 감정이나 행위에는 중용이 없다고 보았다.
③ 아리스토텔레스는 주어진 상황에서 최선의 행위가 무엇인지를 찾고, 그에 따라 행위 해야 한다고 보았다.
④ 아리스토텔레스의 중용은 지나침에 따른 덕이나 모자람에 따른 덕이 아니라 지나침과 모자람의 중간 상태를 의미한다.
⑤ 아리스토텔레스에 따르면 덕 있는 사람은 좋아해도 되는 것을 적절한 방식으로 좋아하는 사람이다.

수능 실전 문제

본문 15~18쪽

1 ⑤	2 ①	3 ④	4 ④
5 ③	6 ②	7 ⑤	8 ③

1 실천 윤리학과 메타 윤리학의 입장 비교

문제 분석 (가)의 갑은 실천 윤리학, 을은 메타 윤리학의 입장이다. 실천 윤리학은 사회의 도덕 문제에 대한 해결책을 마련하는 데 주력한다. 메타 윤리학은 도덕적 언어를 구성하고 있는 단어나 문장의 의미를 분석하고, 도덕적 추론의 논리에 대해 분석하는 데 주력한다.

정답 찾기 ⑤ 메타 윤리학은 도덕 문제가 특정 규범의 적용보다 언어 분석으로 해소되어야 할 문제라고 본다. 하지만 실천 윤리학은 도덕 문제가 도덕규범을 통해 해소될 수 있다고 본다.

오답 피하기 ① 실천 윤리학은 도덕규범의 타당성을 가치 중립적으로 검증할 것을 강조하지 않는다.
② 실천 윤리학은 일상적으로 사용하는 도덕적 언어의 분석이 윤리학의 핵심 과제라고 강조하지 않는다.
③ 실천 윤리학은 윤리 문제를 해결하기 위해 의학, 법학, 과학 등 다양한 학문 분야의 전문 지식과 기술을 활용하는 학제적 접근이 필요하다고 본다.
④ 실천 윤리학은 실천적 행위 지침을 통해 실제 문제 상황에 대한 해결 방안을 모색해야 한다고 본다.

2 윤리적 성찰의 의미 파악

문제 분석 칼럼은 윤리적 성찰을 강조하고 있다. 공자의 제자인 증자는 매일 하루 세 번씩 반성[一日三省(일일삼성)]을 하였다. 소크라테스는 "성찰하지 않는 삶은 살 가치가 없다."라고 주장하였다. 증자와 소크라테스는 모두 인간이 자신의 삶을 성찰하면서 영위해야 함을 강조하였다.

정답 찾기 ① 윤리적 성찰을 한다는 것은 어떻게 살아야 할 것인지를 고민하고 자신을 도덕적 관점에서 반성적으로 검토하는 것을 의미한다.

오답 피하기 ② 전문적 기술을 습득한다고 해서 윤리적 성찰을 할 수 있는 것은 아니다.

③ 다른 사람들로부터 좋은 평판을 얻기 위해 윤리적 성찰을 하는 것은 아니다.

④ 자기 자신이 다른 사람과 달리 항상 잘못된 생각을 한다고 여기는 것은 윤리적 성찰의 올바른 자세가 아니다.

⑤ 시대의 유행에 뒤떨어지지 않는다고 해서 윤리적 성찰을 할 수 있는 것은 아니다.

3 이론 윤리학과 실천 윤리학의 입장 비교

문제 분석 (가)의 갑은 이론 윤리학, 을은 실천 윤리학의 입장이다.

정답 찾기 ④ 갑이 긍정의 대답을 할 질문이다. 이론 윤리학은 윤리적 행위를 위한 근본 원리로 성립할 수 있는 보편적 도덕 원리를 탐구해야 한다고 본다.

오답 피하기 ① 을이 긍정의 대답을 할 질문이다. 실천 윤리학은 현실적인 도덕 문제의 해결을 위해 학제적 접근이 필요하다고 본다.

② 을이 긍정의 대답을 할 질문이다. 실천 윤리학은 현실적인 도덕 문제의 해결을 위해 이론 윤리학에서 정립한 보편적 도덕 원리를 활용한다.

③ 갑이 부정의 대답을 할 질문이다. 도덕 언어의 의미 분석을 윤리학의 중점 과제로 삼아야 한다는 것은 메타 윤리학의 입장이다.

⑤ 을이 부정의 대답을 할 질문이다. 윤리학이 도덕적 논증의 타당성 입증을 탐구의 본질로 삼아야 한다는 것은 메타 윤리학의 입장이다.

4 메타 윤리학과 실천 윤리학의 입장 비교

문제 분석 제시문의 '나'는 메타 윤리학의 입장이고, '어떤 사람들'은 실천 윤리학의 입장이다. 메타 윤리학은 도덕 언어의 의미를 분석하고 도덕 추론의 논증 가능성과 논리적 타당성을 규명하는 것을 핵심 과제로 삼는다. 실천 윤리학은 도덕 이론을 활용하여 현실의 복잡한 윤리 문제를 해결하는 것을 핵심 과제로 삼는다.

정답 찾기 ④ 메타 윤리학은 도덕 명제에 대한 논리적 명료화에 주력하지만, 실천 윤리학은 도덕 문제에 대한 해결책을 제시하는 데 주력한다. 따라서 메타 윤리학의 입장에서 실천 윤리학의 입장에 대해 제기할 수 있는 비판에 해당한다.

오답 피하기 ① 윤리학이 도덕 현상과 문제를 명확히 기술하는 데 주력해야 한다는 것은 기술 윤리학의 입장이다.

② 실천 윤리학은 메타 윤리학과 달리 윤리학이 도덕 문제 해결에 주력해야 한다고 본다.

③ 윤리학이 개인의 생활, 사회의 구조와 기능 속에 존재하는 도덕 현상을 기술해야 한다는 것은 기술 윤리학의 입장이다.

⑤ 실천 윤리학은 보편적 도덕 이론을 실제 문제 상황에 적용해 구체적인 대안을 모색해야 한다고 본다.

5 다양한 윤리학의 입장 비교

문제 분석 ㉠은 이론 윤리학, ㉡은 실천 윤리학, ㉢은 메타 윤리학, ㉣은 기술 윤리학이다. 이론 윤리학은 윤리적 행위를 위한 근본 원리로 성립 가능한 도덕 원리를 탐구하는 데 주력한다. 실천 윤리학은 삶에서 구체적으로 발생하는 윤리 문제에 대해 도덕 원리를 근거로 하여 실제적이고 구체적인 해결책을 모색하는 데 주력한다. 메타 윤리학은 도덕적 언어의 의미를 분석하고, 도덕적 추론의 정당성을 검증하기 위한 논리를 분석하는 데 주력한다. 기술 윤리학은 도덕 현상과 문제를 명확히 기술하고, 기술된 현상 간의 인과 관계를 설명하는 데 주력한다.

정답 찾기 ③ 기술 윤리학은 당위의 관점이 아닌 객관적인 사실의 관점으로 다양한 윤리 현상을 기술해야 한다고 본다.

오답 피하기 ① 이론 윤리학은 윤리학이 '옳고 그름, 선과 악은 무엇인가?'와 같은 문제를 탐구해야 한다고 본다.

② 메타 윤리학은 윤리학의 학문적 성립 가능성에 대한 탐구가 필요하다고 본다.

④ 메타 윤리학과 달리 이론 윤리학과 실천 윤리학은 모두 윤리학이 현실의 도덕 문제를 해결하기 위한 지침을 제공해야 한다고 본다.

⑤ 메타 윤리학과 기술 윤리학은 모두 윤리학에서 가치 중립적 서술이 필요하다고 본다.

6 이이가 강조한 성찰의 자세 이해

문제 분석 제시문은 율곡 이이의 주장이다. 이이는 마음의 성찰을 강조하면서 배움을 통해 올바른 생각을 보존하고 잘못된 생각을 끊어 버려야 한다고 주장하였다.

정답 찾기 ② 이이는 성찰을 통해 선념을 보존하고 부념을 끊어 버려야 한다고 보았다.

오답 피하기 ① 이이는 배우는 사람이라야 생각[念]을 올바르게 할 수 있다고 보았다.

③ 이이는 악념을 완전히 끊고 이치를 밝히는 데로 나아가야 한다고 보았다.

④ 이이는 경(敬)을 바탕으로 수양을 하며 마음을 집중하고 엄숙하게 할 때 올바른 생각을 할 수 있다고 보았다.

⑤ 이이는 옳은 생각과 그릇된 생각의 인식과 구분을 위해서는 경

으로 성찰하는 자세가 필요하다고 보았다.

7 토론에 대한 밀의 입장 파악

문제 분석 (가)는 자유주의 사상가인 밀의 주장이다. 밀은 자신의 잘못을 고치기 위해서는 반드시 토론이 필요하며, 토론을 통해 자신의 판단이 잘못되었다는 것을 알았을 때 이를 고칠 수 있는 능력이 인간에게 있다고 보았다.

정답 찾기 ⑤ 밀은 토론을 통해 사람들에게 의견을 반박하고 반증할 수 있는 자유가 주어질 때 진리를 더욱 확고히 할 수 있다고 주장하였다.

오답 피하기 ① 밀은 인간이 오류 가능성을 지닌 존재임을 인정해야만 진리를 얻을 수 있다고 보았다.
② 밀은 자신이 옳다고 믿는 지식이나 신념이 오류일 수 있음을 인정해야 한다고 보았다.
③ 밀은 전통적 원리나 학설이 항상 옳은 것은 아니며, 전통적 원리나 학설에 대해서도 자유롭게 비판할 수 있어야 한다고 보았다.
④ 밀은 전문적 지식을 지닌 사람들의 견해가 항상 옳은 것은 아니라고 보았다. 밀은 과거에 탁월한 능력을 지닌 사상가의 견해 중에서도 잘못된 것들이 많았으므로 이들의 견해를 무조건적으로 수용해서는 안 된다고 보았다.

8 도덕적 탐구 과정의 사례 적용

문제 분석 그림의 수업 장면에서 칠판의 판서 내용은 도덕적 탐구 과정을 도식화한 것이다. 〈탐구 과제〉인 인공 임신 중절을 허용해야 할지에 대한 도덕적 탐구의 각 단계에 해당하는 내용을 바르게 대답한 학생을 고르면 된다.

정답 찾기 ③ 인공 임신 중절에 대한 자신의 입장을 선택하고 타당한 근거를 제시하는 단계는 '입장 채택 및 정당화 근거 제시' 단계에 해당한다. 이 단계에서는 역할 교환 검사, 보편화 결과 검사와 같은 방법을 통해 자신의 입장을 객관적으로 검토하고, 이에 대한 타당한 근거를 제시한다.

오답 피하기 ① 인공 임신 중절 허용 여부 탐구에서 배운 점이 무엇인지 검토하는 단계는 '반성적 성찰 및 입장 정리' 단계에 해당한다. 이 단계에서는 도덕적 탐구 과정에서 참여 태도, 탐구 활동을 통해 배운 점, 자신의 생각 변화 등을 검토한다.
② 역할 교환 검사를 통해 정당화 근거의 타당성을 확보하는 단계는 '입장 채택 및 정당화 근거 제시' 단계이다.
④ 인공 임신 중절과 관련된 다양한 자료를 수집하고 분석하는 단계는 '자료 수집 및 분석' 단계이다. 이 단계에서는 윤리적 쟁점 또는 딜레마에 여러 사항이 관련되어 있을 때, 이를 정확하게 이해하고 해결하기 위해 다양한 자료를 수집하고 분석한다.
⑤ 인공 임신 중절 허용 여부에 대한 토론을 통해 결론을 도출하는 단계는 '최선의 대안 도출' 단계이다. 이 단계에서는 토론을 통해 최선의 대안을 마련한다.

02 윤리 문제에 대한 접근

수능 기본 문제 본문 25~26쪽

01 ④	02 ③	03 ④	04 ④
05 ④	06 ③	07 ③	08 ④

01 공자와 맹자의 입장 비교

문제 분석 갑은 공자, 을은 맹자이다. 공자는 인(仁)과 예(禮)를 강조하였다. 인은 이기적인 욕심을 극복하고 예를 따르는 것이고, 예는 인을 실현하기 위한 필수 조건이다. 맹자는 사람의 몸에 사지(四肢), 즉 두 팔과 두 다리가 있듯이 사단(四端)은 모든 인간의 마음속에 있으므로 이를 적극적으로 확충하여 도덕적으로 완성된 인간이 되어야 한다고 주장하였다.

정답 찾기 ④ 맹자가 강조한 인은 무조건적이고 무분별한 사랑이 아니라 존비와 친소, 선악을 분별하는 사랑이다.

오답 피하기 ① 공자가 주장한 인은 내면적 도덕성으로, 사랑의 정신이자 사회적 존재로 완성된 인격체의 인간다움이라고 할 수 있다.
② 공자는 인을 실천하는 기본 덕목으로 서(恕)를 제시하였다. 서는 내가 하기 싫은 일을 남에게 시키지 않는 것, 또는 나의 마음을 미루어 남의 마음을 헤아리는 것이다.
③ 맹자에 따르면 인간은 누구나 선천적으로 네 가지 선한 마음, 즉 사단을 지니고 있기 때문에 인간의 본성은 선하다.
⑤ 공자와 맹자는 모두 사회 구성원이 자신의 사회적 직분에 부여된 덕을 성실히 수행해야 한다고 보았다.

02 석가모니의 입장 파악

문제 분석 제시문은 석가모니의 주장이다. 석가모니는 모든 존재와 현상이 무수한 원인[因]과 조건[緣]에 의해 생겨나며, 그 원인과 조건이 없으면 결과도 없다는 연기설을 제시하였다.

정답 찾기 ③ 석가모니는 생로병사(生老病死)가 모두 고통이라고 보았다.

오답 피하기 ① 석가모니는 무명(無明)을 조건으로 의도적 행위들이 생기므로 무명을 없애면 고통이 사라진다고 보았다.
② 석가모니는 모든 존재와 현상이 서로 원인과 조건이 되어 생멸한다는 연기설을 제시하였다.
④ 석가모니는 탐욕, 성냄, 어리석음을 제거함으로써 열반에 이를 수 있다고 보았다.
⑤ 석가모니에 따르면 깨달음을 얻지 못한 중생은 생각, 말, 행동으로 짓는 업(業)으로 인해 고통의 세계를 윤회(輪廻)한다.

03 도에 대한 장자의 입장 파악

문제 분석 제시문은 도가 사상가인 장자의 주장이다. 장자는 도(道)의 관점에서 만물은 평등하다고 보았으며, 세속적인 기준에 얽매이지 말고 정신적으로 자유로운 삶을 살 것을 강조하였다.

정답 찾기 ④ 장자는 도의 관점에서 만물은 평등하기 때문에 분별과 차별적 사고에서 벗어나야 한다고 보았다.

오답 피하기 ① 장자는 자연적 본성에 따라 살아갈 것을 강조하였으며, 인간이 인위적인 욕심에서 벗어나야 한다고 보았다.
② 장자는 시비, 선악, 미추의 구분이 상대적이라고 보았다.
③ 장자는 인의예지와 같은 인위적인 덕이 삶에 혼란을 초래한다고 보았다.
⑤ 장자는 세속을 초월하여 무엇에도 얽매이지 않는 정신적 자유의 경지에 이를 것을 강조하였다.

04 자연법에 대한 아퀴나스의 입장 파악

문제 분석 제시문은 아퀴나스의 주장이다. 아퀴나스는 신의 영원불변하는 질서와 법칙인 영원법이 인간의 자연적 성향에 반영되어 있으며, 인간은 이성을 통해 자연적 성향을 인식하고 따름으로써 영원법에 참여할 수 있다고 주장하였다.

정답 찾기 ㄱ. 아퀴나스에 따르면 자연법은 인간의 이성에 의해 인식된 영원법이다.
ㄴ. 아퀴나스는 인간이 이성을 통해 자연적 성향을 인식하고 따름으로써 신의 뜻을 깨닫고 행복한 삶을 살 수 있다고 보았다.
ㄹ. 아퀴나스는 영원법이 모든 사물의 본성뿐만 아니라 인간의 자연적 성향에 반영되어 있다고 보았다.

오답 피하기 ㄷ. 아퀴나스는 자연법의 원리로부터 인간이 지켜야 할 도덕규범을 이끌어 낼 수 있다고 보았다.

05 도덕과 행복에 대한 칸트의 입장 파악

문제 분석 제시문은 칸트의 주장이다. 칸트는 이 세상에서 오직 선의지만이 무제한적으로 선하다고 보았다. 칸트는 선의지를 오직 어떤 행위가 옳다는 이유만으로 그 행위를 실천하려는 의지라고 보았다.

정답 찾기 ④ 칸트는 개인의 준칙에 따른 행위가 보편타당한 정언 명령의 형식을 따른다면 도덕적 행위가 될 수 있다고 보았다.

오답 피하기 ① 칸트에 따르면 인간이 도덕 법칙을 따르는 행위는 자율적인 행위이다.
② 칸트는 행위의 도덕성을 판단할 때 행위의 결과는 영향을 미치지 못한다고 보았다.
③ 칸트는 행복이 도덕의 목적이 될 수 없다고 보았다.
⑤ 칸트는 도덕 법칙이 가언 명령이 아닌 정언 명령의 형식으로 나타나야 한다고 보았다.

06 칸트와 벤담의 입장 비교

문제 분석 갑은 칸트, 을은 벤담이다. 칸트는 도덕적 의무의 이행과 행복 추구가 양립 가능하다고 보았다. 다만 도덕적 의무를 이행해야 할 때에는 자신의 행복을 고려하지 말아야 한다고 보았다. 벤담은 행위의 옳고 그름을 판단할 때 관련된 이해 당사자들의 최대 행복을 가져오는 행위를 승인하는 공리의 원리를 기준으로 해야 한다고 보았다.

정답 찾기 ③ 칸트와 벤담은 모두 자신의 쾌락을 증가시키지 못하는 행위도 도덕적 행위가 될 수 있다고 보았다.

오답 피하기 ① 칸트는 어떤 행위가 도덕적 가치를 지니기 위해서는 의무에 일치하기만 해서는 안 되고, 의무로부터 비롯된 것이어야 한다고 주장하였다.
② 벤담은 쾌락의 양을 계산할 수 있다고 주장하면서, 쾌락을 계산할 수 있는 기준으로 강도, 지속성, 확실성, 근접성, 다산성, 순수성, 범위를 제시하였다.
④ 벤담은 '공리의 원리' 또는 '최대 행복의 원리'를 도덕의 원리로 제시하였다.
⑤ 도덕적 행위를 판단할 수 있는 보편적 원리로 칸트는 도덕 법칙을 제시하였고, 벤담은 공리의 원리를 제시하였다.

07 매킨타이어의 덕 윤리 입장 파악

문제 분석 (가)는 덕 윤리 사상가인 매킨타이어의 주장이다. 매킨타이어는 도덕적으로 옳은 결정을 하고 선한 삶을 살기 위해서는 무엇보다도 유덕한 성품을 갖추는 것이 중요하다고 보았다.

정답 찾기 ③ 매킨타이어는 윤리적으로 옳고 선한 결정을 하려면 유덕한 품성을 길러야 하며, 유덕한 성품을 갖추려면 옳고 선한 행위를 습관화하여 내면화해야 한다고 보았다.

오답 피하기 ① 매킨타이어는 도덕적 의무를 실천하는 데 있어서 주어진 상황과 맥락을 중시해야 한다고 보았다.
② 매킨타이어는 자연적 감정을 배제하고 실천 이성의 명령에 따라야 한다고 주장하지 않았다.
④ 매킨타이어는 공동체의 전통과 덕목에 부합하는 행위를 선한 행위라고 보았다.
⑤ 매킨타이어는 사회적 유용성을 증가시키는 행위가 항상 옳은 행위라고 주장하지 않았다.

08 도덕성에 대한 뇌 신경 과학적 입장 파악

문제 분석 제시문은 인간의 도덕적 행위를 뇌 신경 과학에 근거하여 파악하는 입장이다. 이러한 입장에서는 인간의 행위가 뇌 신경 세포의 작용에 따른 것이며, 자유 의지에서 비롯되는 것은 아니라고 본다.

정답 찾기 ④ 제시문의 '나'는 인간이 특정한 행위를 하는 것은 신경 세포의 작용이며, 인간의 행위를 과학적으로 설명할 수 있다고 본다.

오답 피하기 ① 제시문의 '나'는 인간의 도덕적 행위가 자율적인 자유 의지에서 비롯되는 것이 아니라고 본다.
② 제시문의 '나'는 인간의 도덕 판단 과정이 뇌 기능과 밀접하게 관련되어 있다고 본다.
③ 제시문의 '나'는 인간의 이성적 능력이 뇌파의 작용에 의해 지배받는다고 본다.
⑤ 제시문의 '나'는 인간의 도덕적 행위가 이성과 정서가 아닌 뇌 신경 세포에 의해 이루어진다고 본다.

수능 실전 문제

본문 27~31쪽

1 ④	2 ②	3 ④	4 ⑤
5 ④	6 ⑤	7 ①	8 ④
9 ⑤	10 ①		

1 공자와 장자의 입장 비교

문제 분석 갑은 공자, 을은 장자이다. 공자는 인을 실천하는 첫 걸음으로서 효제(孝悌)를 제시하였다. 장자는 외물(外物)에 대한 집착을 멀리하고 자연 그대로의 소박한 삶을 사는 것이 이상적이라고 주장하였다.

정답 찾기 ④ 장자는 좌망(坐忘)과 심재(心齋)의 수양을 통해 시비에 얽매이지 않는 절대 자유의 경지인 소요(逍遙)의 경지에 도달하는 삶을 살아야 한다고 보았다. 좌망은 조용히 앉아서 우리를 구속하는 일체의 것들을 잊어버리는 것이고, 심재는 마음을 비워서 깨끗이 하는 것이다.

오답 피하기 ① 물아일체(物我一體)의 삶을 이상적인 삶으로 본 사상가는 장자이다.
② 사양하는 마음을 바탕으로 예(禮)의 덕을 실현해야 한다고 본 사상가는 맹자이다.
③ 장자는 모든 차별이 소멸된 정신적 자유의 경지를 강조하였다.
⑤ 장자는 하늘이 인간에게 도덕성을 부여하는 존재라고 주장하지 않았다.

2 맹자와 노자의 입장 비교

문제 분석 갑은 맹자, 을은 노자이다. 맹자는 인간이 누구나 측은지심, 수오지심, 사양지심, 시비지심이라는 사단, 즉 선한 마음을 가지고 태어난다고 보았다. 노자는 현자와 재물을 숭상하지 않아야 백성들이 욕심을 부리지 않고 자연스러움을 따르게 된다고 보았다.

정답 찾기 ② 노자는 인의와 같은 인위적인 덕이 사회 혼란을 일으킨다고 보았지만, 맹자는 인의를 통해 사회 혼란을 극복할 수 있다고 보았다.

오답 피하기 ① 노자는 군주가 무위를 기반으로 통치를 해야 한다고 보았다.
③ 노자는 무위의 다스림을 통해 백성들을 무지(無知), 무욕(無欲)하게 해야 한다고 보았다.
④ 노자는 인간이 인위적인 덕이 아닌 자연적 본성에 따르는 삶을 살아가야 한다고 보았다.
⑤ 노자는 상선약수(上善若水)를 강조하였다. 상선약수는 물이 갖고 있는 겸허(謙虛)와 부쟁(不爭) 그리고 만물을 이롭게 하는[利萬物] 덕을 중시하는 삶을 의미한다.

3 노자와 장자의 입장 비교

문제 분석 (가)의 갑은 노자, 을은 장자이다. 노자는 자연의 순리인 도(道)가 사라지자 충효와 같은 인위적인 덕이 생겨났다고 보았다. 장자는 도의 관점에서 사물을 보면 선악, 미추, 자타, 빈부의 분별은 상대적인 것에 불과하며 그런 모든 차별이 의미 없다고 보았다.

정답 찾기 ④ 노자와 장자는 모두 분별적 사고방식에서 벗어나 도의 관점에서 만물을 바라볼 것을 강조하였다.

오답 피하기 ① 장자는 외물(外物)의 속박에서 벗어나 정신적 자유를 추구해야 한다고 보았다.
② 장자는 자신을 구속하는 일체의 것을 잊는 좌망과 마음을 비워 깨끗하게 하는 심재를 강조하였다.
③ 노자와 장자는 모두 무위(無爲)의 덕을 강조하였지만, 백성을 다스리기 위한 제도를 확충할 것을 주장하지는 않았다.
⑤ 노자는 인위적으로 일을 도모하지 않고 소박하게 살아갈 것을 강조하였다.

4 석가모니의 입장 파악

문제 분석 제시문은 석가모니의 주장이다. 석가모니는 '무명(無明)–행(行)–식(識)–명색(名色)–육입(六入)–촉(觸)–수(受)–애(愛)–취(取)–유(有)–생(生)–노사(老死)–우비(憂悲) · 고뇌(苦惱)', 즉 전체 괴로움의 무더기[苦蘊]의 발생 과정을 연기법으로 설명하였다.

정답 찾기 ⑤ 석가모니는 인간의 악한 행위뿐만 아니라 옳은 행위에 의해서도 태어남과 죽음이 반복된다고 보았다.

오답 피하기 ① 석가모니에 따르면 인간을 구성하는 물질적 · 정신적 요소인 오온은 일시적인 결합에 불과하므로 오온에 대한 집착을 버려야 한다.
② 석가모니에 따르면 무명은 집착하는 삶의 원인이므로 삶이 무상하다는 진리를 깨닫기 위해서는 무명에서 벗어나야 한다.
③ 석가모니는 탐욕과 성냄, 어리석음에서 벗어나기 위해 중도(中

道)를 실천할 것을 가르쳤다.
④ 석가모니는 세상의 모든 것은 끊임없이 생멸하고 변화하므로 불변하는 실체는 존재하지 않는다고 보았다.

5 칸트와 벤담의 입장 비교

문제 분석 (가)의 갑은 칸트, 을은 벤담이다. 칸트는 행위의 도덕적 가치를 행위의 결과에 따라 판단해서는 안 되고, 행위의 동기가 도덕 법칙을 따른 것인지에 따라 판단해야 한다고 보았다. 벤담은 행위의 도덕적 가치를 행위의 결과가 최대 행복을 산출했는지에 따라 판단해야 한다고 보았다.

정답 찾기 ④ 칸트는 이성적 존재자인 인간 자신이 스스로 수립한 도덕 법칙을 의무로 삼아 선행을 실천해야 한다고 보았다.

오답 피하기 ① 칸트와 벤담이 모두 긍정의 대답을 할 질문이다.
② 벤담은 옳은 행위가 사회적 유용성에 근거해서 정당화될 수 있다고 보았다.
③ 칸트에 따르면 동정심이나 연민의 감정에서 비롯된 행위는 도덕적 가치가 없다.
⑤ 벤담은 자신이나 타인의 행복을 증가시키지 못한 행위도 도덕적 행위가 될 수 있다고 보았다.

6 아퀴나스의 입장 이해

문제 분석 (가)는 아퀴나스의 주장이다. 아퀴나스는 신의 영원 불변하는 질서와 법칙인 영원법이 인간의 자연적 성향에 반영되어 있으며, 인간은 이성을 통해 자연적 성향을 인식하고 따름으로써 영원법에 참여할 수 있다고 주장하였다.

정답 찾기 ⑤ 아퀴나스는 인간이 지닌 자연적 성향을 따름으로써 올바른 행위를 할 수 있다고 보았다. 그는 인간의 자연적 성향으로 자기 보존, 종족 보존, 신과 사회에 대한 진리 파악을 제시하였다.

오답 피하기 ① 진화 윤리의 입장에서 제시할 수 있는 조언이다.
② 벤담의 입장에서 제시할 수 있는 조언이다.
③ 아퀴나스는 인간이 자연적 성향을 따라도 현세에서는 완전한 행복이 이루어질 수 없다고 보았다.
④ 아퀴나스는 인간의 바람직한 행위가 이성에 근거하여 이루어질 수 있다고 보았다.

7 벤담과 밀의 입장 비교

문제 분석 (가)의 갑은 벤담, 을은 밀이다. 벤담은 양적 공리주의자로서 쾌락에는 양적 차이만 있다고 본 반면, 밀은 쾌락에 양적 차이뿐만 아니라 질적 차이도 있다는 점을 강조하였다.

정답 찾기 ① 벤담은 밀과 달리 모든 쾌락에는 질적인 차이가 없고 양적인 차이만 있다고 보았다.

오답 피하기 ② 벤담과 밀은 모두 쾌락을 추구하는 경향성은 도덕의 기반이 될 수 있다고 보았다.
③ 밀에 따르면 행복 증대와 무관한 순수한 희생은 도덕적 가치가 없다.
④ 벤담과 밀은 모두 사회 전체의 행복이 개인의 행복의 총합이라고 보았다.
⑤ 벤담에 따르면 다수에게 고통을 주는 행위는 비도덕적 행위가 될 수 있다.

8 칸트와 매킨타이어의 입장 비교

문제 분석 갑은 칸트, 을은 매킨타이어이다. 칸트에 따르면 의무에서 비롯된 행위가 도덕적 행위인데, 이러한 행위는 이성 스스로 수립한 도덕 법칙을 스스로가 따르는 것이기 때문에 자율적인 행위가 된다. 매킨타이어는 행위자의 내면적 도덕성과 인성을 중시하였으며, 도덕 판단에서 구체적인 상황과 맥락을 고려하여 유덕한 행위자가 할 법한 행위를 해야 한다고 보았다.

정답 찾기 ㄱ. 칸트에 따르면 도덕 법칙은 실천 이성이 우리 자신에게 부과한 자율적 명령이고, 인간이라면 누구나 어떤 상황에서도 예외 없이 따라야 하는 무조건적이고 절대적인 정언 명령이다.
ㄴ. 칸트는 경향성이 아니라 자신이 스스로 수립한 도덕 법칙을 의무로 삼아 행위 해야 한다고 보았다.
ㄷ. 매킨타이어는 공동체와 그 공동체의 전통과 역사를 중시하였고, 역사적 시간과 사회적 공간에서 펼쳐지는 삶의 구체적 모습을 고려하여 자신의 도덕적 정체성을 수립해야 한다고 보았다.

오답 피하기 ㄹ. 칸트는 유덕한 품성을 갖추는 것만으로 윤리적으로 옳은 행위를 할 수 있다고 주장하지 않았다.

9 석가모니와 맹자의 입장 비교

문제 분석 갑은 석가모니, 을은 맹자이다. 석가모니는 삼학(三學), 즉 계정혜(戒定慧)는 그 바탕이 서로 다르지 않으며, 괴로운 삶을 돌이켜 해탈(解脫)로 나아가는 길이라고 가르쳤다. 맹자는 모든 인간이 사단을 가지고 있으므로 스스로 인의를 행할 수 있다고 보았다. 맹자는 스스로 인의를 행할 수 없다고 보는 사람은 자신을 해치는 사람이라고 여겼다.

정답 찾기 ⑤ 맹자는 선천적인 본성을 극복해야 한다고 주장하지 않았다.

오답 피하기 ① 석가모니는 누구나 사성제(四聖諦)를 깨닫고 팔정도(八正道)를 실천하여 열반(涅槃)에 이를 수 있다고 보았다.
② 석가모니는 연기의 법을 올바르게 이해할 때 윤회의 고통에서 벗어나 해탈에 이를 수 있다고 보았다.
③ 맹자는 불쌍하고 가엽게 여기는 마음인 측은지심을 인(仁)의 단(端)으로 보았다.
④ 맹자는 인간의 본심이 선하지만 사욕을 추구함으로써 도덕적으로 타락하게 된다고 보고, 잃어버린 도덕적 마음을 되찾고 욕심

을 줄이는 데 힘써야 한다고 주장하였다.

10 공자와 노자의 입장 비교

문제 분석 갑은 공자, 을은 노자이다. 공자는 대동 사회를 이상 사회로 제시하였다. 대동 사회는 재화가 고르게 분배되고 사회적 약자가 보호되어 누구나 인간다운 생활을 영위할 수 있는 도덕 공동체이다. 노자는 유교에서 강조하는 인과 의와 같은 덕은 자연의 순리인 대도(大道)가 사라진 후 생긴 큰 거짓이라고 보았다.

정답 찾기 ① 공자의 입장에 비해 노자의 입장이 갖는 상대적 특징은 '인륜과 도덕의 중요성을 강조하는 정도(X)'는 낮고, '인위에서 벗어나 자연스러운 덕을 따를 것을 강조하는 정도(Y)'와 '작은 국가에서 이상적인 정치가 실현됨을 강조하는 정도(Z)'는 높다. 따라서 ㉠이 정답이 된다.

03 삶과 죽음의 윤리

수능 기본 문제 본문 37~38쪽

01 ④	02 ④	03 ④	04 ③
05 ②	06 ③	07 ⑤	08 ③

01 죽음에 대한 공자와 석가모니의 입장 비교

문제 분석 갑은 공자, 을은 석가모니이다. 공자는 귀신을 섬기는 일이나 죽음 이후에 관심을 가지기보다는 죽음이 아쉽지 않도록 현세에서 도덕적으로 충실하게 살아야 한다고 강조하였다. 석가모니는 현세의 업보가 죽음 이후의 삶을 결정한다고 주장하며, 현세에서 지혜를 얻어 열반에 이르면 윤회의 고통에서 벗어날 수 있다고 주장하였다.

정답 찾기 ④ 석가모니는 모든 존재가 인연에 의해 생겨났다가 사라지는 것이므로 '나'라는 존재도 불변하는 실체가 아님을 깨닫는 수행을 통해 죽음의 고통에서 벗어날 것을 주장하였다.

오답 피하기 ① 공자는 인(仁)을 차별 없는 사랑이 아니라 분별 있는 사랑으로 보았다.
② 공자는 내세보다 현세의 도덕적 삶에 충실할 것을 강조하였다.
③ 석가모니는 연기의 법칙에 따라 만물이 독립적으로 존재할 수 없다고 보았다.
⑤ 공자와 석가모니는 모두 죽음을 통해 내면적 도덕성을 실현해야 한다고 주장하지 않았다. 공자는 내면적 도덕성을 실현하기 위해 현세에서의 수양을 강조하였고, 석가모니는 열반에 이르지 못한 중생은 죽음 이후에 윤회한다고 보았다.

02 죽음에 대한 장자의 입장 이해

문제 분석 제시문은 장자의 주장이다. 장자에 따르면 삶은 기(氣)가 모인 것이고 죽음은 기가 흩어진 것으로, 삶과 죽음은 사계절의 운행처럼 서로 연결된 것이다.

정답 찾기 ④ 장자는 삶과 죽음이 서로 연결된 순환의 과정이며 자연적인 현상이라고 보았다.

오답 피하기 ① 장자는 현세의 삶에 따라 죽음 이후의 삶인 내세가 결정된다고 주장하지 않았다.
② 장자는 죽음을 슬퍼하거나 삶에 집착하지 말 것을 강조하였다.
③ 장자는 시비선악을 분별하지 말 것을 강조하였다.
⑤ 장자는 죽음을 두려워할 것이 아니라 자연스럽고 필연적인 과정으로 보았다.

03 죽음에 대한 에피쿠로스와 플라톤의 입장 비교

문제 분석 갑은 에피쿠로스, 을은 플라톤이다. 에피쿠로스는 인간이 자신의 죽음을 경험할 수 없기 때문에 죽음을 두려워할 필요가 없다고 보았다. 플라톤은 죽음을 육체에 갇혀 있던 영혼이 해방되어 이데아의 세계에 들어갈 수 있는 것이라고 보았다.

정답 찾기 ④ 플라톤은 이성적 사고를 통해 죽음을 영혼이 육체로부터 해방되어 순수한 인식을 할 수 있는 계기로 보았으며, 죽음을 두려움의 대상으로 여기지 않았다.

오답 피하기 ① 에피쿠로스는 죽음을 고통으로 생각하지 않았다.
② 에피쿠로스는 인간이 죽으면 감각을 상실하므로 죽음을 경험할 수 없다고 보았다.
③ 플라톤은 죽음이 참된 지혜를 얻는 계기가 될 수 있다고 보았다.
⑤ 에피쿠로스에 따르면 죽음은 인간을 구성하던 원자가 흩어져 개별 원자로 돌아가는 것으로, 육체와 영혼 모두의 소멸 또는 해체를 의미한다.

04 죽음에 대한 하이데거의 입장 이해

문제 분석 가상 대담의 사상가는 하이데거이다. 하이데거는 죽음이 인간에게 하나의 확실한 가능성, 즉 주체로서 현존재가 피할 수 없는 것이라고 보고, 인간 자신이 죽음에 이르는 존재라는 사실을 직시함으로써 참된 현존재로 살아갈 수 있는 결단을 내릴 수 있게 된다고 보았다.

정답 찾기 ③ 하이데거에 따르면 인간은 죽음의 가능성을 인식할 때 주체적으로 자신의 삶을 이끌어 갈 수 있게 된다.

오답 피하기 ① 하이데거는 죽음을 회피할 것이 아니라 현존재가 스스로 받아들이지 않으면 안 되는 하나의 존재 가능성으로 보았다.
② 하이데거에 따르면 인간은 이성이 없는 동물과 달리 자신이 죽을 수밖에 없는 존재라는 점을 자각할 수 있다.
④ 하이데거는 죽음을 절망으로 이끄는 상황이 아니라고 보았다. 그는 죽음의 자각을 통해 의미 있는 삶을 살아갈 수 있는 계기를 마련할 수 있다고 보았다.
⑤ 하이데거는 죽음이 삶을 의미 있고 가치 있게 살아갈 수 있게 하는 의미가 있다고 보았다.

05 인공 임신 중절에 대한 입장 비교

문제 분석 갑은 임신부의 생명을 구하기 위한 인공 임신 중절은 그 목적이 태아의 생명을 빼앗으려고 의도한 행위가 아니므로 태아가 불가피하게 희생되더라도 정당화될 수 있다는 입장이다. 을은 임신부의 이익과 태아의 이익이 충돌할 경우 임신부의 이익을 위해 인공 임신 중절을 허용해야 한다는 입장이다.

정답 찾기 ② 갑은 인공 임신 중절을 통해 임신부의 생명을 구할 수 있을 때, 이는 원래 태아의 생명을 희생시키려고 의도했던 바가 아니었으므로 정당화될 수 있다고 본다.

오답 피하기 ① 갑은 임신부의 생명을 위해 태아의 생명을 희생시킬 수 있다고 본다.
③ 을은 임신부의 이익을 위해 태아의 이익을 침해할 수 있다고 본다.
④ 을은 임신부의 이익과 태아의 이익이 충돌할 때 임신부의 이익을 우선해야 한다고 본다.
⑤ 갑은 임신부의 생명이 위험하여 임신부의 생명을 구하기 위해 시행하는 인공 임신 중절만이 정당화될 수 있다고 보므로 인공 임신 중절에 대한 자율권을 보장해야 한다는 입장은 아니다.

06 안락사에 대한 윤리적 쟁점 파악

문제 분석 칼럼은 환자인 부모가 연명 치료의 중단을 요청하더라도 자녀가 죄책감으로 부모에게 연명 치료를 지속하는 것이 오히려 인간의 존엄성을 무시하는 일이 될 수 있다고 본다.

정답 찾기 ③ 칼럼은 연명 치료의 중단을 요청하는 부모의 뜻을 거스르지 말고 존중해야 한다고 본다.

오답 피하기 ① 칼럼은 말기 암 환자의 요청에 따라 안락사를 선택할 수 있다고 본다.
② 칼럼은 안락사를 통해 인간의 존엄성이 존중될 수 있다고 본다.
④ 칼럼은 말기 암 환자인 부모의 요청에 따라 연명 치료를 중단하는 것(소극적 안락사)이 효의 실천 방안이 될 수 있다고 본다.
⑤ 칼럼은 연명 치료가 말기 암 환자와 같은 회생 불가능한 환자에게 고통의 연장이라고 본다.

07 안락사의 유형 파악

문제 분석 제시된 자료는 안락사의 유형에 대한 설명이다. 안락사는 환자의 동의 여부에 따라 자발적 안락사, 비자발적 안락사로 구분할 수 있다. 또한 죽음에 이르게 하는 방법에 따라 적극적 안락사와 소극적 안락사로 구분할 수 있다. (가)는 자발적이며 적극적 안락사, (나)는 비자발적이며 적극적 안락사, (다)는 자발적이며 소극적 안락사, (라)는 비자발적이며 소극적 안락사이다.

정답 찾기 을이 대답한 의식이 없는 환자에게 약물을 투입하여 죽음에 이르게 하는 것은 (나)인 비자발적이며 적극적 안락사이다. 병이 대답한 환자의 요청에 따라 연명 치료를 중단하거나 유보하여 환자를 죽음에 이르게 하는 것은 (다)인 자발적이며 소극적 안락사이다. 정이 대답한 환자의 의사를 알 수 없는 경우에 환자가 자연스러운 죽음에 이르도록 하는 것은 (라)인 비자발적이며 소극적 안락사이다.

오답 피하기 갑은 자발적이며 적극적 안락사 (가)를 의학적 치료의 과정에서 환자가 죽음에 이르게 된 경우로 제시하고 있다. 환자가 치료 과정에서 죽음에 이르게 되면 안락사의 범주에 해당하지 않는다.

08 뇌사에 대한 윤리적 쟁점 파악

문제 분석 갑은 가족의 정신적, 경제적 부담과 장기 기증을 고려해 뇌사를 죽음의 기준으로 허용해야 한다는 입장이다. 을은 뇌사를 죽음의 기준으로 허용하면 생명의 존엄성 침해로 이어질 수 있으므로 뇌사를 죽음의 기준으로 허용해서는 안 된다는 입장이다.

정답 찾기 ③ 을은 장기 이식을 위한 뇌사 허용이 생명의 존엄성을 침해하는 비도덕적인 행위가 될 수 있다고 본다.

오답 피하기 ① 갑은 뇌사를 죽음의 기준으로 허용해야 한다는 입장으로, 뇌사자에 대한 연명 치료를 불필요하다고 본다.
② 갑은 뇌사자의 장기 기증으로 다른 생명을 구할 수 있다고 본다.
④ 을은 뇌사를 죽음으로 인정하면 생명의 존엄성이 침해될 수 있다고 본다.
⑤ 갑은 뇌사를 죽음의 기준으로 허용하면 가족의 경제적 부담을 줄이고 타인의 생명을 구할 수 있으므로 사회적 비용이 감소한다고 볼 것이다.

수능 실전 문제

본문 39~42쪽

1 ①	2 ④	3 ③	4 ①
5 ②	6 ①	7 ②	8 ②

1 죽음에 대한 공자와 장자의 입장 비교

문제 분석 갑은 공자, 을은 장자이다. 공자는 죽음을 자연적 과정으로 보고 이를 애도하는 것을 마땅한 일로 여겼다. 장자는 삶과 죽음을 사계절의 운행처럼 서로 연결되어 있는 자연스러운 과정으로 보고, 죽음을 슬퍼하거나 애도할 것으로 여기지 않았다.

정답 찾기 ㄱ. 공자는 죽음을 애도하는 것을 마땅한 일로 여겼지만, 장자는 죽음을 슬퍼하거나 애도할 것으로 여기지 않았다.
ㄴ. 공자와 장자는 모두 죽음을 자연적이고 필연적인 자연의 과정으로 보았다.

오답 피하기 ㄷ. 공자는 죽음에 대해 관심을 가지기보다 현실의 삶에 충실해야 한다고 보았다. 장자는 도덕적 삶의 완성을 추구하지 않았다.
ㄹ. 장자는 죽음 이후의 삶인 내세를 준비해야 한다고 주장하지 않았다.

2 죽음에 대한 플라톤의 입장 파악

문제 분석 제시문은 플라톤의 주장이다. 플라톤은 육체가 영혼의 순수한 사유를 방해한다고 보기 때문에 죽음을 통해 영혼이 육체에서 벗어날 때 참된 진리에 대한 인식이 가능하다고 보았다.

정답 찾기 ④ 플라톤은 죽음 이후 영혼이 순수한 사유를 통해 참된 진리를 인식할 수 있다고 보았기 때문에 죽음을 두려워하거나 슬퍼할 필요가 없다고 주장하였다.

오답 피하기 ① 플라톤은 죽음 이후 영혼이 육체로부터 해방되어 최상의 사유, 즉 참된 인식을 할 수 있다고 보았다.
② 플라톤은 죽음 이후에 인간의 영혼이 소멸하는 것이 아니라 육체에서 분리되어 참된 진리의 세계(이데아)로 들어갈 수 있다고 보았다.
③ 플라톤은 죽음으로 육체를 상실하여 감각이 사라지지만 영혼은 불멸하므로 참된 진리를 인식할 수 있다고 보았다.
⑤ 플라톤은 죽음이 다가올 때 죽기를 두려워하는 사람을 지혜롭지 못한 사람으로 보았다.

3 죽음에 대한 에피쿠로스와 하이데거의 입장 비교

문제 분석 (가)의 갑은 에피쿠로스, 을은 하이데거이다. 에피쿠로스는 '죽음은 우리에게 아무것도 아니다.'라는 사실을 제대로 알게 되면 죽음에 대한 두려움이나 불멸에 대한 갈망이 제거된다고 주장하였다. 하이데거는 인간은 자신이 죽음을 향해 가는 존재라는 사실을 직시함으로써 자신의 존재를 돌아보고, 현존재로서 삶을 살아가기 위한 결단을 내릴 수 있다고 주장하였다.

정답 찾기 ㄷ. 에피쿠로스는 지혜로운 사람에게는 죽음이 어떠한 악으로도 생각되지 않으며 죽음을 경험할 수 없으므로 두려워할 회피의 대상이 아니라고 보았다.
ㄹ. 하이데거는 죽음에 대한 자각을 통해 삶을 의미 있고 가치 있게 살 수 있다고 주장하였다.

오답 피하기 ㄱ. 에피쿠로스는 죽음을 영혼의 불멸이 아닌 원자가 흩어져 육체와 영혼이 해체되는 것으로 보았다.
ㄴ. 에피쿠로스는 죽음에 대한 참된 앎을 통해 죽음에 대한 두려움이나 불멸에 대한 갈망이 제거된다고 주장하였다.

4 죽음에 대한 석가모니의 입장 파악

문제 분석 제시문은 석가모니의 주장이다. 석가모니는 죽음을 윤회의 과정으로 보았다. 석가모니는 현세의 업(業)이 죽음 이후의 삶을 결정한다고 주장하며, 현세에서 지혜를 얻어 열반에 이르면 윤회로부터 벗어난다고 보았다.

정답 찾기 ㄱ. 석가모니는 열반의 경지에 도달하지 못하면 죽음 이후에도 윤회의 과정에서 고통을 겪는다고 보았다.
ㄴ. 석가모니는 죽음이 보편적인 현상이며, 삶과 죽음은 원인[因]과 조건[緣]에 의해 생겨난다고 보았다.

오답 피하기 ㄷ. 석가모니는 생로병사를 모두 고통으로 보았기 때문에 윤회의 과정에서 다시 태어나도 고통이 소멸되지 않는다고 보았다. 석가모니는 열반의 경지에 이르러야 고통이 소멸한다고 주장하였다.

ㄹ. 석가모니는 만물이 인연(因緣)에 따라 형성되며 독립적인 실체는 없다고 보았다.

5 인공 임신 중절에 대한 윤리적 쟁점 파악

문제 분석 그림의 강연자는 정당방위를 근거로 인공 임신 중절을 허용하는 것은 실제 정당방위의 조건에 맞지 않으므로 정당방위를 근거로 인공 임신 중절을 허용해서는 안 된다고 본다.

정답 찾기 ② 강연자는 개인이 갖는 정당방위의 권리를 근거로 인공 임신 중절을 할 수 있다는 주장에 반대하고 있다.

오답 피하기 ① 강연자는 정당방위의 조건에 부합하지 않을 때 자신의 생명을 지키기 위해 타인을 죽이는 행위가 허용될 수 없다고 본다.
③ 강연자는 임신부가 죽은 후에 태아가 살아남을 수 없다고 보고 있으므로 태아를 임신부의 생명에 종속되는 존재로 본다.
④ 강연자는 태아가 무고하므로 태아를 해치는 것이 부당함을 전제로 논변을 전개한다.
⑤ 강연자에 따르면 정당방위는 방어자가 공격자의 생명 위협에 대해 스스로 방어하려 할 때 성립된다.

6 안락사에 대한 윤리적 쟁점 파악

문제 분석 갑은 고통을 줄이는 것을 강조하며 안락사를 허용해야 한다는 입장이다. 을은 안락사를 허용하면 인간 생명의 존엄성이 침해될 수 있으므로 안락사를 허용해서는 안 된다는 입장이다.

정답 찾기 ① 갑은 행복을 증대하는 것보다 고통을 감소시키는 것을 중시하고 있으므로 환자에게 고통을 지속시키는 것이 해악이 될 수 있다고 본다.

오답 피하기 ② 갑은 안락사를 허용하는 입장이므로 환자가 연명 치료를 지속하며 죽음에 이르러야 한다고 주장하지 않는다.
③ 을은 안락사를 허용하지 않는 입장이므로 경제적 부담을 고려하여 안락사에 동의해야 한다고 주장하지 않는다.
④ 을은 안락사를 허용하지 않는 입장이므로 죽음을 통해 고통을 제거할 것을 주장하지 않는다.
⑤ 을은 연명 치료를 중단하고 안락사를 허용하면 인간 생명의 존엄성에 대한 의식이 파괴될 것이라고 본다.

7 안락사의 유형 파악

문제 분석 (가)는 자발적이며 소극적 안락사만 허용하는 입장이고, (나)는 비자발적이며 적극적 안락사를 허용하는 입장이다.

정답 찾기 ② (가)의 입장에 비해 (나)의 입장은 '회생 불가능한 환자가 지닌 자기 결정권에 대한 존중을 강조하는 정도(X)'와 '회생 불가능한 환자가 자연스러운 죽음에 이르는 것을 강조하는 정도(Y)'는 낮고, '회생 불가능한 환자가 죽음에 이르도록 의료진의 적극적인 개입을 허용하는 정도(Z)'는 높다. 따라서 ㉡이 정답이 된다.

8 뇌사에 대한 윤리적 쟁점 파악

문제 분석 칼럼은 뇌사 판정의 옳고 그름을 결과적으로 증명하기 어려우므로 장기 이식을 위한 뇌사 결정을 다시 한번 고려해 보아야 한다고 주장한다.

정답 찾기 ② 칼럼은 뇌사 판정이 오류라면 뇌사를 죽음의 기준으로 삼아 실시한 장기 이식은 살인 행위가 될 수 있다고 본다.

오답 피하기 ① 칼럼은 뇌사 판정의 정확성을 결과로 증명할 수 없다면 뇌사 상태에서의 장기 이식을 다시 한번 고려해 보아야 한다고 주장한다.
③ 칼럼은 뇌사를 예측하여 연명 치료를 중단할 것이 아니라 뇌사 판정의 정확성을 결과로 증명할 수 없으므로, 뇌사를 죽음으로 인정하는 것을 다시 한번 고려해 보아야 한다고 주장한다.
④ 칼럼은 연명 치료의 과정에서 발생한 죽음을 통해 뇌사 판정의 정당성을 입증할 수 있다고 본다.
⑤ 칼럼은 뇌사 판정 후 연명 치료의 과정에서 심폐사가 발생하면 뇌사 판정이 옳았다는 것을 증명할 수 있다고 본다.

04 생명 윤리

수능 기본 문제 본문 47~48쪽

01 ③	02 ③	03 ③	04 ①
05 ③	06 ③	07 ④	08 ③

01 동물 복제에 대한 입장 비교

문제 분석 갑은 동물 복제가 동물의 생명에 대한 권리를 존중하는 것이며 인간에게도 유익하다고 본다. 을은 동물 복제를 위해서는 수많은 동물의 희생이 따르는 동물 실험이 필요하므로 동물 복제가 동물에게 유익하지 않다고 본다.

정답 찾기 ③ 을은 동물의 권리를 인정하는 입장이므로 동물을 도덕적 고려의 대상으로 볼 것이다.

오답 피하기 ① 갑은 동물을 농업이나 의학적인 용도 등으로 이용할 수 있다고 본다.

② 갑은 동물의 생명에 대한 권리를 존중하기 위한 동물 복제가 인간에게도 유익하다고 본다.

④ 을은 동물 복제가 수많은 동물 실험의 결과로 얻은 것이라고 본다.

⑤ 을은 동물 복제의 과정에서 동물의 고통이 증가하고 동물의 권리가 침해되므로 동물 복제가 동물에게 유익하지 않다고 본다.

02 배아의 도덕적 지위에 대한 윤리적 쟁점 파악

문제 분석 제시문의 ‘나’는 배아의 도덕적 지위를 인정하는 입장으로, 배아의 파괴를 전제로 한 배아 줄기세포 연구를 허용해서는 안 된다고 본다. 반면에 ‘어떤 사람’은 착상 전 배아는 세포일 뿐 개체가 아니라고 보며 배아의 도덕적 지위를 부정한다.

정답 찾기 ③ ‘나’는 배아를 줄기세포 연구를 위한 도구가 아닌 도덕적 지위를 지닌 존재로 본다.

오답 피하기 ① ‘나’는 배아를 도덕적 지위를 지닌 하나의 독립된 개체로 인정하고 있다.

② ‘어떤 사람’은 착상 전 배아는 세포이지만 착상된 배아는 개체의 지위를 갖는다고 본다.

④ ‘나’는 생명의 연속성을 주장하고 있으므로 수정란부터 태아까지 발달 단계가 구분되지 않는다고 본다.

⑤ ‘나’는 잠재적 인간인 배아가 도덕적 지위를 지닌다고 본다.

03 인간 개체 복제에 대한 입장 비교

문제 분석 갑은 불임 부부의 고통을 해소하고 생식의 자유를 실현할 수 있도록 인간 개체 복제를 허용해야 한다는 입장이다. 을은 동물 복제 사례를 통해 인간 개체 복제의 문제점을 지적하며 인간 개체 복제를 허용해서는 안 된다는 입장이다.

정답 찾기 ③ 갑은 인간 개체 복제를 불임 부부에게 자녀를 갖게 하는 출산과 같은 행위로 간주한다. 반면 을은 인간 개체 복제를 출산과 다른 행위로 간주한다.

오답 피하기 ① 갑은 인간 개체 복제를 통해 불임 부부가 유전적으로 관련 있는 자녀를 가질 수 있으므로 인간 개체 복제는 사회적 유용성을 증진시킨다고 볼 것이다.

② 갑은 인간 개체 복제를 타인에게 해악을 주지 않는 행위로 본다.

④ 을은 인간 개체 복제로 탄생한 복제 인간은 각종 질환을 갖게 될 것이라고 본다.

⑤ 갑은 인간 개체 복제가 비록 전통적인 가족 관계와 다른 의미이지만 타인에게 해악을 주지 않는다고 본다.

04 유전자 정보에 대한 윤리적 쟁점 파악

문제 분석 칼럼은 유전자 정보가 유용하게 사용될 수 있지만, 유전자 정보의 유출로 개인의 권리가 침해될 수 있으므로 유전자 정보의 보호를 강조하는 입장이다.

정답 찾기 ① 칼럼은 유전자 정보가 결혼, 입양, 보험 가입 등에서 차별적 요소로 작용할 수 있다고 본다.

오답 피하기 ② 칼럼은 유전자 정보가 공개되면 악용될 수 있다고 본다.

③ 칼럼은 유전자 정보가 친자 확인과 관련해 유용하게 활용될 수 있다고 본다.

④ 칼럼은 유전자 정보에 대한 프라이버시권을 철저히 보장해야 한다고 본다.

⑤ 칼럼은 유전자 정보 수집의 자유보다 유전자 정보에 대한 철저한 프라이버시권을 강조하고 있다.

05 유전자 치료에 대한 입장 비교

문제 분석 갑은 유전자 치료 중 체세포 치료만을 허용하고, 적극적 우생학으로 변질될 수 있는 생식 세포 유전자 치료는 허용해서는 안 된다고 본다. 을은 생식 세포 유전자 치료는 출생 전에 유전 질환을 치료할 수 있어 유전 질환으로 인한 인공 임신 중절을 방지할 수 있으므로 허용해야 한다고 본다.

정답 찾기 ③ 을은 유전 질환이 발병하기 전인 생식 세포 또는 배아 단계에서 시행하는 생식 세포 유전자 치료를 허용해야 한다고 본다.

오답 피하기 ① 갑은 유전자 치료를 통해 자질을 강화하는 것을 허용해서는 안 된다고 본다.

② 갑은 생식 세포, 수정란 등에 시행하는 생식 세포 유전자 치료를 허용해서는 안 된다고 본다.

④ 을은 생식 세포 유전자 치료로 인공 임신 중절을 사전 예방하

여 인간의 생명을 존중할 수 있다고 본다.
⑤ 을은 후세대의 사전 동의가 없는 생식 세포 유전자 치료를 허용해야 한다고 본다.

06 동물에 대한 아리스토텔레스와 벤담의 입장 비교

문제 분석 갑은 아리스토텔레스, 을은 벤담이다. 아리스토텔레스는 동물을 인간의 목적을 이루기 위한 수단으로 보았다. 벤담은 동물이 고통을 느끼므로 도덕적으로 고려해야 한다고 보았다.

정답 찾기 ③ 아리스토텔레스에 비해 벤담은 '인간의 수단으로 동물을 바라볼 것을 강조하는 정도(X)'와 '이성을 기준으로 도덕적 지위의 우열을 강조하는 정도(Y)'는 낮으며, '도덕적 고려의 대상 선정에서 감각 능력을 강조하는 정도(Z)'는 높다. 따라서 ㉢이 정답이 된다.

07 동물에 대한 싱어의 입장 파악

문제 분석 제시문은 싱어의 주장이다. 싱어는 쾌고 감수 능력이 도덕적 고려의 대상 여부를 결정하는 유일한 경계라고 보고, 고통을 느끼는 동물을 도덕적으로 고려해야 한다고 주장하였다.

정답 찾기 ㄱ. 싱어는 동물을 이성의 능력이 없다는 이유로 배려하지 않는 태도는 옳지 못하다고 주장하였다.
ㄷ. 싱어는 동물 실험을 통해서 많은 사람이나 동물에게 고통과 죽음을 야기하는 질병을 예방하거나 치료하는 방법을 발견할 기회가 존재하고 일정한 조건을 충족한다면 동물 실험이 정당화될 수 있다고 보았다.
ㄹ. 싱어는 동물이 도덕적 행위 주체가 아니더라도 쾌고 감수 능력이 있다면 도덕적으로 고려해야 한다고 주장하였다.

오답 피하기 ㄴ. 싱어는 동물 학대가 인간 학대로 이어질 수 있기 때문에 동물에게 친절해야 한다는 것은 종 차별주의적 입장이라고 보았다.

08 동물에 대한 칸트와 레건의 입장 비교

문제 분석 갑은 칸트, 을은 레건이다. 칸트는 동물을 직접적인 의무의 대상으로 간주하지 않았지만, 동물을 잔학하게 다루는 것은 인간성을 해칠 수 있다고 보았다. 레건은 모든 삶의 주체가 도덕적으로 존중받을 권리를 지닌다고 주장하며, 한 살 이상의 포유동물은 삶의 주체로서 내재적 가치를 지니므로 도덕적 권리가 있다고 보았다.

정답 찾기 ③ 레건은 삶의 주체가 되기 위해서는 쾌고 감수 능력이 필요하다고 보았다.

오답 피하기 ① 칸트는 비이성적인 동물을 단지 수단으로 보았다.
② 칸트는 인간 중심주의 입장으로 이성적 존재를 도덕적 고려의 대상으로 보았다.
④ 레건은 인간의 이익과 관련 없이 삶의 주체인 동물을 도덕적으로 존중해야 한다고 보았다.
⑤ 칸트는 이성의 유무로 도덕적 지위를 인정하였다. 레건은 유용성의 여부와 상관없이 삶의 주체가 될 수 있는 한 살 이상의 포유동물은 내재적 가치를 지니므로 도덕적 지위를 지닌다고 보았다.

수능 실전 문제

본문 49~52쪽

1 ⑤	2 ③	3 ②	4 ③
5 ②	6 ①	7 ②	8 ②

1 동물 복제에 대한 윤리적 쟁점 파악

문제 분석 칼럼은 동물 복제가 인간에게 이익이 될 수도 있지만 종의 다양성을 훼손하여 생태계에 부정적인 영향을 줄 수 있다고 본다. 따라서 동물 복제는 이익보다 해악이 크기 때문에 허용해서는 안 된다는 입장이다.

정답 찾기 ⑤ 칼럼은 동물 복제가 이익보다 손실이나 해악이 크기 때문에, 즉 공리의 원리에 따라 허용되어서는 안 된다고 본다.

오답 피하기 ① 칼럼은 새로운 유전 형질을 지닌 생물종의 출현이 생태계에 부정적인 영향을 미친다고 본다.
② 칼럼은 동물 복제가 인간과 동물의 이익을 증진하기보다 손실을 가져다줄 것이라고 보며 종의 다양성을 훼손한다고 본다.
③ 칼럼은 유전자 조작으로 인간에게 유용한 특정 유전자를 지닌 개체를 중심으로 동물 복제가 실시되어 종의 다양성이 훼손된다고 본다.
④ 칼럼은 동물 복제가 생태계에 부정적 영향을 미치고 그로 인한 손실을 막을 길이 없기 때문에 허용되어서는 안 된다고 본다.

2 배아 복제에 대한 입장 비교

문제 분석 갑은 복제 배아가 인간 개체로 발달할 수 있는 잠재성을 가진 존재이므로 도덕적 지위를 지닌다고 본다. 따라서 도덕적 지위를 지닌 복제 배아를 이용한 연구를 허용해서는 안 된다고 본다. 을은 복제 배아가 고유한 유전체를 지니지 않기 때문에 정자와 난자의 염색체가 합해서 새로운 유전체를 지닌 인간 배아와 다르다고 본다. 결국, 복제 배아는 도덕적 지위를 지니지 못하기 때문에 복제 배아를 이용한 연구를 허용해야 한다고 본다.

정답 찾기 ③ 갑은 복제 배아가 도덕적 지위를 지니므로 복제 배아를 이용한 줄기세포 연구를 허용해서는 안 된다는 입장이다. 반면에 을은 복제 배아가 도덕적 지위를 지니지 않으므로 복제 배아를 이용한 줄기세포 연구를 허용해야 한다는 입장이다.

오답 피하기 ① 을은 복제 배아의 유전체와 체세포 기증자의 유전체가 동일하다고 본다.

② 갑은 복제 배아를 자궁에 착상시키면 복제 인간이 태어날 수 있다고 본다.
④ 을은 복제 배아가 고유성이 없으므로 도덕적 지위를 지니지 못한다고 본다.
⑤ 갑은 복제 배아를 이용한 줄기세포 연구는 도덕적 지위를 지닌 배아를 연구 목적을 위해 수단화하는 행위라고 본다.

3 인간 개체 복제에 대한 입장 비교

문제 분석 (가)의 갑은 인간 개체 복제가 불임 부부에게 자녀를 갖게 되는 기회를 제공하며 유전적 질병을 예방할 수 있는 등 유용하기 때문에 허용되어야 한다고 본다. 을은 인간 개체 복제가 유전적인 부모를 가질 자녀의 권리를 침해하고, 가족 관계의 혼란을 초래하기 때문에 허용되어서는 안 된다고 본다.

정답 찾기 ㄱ. 갑은 인간 개체 복제를 생식 보조술에 지나지 않는다고 본다. 을은 인간 개체 복제를 금지해야 한다는 입장이다.
ㄷ. 갑은 인간 개체 복제를 인구 감소와 같은 사회적 문제를 해결하는 데 유용하게 이용할 수 있기 때문에 허용해야 한다고 본다. 을은 인간 개체 복제가 사회의 근원적인 구조를 붕괴시킬 것이라고 보기 때문에 이를 허용해서는 안 된다고 본다.

오답 피하기 ㄴ. 갑은 인간 개체 복제를 통해 불임 부부가 새로운 가족 구성원인 자녀를 가질 수 있다고 본다.
ㄹ. 을은 인간 개체 복제로 태어난 복제 인간을 유전자를 제공한 사람의 쌍둥이 동생으로 본다.

4 유전자 치료에 대한 윤리적 쟁점 파악

문제 분석 갑은 체세포 유전자 치료와 생식 세포 유전자 치료를 모두 허용하는 입장이고, 을은 체세포 유전자 치료만 허용하는 입장이다. 따라서 생식 세포 유전자 치료를 허용할 것인지 여부가 토론의 핵심 쟁점이 될 수 있다.

정답 찾기 ③ 갑은 긍정, 을은 부정의 대답을 할 질문이므로 토론의 핵심 쟁점이 될 수 있다.

오답 피하기 ① 갑, 을 모두 긍정의 대답을 할 질문이다. 갑은 배아의 도덕적 지위를 부정하고, 을은 배아가 도덕적 지위를 지닌다고 본다.
② 갑, 을 모두 긍정의 대답을 할 질문이다. 갑, 을 모두 생식 세포 유전자 치료의 연구 과정에서 배아가 파기될 수 있다고 본다.
④ 갑, 을 모두 긍정의 대답을 할 질문이다. 갑, 을 모두 체세포 유전자 치료를 허용해야 한다고 본다.
⑤ 갑, 을 모두 긍정의 대답을 할 질문이다. 갑, 을 모두 유전병으로 인한 고통을 고려하여 체세포 유전자 치료의 정당성이 확보된다고 본다.

5 유전자 조작에 대한 입장 비교

문제 분석 갑은 유전자 조작으로 자질을 강화하는 것을 허용해야 한다는 입장이고, 을은 유전자 조작으로 자질을 강화하는 것을 허용해서는 안 된다는 입장이다.

정답 찾기 ② 갑은 개인의 자질을 향상하는 유전자 조작이 정당화될 수 있다고 본다.

오답 피하기 ① 갑은 출산으로 이어지는 과정에서 배아일 때 유전자 조작으로 자질을 강화하는 것을 허용해야 한다고 본다.
③ 을은 유전자 조작으로 태어난 사람이 자신에게 행한 유전자 조작에 대해 비난할 수 있다고 보므로, 본인의 동의가 없는 개인의 능력을 향상하는 행위가 정당화되는 것은 아니라고 본다.
④ 을은 배아의 유전자를 조작하는 것이 유전자 조작으로 태어난 후세대가 불만을 토로할 수 있는 것으로 본다.
⑤ 갑은 페니실린을 이용하여 질병을 치료하는 것과 조작된 유전자를 질병을 치료하기 위해 사용하는 것 사이에는 차이가 없다고 본다.

6 동물에 대한 레건의 입장 파악

문제 분석 제시문의 '나'는 레건이다. 레건은 한 살 이상의 포유동물은 자신의 삶을 영위할 수 있는 삶의 주체가 될 수 있으므로 인간처럼 내재적 가치를 지닌다고 주장하였다. 제시문의 '어떤 사람들'은 인간만이 도덕적 지위를 지닐 수 있다고 보며, 동물은 도덕적 지위를 지닐 수 없다고 본다.

정답 찾기 ① 레건은 삶의 주체가 될 수 있는 비이성적 존재인 동물이 도덕적 지위를 지닐 수 있다고 보았다.

오답 피하기 ② 레건은 도덕적 지위를 지니기 위해서는 사유 능력(이성)이 필요하다고 주장하지 않았다.
③ 레건은 내재적 가치를 지닌 삶의 주체인 동물은 그 존재의 내재적 가치를 존중하는 방식으로 대우해야 한다고 주장하였다.
④ 레건은 동물 실험이 공리의 원리에 위배되어서가 아니라 동물의 내재적 가치를 존중하지 않고, 단지 인간의 목적을 위한 수단으로 동물을 이용하는 것이기 때문에 금지해야 한다고 주장하였다.
⑤ 레건은 생명이 있는 존재일지라도 식물 등이 자신의 희망과 목표를 추구하는 삶의 주체라고 주장하지 않았다.

7 동물에 대한 칸트와 싱어의 입장 비교

문제 분석 갑은 칸트, 을은 싱어이다. 칸트는 동물에 대한 우리의 의무는 인간성 실현을 위한 간접적인 도덕적 의무에 불과하다고 보았다. 싱어는 동물이 쾌고 감수 능력을 갖고 있으므로 동물의 이익을 평등하게 고려해야 한다고 주장하였다.

정답 찾기 ② 칸트는 인간이 자신에 대한 의무뿐만 아니라 동물과 관련한 간접적 의무도 갖는다고 보았다.

오답 피하기 ① 칸트는 동물을 대하는 태도가 인간의 도덕성에 영향을 미친다고 보았다.
③ 싱어는 동물의 고통과 인간의 동일한 고통을 동등하게 취급해야 한다고 주장하였다.
④ 싱어는 도덕 공동체의 범위에 쾌고 감수 능력이 있는 동물까지 포함할 것을 주장하였다.
⑤ 칸트는 동물의 도덕적 지위를 인정하지 않았다. 싱어는 쾌고 감수 능력이 있는 동물과 달리 식물은 도덕적 지위를 지니지 않는다고 보았다.

8 동물에 대한 데카르트, 레건, 벤담의 입장 비교

문제 분석 (가)의 갑은 데카르트, 을은 레건, 병은 벤담이다. 데카르트는 동물이 '자동인형' 또는 '움직이는 기계'에 불과하며, 고통과 쾌락을 경험할 수 없다고 보았다. 레건은 일부 포유동물은 도덕적 무능력자이지만 감정적인 생활을 할 뿐만 아니라 희망과 목적을 추구할 수 있는 삶의 주체이기 때문에 도덕적 지위를 지닌다고 보았다. 벤담은 동물이 고통을 느끼기 때문에 도덕적으로 고려할 필요가 있다고 보았다.

정답 찾기 ② 레건은 인간과 도덕 무능력자인 일부 포유동물이 동등한 내재적 가치를 지닌다고 보았다.

오답 피하기 ① 데카르트는 이성의 소유 여부로 인간과 동물을 구별하였다. 따라서 데카르트가 제기할 적절한 비판이 아니다.
③ 벤담은 동물 학대가 동물에게 고통을 주기 때문에 부당하다고 보았다. 따라서 벤담이 제기할 적절한 비판이 아니다.
④ 벤담은 고통을 느낄 수 있는 능력을 기준으로 도덕적 고려의 대상을 파악하였기 때문에 벤담에게 제기할 적절한 비판이 아니다.
⑤ 데카르트는 동물을 수단으로 이용하는 동물 실험이 정당하다고 보았기 때문에 데카르트에게 제기할 적절한 비판이 아니다.

05 사랑과 성 윤리

수능 기본 문제 본문 57~58쪽

01 ④	02 ⑤	03 ③	04 ⑤
05 ①	06 ⑤	07 ①	08 ④

01 사랑에 대한 프롬의 입장 이해

문제 분석 제시문은 프롬의 주장이다. 프롬에 따르면 진정한 사랑은 사랑하는 사람의 생명과 성장에 적극적인 관심을 가지고 상대의 요구에 책임 있게 반응하며, 상대를 있는 그대로 보고 존중하는 것이다.

정답 찾기 ④ 프롬은 사랑을 하기 위해서는 자신의 인격 전체를 개발해야 한다고 보았다.

오답 피하기 ① 프롬은 사랑을 하기 위해서는 상대방에 대한 참된 겸손과 믿음이 필요하다고 보았지만, 자신의 입장에서 상대방을 이해하는 것은 진정한 사랑이 아니라고 보았다.
② 프롬은 사랑을 하기 위해서는 개인의 노력이 필요하다고 보았다.
③ 프롬은 사랑을 하기 위해서는 상대방에 대한 믿음을 가져야 한다고 보았다.
⑤ 프롬에 따르면 사랑은 상대방을 있는 그대로 보는 것이며, 받는 것이 아니라 주는 것이다.

02 성의 의미와 가치에 대한 입장 비교

문제 분석 (가)는 성의 가치를 생식적 가치로 보고, (나)는 인격적 가치로 본다. (가)는 성이 종족 보존과 관련된 가치로 새로운 생명을 탄생시키는 원천이 된다고 보며, (나)는 성이 상호 간의 존중과 배려를 실현하게 해 주는 가치를 지닌다고 본다.

정답 찾기 ⑤ (나)는 성이 인격 존중을 바탕으로 이루어진다고 본다.

오답 피하기 ① (가)는 성이 새로운 생명을 탄생시키는 원천이라고 본다.
② (가)는 성의 가치가 출산으로 이어지는 생식적 가치에 있다고 본다.
③ (나)는 성이 타인의 인격과 함께 하나가 되는 자아의 확대라고 본다.
④ (나)는 성이 사랑의 경험과 관계되며 인격(인간의 품격)적 가치를 지닌다고 본다.

03 성에 대한 보수주의, 중도주의, 자유주의 입장 비교

문제 분석 갑은 보수주의, 을은 중도주의, 병은 자유주의 입장이다. 보수주의는 부부간의 출산과 양육에 대한 책임과 관련된 성적 활동만이 도덕적이라고 본다. 중도주의는 결혼하지 않아도 서로의 사랑을 전제로 상대방의 인격을 존중하는 성적 관계가 도덕적이라고 본다. 자유주의는 서로 간의 자발적 동의와 해악 금지의 원칙이 지켜진 성적 관계가 도덕적으로 정당화될 수 있다고 본다.

정답 찾기 ③ 자유주의는 성적 행위의 결과인 자녀의 출산보다 성적 쾌락을 위한 성적 자유를 중시한다.

오답 피하기 ① 보수주의는 부부간의 성적 관계라 해도 상대에게 해악을 주는 것은 비도덕적이라고 본다.
② 중도주의는 사랑을 동반하지 않는 성이 비도덕적이라고 가치 판단을 한다.
④ 보수주의와 중도주의는 모두 쾌락 추구를 성의 궁극적인 목적으로 보지 않는다.
⑤ 자유주의는 사랑이 없는 성이 정당화될 수 있다고 본다.

04 양성평등에 대한 밀의 입장 이해

문제 분석 제시문은 밀의 주장이다. 밀은 여성에 대한 차별이 본질적으로 옳지 않으며, 인류의 발전을 저해한다고 보았다. 또한 여성의 재능을 활용하지 않는 것은 사회적 유용성을 저해한다고 주장하였다.

정답 찾기 ⑤ 밀은 성별을 차별하지 않고 직업 선택의 자유를 보장해야 한다고 주장하였다.

오답 피하기 ① 밀은 여성에게 사회 활동을 보장하고 교육 기회를 제공하면 남성과 여성의 경쟁이 발생하여 남성의 능력도 향상될 것이라고 주장하였다.
② 밀은 남성과 여성의 경쟁으로 남성에게 지적 자극이라는 혜택이 발생할 수 있다고 주장하였다.
③ 밀은 여성에 대한 교육 기회의 확대가 남성의 능력 향상에 도움이 될 것이라고 주장하였다.
④ 밀은 사회적 유용성을 증진할 수 있기 때문에 여성의 사회적 진출을 허용해야 한다고 주장하였다.

05 성차별에 대한 보부아르와 길리건의 입장 비교

문제 분석 갑은 보부아르, 을은 길리건이다. 보부아르는 남성성과 여성성이 사회·문화적으로 규정된 것이며, 이로 인해 성차별이 발생한다고 보았다. 길리건은 여성과 남성의 도덕적 관점이 다르며, 남성적 관점이 반영된 정의 윤리와 여성적 관점이 반영된 배려 윤리가 상호 보완적 관계를 맺어야 한다고 보았다.

정답 찾기 ① 보부아르는 여성이 선천적으로 여성성을 갖고 태어나는 것이 아니라 사회·문화적으로 규정된 것이라고 보았다.

오답 피하기 ② 보부아르는 여성이 자율적으로 살아갈 때 주체적 삶이 가능하다고 보았다.
③ 길리건에 따르면 여성은 남성과 달리 보편적 원칙과 그 응용보다는 인간관계, 공감 등을 근거로 도덕 판단을 한다.
④ 길리건은 여성의 도덕성이 보편적 법칙에 기인하는 것이 아니라 인간관계, 공감, 유대감 등에 기인한다고 보았다.
⑤ 길리건에 따르면 남성의 도덕적 지향성은 권리와 의무, 정의를 중시하지만 여성의 도덕적 지향성은 인간관계, 특히 배려를 중시한다.

06 성의 자기 결정권에 대한 이해

문제 분석 A는 '성의 자기 결정권'이다. 성의 자기 결정권은 인간이 자신의 성적 행동을 스스로 결정할 수 있는 권리이다.

정답 찾기 ㄴ. 성의 자기 결정권은 무제한적인 권리가 아니라 자신의 인격을 훼손하지 않는 범위에서 행사해야 한다.
ㄷ. 상대방의 동의 없이 강제로 성적 행위를 하는 것은 상대방의 성의 자기 결정권을 침해하는 부당한 행위이기 때문에 상대방의 성의 자기 결정권을 존중하며 행사해야 한다.
ㄹ. 개인은 성의 자기 결정권을 지니고 있으므로 자신의 권리를 침해하지 못하도록 저항할 수 있다.

오답 피하기 ㄱ. 성을 이용하여 이익을 획득하기 위한 행위는 성 상품화에 대한 설명이다.

07 나딩스의 배려 윤리 이해

문제 분석 제시문은 나딩스의 주장이다. 나딩스는 여성의 도덕적 특징인 타인에 대한 배려나 보살핌, 다른 사람에 대한 유대감이나 책임감 등을 중시하며, 맥락에 대한 고려 없이 특정 덕목을 주입하려는 시도에 반대하였다.

정답 찾기 ① 나딩스는 다른 사람이 처한 상황과 맥락을 고려해 그 사람을 보살피고 배려하는 것이 중요하다고 보았다.

오답 피하기 ② 습관화를 통해 형성된 덕에 따라 행동할 것을 강조하는 것은 덕 윤리의 입장이다.
③ 행위의 결과를 고려하여 효용을 계산해 판단하는 것은 공리주의의 입장이다.
④ 나딩스는 타인과의 공감을 중시하므로 감정을 배제할 것을 강조하지 않았다.
⑤ 다수에게 이익이 될 수 있는 규칙에 따라 행위를 해야 한다고 보는 것은 규칙 공리주의의 입장이다.

08 부부와 가족 윤리에 대한 이해

문제 분석 가상 대화의 스승은 유교 사상가인 율곡 이이이다. 유교에서는 부모와 자식, 부부, 형제자매 간의 윤리를 중요하게 생각한다.

정답 찾기 ㄱ. 유교에서는 부모에게 받은 몸을 깨끗하고 온전하게 하는 것이 효의 시작이라고 본다.
ㄷ. 유교에서는 부부간에 행복하게 지내는 것을 효의 방법이라고

본다.

ㄹ. 유교에서는 형제는 같은 기운을 받고 태어난 동기간으로 기본적으로 종적인 인간관계로 본다. 하지만 형은 동생을 사랑하고 동생은 형을 공경해야 한다고 본다.

오답 피하기 ㄴ. 유교에서는 인륜의 시작을 부부로 본다.

수능 실전 문제

본문 59~61쪽

1 ③	2 ③	3 ⑤	4 ①
5 ⑤	6 ⑤		

1 사랑에 대한 프롬의 입장 이해

문제 분석 제시문은 프롬의 주장이다. 프롬은 사랑이 서로를 인격적인 존재로 바라보게 한다는 점에서 중요한 윤리적 의미를 지니고 있고, 진정한 사랑은 인간의 온전한 인격적 관계 속에서 성립할 수 있다고 보았다.

정답 찾기 ㄴ. 프롬은 상대방의 독특한 개성을 알고, 상대를 깊이 이해하며, 상대방을 있는 그대로 보는 것을 사랑의 요소로 제시하였다.

ㄹ. 프롬은 사랑을 받는 것이 아니라 주는 것으로 보았고, 상대방의 생명과 성장에 적극적인 관심을 갖고 보호할 것을 주장하였다.

오답 피하기 ㄱ. 프롬은 사랑이 상대방을 지배하고 소유하는 것이 아니라고 보았다.

ㄷ. 프롬은 사랑이 상대방에게 복종하는 것이 아니라고 보았다.

2 성에 대한 보수주의, 중도주의, 자유주의의 입장 비교

문제 분석 (가)의 갑은 보수주의, 을은 중도주의, 병은 자유주의 입장을 지니고 있다. 보수주의는 성이 부부간의 신뢰와 사랑을 전제로 할 때만 도덕적이라고 본다. 중도주의는 혼인 관계가 아니더라도 사랑이 동반된 성적 관계는 허용될 수 있다고 본다. 자유주의는 자발적 동의에 따라 다른 사람에게 피해를 주지 않는 한 성적 관계가 허용될 수 있다고 본다.

정답 찾기 ㄷ. 중도주의와 자유주의는 모두 혼인 관계가 아니더라도 성이 도덕적으로 허용될 수 있다고 본다.

ㄹ. 보수주의, 중도주의, 자유주의는 모두 당사자들 간의 성의 자기 결정권 존중을 성이 정당화되기 위한 전제 조건으로 본다.

오답 피하기 ㄱ. 자유주의는 성이 상대방의 인격을 침해할 경우에는 정당화될 수 없다고 본다.

ㄴ. 보수주의와 자유주의는 모두 성을 도덕 판단의 대상으로 본다.

3 성차별에 대한 보부아르의 입장 이해

문제 분석 그림의 강연자는 보부아르이다. 보부아르는 여성이 사회에서 '여성다움'을 강요받아 왔다고 지적하였다. 보부아르는 여성에게 자유를 보장해 줄 수 있는 것은 직업을 가지고 노동을 하는 것이며, 이를 통해 여성은 자신의 삶을 계획하고 주체적으로 자신을 정립할 수 있다고 보았다.

정답 찾기 ⑤ 보부아르는 남성성과 여성성이 사회·문화적으로 규정된 것이며, 이로 인해 성차별이 발생한다고 보았다.

오답 피하기 ① 보부아르는 여성의 경제적 조건을 수정하는 것이 여자가 변화하기 위해서 필요하다고 보았다.

② 보부아르는 남녀 간의 생물학적 차이를 이유로 부당하게 차별받아 온 여성의 권리를 회복해야 한다고 보았다.

③ 보부아르는 여성과 남성의 역할이 고착되어 변화될 수 없는 것이 아니라 차별받아 온 여성의 역할을 변화시켜야 한다고 보았다.

④ 보부아르는 남성 중심의 전통과 관습에 따라 성 역할을 부여하는 것이 부당하다고 보았다.

4 길리건의 배려 윤리 이해

문제 분석 가상 대담의 갑 사상가는 길리건이다. 길리건은 여성과 남성의 도덕적 지향이 동일하지 않기 때문에 도덕 판단을 할 때 남성과 여성이 중시하는 것이 서로 다르다는 사실을 고려해야 한다고 주장하였다.

정답 찾기 ㄱ. 길리건은 타인에 대한 동정심과 같은 감정이 도덕적 행위의 기반이 된다고 보았다.

ㄴ. 길리건은 상황과 맥락에 대한 고려를 해야 올바른 도덕 판단을 내릴 수 있다고 보았다.

오답 피하기 ㄷ. 길리건은 남성과 여성의 도덕적 지향성이 다르지만 서로 조화될 수 있다고 보았다.

ㄹ. 길리건은 성별 간 차이가 인격 침해로 이어질 수 있다고 본 것이 아니라 성차별이 인격 침해로 이어진다고 보았다.

5 부부 윤리에 대한 이해

문제 분석 가상 편지의 ㉠은 '부부'이고, 가상 편지를 쓴 사상가는 유교의 입장인 퇴계 이황이다. 이황은 부부가 지극히 친밀하기 때문에 서로 조심하고 정직해야 한다고 보았으며, 부부 윤리로 상경여빈(相敬如賓)의 자세를 강조하였다.

정답 찾기 ㄴ. 이황은 손님을 대하듯 부부가 서로를 공경해야 한다는 상경여빈의 자세를 가져야 한다고 보았다.

ㄷ. 이황은 부부가 서로 친밀하고 상호 보완적인 관계라고 보았다.

ㄹ. 이황은 부부가 서로의 역할에 따라 인륜(인간의 도리)을 실천해야 한다고 보았다.

오답 피하기 ㄱ. 유교에서는 천륜을 혈연으로 이어져 끊을 수 없는 부모와 자식 관계, 형제간에 지켜야 할 도리로 보았다.

6 가족 윤리에 대한 이해

문제 분석 칼럼에 따르면 부모가 살아 계실 때가 가장 행복하며 최선을 다하여 부모를 섬겨야 한다. 또한 부모는 자녀를 올바르게 성장할 수 있도록 가르치고 사랑해야 한다.

정답 찾기 ⑤ 칼럼은 자식이 부모가 하시는 바른 직업을 대대로 끊어지지 않게 하라고 주장한다.

오답 피하기 ① 칼럼은 부모가 자식에게 좋은 배우자를 구해 주어야 한다고 주장한다.
② 칼럼은 자식이 부모에게 자기의 할 일을 먼저 여쭈어야 한다고 주장한다.
③ 칼럼은 부모가 살아 계실 때가 가장 행복하고 부모가 돌아가셨을 때가 가장 불행하다고 주장한다.
④ 칼럼은 부모가 자식에게 학문과 도를 가르쳐 주어야 한다고 주장한다.

06 직업과 청렴의 윤리

수능 기본 문제 본문 66~67쪽

01 ④	02 ②	03 ④	04 ①
05 ③	06 ④	07 ④	08 ④

01 순자의 직업관 이해

문제 분석 제시문은 순자의 주장이다. 순자는 사람들이 살아가는 사회에는 제각기 일하는 분계(分界)가 있어야만 하며, 그 분계는 예의(禮義)를 바탕으로 한 것이어야 한다고 주장하였다.

정답 찾기 ㄱ. 순자는 군주가 사람들의 능력을 헤아려 직분을 부여해야 한다고 주장하였다.
ㄴ. 순자에 따르면 인간의 본성은 악하지만 누구나 덕을 갖추면 대부(大夫)가 될 수 있다.
ㄷ. 순자는 소인들이 백성들 위에서 위세를 부리고 백성들에게 취해서는 안 될 교묘한 명분을 취한다면, 이것이 나라를 손상시키는 대재난이 된다고 주장하였다.

오답 피하기 ㄹ. 순자는 덕에 따라 사람들 사이의 지위에 차등을 두는 정치가 행해져야 한다고 주장하였다.

02 맹자의 직업관 이해

문제 분석 제시문은 맹자의 주장이다. 맹자는 군주가 백성들에게 일정한 생활 근거[恒産(항산)]를 마련해 주어 백성들이 도덕적 삶을 살 수 있도록 하는 것이 왕도 정치의 바탕이 된다고 주장하였다.

정답 찾기 ㄱ. 맹자는 백성들에게 떳떳한 생업을 보장해 주어 백성들이 안정적인 경제적 생활을 할 수 있도록 하는 것을 통치의 우선적인 과제로 삼아야 한다고 주장하였다.
ㄷ. 맹자는 백성들이 떳떳한 직업을 갖지 못하면 도덕적 문제에 관심을 가질 수 없게 되고, 이로 인해 방탕하고 사치스러움 등의 편벽된 태도가 생겨나게 된다고 주장하였다.

오답 피하기 ㄴ. 맹자는 백성들에게 항산(恒産)을 보장해 주어 백성들이 항심(恒心)을 유지하도록 하는 것을 정치의 궁극적 목표로 삼아야 한다고 주장하였다.
ㄹ. 맹자에 따르면 선비는 일반 백성들과 달리 항산이 없어도 항심을 유지할 수 있다.

03 플라톤의 직업관 이해

문제 분석 제시문은 플라톤의 주장이다. 플라톤은 각자가 타고난 성향에 맞는 한 가지 일에 종사해야 정의로운 국가가 실현된다고 주장하였다.

정답 찾기 ④ 플라톤은 정의로운 국가에서는 통치자 계층만이 통치자의 역할을 수행해야 한다고 주장하였다.

오답 피하기 ① 플라톤에 따르면 정의로운 국가에서는 각 계층에 속한 사람들이 각자 사회적 직분에 맞는 역할을 수행한다.
② 플라톤은 지혜의 덕을 갖춘 철학자들이 통치자가 될 때 정의로운 국가가 실현될 수 있다고 주장하였다.
③ 플라톤은 사회적 역할이 각자가 타고난 성향에 적합하게 주어져야 한다고 주장하였다.
⑤ 플라톤에 따르면 국가는 세 계층이 각각의 본분에 맞는 탁월성을 발휘하여 조화를 이룰 때 정의로울 수 있다.

04 칼뱅의 직업관 이해

문제 분석 제시문은 칼뱅의 주장이다. 칼뱅은 직업을 신으로부터 부름받은 자기 몫의 일이라고 보면서 자신의 직업에 충실히 임하는 것이 바로 신의 명령을 따르는 것이라고 주장하였다.

정답 찾기 ㄱ. 칼뱅은 직업 노동이 신의 영광을 드러내기 위해 이루어지는 일이라고 주장하였다.
ㄴ. 칼뱅은 신이 우리 각자에게 해야 할 일을 부여하였는데 이를 신의 부르심, 즉 소명이라고 주장하였다.

오답 피하기 ㄷ. 칼뱅은 직업적 성공을 종교적 구원의 조건으로 보지 않았다. 칼뱅은 구원이 신에 의해 예정되어 있다고 주장하였다.
ㄹ. 칼뱅은 직업 노동이 오직 원죄에 대한 속죄의 의미만을 지닌다고 보지 않았다. 칼뱅에 따르면 직업 노동은 신이 부여한 소명에 따라 신의 영광을 드러내기 위해 이루어지는 일이다.

05 마르크스의 직업관 이해

문제 분석 제시문은 마르크스의 주장이다. 마르크스는 매뉴팩처가 발전하면 자본의 지위와 규율이 강화되면서 노동자는 자율성을 상실하고 자본의 논리에 완전히 종속되며, 작업 과정에서 특수한 기능만을 담당하는 '부분 노동자'로 전락해 창조적인 능력이나 소질을 제대로 발휘하지 못하게 되어 소외된 노동을 하게 된다고 주장하였다.

정답 찾기 ③ 마르크스는 기술적 분업의 확대가 생산성을 대폭 향상시켰지만, 이로 인해 노동자는 생산에 필요한 정신적 능력 이외의 다른 모든 정신적 능력을 잃어버리게 되었다고 주장하였다.

오답 피하기 ① 마르크스는 기술적 분업의 확대가 자유롭고 의식적 활동인 노동을 왜곡함으로써 인간의 자질이 온전하게 실현되는 것을 가로막는다고 주장하였다.
② 마르크스는 기술적 분업의 확대가 노동자의 일체의 생산적인 능력과 소질을 억압하면서 특수한 기능만을 촉진함으로써 노동자를 기형적 불구로 만든다고 주장하였다.
④ 마르크스는 기술적 분업이 노동의 사회적 생산력을 증대시키지만, 노동에 대한 자본의 지배를 강화하는 조건을 조성한다고 주장하였다.
⑤ 마르크스는 기술적 분업이 특수한 기능에 적합한 부분 노동자를 양산하며, 노동자는 작업장의 부속물로서 자본의 소유물이 된다고 주장하였다.

06 기업의 사회적 책임에 대한 입장 비교

문제 분석 갑은 기업의 책임 범위가 합법적인 방법으로 기업 소유주들의 이익을 창출하는 것뿐만 아니라 환경 보호, 사회 공헌 등 공익 실현을 위한 노력까지 포함되어야 한다고 본다. 반면 을은 기업의 책임 범위가 기업 소유주들의 이익을 합법적인 방법으로 추구하는 것에 한정되어야 한다고 본다.

정답 찾기 ④ 갑, 을 모두 긍정의 대답을 할 질문이다. 갑, 을은 모두 합법적인 방법으로 기업 소유주들, 즉 주주들의 이익을 증진하는 것을 기업의 사회적 책임으로 본다.

오답 피하기 ① 갑, 을 모두 부정의 대답을 할 질문이다. 갑, 을은 모두 기업이 사회적 책임을 다해야 한다고 본다.
② 갑, 을 모두 부정의 대답을 할 질문이다. 갑, 을은 모두 기업의 설립 목적을 기업 소유주들의 이익 창출에 두고 있다.
③, ⑤ 을이 부정의 대답을 할 질문이다. 을은 기업의 사회적 책임이 합법적으로 기업 소유주들의 이익을 추구하며 재무적 성과를 내는 것에 한정되어야 한다고 본다.

07 퍼트넘의 사회적 자본에 대한 이해

문제 분석 그림의 강연자는 퍼트넘이다. 퍼트넘은 사회적 자본이 협력적 행동을 촉진함으로써 사회의 효율성을 개선해 주는 신뢰, 규범, 네트워크와 같은 사회적 조직의 요소라고 정의하였다. 퍼트넘에 따르면 사회 구성원들 간의 신뢰, 기업 간의 신뢰, 사회 제도와 정책에 대한 신뢰가 정착되어야 그 사회의 사회적 자본이 제대로 형성될 수 있다.

정답 찾기 ㄱ. 퍼트넘은 시민들의 참여 의식이 높아질수록 사회적 자본이 축적되고, 시민의 청렴한 품성이 함양된다고 보았다.
ㄴ. 퍼트넘은 사회적 자본이 구성원들 간의 상호 이익을 증진하기 위한 조정과 협력을 촉진하는 특성을 지니고 있다고 보았다.
ㄷ. 퍼트넘은 사회적 자본이 사회 구성원들 간의 상호 이익을 증진하기 위한 조정과 협력을 촉진하는 특성을 지닌다고 보았다. 이러한 이유로 퍼트넘은 사회적 자본이 협력적 행동을 촉진하여 사회적 효율성을 향상시킬 수 있다고 보았다.

오답 피하기 ㄹ. 퍼트넘은 사회적 자본이 축적된 공동체에서는 시민들 스스로 기회주의적 처신과 부정행위를 할 동기가 줄어들게 된다고 보았다. 이에 퍼트넘은 사회적 자본이 형성될수록 법적 규제보다는 시민들 간의 자율적 규제의 경향성이 높아지게 된다고 보았다.

08 정약용의 공직자 윤리 이해

문제 분석 제시문은 정약용의 주장이다. 정약용은 공직자에게 청렴이 선(善)의 원천이자 덕의 근본이라고 강조하였으며, 청렴을 바탕으로 공직자는 절용(節用), 애민(愛民)의 덕을 몸소 실천해야 한다고 주장하였다.

정답 찾기 ㄱ. 정약용에 따르면 공직자가 절약하지 않고 탐욕을 부리면 부정부패하게 된다.
ㄴ. 정약용에 따르면 공직자는 염치를 알고 근검절약하는 삶을 살아야 한다.
ㄷ. 정약용에 따르면 지혜와 덕을 갖춘 사람이 공직자가 되어야 한다.

오답 피하기 ㄹ. 정약용은 공직자의 재산 소유 포기를 주장하지 않았다.

수능 실전 문제

본문 68~71쪽

1 ①	2 ①	3 ②	4 ①
5 ④	6 ④	7 ③	8 ④

1 맹자와 순자의 직업관 비교

문제 분석 갑은 맹자, 을은 순자이다. 맹자는 사회적 분업의 필요성을 강조하였다. 순자는 군자와 소인을 비교하며, 군자는 공직에 등용되면 공손하고 예(禮)를 따르지만 소인은 그렇지 못하다고 보았다.

정답 찾기 ① 맹자는 각 사람이 자기에게 필요한 물건을 모두 만들어 자급자족을 한다면 이는 비효율적이라고 보고, 각자 자신이 해야 할 일을 해야 한다는 사회적 분업의 원리를 중시하였다.

오답 피하기 ② 맹자는 육체노동과 정신노동을 구분하여 소인(小人)에게는 육체노동의 일이, 대인(大人)에게는 정신노동의 일이 부여되어야 한다고 보았다.
③ 순자에 따르면 군자는 어떤 경우이건 올바른 길을 지키고, 소인은 어떤 경우이건 올바른 길을 지키지 못한다.
④ 맹자와 순자는 모두 통치자가 사회 구성원들에게 일을 부여할 때에는 사회 구성원 각자의 적성과 능력을 고려해야 한다고 보았다.
⑤ 맹자와 순자는 모두 덕(德)의 유무에 따라 사회 구성원들의 사회적 지위에 차등을 두어야 한다고 보았다.

2 공자와 플라톤의 직업관 비교

문제 분석 갑은 공자, 을은 플라톤이다. 공자는 각자가 자신의 직분과 직책에 맞는 권한을 행사하고 의무를 수행하는 정명(正名)이 이루어질 때, 사회적 혼란이 사라지고 사회적 안정을 이룰 수 있다고 보았다. 플라톤은 각자가 타고난 성향에 따라 한 가지 일에 배치되어야 한다고 보았으며, 각자가 자신의 능력에 따라서 사회적 역할을 분담해야 한다고 주장하였다.

정답 찾기 ① 공자는 백성들 각자가 사회의 모든 직무가 아닌 자신이 맡은 직무에서 덕을 발휘해야 한다는 사회적 분업을 강조하였다.

오답 피하기 ② 공자는 통치자가 먼저 자신을 수양하여 덕을 갖추고 나라를 다스려야 한다는 수기치인(修己治人)을 강조하였다.
③ 플라톤은 성향상 장인인 사람이 전사의 부류로 이행하려 들면 나라에 파멸을 가져온다고 보았다.
④ 플라톤은 직업을 통해 자신의 고유한 기능을 발휘하면 덕을 실현할 수 있다고 보았다.
⑤ 공자는 정치에서 형벌에만 의지하지 않고 통치자의 도덕과 예의로 백성을 교화하는 덕치(德治)를 강조하였다. 플라톤은 통치자가 지혜의 덕을 갖추고 국가를 통치하는 철인 정치를 강조하였다.

3 마르크스의 노동에 대한 입장 이해

문제 분석 제시문은 마르크스의 주장이다. 마르크스는 자본주의 체제에서 노동자는 자신의 본질을 실현하기 위한 자발적인 노동을 하는 것이 아니라 자본에 예속되어 생산을 위한 수단으로 전락한다고 주장하였다. 그는 이러한 노동 소외 문제를 해결하기 위해서는 사적 소유를 철폐하고 공산주의로 나아가야 한다고 보았다.

정답 찾기 ㄱ. 마르크스는 자본가가 사유 재산을 축적하기 위해 노동자들을 착취한다고 보고, 생산 수단의 공유를 통해 노동 소외를 극복해야 한다고 보았다.
ㄹ. 마르크스는 자본주의 체제에서 노동은 상품만을 생산하는 것이 아니라 그러한 생산을 통해 노동자의 노동을 하나의 상품으로 생산해 낸다고 보았다.

오답 피하기 ㄴ. 마르크스는 자본주의 체제에서 자본가가 기술적 분업을 통해 노동자의 노동을 착취한다고 보았다.
ㄷ. 마르크스는 능력에 따라 일하고 필요에 따라 분배받는 사회에서 노동 소외가 극복된다고 보았다.

4 프로테스탄트(청교도) 직업 윤리에 대한 베버의 입장 이해

문제 분석 제시문은 베버의 주장이다. 베버는 프로테스탄트 윤리가 자본주의 정신의 뿌리가 되었고, 이는 서구 근대 자본주의의 발달에 기여했다고 분석하였다.

정답 찾기 첫 번째 입장. 베버에 따르면 청교도들은 노동을 소명으로 이해하고, 이러한 소명에 따라 직업 활동을 수행하며 금욕적 삶을 실천하였다.
두 번째 입장. 베버에 따르면 청교도들은 노동 능력이 있는 자가 구걸하는 것은 나태이므로 죄일 뿐 아니라 이웃 사랑에 위배되는 행위로 보았다.

오답 피하기 세 번째 입장. 베버에 따르면 청교도들은 직업 의무의 행사로서 부의 추구가 도덕적으로 허용된다고 보았다.
네 번째 입장. 베버에 따르면 청교도들은 신이 많은 이익을 거둘 수 있는 합법적 방법을 지시하는데, 이를 마다하고 더 적은 이익을 주는 방법을 따른다면, 신이 부여한 소명의 목적 하나에 역행한 것이라고 보았다.

5 기업의 사회적 책임에 대한 입장 비교

문제 분석 (가)의 갑은 기업의 사회적 책임 범위가 합법적 이윤 추구에 한정되어야 한다고 본다. 반면 을은 기업의 사회적 책임 범위가 합법적 이윤 추구뿐만 아니라 경제적 이윤을 공동체에 환원하며 공익 실현에 힘쓸 책임까지 포함되어야 한다고 본다.

정답 찾기 ④ B(을 → 갑): 갑은 기업이 기업의 주주들에게만 사회적 책임을 다해야 한다고 보고 있는 반면, 을은 기업이 사회적 책임을 다해야 하는 대상에 기업의 주주뿐만 아니라 기업의 외부인도 포함될 수 있다고 본다.

오답 피하기 ① A(갑 → 을): 갑, 을 모두 기업의 이익 증대가 공공의 이익 실현과 양립될 수 있다고 본다.
② A(갑 → 을): 을은 기업이 경영을 통해 공익을 실현하기 위한 사회적 책임을 다해야 한다고 본다.
③ B(을 → 갑): 갑, 을 모두 기업 경영의 근본 목적을 사회 복지 확충과 공동선의 실현에 두고 있지 않다.
⑤ B(을 → 갑): 갑, 을 모두 기업의 경영자들이 이윤을 추구할 때 기만행위 없이 합법적으로 이윤을 추구해야 한다고 본다.

6 전문직 종사자의 도덕성에 대한 입장 비교

문제 분석 갑, 을은 모두 전문직 종사자들이 사회적 책무 의식을 지녀야 한다는 것과 도덕성을 지녀야 한다는 데에는 동의한다. 하지만 갑, 을은 전문직 종사자들이 일반 시민보다 높은 수준의 도덕성을 지녀야 하는지 여부에 관해서는 의견을 달리하고 있다.

정답 찾기 ④ 갑은 전문직 종사자들이 일반 시민보다 높은 도덕성을 지닐 필요는 없다고 보는 반면, 을은 전문직 종사자들이 일반 시민에 비해 사회 발전에 중요한 역할을 하기 때문에 이에 비례하는 도덕성이 요구된다고 본다.

오답 피하기 ① 갑, 을 모두 전문직 종사자들은 사회 발전에 중요한 역할을 담당한다고 본다.
② 갑은 전문직 종사자들에게 일반 시민보다 높은 도덕성을 요구하는 것은 과도하다고 본다.
③ 전문직 종사자들은 독자적이고 자율적으로 업무를 수행할 수 있는 사람들이다. 따라서 갑, 을은 모두 전문직 종사자들이 독자적이고 자율적으로 업무를 수행할 수 있다고 볼 것이다.
⑤ 갑, 을 모두 전문직 종사자들에게는 사회에 대한 책무 의식이 요구된다고 본다.

7 공직자의 자세에 대한 정약용의 입장 이해

문제 분석 가상 편지를 쓴 사상가는 정약용이다. 정약용은 청렴이 공직자 본래의 직무로 모든 선(善)의 원천이고 모든 덕(德)의 근본이라고 강조하며, 공직자는 청렴해야 하고 청렴한 공직자가 되기 위해서는 지혜가 높고 생각이 깊은 사람이 되어야 한다고 주장하였다.

정답 찾기 ③ 정약용은 청렴하지 않고서 수령 노릇을 제대로 한 사람은 지금까지 한 사람도 없었다고 보고, 공직자가 청렴하지 못하면 공직을 제대로 수행할 수 없다고 주장하였다.

오답 피하기 ① 정약용은 공직자가 절약하지 않고 탐욕을 부리면 부정부패하게 되므로, 공직자는 덕을 쌓고 절용(節用)하는 삶을 살아야 한다고 주장하였다.
② 정약용은 사람이 청렴하지 못한 것은 지혜가 모자라기 때문이라고 주장하였다.
④ 정약용에 따르면 청렴한 사람은 청렴함을 편안하게 여기고, 지혜로운 사람은 청렴함을 이롭게 여긴다.
⑤ 정약용은 예로부터 청백리를 높이 존경했기에 청백리로 기억되는 것은 크나큰 영광이라고 주장하였다.

8 퍼트넘의 사회적 자본에 대한 이해

문제 분석 제시문은 퍼트넘의 주장이다. 퍼트넘은 사회 구성원들 간의 신뢰, 규범, 네트워크 등을 사회적 자본으로 보고, 사회적 자본이 구성원들 간의 협력적 행위를 촉진함으로써 사회적 효율성을 향상시킨다고 주장하였다.

정답 찾기 ㄱ. 퍼트넘은 상호 이익을 기초로 시민들 간의 협력이 이루어진다고 보았다.
ㄴ. 퍼트넘은 시민적 참여의 네트워크가 수평적 상호 작용을 대표한다고 보았다.
ㄷ. 퍼트넘은 사회적 자본의 축적이 공공 문제에 대한 협력을 증진함으로써 사회적 효율성을 더 쉽게 향상시킨다고 보았다.

오답 피하기 ㄹ. 퍼트넘은 사회적 갈등을 해소하기 위해 사회적 자본이 요구된다고 보았다. 따라서 퍼트넘의 입장에서 볼 때 사회적 갈등이 사라져야 사회적 자본이 형성될 수 있는 것은 아니다.

07 사회 정의와 윤리

수능 기본 문제 본문 78~79쪽

01 ④	02 ③	03 ②	04 ⑤
05 ⑤	06 ①	07 ④	08 ③

01 사회 윤리에 대한 니부어의 입장 이해

문제 분석 제시문은 니부어의 주장이다. 니부어는 사회의 복잡한 윤리 문제가 개인의 양심과 합리성만으로는 해결될 수 없으므로 사회적 강제력이 반드시 필요하다고 보았다.

정답 찾기 ㄱ. 니부어에 따르면 개인의 양심, 동정심, 합리성만으로는 사회 갈등을 해결할 수 없으나 사회 갈등 해소에 도움이 될 수는 있다.

ㄴ. 니부어에 따르면 집단의 이기적 충동은 집단 구성원의 이성적 판단을 방해한다.

ㄹ. 니부어에 따르면 사회 정의 실현을 위해 사용되는 강제력은 선의지의 통제를 받을 때 정당화될 수 있다.

오답 피하기 ㄷ. 니부어에 따르면 사회의 도덕적 이상인 사회 정의를 실현하기 위해서는 강제력이 반드시 필요하다.

02 분배적 정의에 대한 롤스의 입장 이해

문제 분석 제시문은 롤스의 주장이다. 롤스는 원초적 입장에 놓인 사람들은 자신이 가장 불리한 상황에 놓일 가능성을 염두에 두고 모든 사람에게 공정한 정의 원칙에 합의하게 된다고 보았다.

정답 찾기 ③ 롤스에 따르면 원초적 상황에 처한 당사자들은 자신의 재능은 모르지만, 정의의 원칙들을 선택하는 데 영향을 줄 모든 일반적 사실은 알고 있다. 그들은 정치 현상이나 경제 이론의 원칙을 이해하며 사회 조직의 기초와 인간 심리의 법칙도 알고 있다.

오답 피하기 ① 롤스에 따르면 원초적 상황에 처한 당사자들은 타인의 이해관계에 무관심하다.

② 롤스에 따르면 원초적 상황에 처한 당사자들은 자신의 지위나 계층, 천부적 자산과 능력, 지능과 체력 등을 어떻게 타고나는지 자신의 운수를 모른다.

④ 롤스에 따르면 원초적 상황에 처한 당사자들은 자신의 이익을 합리적으로 추구한다.

⑤ 롤스에 따르면 원초적 상황에 처한 당사자들은 선에 대한 자신의 생각을 알지 못한다.

03 분배적 정의에 대한 아리스토텔레스의 입장 이해

문제 분석 제시문은 아리스토텔레스의 주장이다. 아리스토텔레스에 따르면 분배는 각자가 지닌 가치에 따라 마땅한 몫이 주어질 때 정의롭다.

정답 찾기 ㄱ. 아리스토텔레스는 각자의 가치에 비례하여 권력, 명예, 재화 등의 몫이 분배되어야 한다고 보았다.

ㄹ. 아리스토텔레스는 분배에서 정의로움이란 동등한 사람들에게는 동등한 몫을, 동등하지 않은 사람들에게는 동등하지 않은 몫을 분배하는 것이라고 보았다.

오답 피하기 ㄴ. 아리스토텔레스는 권력, 명예, 재화의 몫은 기하학적 비례에 따라 분배되어야 한다고 보았다.

ㄷ. 아리스토텔레스는 재화를 각자가 지닌 가치에 따라 분배하지 않고 동일하게 분배할 경우 재화와 관련된 분쟁과 불평이 생겨나게 된다고 보았다.

04 분배적 정의에 대한 노직의 입장 이해

문제 분석 제시문은 노직의 주장이다. 노직은 소유 과정의 정당성이 소유물에 대한 정당한 자격인 소유 권리를 창출한다고 보았다.

정답 찾기 ㄷ. 노직은 자기 노동의 산물이라도 다른 사람들이 누려 왔던 혜택을 침해하지 않아야 그 개인에게 소유 권리가 있다고 보았다.

ㄹ. 노직은 자연적 자산의 편향, 즉 우연성에 따른 불평등이 취득과 이전의 원칙에 부합하는 불평등이라면 그 불평등이 완화되지 않더라도 정당하다고 보았다.

오답 피하기 ㄱ. 노직은 재화의 취득과 이전의 과정에서 부정의가 발생했을 경우 국가가 개입할 수 있다고 보았다.

ㄴ. 노직은 개인의 소유권을 침해하지 않고 개인의 권리를 보호하는 역할만을 수행하는 최소 국가가 정당하다고 보았다.

05 분배적 정의에 대한 왈처의 입장 이해

문제 분석 제시문은 왈처의 주장이다. 왈처는 특정 영역의 사회적 가치가 지배적 역할을 하여 다른 영역을 획득하는 데 기여하는 것을 금지하고, 특정한 가치는 자신의 고유한 영역 안에 머무르는 복합 평등으로서의 정의를 제시하였다.

정답 찾기 ㄱ. 왈처는 정의의 다양한 영역 간에 경계가 필요하다고 보았다.

ㄷ. 왈처는 정의의 원칙들이 형식에서 그 자체가 다원주의적이라고 주장하면서, 상이한 사회적 가치는 상이한 근거에 따라 상이한 절차에 맞게 상이한 주체에 의해 분배되어야 한다고 보았다.

ㄹ. 왈처는 가치 분배의 기준이 개인이 속한 공동체의 문화적 특수성을 고려하여 결정되어야 한다고 보았다.

오답 피하기 ㄴ. 왈처는 상이한 공동체에 상이한 분배 원칙이 수립되어야 한다고 보았다.

06 형벌에 대한 벤담과 베카리아의 입장 비교

문제 분석 갑은 벤담, 을은 베카리아이다. 벤담은 공리주의 입장에서 형벌은 그 자체가 목적이 아니라 사회의 이익을 증진하기 위한 수단이라고 보았다. 베카리아는 범죄 예방 효과를 위해 형벌과 그 집행의 수단은 인간의 정신에 가장 효과적이고 지속적인 인상을 만들어 내야 하므로 사형보다는 종신 노역형이 효과적이라고 보았다.

정답 찾기 ① 벤담은 형벌이 초래할 폐해가 예방할 폐해보다 더 큰 경우 처벌을 가해서는 안 된다고 보았다.

오답 피하기 ② 벤담은 최악의 위법 행위를 예방하는 것이 형벌의 목적에 부합된다고 보았다. 즉, 만일 어떤 사람이 위법 행위를 저지를 수밖에 없다면, 형벌의 목적은 그런 사람으로 하여금 언제나 해로움이 가장 작은 편을 선택하게 하는 것이라고 보았다.
③ 베카리아는 사형을 대체한 종신 노역형만으로도 가장 완강한 자의 마음을 억제하기에 충분한 정도의 엄격성을 지니고 있다고 보았다.
④ 벤담과 베카리아는 모두 형벌의 목적을 범죄 예방과 범죄자의 교화에 두었다.
⑤ 벤담과 베카리아는 모두 공리주의 관점에서 형벌 집행의 정당성을 시민 전체의 이익 증진에 두어야 한다고 보았다.

07 형벌에 대한 루소와 칸트의 입장 비교

문제 분석 갑은 루소, 을은 칸트이다. 루소는 자발적 상호 계약을 근거로 타인의 생명을 희생시킨 사람은 자신의 생명도 희생해야 한다고 주장하였다. 칸트는 형벌의 본질이 응보에 있으며, 응보주의에 바탕을 둔 형벌은 인간을 다른 목적을 위한 수단으로 취급하는 것이 아니라고 주장하였다.

정답 찾기 ㄱ. 루소는 살인범이 사형에 처해지는 것이 사회 계약에 근거한다고 주장하였다.
ㄴ. 루소는 사회적 권리를 침해하는 범죄자는 누구나 자신의 죄악으로 조국에 대한 반역자가 되고 배신자가 된다고 주장하였다.
ㄹ. 루소와 칸트는 모두 형벌의 목적을 공적 정의의 실현에 두었다.

오답 피하기 ㄷ. 칸트에 따르면 형벌은 범죄자가 범죄를 저질렀기 때문에 범죄자에게 가해져야 한다.

08 우대 정책에 대한 찬반 입장 비교

문제 분석 '나'는 소수 집단 우대 정책이 과거의 차별에 대한 구제 정책으로 정당하고, 차별을 받았던 소수 집단뿐만 아니라 다수에게도 긍정적 영향을 미친다고 주장하며 우대 정책에 찬성 입장을 취하고 있다. 반면에 '어떤 사람들'은 우대 정책으로 보상받는 자가 과거에 차별을 받았던 당사자가 아니고, 소수 집단 우대 정책이 오히려 역차별을 심화시킨다고 주장하며 우대 정책에 반대 입장을 취하고 있다.

정답 찾기 ③ '나'는 소수 집단 우대 정책이 많은 사람들에게 긍정적인 영향을 주어 역차별에 대한 우려를 막을 수 있다고 보고 있다. 반면 '어떤 사람들'은 소수 집단 우대 정책이 차별을 받아 온 소수 집단 사람들의 자존감을 손상시킬 수 있고, 역차별의 문제를 낳아 사회 갈등을 일으킬 수 있다고 보고 있다.

오답 피하기 ① '어떤 사람들'은 소수 집단 우대 정책이 사회적 긴장을 심화시킬 수 있다고 보고 있다.
② '어떤 사람들'은 소수 집단 우대 정책이 다수 집단에 차별을 가하는 역차별의 문제를 낳을 수 있다고 보고 있다.
④ '어떤 사람들'은 고용과 입학의 기회가 사회 공동체 모든 구성원에게 개방되어야 한다고 보고 있다.
⑤ '나'는 과거에 부당한 차별을 받아 온 사람들이 고용과 입학에서 기회를 얻는 우대 정책이 정당하다고 보고 있다.

수능 실전 문제

본문 80~84쪽

1 ③	2 ②	3 ⑤	4 ①
5 ④	6 ④	7 ④	8 ④
9 ③	10 ②		

1 니부어의 사회 윤리 이해

문제 분석 제시문은 니부어의 주장이다. 니부어에 따르면 애국심(국가에 대한 충성심)은 저열한 충성심이나 지역에 한정된 충성심(향토애)과 비교해 보면, 고차적 형태의 이타주의이다. 그러나 이러한 애국심이 도덕적 개인이 모인 사회를 비도덕적으로 만들 수 있다. 따라서 애국심은 절대적 전망에서 보면 한갓 이기주의의 또 다른 형태로 볼 수 있다.

정답 찾기 ㄴ. 니부어는 집단이 개인에 비해 이성과 자기 극복 능력, 그리고 타자의 욕구를 수용하는 능력이 부족하다고 주장하였다.
ㄷ. 니부어는 애국심이 개인의 이타심을 국가의 이기심으로 전환할 수 있다고 주장하였다.

오답 피하기 ㄱ. 니부어는 개인을 중심에 놓고 보았을 때 최고의 도덕적 이상은 이타심이고, 사회를 중심에 놓고 보면 최고의 도덕적 이상은 정의라고 주장하였다.
ㄹ. 니부어는 충동을 억제할 수 있는 이성의 능력은 충동 간의 갈등, 특히 사회의 집합적 충동 간의 갈등을 막을 만큼 충분한 억제력을 반드시 제공해 주지는 않는다고 주장하였다.

2 아리스토텔레스의 정의에 대한 입장 이해

문제 분석 제시문은 아리스토텔레스의 주장이다. 아리스토텔레스는 정의를 일반적(보편적) 정의와 부분적(특수적) 정의로 구분하고, 부분적 정의를 다시 분배적 정의와 교정적(시정적) 정의로 구분하였다.

정답 찾기 ② 아리스토텔레스는 분배를 각자가 지닌 가치에 따라 마땅한 몫이 주어질 때 정의롭다고 보아, 모든 사람이 동일한 것을 가지로 주장한다고 보지는 않았다.

오답 피하기 ① 아리스토텔레스는 분배적 정의가 시민 사이에 분배되는 권력, 명예, 재화와 관련된 것으로 각자의 가치에 비례하여 그 몫이 분배되어야 한다고 보았다.
③ 아리스토텔레스는 사람과 사람 사이의 교섭에서 정의는 일종의 동등함이라고 보아, 거래의 올바름이란 산술적 비례의 동등함을 추구하는 것이라고 보았다.
④ 아리스토텔레스는 사람과 사람 사이의 교섭과 관련하여 정의가 성립되려면 모든 사람을 동등한 사람으로 간주해야 한다고 보았다.
⑤ 아리스토텔레스는 분배와 교섭에서 정의로움이란 동등함이고, 부정의한 것은 동등하지 않음이라고 보았다.

3 사회 정의에 대한 롤스의 입장 이해

문제 분석 제시문은 롤스의 주장이다. 롤스는 재산 소유 민주주의가 평등한 기본적 자유와 공정한 기회균등을 실현할 수 있다고 보았다.

정답 찾기 ⑤ 롤스는 불평등의 심화가 개인의 자유와 권리의 동등한 보장이라는 원칙을 침해할 수 있다고 보았다. 따라서 상속세율을 높이고, 빈곤으로 충분한 교육과 훈련을 받지 못하고 있는 사람들에게 공정한 기회의 균등을 보장할 수 있는 정책을 시행하려는 A의 입장은 경제적 불평등을 시정하려 한다는 점에서 사회적 약자들에게 실질적으로 자유와 권리를 누릴 수 있는 기반을 제공할 수 있다.

오답 피하기 ① 롤스가 아니라 노직의 입장에서 내릴 수 있는 평가이다. 노직은 재화의 분배를 개인에게 맡겨야 한다고 보았다.
② 롤스가 아니라 노직의 입장에서 내릴 수 있는 평가이다. 롤스는 〈사례〉의 정책이 사유 재산을 소유할 권리를 침해한다고 보지 않을 것이다.
③ 롤스는 직위와 직책이 모든 사람들에게 개방되어야 한다고 보았지 균등하게 분배되어야 한다고 보지 않았다.
④ 롤스는 정의의 원칙이 원초적 입장에서 다수결의 원리가 아닌 만장일치를 통해 채택된다고 보았다.

4 분배 정의에 대한 왈처, 롤스, 노직의 입장 비교

문제 분석 (가)의 갑은 왈처, 을은 롤스, 병은 노직이다. 왈처는 다양한 삶의 영역에서 각기 다른 공정한 기준에 따라 사회적 가치가 분배될 때, 즉 어떤 사회적 가치도 지배의 수단으로 이용되지 않을 때 복합 평등으로서의 정의가 실현될 수 있다고 보았다. 롤스는 공정으로서의 정의를 주장하며 사회적·경제적 불평등은 모든 사람에게 이익이 되도록, 다시 말해 최소 수혜자에게 최대 이익이 되도록 편성될 때 정당화될 수 있다고 보았다. 노직은 롤스와 같은 정형적인 정의론은 필연적으로 재분배를 요청하게 되는데, 소유 권리론의 관점에서 정형화는 개인의 권리를 침해하는 것이라고 주장하였다.

정답 찾기 ① A(왈처 → 롤스): 왈처는 롤스와 달리 상이한 공동체에는 상이한 분배 원칙이 수립되어야 한다고 보았다.

오답 피하기 ② B와 D(롤스 → 왈처, 노직): 롤스와 노직은 모두 분배 절차의 공정성으로 분배 결과의 정의가 보장된다고 보았다.
③ C(노직 → 롤스): 롤스와 노직은 모두 국가는 재산을 소유할 권리와 인신의 자유를 존중해야 한다고 보았다.
④ C와 E(노직 → 롤스, 왈처): 노직은 자기 노동으로 재화를 취득했다고 할지라도 자신이 소유물을 최초 취득하는 과정에서 타인의 처지를 악화시켰거나, 혹은 과거 이전(양도)의 과정에서 부정의가 발생했다면 이는 교정의 대상이 될 수 있다고 보았다.
⑤ E(노직 → 왈처): 왈처에 따르면 돈과 상품은 시장에서 자유 교환의 원리에 따라 분배되어야 한다.

5 분배 정의에 대한 벤담, 롤스, 노직의 입장 비교

문제 분석 (가)의 갑은 벤담, 을은 롤스, 병은 노직이다. 벤담은 분배가 공리의 원리에 부합되도록 이루어져야 한다고 보았다. 롤스는 소득의 분배가 반드시 균등해야 할 필요는 없으나, 사회 구성원 모두의 이익이 증진되도록 분배가 이루어져야 한다고 보았다. 노직은 절차적 정의의 관점에서 재화의 취득, 이전의 과정이 부당하지 않다면 개인은 재화에 대한 배타적·절대적 권리를 지닌다고 주장하였다.

정답 찾기 ㄱ. 벤담은 긍정, 롤스와 노직은 부정의 대답을 할 질문이다. 벤담은 재화의 분배가 진행되는 과정과 관계없이 분배의 결과가 사회적 효용의 극대화에 기여할 때 정의롭다고 보았다. 반면 롤스와 노직은 모두 분배의 절차를 중시하였다.
ㄴ. 롤스는 긍정, 노직은 부정의 대답을 할 질문이다. 롤스는 경제적 불평등은 모두에게 이익이 될 때에만 정당화된다고 주장하였다. 반면 노직은 경제적 불평등의 정당성을 모두의 이익 여부에 두지 않았다.
ㄹ. 노직이 긍정의 대답을 할 질문이다. 노직은 타고난 능력이 있어도 재화의 취득 과정이나 이전 과정에서 부정의가 발견될 경우 이를 바로잡아야 한다고 볼 것이다.

오답 피하기 ㄷ. 롤스가 부정의 대답을 할 질문이다. 롤스는 기본적 자유(정치적 자유, 언론과 결사의 자유, 양심의 자유, 사상의 자유, 인신의 자유, 재산을 소유할 권리 등)는 누구나 평등하게 최대한 누릴 수 있어야 한다고 보았다. 또한 정의의 제1원칙인 평등한 자유의 원칙이 정의의 제2원칙인 차등의 원칙과 기회균등의 원칙에 우선한다고 보았다.

6 분배적 정의에 대한 롤스와 마르크스의 입장 비교

문제 분석 갑은 롤스, 을은 마르크스이다. 롤스는 천부적으로 유리한 자는 더 불운한 자의 복지를 개선해 준다는 조건 아래에서 자신의 천부적 자질을 이용하여 재화를 획득하는 것이 정당화될 수 있다고 주장하였다. 마르크스는 능력에 따라 일하고 필요에 따라 분배받는 공산주의 건설을 주장하였다. 공산주의 사회에서는 모든 생산 수단이 공유된다.

정답 찾기 ㄱ. 롤스는 천부적 재능 분포의 우연성 그 자체는 정의나 부정의의 대상이 아니라고 주장하였다.
ㄴ. 마르크스는 생산 수단의 자본주의적 사적 소유권을 폐지해야 이상적인 분배가 실현될 수 있다고 주장하였다.
ㄷ. 마르크스는 능력에 따라 일하고 필요에 따라 분배받는 공산주의 사회가 도래하면 지배 계급의 이익을 대변하던 국가와 계급 착취의 역사는 종식된다고 주장하였다.

오답 피하기 ㄹ. 마르크스는 국가를 지배 계급이 피지배 계급을 착취하기 위한 수단으로 보고, 이상 사회인 공산 사회가 도래하면 국가는 소멸한다고 주장하였다.

7 교정적 정의에 대한 칸트, 루소, 베카리아의 입장 비교

문제 분석 (가)의 갑은 칸트, 을은 루소, 병은 베카리아이다. 칸트는 응보주의 관점에서 형벌을 시행해야 한다고 보았다. 루소는 사회 계약설의 관점에서 시민의 생명과 안전을 확보하기 위해 형벌을 시행해야 한다고 보았다. 베카리아는 생명은 양도할 수 없는 것이기에 사형은 사회 계약의 측면에서 볼 때 정당화될 수 없다고 보았다.

정답 찾기 ㄴ. 칸트와 루소의 공통된 입장에 해당하는 진술이다. 칸트에 따르면 살인자는 누구든 사형에 처해져야 한다. 루소는 살인자가 사회 계약을 파기했으므로 공공의 적으로 사형에 처해지거나 국가로부터 추방되어야 한다고 보았다. 베카리아는 살인자에게 사형을 부과하는 것이 사회 계약에 위배된다는 이유로 사형제에 반대하였다.
ㄹ. 칸트, 루소, 베카리아 모두의 입장에 해당하는 진술이다. 칸트는 범죄자에 대한 처벌이 정언 명령이기도 하면서 응보주의 관점에서 사회 계약에 포함될 수 있다고 보았다. 루소와 베카리아는 형벌에서의 정의가 사회 계약에 근거해야 한다고 보았다.

오답 피하기 ㄱ. 루소의 입장에 해당하는 진술이다. 루소에 따르면 살인자는 사회 계약을 파기한 자로, 사형은 살인자가 더 이상 사회 구성원이 아니라는 공적인 선포이다.
ㄷ. 칸트의 입장에 해당하지 않는 진술이다. 칸트는 동등성의 원리에 따라 형벌이 집행되어야 한다고 보았다.

8 교정적 정의에 대한 베카리아와 벤담의 입장 비교

문제 분석 갑은 베카리아, 을은 벤담이다. 베카리아는 공리주의의 입장에서 사형보다 종신 노역형이 범죄 예방과 사회 전체의 이익 증가에 부합한다고 주장하였다. 벤담은 공리주의 입장에서 형벌은 그 자체로 악이라고 보고, 형벌은 형벌로 인한 해악이 위법 행위에서 얻는 이득의 가치를 능가할 수 있도록 집행되어야 한다고 주장하였다.

정답 찾기 ④ 베카리아와 벤담은 모두 형벌의 목적을 범죄자 처벌보다 범죄 예방에 두었다.

오답 피하기 ① 베카리아는 국가가 시민의 생명을 박탈할 권리를 지니지 않는다고 보고 사형제에 반대하였다.
② 베카리아는 단기간에 강렬한 인상을 남기는 사형보다 오랫동안 고통의 본보기가 되는 종신 노역형이 인간의 의식에 더 크게 영향을 미치므로 사형보다 종신 노역형이 범죄 예방에 더 효과적이라고 주장하였다.
③ 벤담은 형벌이 고통을 야기하므로 그 자체가 악이라고 보았으며, 만약 형벌이 허용된다 하더라도 형벌로 초래되는 해악이 형벌을 통해 예방될 해악보다 커서는 안 된다고 주장하였다.
⑤ 베카리아와 벤담은 모두 공리주의 관점에서 형벌이 시행되어야 한다고 주장하였다.

9 교정적 정의에 대한 루소와 칸트의 입장 비교

문제 분석 갑은 루소, 을은 칸트이다. 루소는 사회 계약론의 입장에서 살인자에 대한 사형을 주장하였다. 칸트는 응보주의 입장에서 살인자에 대한 사형을 주장하였다.

정답 찾기 ㄴ. 루소에 따르면 자국의 시민을 살해한 사람은 누구나 자신의 죄악으로 조국에 대한 반역자가 되고 배신자가 된다.
ㄷ. 칸트는 범죄자의 생득적인 인격성은 설령 그가 시민적 인격성을 상실하는 선고를 받을 수 있을지라도, 물권의 대상이 되지 않도록 그를 보호해 준다고 주장하였다.

오답 피하기 ㄱ. 루소에 따르면 살인범에 대한 사형은 주권자가 위임할 수는 있어도 자신이 행사할 수는 없는 권리이다.
ㄹ. 칸트의 입장에 부합하지 않는 진술이다. 칸트는 형벌이 어떤 다른 선을 촉진하기 위한 수단으로 가해질 수 없으며, 오직 범죄자가 범죄를 저질렀다는 이유만으로 시행되어야 한다고 주장하였다.

10 다양한 분배 기준 비교

문제 분석 갑은 재화의 분배 기준으로 능력과 업적을 강조하는 입장이다. 을은 재화의 분배 기준으로 필요를 강조하는 입장이다. 능력과 업적에 따른 분배는 능력과 업적이 뛰어난 사람에게 대우와 보상을 할 수 있으므로 생산 의욕을 고취하여 경제적 효율성을 증대시킬 수 있다. 반면 과열 경쟁으로 사회적 분열을 심화시킬 수 있는 단점이 있다. 필요에 따른 분배는 사람들의 필요와 상황을 고려하여 분배하므로 평등의 가치를 실현하는 데 기여할 수 있다. 반면 한정된 재화로 모든 사람의 필요를 충족시킬 수 없으며, 경제적 효율성을 높이기 어렵다는 단점이 있다.

정답 찾기 ㄴ. A(갑 → 을): 능력과 업적에 따른 분배는 능력과 업적이 뛰어난 사람에게 대우와 보상을 할 수 있으므로 생산 의욕을 고취하여 경제적 효율성을 증대시킬 수 있다. 반면 필요에 따른 분배는 경제적 효율성을 높이기 어렵다는 단점이 있다.

오답 피하기 ㄱ. A(갑 → 을): 필요에 따른 분배는 사람들의 필요와 상황을 고려하여 사회적 재화를 분배하므로, 만일 구성원들의 모든 필요를 충족시킬 수 있는 물질적 풍요가 보장될 경우 과열 경쟁이 일어나기 어렵다.

ㄷ. B(을 → 갑): 능력과 업적에 따른 분배를 강조하는 입장에서는 한정된 재화로 모든 사람의 필요를 충분히 충족시킬 수 없기 때문에 사회적 재화를 능력과 업적에 따라 분배해야 한다고 본다.

08 국가와 시민의 윤리

수능 기본 문제

본문 90~91쪽

01 ①	02 ①	03 ⑤	04 ⑤
05 ①	06 ⑤	07 ⑤	08 ③

01 맹자와 한비자의 국가관 비교

문제 분석 갑은 맹자, 을은 한비자이다. 맹자는 통치자가 인의(仁義)의 덕을 바탕으로 왕도 정치를 실현해야 한다고 주장하였다. 한비자는 인간의 본성을 이기적으로 보고, 이기적인 인간들이 살아가는 사회의 질서를 바로잡기 위해서는 강력한 법으로 나라를 통치해야 한다고 주장하였다.

정답 찾기 ㄱ. 맹자와 한비자 모두 긍정의 대답을 할 질문이다. 맹자와 한비자는 모두 군주가 백성들의 생업 보장에 힘써야 한다고 주장하였다.

ㄴ. 맹자와 한비자 모두 긍정의 대답을 할 질문이다. 맹자와 한비자는 모두 군주가 백성들에게 포상과 처벌을 공정하게 집행해야 한다고 주장하였다.

오답 피하기 ㄷ. 맹자가 부정의 대답을 할 질문이다. 맹자는 인간의 본성을 선하게 보았다.

ㄹ. 한비자가 부정의 대답을 할 질문이다. 한비자는 통치자가 자신을 수양하여 인의의 덕을 갖출 필요는 없다고 보았다.

02 아리스토텔레스의 국가관 이해

문제 분석 제시문은 아리스토텔레스의 주장이다. 아리스토텔레스는 모든 공동체가 인간의 좋음을 위해 존재하며, 규모가 큰 공동체일수록 더 좋고 고귀한 선을 추구한다고 주장하였다.

정답 찾기 ㄱ. 아리스토텔레스는 모든 공동체 중 최상위의 공동체를 국가라고 주장하였다.

ㄴ. 아리스토텔레스는 인간이 본성적으로 국가 공동체를 구성하는 존재라고 보고, 본성적으로 국가 없이도 생존할 수 있는 자는 인간 이하이거나 인간 이상의 존재라고 주장하였다.

오답 피하기 ㄷ. 아리스토텔레스는 최초의 공동체가 가족이라고 주장하였다.

ㄹ. 아리스토텔레스에 따르면 국가가 추구하는 선은 시민의 행복이므로 국가가 추구하는 선과 시민이 추구하는 선은 별개의 것이 아니다.

03 플라톤의 국가관 이해

문제 분석 제시문은 플라톤의 주장이다. 플라톤은 사람들을 통치자, 방위자, 생산자의 세 계층으로 나누었으며, 국가는 선의 이데아에 대한 지식을 가지고 있는 통치자가 나라를 다스릴 때 정의롭게 될 수 있다고 주장하였다.

정답 찾기 ⑤ 플라톤은 모든 구성원들이 지혜의 탁월성을 갖출 수 있는 것은 아니라고 보았다.

오답 피하기 ① 플라톤은 통치자가 시민들이 자신이 타고난 성향에 따라 한 가지 일에 종사하도록 나라를 다스려야 한다고 주장하였다.

② 플라톤은 좋음[善]의 이데아에 대한 지혜를 인식한 철인이 통치자가 되어야 한다는 철인 정치를 주장하였다.

③ 플라톤은 국가가 정의로워지려면 철학자가 최고 권력자가 되어야 한다고 주장하였다.

④ 플라톤은 국가가 정의로워지려면 생산자 계층과 달리 통치자 계층과 방위자 계층은 사적으로 재산을 소유해서는 안 된다고 주장하였다.

04 맹자와 묵자의 국가관 비교

문제 분석 갑은 맹자, 을은 묵자이다. 맹자는 "백성이 가장 귀하고, 사직이 그다음이며, 군주는 가장 가볍다."라고 보고, 백성이 나라의 근본이라는 민본주의를 주장하였다. 묵자는 천하의 혼란이 남의 나라와 나의 나라, 남의 가족과 나의 가족을 구별하기 때문에 발생한다고 보고, 천하의 혼란을 바로잡기 위해 서로 사랑하고[兼愛] 서로 이익을 함께 나누어야 한다[交利]고 주장하였다.

정답 찾기 ㄱ. 맹자는 군주가 덕치(德治)를 통해 인륜(人倫)을 실현해야 한다고 주장하였다.

ㄴ. 묵자는 하늘의 뜻이 모두를 아울러 사랑[兼愛]하여 서로 이롭게 해 주는 것[交利]이라고 주장하였다.

ㄹ. 맹자는 하늘의 뜻이 백성을 통해 나타난다고 보고 군주는 백성의 뜻을 존중해 나라를 다스려야 한다고 주장하였다. 묵자는 겸애를 통해 이익을 도모하는 것은 하늘의 뜻으로 이에 따라 나라를 다스려야 한다고 주장하였다.

오답 피하기 ㄷ. 묵자는 자기 가족과 다른 가족을 구분하여 사랑하는 것이 혼란의 원인이 된다고 보고, 자기 가족과 다른 가족의 구분이 없는 사랑인 겸애를 실천해야 한다고 주장하였다.

05 로크의 국가관 이해

문제 분석 제시문은 로크의 주장이다. 로크는 입법부가 인민들에 의해 맡겨진 신탁에 반해서 행동하는 것이 발견될 경우 입법부를 폐지하거나 변경할 수 있는 권력이 인민에게 있다고 보았다.

정답 찾기 ㄱ. 로크에 따르면 국가 권력의 정당성은 사회 계약, 즉 인민의 동의에 기초한다.

ㄷ. 로크에 따르면 입법권은 인민의 자연권 보장이라는 목적을 위해서만 활동할 수 있는 신탁된 권력이다.

오답 피하기 ㄴ. 로크는 입법부가 인민들에 의해 맡겨진 신탁에 반해서 행동하는 것이 발견될 경우 입법부를 폐지하거나 변경할 수 있는 권력이 인민에게 있다고 주장하였다. 따라서 로크의 입장에서 볼 때 입법부에 복종하기로 한 것을 파괴할 권력(저항권)은 인민이 특정한 상황에만 행사할 수 있는 권력이지, 인민이 자의적으로 행사할 수 있는 권력이 아니다.

ㄹ. 로크는 국가를 계약을 통해 형성되는 인위적 산물이라고 보았다.

06 루소의 국가관 이해

문제 분석 제시문은 루소의 주장이다. 루소에 따르면 사회 계약의 본질은 우리 각자가 자신의 신체와 모든 힘을 공공의 것으로 만들어 일반 의지의 최고 감독 아래 두고 우리가 각 구성원을 전체와 불가분의 부분으로서 한 몸으로 받아들이는 것이다.

정답 찾기 ⑤ 루소는 주권 행위를 공동선을 보장하려는 일반 의지의 행사로 보았다.

오답 피하기 ① 루소는 주권이 공동선을 추구하려는 일반 의지에 근거하므로 양도될 수 없다고 보았다.

② 루소는 주권 자체가 분할될 수 없으므로 주권에 의해 파생된 권리를 주권과 혼동해서는 안 된다고 보았다.

③ 루소는 주권이 인민의 대의원이나 정부에 의해 대표될 수 없다고 보았다.

④ 루소에 따르면 국가 권위에 복종할 의무는 동의(계약)에 근거한다.

07 시민 불복종에 대한 롤스와 소로의 입장 비교

문제 분석 갑은 롤스, 을은 소로이다. 롤스는 거의 정의로운 사회에서 부정의한 법과 정책의 변화를 위해 시민 불복종을 전개할 수 있다고 보았다. 그는 사회적 다수에 의해 공유된 정의관이 불복종의 기준이 되어야 한다고 보았다. 소로는 정의롭지 못한 법이나 정부의 명령에 대하여 개인의 양심에 근거하여 시민 불복종을 전개해야 한다고 보았다.

정답 찾기 ㄱ. 롤스는 시민 불복종이 정당화되려면 다수의 정의관에 근거해야 한다고 주장하였다.

ㄷ. 소로는 시민 불복종이 민주주의 사회에서 부정의한 법과 제도에 저항하는 하나의 방법이 될 수 있다고 주장하였다.

ㄹ. 롤스와 소로는 모두 시민 불복종이 의도적인 위법 행위이기는 하나 부정의한 법을 교정하기 위한 양심적 행위라고 주장하였다.

오답 피하기 ㄴ. 소로에 따르면 부정의한 법은 즉시 어겨야 한다.

08 시민 불복종에 대한 싱어의 입장 이해

문제 분석 제시문은 싱어의 주장이다. 싱어는 공리주의 입장에서 시민 불복종의 결과가 가져올 이익과 손해를 계산해 보아야 한다고 주장하였다.

정답 찾기 ③ 싱어에 따르면 시민 불복종을 하는 사람들은 법의 힘에 저항하지 않음으로써, 비폭력적으로 행위 함으로써, 자신들의 항의의 진지성과 법의 통치 및 민주주의 기본 원칙들에 대한 자신들의 존중을 명백히 할 수 있다.

오답 피하기 ① 싱어는 시민 불복종을 민주주의적인 의사 결정을 좌절시킨다기보다는 복원하려는 시도로 보았다.

② 싱어는 특정한 문제에 대한 불복종이 영국이나 미국에서는 정당화될 수도 있지만, 최근에 독재나 내전을 겪은 나라나 민주주의 정부 체제의 수립을 추구하고 있는 나라에서는 정당화되지 못할 수도 있다고 보았다.

④ 싱어는 불법적인 수단을 사용하는 사람이 반대하고 있는 결정이 진실로 다수의 의견을 반영하고 있는 것이 아니라면, 불법적인 수단을 사용하는 것은 참된 민주주의적 결정을 확보하기 위한 방법으로 간주될 수 있다고 보았다.

⑤ 싱어는 민주주의적인 의사 결정을 복원하려는 시도로서의 불복종은 예를 들면, 댐 건설로 야기되는 대체할 수 없는 야생의 상실을 공중에게 알린다는 목적에 의해 정당화될 수 있다고 보았다.

수능 실전 문제

본문 92~95쪽

1 ③	2 ①	3 ③	4 ①
5 ④	6 ⑤	7 ⑤	8 ③

1 아리스토텔레스의 국가관 이해

문제 분석 제시문은 아리스토텔레스의 주장이다. 아리스토텔레스는 인간이 정치적 동물로서 국가는 이러한 인간의 본성에 기반하여 자연스럽게 생겨났다고 보았다.

정답 찾기 ㄱ. 아리스토텔레스에 따르면 전체는 필연적으로 부분에 우선하기 때문에 국가는 본성상 가정과 개인에 우선한다.

ㄷ. 아리스토텔레스에 따르면 인간과 다른 동물의 차이점은 인간만이 좋음과 나쁨, 옳고 그름 등을 인식할 수 있는 점이다. 아리스토텔레스는 이런 인식의 공유에서 가정과 국가가 생성된다고 보았다.

오답 피하기 ㄴ. 아리스토텔레스에 따르면 국가 공동체 안에서 살고자 하는 본능은 모든 인간에게 내재해 있다.

2 로크와 홉스의 국가관 비교

문제 분석 (가)의 갑은 로크, 을은 홉스이다. 로크는 자연 상태에서는 생명과 재산의 보호가 불확실하기 때문에 개인들은 평화롭고 안전한 삶을 살기 위해 계약을 통해 자연권의 일부를 양도하고 국가를 형성하게 된다고 주장하였다. 홉스는 전쟁 상태인 자연 상태에서 벗어나 자신의 생명을 보호하기 위해 각 개인들은 계약을 통해 절대 권력을 지닌 국가를 형성하게 된다고 주장하였다.

정답 찾기 ① 로크는 국가의 구성원이 된 사람은 모두 자신의 사적인 판단에 따라 자연법의 위반 행위를 처벌할 수 있는 권력을 포기한 것이라고 주장하였다.

오답 피하기 ② 로크는 홉스와 달리 통치자가 시민의 재산권을 현저히 침해할 경우 시민이 통치자를 교체할 수 있는 저항권을 인정하였다.

③ 로크와 홉스는 모두 국가에 대한 시민의 정치적 의무가 시민의 동의에 근거한다고 주장하였다.

④ 로크와 홉스는 모두 국가가 구성원의 생명과 안전 보장을 위해 형성된 계약의 산물이라고 주장하였다.

⑤ 로크와 달리 홉스는 자연 상태에서 만인은 만물에 대한 권리를 지니므로 자신의 것이라고 부를 수 있는 것이 없다고 주장하였다.

3 한비자와 맹자의 국가관 비교

문제 분석 갑은 한비자, 을은 맹자이다. 한비자는 군주에게는 다른 국가에 굴복하지 않을 군사력, 경제력과 안정된 통치를 할 수 있는 힘이 필요하다고 보았으며, 군주의 통치 방법으로서 인간의 악한 본성을 다스릴 법(法), 신하를 다스리는 기술인 술(術), 군주의 권위를 지켜 주는 세(勢)를 주장하였다. 맹자는 군주가 백성들이 경제적으로 안정[恒産(항산)]되어 도덕적인 삶[恒心(항심)]을 살 수 있도록 해 주어야 한다고 주장하였다.

정답 찾기 ㄴ. 한비자는 안전하고 이익이 있는 것에 집착하고 위험하고 손해가 있는 것을 피하려고 하는 것은 인간의 자연스러운 본성이라고 보고 이러한 인간의 본성을 정치에 이용할 것을 주장하였다.

ㄷ. 맹자는 항산(恒産)의 보장이 왕도의 시작이라고 주장하였다.

오답 피하기 ㄱ. 한비자는 부정을 배제하려면 신상(信賞)과 필벌(必罰) 모두 강조해야 한다고 주장하였다.

ㄹ. 맹자의 입장에 해당하지 않는 진술이다. 맹자는 군주가 먼저 도덕적인 모범을 보여 백성들을 편안하게 해 주는 정치를 행해야 한다고 주장하였다.

4 로크, 홉스, 루소의 국가관 비교

문제 분석 (가)의 갑은 로크, 을은 홉스, 병은 루소이다. 로크는 자연 상태에서 해결하기 힘든 분쟁을 해결하기 위해 계약을 맺어 국가를 형성하게 된다고 주장하였으며, 국가는 시민들의 생명과 자유, 재산을 보호해야 한다고 보았다. 홉스는 자연 상태를 만인의 만인에 대한 투쟁 상태로 보고, 이로부터 벗어나기 위해 사회 계약을 맺으면서 국가가 구성된다고 주장하였다. 루소는 사회 계약이 공동의 이익을 추구하고자 하는 일반 의지를 기반으로 이루어진다고 보았다. 또한 각자가 자신의 모든 것을 계약에 의해 구성되는 결합체인 공적 인격에 양도하는 것이 사회 계약의 기본적인 내용이라고 주장하였다.

정답 찾기 ㄱ. A(로크 → 홉스): 로크는 정치권력이 신탁된 권력으로 정치권력의 신탁 위반 여부는 오직 인민의 판단에 의존한다고 주장하였다. 반면 홉스는 주권자가 절대적 권력을 지닌다고 보았으며, 인민들은 주권자의 행위와 판단을 자기 자신의 것으로 인정할 의무가 있다고 주장하였다.

오답 피하기 ㄴ. B와 D(홉스 → 로크, 루소): 홉스는 국가가 각 개인들 간의 계약 체결로 설립되며, 주권자는 계약 체결의 당사자가 아니라고 보았다.
ㄷ. C와 E(루소 → 홉스, 로크): 홉스는 군주가 주권을 대표하는 대표자이자 계약의 주체에게서 권한을 양도받은 대리인이라고 보았다. 루소는 주권이 대표될 수도 없고 양도될 수도 없다고 보았다.

5 로크와 루소의 국가관 비교

문제 분석 (가)의 갑은 로크, 을은 루소이다. 로크는 자연 상태에서는 공통의 권력이 없어 개인의 생명과 재산의 보호가 불확실하기 때문에 인간은 생명과 재산을 보호하고자 계약을 통해 국가를 형성한다고 주장하였다. 루소는 개개인이 자신의 모든 권리를 모두 공동체 전체에 양도하면 공동체 전체의 의사인 일반 의지가 확립되며, 이러한 일반 의지에 의해 지휘되는 권한이 주권이라고 주장하였다.

정답 찾기 ㄴ. 로크가 긍정의 대답을 할 질문이다. 로크는 입법권이 최고의 권력으로 일정한 목적을 위해서만 활동할 수 있는 신탁된 권력이라고 주장하였다.
ㄹ. 루소가 긍정의 대답을 할 질문이다. 루소는 자기 보존을 위한 적극적 권리가 일반 의지를 통해 승인된 방식으로 제한될 수 있다고 주장하였다.

오답 피하기 ㄱ. 로크와 루소 모두 긍정의 대답을 할 질문이다. 로크와 루소는 모두 공통의 권력이 존재하지 않는 상황에서도 자연법의 위반이 가능하다고 주장하였다.
ㄷ. 루소가 부정의 대답을 할 질문이다. 루소는 주권과 입법권 모두 양도와 분할이 불가능하다고 보았다.

6 시민 불복종에 대한 롤스의 입장 이해

문제 분석 제시문은 롤스의 주장이다. 롤스는 시민 불복종이 다수의 공유된 정의관에 근거해야 하며, 거의 정의로운 사회에서 부정의한 법과 정책의 변화를 위해 시민 불복종이 이루어져야 한다고 보았다.

정답 찾기 ㄴ. 롤스는 시민 불복종이 법에 반하는 것이기는 할지라도 그것은 입헌 체제를 유지하는 데 도덕적으로 옳은 방식이라고 보았다.
ㄷ. 롤스는 시민 불복종이 비록 그 정의(定義)로 봐서 불법적인 것이긴 하나 입헌 체제를 안정시키는 방도가 될 수 있다고 보았다.
ㄹ. 롤스는 시민 불복종에 가담할 수 있는 범위에 한계를 두어야 한다고 보았다. 왜냐하면 시민 불복종을 전개하기 위한 똑같이 타당한 사정을 가진 많은 집단들이 모두 시민 불복종을 전개할 경우, 정의로운 체제의 효율성을 침해하게 될 무질서가 수반될 수 있다고 보았기 때문이다.

오답 피하기 ㄱ. 롤스는 시민 불복종이 경고나 훈계일 수는 있어도 그 자체가 위협일 수는 없다고 보았다.

7 시민 불복종에 대한 롤스와 소로의 입장 비교

문제 분석 (가)의 갑은 롤스, 을은 소로이다. 롤스는 시민 불복종을 부정의한 법이나 정부 정책에 변혁을 가져올 목적으로 행해지는 법에 반하는 정치적 행위라고 보았다. 소로는 개인의 양심적 판단에 근거해 정의롭지 못한 법이나 정부의 명령에 불복종해야 한다고 보았다.

정답 찾기 ㄷ. 롤스는 시민 불복종이 최후의 수단으로 수행되어야 한다고 보았다. 반면 소로는 법이 자신의 양심에 어긋날 경우 즉시 어겨야 한다고 보았다.
ㄹ. 롤스는 시민 불복종의 근거를 공공적 정의관의 위배 여부에 두었다. 반면 소로는 시민 불복종의 근거를 개인의 양심에 두었다.

오답 피하기 ㄱ. 롤스는 시민 불복종의 목적을 정치 체제의 변혁이 아닌 부정의한 법과 제도의 변혁으로 보았다.
ㄴ. 롤스는 시민 불복종에 가담할 수 있는 범위에 한계를 두어야 한다고 보았다.

8 시민 불복종에 대한 롤스와 싱어의 입장 비교

문제 분석 갑은 롤스, 을은 싱어이다. 롤스는 시민 불복종이 법에 대한 충실성의 한계 내에서 부정의에 항거함으로써 정의로부터 이탈을 방지할 수 있으며 거의 정의로운 사회 속에 안정을 가져다준다고 보았다. 싱어는 시민 불복종을 전개할 때는 그 시민 불복종의 행위가 가져올 결과를 고려해야 한다고 보았다.

정답 찾기 ③ 싱어에 따르면 시민 불복종에 참여하는 것은 다수를 강제하려는 시도가 아니라 다수에게 부정의한 문제를 알리려는 시도이다.

오답 피하기 ① 롤스에 따르면 시민 불복종은 그것이 정치권력을 쥐고 있는 다수자에게 제시된다는 의미에서뿐만 아니라 그것이 정치적 원칙, 즉 헌법과 사회 제도 일반을 규제하는 정의의 원칙들에 의해 지도되고 정당화되는 행위라는 의미에서 정치적 행위이다.
② 롤스는 정의의 제2원칙의 첫 번째 부분인 차등의 원칙에 대한 위반은 확인하기 어렵기 때문에, 시민 불복종을 제1원칙인 평등한 자유의 원칙에 대한 심한 위반이나 제2원칙의 두 번째 부분인

공정한 기회균등의 원칙에 대한 현저한 위배에 국한시켜야 한다고 보았다.
④ 싱어는 시민 불복종이 특정한 원칙에 대한 호소가 아니라 결과주의 관점에서 정당화되어야 한다고 보았다.
⑤ 롤스와 싱어는 모두 시민 불복종이 최후의 수단으로 시행되어야 한다고 보았다.

09 과학 기술과 윤리

수능 기본 문제

본문 100~101쪽

01 ④	02 ②	03 ⑤	04 ⑤
05 ⑤	06 ①	07 ①	08 ④

01 과학에 대한 베이컨의 입장 파악

문제 분석 제시문은 베이컨의 주장이다. 베이컨은 과학 기술을 통해 인류가 사회의 모든 문제를 해결하고 행복을 누릴 수 있다는 과학 기술 지상주의를 주장하였다.

정답 찾기 ④ 베이컨은 과학을 이용하여 자연을 인간의 목적에 맞게 변화시킴으로써 병을 치유하고 생명을 연장할 수 있다고 보았다.

오답 피하기 ① 베이컨은 과학 기술 지상주의의 입장에서 과학 기술의 긍정적 측면을 강조하였다.
② 베이컨은 과학의 목적을 인간의 행복하고 풍요로운 삶을 달성하는 데 두었다.
③ 베이컨은 인간과 자연을 분리해서 바라보았고, 인간이 자연을 정복하고 다스려야 한다고 보았다.
⑤ 베이컨은 관찰과 실험을 통해 얻은 과학적 지식을 바탕으로 인간 삶을 풍요롭게 만들 수 있다고 보았다.

02 과학 기술의 긍정적 측면과 부정적 측면 파악

문제 분석 갑은 과학 기술의 긍정적 측면을 강조하고 있는 반면, 을은 과학 기술의 긍정적·부정적 측면을 모두 제시하면서 과학 기술 문제에 대한 성찰의 자세가 필요하다고 본다.

정답 찾기 ㄱ. 갑은 과학 기술의 긍정적 측면을 강조하는 과학 기술 지상주의의 입장을 제시하고 있다.
ㄷ. 을은 과학 기술의 부정적 측면을 제시하면서 이에 대한 성찰의 자세, 즉 반성적 태도의 필요성을 제기하고 있다.

오답 피하기 ㄴ. 을은 과학 기술이 인류에게 많은 혜택을 주었다는 점을 인정하고 있으므로 과학 기술 혐오주의의 입장에 해당하지 않는다.
ㄹ. 과학 기술이 유토피아를 실현해 줄 것이라고 전망하는 것은 갑의 입장에만 해당한다.

03 과학 기술의 가치 중립성 논쟁 이해

문제 분석 제시문은 과학 기술을 사실의 영역으로 규정하면서 과학 기술에 주관적 가치가 개입되어서는 안 된다고 보고, 과학 기술을 윤리적으로 규제하는 것에 반대하는 입장이다.

정답 찾기 ⑤ 제시문은 사실과 가치의 영역이 명확히 구분되어야 하고, 이것은 과학과 윤리의 관계에도 동일하게 적용되어야 한다고 본다. 즉, 사실을 다루는 과학 기술과 가치를 다루는 윤리가 엄격히 구분되어야 한다고 본다.

오답 피하기 ① 제시문은 과학 기술을 가치 중립적으로 바라보아야 한다는 입장으로, 과학 기술에 대한 반성적 성찰의 태도를 지녀야 한다는 식의 윤리적 접근에 반대한다.
② 제시문은 과학 기술을 사실의 영역으로 규정하면서 과학 기술을 가치 중립적으로 바라보아야 한다고 본다.
③ 제시문은 과학 기술에 주관적 가치가 개입되어서는 안 된다고 본다.
④ 제시문은 과학 기술을 사실의 영역으로 규정하고 과학 기술에 대한 윤리적 규제를 반대하는 입장으로, 과학 기술이 사회적 필요에 의해 만들어지는 것이라는 입장에 대해서는 언급하지 않았다.

04 과학 기술에 대한 하이데거의 입장 파악

문제 분석 제시문은 하이데거의 주장이다. 하이데거는 기술의 본질에 대한 반성적 성찰의 자세가 필요하며, 기술을 가치 중립적인 도구로만 볼 경우 인간이 기술에 종속당할 것이라고 보았다.

정답 찾기 ⑤ 하이데거는 과학 기술을 단지 인간의 삶에 필요한 도구로만 보아서는 안 되며, 과학 기술이 인간의 삶에 어떻게 작용하고 어떠한 결과를 가져오는지에 대한 비판적 성찰의 태도가 필요하다고 보았다.

오답 피하기 ① 하이데거는 과학 기술을 적용할 때 인간의 가치 판단을 배제하는 가치 중립적 태도를 비판하면서 과학 기술에 대한 반성적 성찰이 필요하다고 강조하였다.
② 하이데거는 과학 기술의 본질을 인간의 목적을 위한 도구로 한정하는 기존의 태도를 지양하고, 과학 기술의 본질에 대한 더 깊은 탐색이 필요하다고 보았다.
③ 하이데거는 과학 기술 자체를 윤리적 판단 대상으로 보는 것을 부적절한 것으로 간주하는 가치 중립적 태도를 비판하였다.
④ 하이데거는 과학 기술을 인간과 독립하여 존재하는 것으로 간주해서는 안 된다고 보았다.

05 과학자의 책임 이해

문제 분석 제시문은 과학자가 연구 과정에서 지켜야 할 내적 책임에 대해 언급하고 있다.

정답 찾기 ⑤ 제시문에 따르면 과학자는 자신의 연구가 사회적·윤리적으로 용인될 수 있는지에 대해 살펴보아야 한다. 따라서 과학자가 사회적으로 문제가 될 수 있는 연구 방법도 사용해야 한다는 입장은 제시문의 입장이 아니다.

오답 피하기 ① 제시문은 과학자가 연구 과정에서 위조와 같은 비윤리적 행위를 해서는 안 된다고 본다.
② 제시문은 과학자가 과학 기술 연구 윤리를 실천해야 한다고 본다.
③ 제시문은 과학자가 연구 과정에서 표절과 같은 비윤리적 행위를 해서는 안 된다고 본다.
④ 제시문은 과학자가 연구 윤리를 지키며 자신의 연구의 진위를 밝혀야 한다고 본다.

06 요나스의 입장 파악

문제 분석 제시문은 요나스의 주장이다. 요나스는 현대 과학 기술의 발전으로 새로운 문제들이 발생하는 상황에서 기존의 인간 중심적 전통 윤리로는 이러한 문제들을 해결할 수 없다고 보고, 과학의 힘을 통제할 새로운 윤리학의 필요성을 제시하였다.

정답 찾기 ㄱ. 요나스는 인류가 존재해야 한다는 당위적 요청을 근거로 인류 존속에 관한 현세대의 책임을 강조하면서 인류 존속을 위해서는 과학에 대한 윤리적 성찰이 요구된다고 보았다.
ㄴ. 요나스에 따르면 새로운 윤리, 즉 책임의 윤리는 인류와 지구 환경에 미치는 인간 행위의 전반적 결과를 고려해야 한다.

오답 피하기 ㄷ. 요나스는 기술 발전이 가져올 희망적 미래보다는 기술 발전이 미칠 위험에 대한 고려를 바탕으로 새로운 윤리를 정립해야 한다고 보았다.
ㄹ. 요나스는 기존의 인간 중심의 전통 윤리학으로는 과학의 발전으로 발생하는 문제를 해결할 수 없다고 보고, 자연과 미래 세대를 책임의 대상에 포함하는 새로운 책임의 윤리를 제시하였다.

07 과학 기술에 대한 가치 판단의 필요성 이해

문제 분석 제시문은 과학 기술의 정당화 과정에서는 주관적 가치가 개입되어서는 안 되지만, 과학 기술의 연구 대상 선정 과정과 결과 활용의 과정에서는 가치가 개입될 수 있다는 점에 유의해야 한다고 본다.

정답 찾기 ① 제시문은 과학 기술의 결과를 활용하는 과정에서는 가치가 개입되고 있고, 또한 개입되어야 한다고 본다.

오답 피하기 ② 제시문은 과학 기술의 연구 대상 선정 과정에 다양한 가치가 개입될 수 있다고 본다.
③ 제시문은 과학 기술이 객관적 타당성을 갖춘 지식이나 원리로 인정받기 위한 과정, 즉 정당화 과정에는 연구자의 주관적 가치가 개입되어서는 안 된다고 본다.
④ 제시문은 과학 기술이 연구 대상을 선정하고 그 결과를 활용하는 과정에는 가치가 개입될 수 있다고 본다.
⑤ 제시문은 과학 기술의 정당화 과정에서는 가치 중립성을 준수해야 하지만, 그 외의 과정에서는 다양한 가치가 개입될 수 있다고 본다.

08 과학 기술에 대한 평가와 통제 방안 파악

문제 분석 칼럼은 과학 기술의 악영향을 최소화하기 위해서는 과학 기술을 평가하고 통제할 수 있는 기관과 윤리 위원회의 활동이 필요하고, 전문가와 일반 대중의 평가를 포함하는 기술 영향 평가 제도를 시행해야 한다고 본다.

정답 찾기 ④ 칼럼은 과학 기술의 평가와 통제를 위한 기관 또는 국가의 각종 윤리 위원회 활동과 기술 영향 평가 제도의 시행 등 사회 제도적 노력을 제시하고 있다.

오답 피하기 ① 칼럼은 과학 기술에 대한 평가에 일반 대중의 토론을 바탕으로 한 참여적 평가를 포함하고 있다.
② 칼럼은 과학 기술의 평가와 통제를 위해 국가의 각종 윤리 위원회 활동을 강화해야 한다고 본다.
③ 칼럼은 과학 기술의 악영향을 최소화하기 위한 노력이 절실히 요구된다고 본다. 이를 통해 칼럼이 과학 기술에 대한 가치 판단이 가능하다는 입장을 표방함을 알 수 있다.
⑤ 칼럼은 과학 기술의 악영향을 최소화하기 위해 각종 윤리 위원회 활동과 기술 영향 평가 제도의 시행을 제안하고 있다.

수능 실전 문제

본문 102~105쪽

1 ①	2 ②	3 ③	4 ③
5 ②	6 ①	7 ⑤	8 ⑤

1 과학 기술의 가치 중립성 논쟁 파악

문제 분석 (가)는 과학 기술을 가치 중립적으로 보아야 하고, 과학 기술자에게 연구 결과의 성과와 활용에 대한 책임을 물어서는 안 되며, 과학 기술자에 대한 윤리적 규제를 해서는 안 된다는 입장이다. (나)는 과학 기술을 가치 중립적으로 보아서는 안 되고, 과학 기술자에게 연구 결과의 성과와 활용에 대한 책임을 물어야 하며, 과학 기술자에 대한 윤리적 규제가 필요하다는 입장이다.

정답 찾기 ① (가)의 입장에 비해 (나)의 입장이 갖는 상대적 특징은 '과학 기술에 대한 가치 판단 배제를 강조하는 정도(X)'는 낮고, '과학 기술의 활용에 대한 과학 기술자의 책임을 강조하는 정도(Y)'와 '과학 기술자의 연구 활동에 대한 외부 통제의 필요성을 강조하는 정도(Z)'는 높다. 따라서 ㉠이 정답이 된다.

2 과학 기술자의 사회적 책임 이해

문제 분석 제시문은 과학 기술자의 사회적 책임에 대해 언급하고 있다. 즉, 과학 기술자가 과학 기술에 대한 전문적인 지식을 보유하고 있기 때문에 그러한 지식을 사회와 일반 대중을 위해 바람직한 방향으로 활용해야 하는 책임을 지닌다고 본다.

정답 찾기 ② 제시문은 과학 기술자가 일반 대중과 달리 과학 기술에 대한 전문적인 지식을 보유하고 있거나 쉽게 확보할 수 있기 때문에, 이러한 전문성을 바탕으로 사회와 일반 대중을 위해 과학 지식을 바람직한 방향으로 활용해야 하는 사회적 책임을 다해야 한다고 본다.

오답 피하기 ① 제시문은 과학 기술자가 사회적 책임을 다해야 한다는 점을 강조하고 있다.
③ 제시문은 과학 기술자가 외적 책임, 즉 사회적 책임을 다해야 한다는 점을 강조하고 있다.
④ 제시문은 과학 기술자가 자신이 지닌 과학적 지식을 사회와 일반 대중을 위해 바람직한 방향으로 활용하는 사회적 책임을 다해야 한다고 주장하고 있다.
⑤ 제시문은 과학 기술자가 과학적 지식을 사회와 일반 대중을 위해 바람직한 방향으로 활용할 책임을 강조하므로, 과학 기술자가 연구의 발견 및 활용의 과정에서 가치 중립적 입장을 견지해야 한다는 주장은 제시문의 입장에 해당하지 않는다.

3 하이데거와 야스퍼스의 사상 비교

문제 분석 (가)의 갑은 하이데거, 을은 야스퍼스이다. 하이데거는 기술을 하나의 수단으로만 보지 말고 기술의 본질에 대해 고찰해야 한다고 보았다. 그는 기술이 사물의 숨겨진 면을 밖으로 드러내게 해 주는 탈은폐의 방식이라고 보았다. 야스퍼스는 기술에 대한 가치 중립적 입장을 제시하였다.

정답 찾기 ㄴ. 하이데거는 기술이 감추어져 있는 존재의 모습을 드러내게 해 주는 탈은폐의 방식이라고 보면서, 현대 기술이 자연의 에너지를 채굴하고 분배하며 사용하는 과정을 통해 인간이 세계와 맺는 관계를 규정한다고 보았다.
ㄹ. 야스퍼스는 기술 그 자체는 선도 아니고 악도 아니라고 보았다. 그는 기술 자체를 윤리적 판단의 대상으로 규정하는 것을 부적절하다고 보았다.

오답 피하기 ㄱ. 하이데거와 야스퍼스 모두 기술의 활용에 대한 반성적 검토가 필요하다고 보았다.
ㄷ. 하이데거는 기술의 본질을 인간을 위한 도구 역할에 한정하는 것은 적절하지 않다고 보았다.

4 베이컨과 요나스의 사상 비교

문제 분석 갑은 베이컨, 을은 요나스이다. 베이컨은 과학 기술을 통해 인류가 물질적 풍요와 행복한 삶을 누릴 수 있다는 과학 기술 지상주의의 입장을 제시하였다. 요나스는 베이컨의 과학 기술 지상주의를 비판하면서 과학 기술이 야기하는 문제점을 해결하기 위한 새로운 윤리의 필요성을 제시하였다.

정답 찾기 ③ 요나스는 과학 기술의 힘이 커지면서 발생하는 문제들을 해결하기 위해서는 과학 기술의 활용과 그 결과에 대한 윤리적 검토가 필요하다고 보았다.

오답 피하기 ① 베이컨은 인간과 자연의 조화보다는 자연에 대한 인간의 지배를 주장하였다.

② 베이컨은 자연의 내재적 가치가 아니라 도구적 가치를 강조하면서 인간의 행복한 삶을 위해 자연을 정복해야 한다고 보았다.

④ 요나스는 과학 기술의 영향력이 클수록 인간의 책임에 대한 요구도 커진다고 보았다.

⑤ 요나스의 입장에 해당하지 않는다. 요나스는 과학 기술에 대한 부정적 전망을 바탕으로 새로운 책임의 윤리를 마련해야 한다고 보았다.

5 정보 사회의 특징 이해

문제 분석 그림의 강연자는 정보 통신 기술이 현대인들을 다중 감시 체계에 놓이게 했다는 점을 제시하면서, 이러한 다중 감시 체계는 판옵티콘의 하나의 감시 체계와 다른 측면을 지닌다는 점을 주장하고 있다.

정답 찾기 ㄱ. 강연자에 따르면 정보 사회는 다양한 디지털 매체를 통해 다중 감시 체계를 형성하고 있다.

ㄹ. 강연자는 정보 사회의 감시 체계가 개인이 원하지 않는 정보의 노출이나 정보의 자의적 사용과 같이 개인의 의지와 상관없이 개인 정보를 이용할 수 있다고 본다.

오답 피하기 ㄴ. 강연자에 따르면 정보 사회는 권력을 지닌 1인이 개인들을 통제하는 감시 체계가 아니라 디지털 매체들을 통한 다중 감시 체계이다.

ㄷ. 강연자는 정보 사회의 감시 체계가 일정 정도 개인들의 동의를 전제로 한다고 주장한다.

6 과학 기술의 가치 중립성 논쟁 이해

문제 분석 (가)의 갑은 과학 기술 연구의 전 과정에 가치 판단이 개입되어서는 안 된다고 본다. 을은 과학 기술 연구의 객관성을 확보하는 과정에서는 연구자의 주관적 가치가 개입되어서는 안 되지만, 연구 목적의 설정과 연구 결과의 적용 과정에서는 가치 판단이 개입될 수 있다고 본다.

정답 찾기 ㄱ. 갑은 과학 기술 연구의 전 과정에 가치 판단이 개입되어서는 안 되며, 과학 기술에 대한 도덕적 판단은 지양해야 한다고 본다. 즉, 갑은 과학 기술이 윤리적 평가로부터 자유로워야 한다고 본다. 반면에 을은 과학 기술이 윤리적 평가로부터 자유로울 수 없다고 본다.

ㄴ. 갑, 을 모두 과학 기술의 정당화 과정, 즉 과학 기술 연구의 객관성을 확보하는 과정에서는 가치 중립성이 요구된다고 본다.

오답 피하기 ㄷ. 갑의 입장에 해당하지 않는다. 갑은 과학 기술이 객관적인 법칙을 발견하는 것을 목적으로 한다고 본다.

ㄹ. 갑, 을 모두 과학 기술 연구 대상 선정 과정에 다양한 가치가 개입될 수 있다고 본다.

7 베이컨과 하이데거의 입장 비교

문제 분석 (가)의 갑은 베이컨, 을은 하이데거이다. 베이컨은 과학 기술을 통한 인간의 자연 지배를 주장하면서 인류의 행복을 위한 도구로서 과학 기술을 강조하였다. 하이데거는 과학 기술을 단순히 인간의 필요를 위한 도구로만 보는 관점을 비판하였다.

정답 찾기 ⑤ 베이컨은 과학 기술을 인간의 풍요로운 삶을 위한 도구로 규정하였다. 반면에 하이데거는 과학 기술을 인간의 도구로만 보아서는 안 되며, 인간과 세계를 변화시키는 힘을 지닌 과학 기술의 본질에 대한 반성적 성찰이 필요하다고 강조하였다.

오답 피하기 ① 하이데거는 과학 기술이 인간에게 미치는 부정적 측면을 검토해야 한다고 보았으므로 하이데거에게 제기할 베이컨의 비판으로 적절하지 않다.

② 베이컨뿐만 아니라 하이데거도 과학 기술이 자연에 대한 인간의 영향력을 증대시킬 수 있다고 보았으므로 하이데거에게 제기할 베이컨의 비판으로 적절하지 않다.

③ 베이컨은 과학 기술의 목적을 인간 삶의 개선에 두어야 한다고 보았으므로 베이컨에게 제기할 하이데거의 비판으로 적절하지 않다.

④ 베이컨은 관찰과 실험을 통해 유용한 과학 기술적 지식을 습득할 수 있다고 보았으므로 베이컨에게 제기할 하이데거의 비판으로 적절하지 않다.

8 요나스의 사상 이해

문제 분석 제시문은 요나스의 주장이다. 요나스는 기존의 인간 중심적인 전통 윤리로는 현대의 기술로 인해 발생하는 문제들을 해결할 수 없기 때문에 미래 세대와 자연 전체를 책임의 대상에 포함하는 새로운 윤리가 필요하다고 보았다.

정답 찾기 ⑤ 요나스는 현대 과학 기술의 영향력이 확산되면서 인간의 예견적 지식을 넘어서는 새로운 윤리적 문제를 만들어 낸다고 보았다.

오답 피하기 ① 요나스는 이성적 존재인 인간만이 책임의 주체가 될 수 있다고 보았다.

② 요나스는 과학 기술을 통해서만 과학 기술의 부작용을 해결해야 한다고 보지 않았다.

③ 요나스는 과학 기술을 통해 유토피아를 실현할 수 있다는 주장에 대해 비판하면서 과학 기술로 발생하는 문제점에 대한 비판적 성찰이 필요하다고 보았다.

④ 요나스는 과학 기술로 발생한 새로운 윤리적 문제를 해결하기 위해 과학 기술이 가져오는 혜택을 포기해야 한다고 주장하지 않았다.

10 정보 사회와 윤리

수능 기본 문제 본문 110~111쪽

01 ②	02 ①	03 ①	04 ③
05 ④	06 ⑤	07 ③	08 ①

01 잊힐 권리의 필요성 이해

문제 분석 제시된 자료는 잊힐 권리가 적용되는 경우에 대해 설명하고 있다. 잊힐 권리는 개인이 공개를 원하지 않는 자신과 관련된 민감한 정보가 포털 사이트 등을 통해 많은 사람에게 공개되지 않도록 정보 주체가 자신의 정보를 통제할 수 있는 권리이다.

정답 찾기 ② 잊힐 권리는 개인이 자신의 정보를 통제할 수 있는 권리로, 개인의 사생활과 인격권을 보호하는 데 목적을 두고 있다.

오답 피하기 ① 제시된 규정은 시민의 알 권리 확충이 아니라 잊힐 권리의 보장과 관련된 내용이다.
③ 잊힐 권리는 개인이 스스로 자기 정보를 통제할 수 있는 권리를 말한다.
④ 잊힐 권리는 개인의 사생활을 보호하기 위한 것으로, 정보 공유를 통한 정보 격차 해소와는 관련이 없다.
⑤ 잊힐 권리는 개인의 자기 정보 통제권으로, 개인 정보에 대한 언론의 접근 기회를 확대하는 것을 목적으로 삼지 않는다.

02 저작권 보호를 주장하는 입장 파악

문제 분석 제시문은 저작권 보호를 주장하는 입장이다. 정보의 생성은 특정 개인이나 집단의 노력의 산물이기 때문에 이에 대해 배타적 소유권을 인정해야 한다는 입장이다.

정답 찾기 ㄱ. 제시문은 정보의 생성을 통해 발생하는 지적 산물에 대한 창작자의 배타적 소유권, 즉 재산권을 보장해야 한다고 본다.
ㄴ. 제시문은 정보의 생성에 대해 적절한 보상 시스템이 존재하지 않는다면 정보의 생성이 빈약해질 것이라고 본다.

오답 피하기 ㄷ. 저작권 보호를 주장하는 입장에서는 저작자의 허락 없이 정보를 자유롭게 이용하고 교환하자는 주장에 반대한다.
ㄹ. 저작권 보호를 주장하는 입장에서는 개인이나 집단의 노력과 투자의 산물인 정보에 대한 배타적 소유권을 주장하기 때문에 모든 정보를 공공재로 보는 입장에 반대한다.

03 사이버 폭력 문제의 특징 이해

문제 분석 제시문은 사이버 폭력 문제의 특징에 대해 언급하고 있다. 제시문은 사이버 공간의 행위 주체와 현실 세계의 행위 주체는 동일하기 때문에 사이버 폭력 문제를 해결하기 위해서는 개인들이 올바른 가치와 규범을 확립하여 자신들의 행동을 스스로 통제할 수 있도록 해야 한다고 본다.

정답 찾기 ① 제시문은 사이버 폭력 문제의 해결 방안으로 개인들이 올바른 가치와 규범을 확립하여 자신들의 행동을 스스로 통제할 수 있도록 하는 것이 가장 우선되어야 한다고 본다. 즉, 개인들의 자율적 규제를 통해 사이버 폭력 문제를 해결해야 한다고 본다.

오답 피하기 ② 제시문은 사이버 공간을 현실 세계와 독립된 별개의 공간처럼 생각하는 경향에 반대한다.
③ 제시문은 사이버 공간의 익명성 제거가 사이버 폭력 문제의 해결 방법으로 적절하지 않다고 본다.
④ 제시문은 사이버 공간의 행위 주체가 현실 세계의 행위 주체와 사실상 동일하다고 본다.
⑤ 제시문은 사이버 폭력 문제의 해결을 위해 개인들이 올바른 가치와 규범을 확립하여 자신들의 행동을 스스로 통제할 수 있도록 하는 것이 가장 적절한 방안이라고 본다.

04 뉴 미디어의 특징 이해

문제 분석 제시된 서술형 평가 문제의 A는 '뉴 미디어'이다.

정답 찾기 ③ 대규모 집단을 대상으로 획일적 메시지를 전달하는 기존의 대중 매체와 달리, 뉴 미디어는 특정 대상과 특정 정보를 상호 교환할 수 있는 탈대중화의 특징을 지닌다.

오답 피하기 ① 뉴 미디어는 정보 생산자와 소비자가 비교적 수평적인 관계를 바탕으로 활발하게 상호 작용함으로써 송수신자 사이에 쌍방향 정보 교환을 가능하게 한다.
② 뉴 미디어는 정보 교환에서 송수신자가 동시에 참여하지 않고도 수신자가 원하는 시간에 정보를 이용할 수 있는 특징을 지닌다.
④ 뉴 미디어는 정보를 발견하는 동시에 취합하고 공개할 수 있으며, 다양한 의견을 반영하여 즉각적으로 정보를 수집할 수 있어 이용자가 더욱 능동적으로 활동할 수 있는 특징을 지닌다.
⑤ 뉴 미디어는 이전 아날로그 시대에 개별적으로 존재했던 매체들이 하나의 정보망으로 통합되어 멀티미디어화되는 특징을 지닌다.

05 사이버 공간의 표현의 자유 문제 이해

문제 분석 칼럼은 사이버 공간이 개방적인 공간이자 서로 대등하게 상호 작용할 수 있는 공간이기 때문에 개인들이 현실 공간에서보다 활발하게 자신의 의사를 표현할 수 있다고 본다.

정답 찾기 ④ 칼럼은 자유롭게 담론을 생산하고 정치적 비판을 과감히 수행하는 공론의 장의 역할을 하는 사이버 공간의 이점이 살아날 수 있도록 사이버 공간에서 표현의 자유를 보장해야 한다고 본다.

오답 피하기 ① 칼럼은 악성 댓글과 같은 문제를 이유로 사이버 공간에서 법적 통제, 즉 공적 규제를 강화해야 한다는 주장에 동의하지 않는다.
② 칼럼은 사이버 공간을 폐쇄적이지 않고 개방적인 공간이라고 본다.
③ 칼럼은 표현의 자유와 관련하여 다른 사람의 인권을 침해하지 않아야 한다는 제한을 언급하고 있다.
⑤ 칼럼은 사이버 공간에 대한 의존성 심화로 인한 문제에 대해 해결책 마련을 강조하고 있지 않다.

06 정보 사회에서 발생하는 문제의 해결 방안 파악

문제 분석 제시문은 해킹이나 개인 정보 유출과 같은 정보 사회에서 발생하는 범죄를 해결하기 위한 방안으로 엄격한 법적 규제보다는 범죄 예방을 위한 업무 환경 개선과 피고용인의 도덕적 감수성 육성의 필요성을 주장하고 있다.

정답 찾기 ⑤ 제시문은 정보 범죄 예방을 위해 타인과 사회에 피해를 주지 않기 위한 도덕적 감수성 육성, 즉 개인들이 해악 금지 윤리 원칙을 준수하도록 교육하는 것이 도움이 된다고 본다.

오답 피하기 ① 제시문은 정보 범죄를 엄격하게 법적 문제로 간주하기보다는 도덕적 문제로 간주하는 것이 정보 범죄를 해결하는 데 더 적절하다고 본다.
② 제시문은 정보 범죄 예방을 위해 업무 환경 개선과 같은 정책이 필요하다고 본다.
③ 제시문은 정보의 자유로운 제작과 유통을 정보 범죄의 해결 방안으로 제시하고 있지 않다.
④ 제시문은 정보 범죄 예방을 위한 해결책으로 업무 환경 개선을 위한 정책과 개인들의 도덕적 감수성 육성을 위한 교육을 언급하고 있다.

07 허위 정보 문제의 해결 방안 파악

문제 분석 제시문은 허위 정보와 관련된 가장 큰 논란이 과잉 규제의 우려와 표현의 자유 침해 문제라고 보면서도, 사회적 약자에 대한 혐오와 차별 조장이나 국민의 생명과 안전에 직접적인 위해를 야기할 수 있는 허위 정보에 대해서는 철저한 규제가 필요하다고 주장한다.

정답 찾기 ㄴ. 제시문은 장애인이나 외국인 노동자와 같은 사회적 약자에 대한 혐오를 선동하거나 차별을 조장하는 허위 정보에 대해서는 규제가 필요하다고 본다.
ㄷ. 제시문은 허위 정보에 대한 규제 정책이 제대로 시행되기 위해서는 허위 정보를 둘러싼 당사자들의 이해관계의 조율이 전제되어야 한다고 본다.

오답 피하기 ㄱ. 제시문은 사회적 약자 차별을 조장하거나 국민의 생명과 안전을 위협하는 허위 정보에 대해서는 철저한 규제가 필요하다고 본다.
ㄹ. 제시문은 국민의 생명과 안전에 직접적인 위해를 야기할 수 있는 허위 정보에 대해서는 지체 없이 조치를 취해야 한다고 본다.

08 매체 이해력 증진을 위한 방법 파악

문제 분석 제시문은 매체 이해력의 의미와 정보 사회에서 매체 이해력이 필요한 이유에 대해 설명하고 있다. ㉠에 들어갈 내용은 매체 이해력을 증진할 수 있는 방법이다.

정답 찾기 ㄱ. 제시문은 매체 이해력을 매체를 제대로 사용하고 바람직하게 표현하는 능력이라고 본다. 즉, 정보 사회에서 요구하는 매체 이해력은 단순히 매체가 전달하는 정보를 이해하는 수준에서 벗어나 기존의 정보를 새로운 정보로 조합하여 사용하는 능력을 포함한다.
ㄴ. 제시문은 정보 사회에서 수많은 정보의 진위를 파악하기 위해서는 높은 수준의 이해력과 판단력이 필요하다고 본다. 즉, 정보를 제대로 평가하기 위한 비판적 사고 능력을 길러야 한다고 본다.

오답 피하기 ㄷ. 제시문은 매체 이해력을 매체의 내용을 비판적으로 해석하는 것이라고 본다. 따라서 매체가 제공하는 정보에 대한 무조건적 신뢰는 이에 해당하지 않는다.
ㄹ. 제시문은 매체 이해력을 사회 규칙의 테두리 내에서 매체를 제대로 사용하고 바람직하게 표현하는 능력으로 규정한다. 따라서 사회가 합의한 규범 준수보다 정보 생산의 효율성 증대를 위해 노력해야 한다는 것은 제시문의 입장에 해당하지 않는다.

수능 실전 문제

본문 112~115쪽

1 ①	2 ②	3 ⑤	4 ④
5 ③	6 ⑤	7 ⑤	8 ④

1 알 권리와 잊힐 권리에 대한 이해

문제 분석 (가)는 알 권리의 보장을 위해 국민에게 국가 정보뿐만 아니라 개인의 정보에 대해서도 자유롭게 접근할 수 있는 권리를 부여해야 한다고 본다. 반면에 (나)는 국민의 알 권리보다 개인의 사생활과 인격 보호가 우선되어야 한다고 보며, 이를 위해 잊힐 권리가 필요하다고 주장한다.

정답 찾기 ① (가)의 입장에 비해 (나)의 입장이 갖는 상대적 특징은 '공익을 위해 알 권리 충족을 강조하는 정도(X)'는 낮고, '개인의 정보 자기 결정권을 강조하는 정도(Y)'와 '개인의 인격권과 프라이버시 보호를 강조하는 정도(Z)'는 높다. 따라서 ㉠이 정답이 된다.

2 표현의 자유에 대한 밀의 입장 이해

문제 분석 제시문은 공리주의 사상가인 밀의 주장이다. 밀에 따르면 사람은 불완전한 존재이기 때문에 다양한 의견과 행동 양식이 존재하는 것이 진리 인식에 도움이 된다. 그는 다른 사람들에게 피해를 주지 않는 한도 내에서 최대한 표현의 자유를 보장해야 한다고 주장하였다.

정답 찾기 ② 밀은 사람들이 진리의 모든 측면을 인식하는 능력이 지금보다 훨씬 더 나아질 때까지 다양한 의견이 존재하는 것은 악이 아니라 선이라고 보았다. 따라서 밀은 게시판 폐쇄를 고민하고 있는 A에게 다양한 의견 제시를 통해 진리를 더욱 명확히 인식할 수 있다는 조언을 할 수 있다.

오답 피하기 ① 밀은 다양한 소수의 의견이 존재하는 것이 진리 인식을 위해 필요하다고 보았다.
③ 밀은 다수의 의견이 항상 옳은 것은 아니기 때문에 갈등 해결을 위해 다수의 의견을 따르는 것이 최선의 방안이 될 수는 없다고 보았다.
④ 밀은 개인들이 자유롭게 의사를 표현할 수 있어야 진리 인식에 도움이 된다고 보았다.
⑤ 밀은 타인에게 피해를 주는 경우 표현의 자유가 제한될 수 있다고 보았다.

3 저작권 문제와 관련된 갈등 이해

문제 분석 (가)의 갑은 사회 발전을 위해 저작권을 강력하게 보호해야 한다는 입장이다. 반면에 을은 사회 발전을 위해 저작권은 되도록 축소하고 이용자의 권리는 최대한 보장해야 한다는 입장이다.

정답 찾기 ㄴ. 갑은 저작권을 최대한 보장해야 양질의 저작물이 생산될 수 있다고 본다. 을은 공공재로서 정보가 자유롭게 생산, 유통될 때 양질의 지식이 생산될 수 있다고 본다. 갑, 을 모두 양질의 저작물이 생산될 수 있는 환경이 마련되어야 한다고 본다.
ㄷ. 갑, 을 모두 창작자가 자신의 지적 산물에 대한 권리를 가질 수 있다고 본다. 다만, 갑과 달리 을은 저작권을 인정하면서도 저작권을 가능한 한 축소해야 한다고 본다.
ㄹ. 을만의 입장이다. 갑은 저작권이 최대로 보장되어야 수준 높은 저작물이 창작되어 사회가 발전한다고 본 반면, 을은 공공재로서 정보가 자유롭게 생산, 유통될 때 사회가 발전한다고 본다.

오답 피하기 ㄱ. 갑은 모든 저작물을 공공재로 간주해야 한다고 보지 않는다.

4 허위 정보 문제의 해결 방안 이해

문제 분석 갑은 기존의 규제 체계로는 허위 정보 문제를 해결할 수 없기 때문에 새로운 법안이 마련되어야 한다고 본다. 반면에 을은 기존의 법리를 통해 허위 정보 문제 해결이 가능하며, 시민의 알 권리 확보를 위해 언론에 대한 불필요한 규제를 없애야 한다고 본다.

정답 찾기 ④ 을은 언론에 대한 불필요한 표현물 규제로 시민의 알 권리가 제한되고 표현의 자유가 위축된다고 본다.

오답 피하기 ① 갑은 인터넷을 통해 개인과 다양한 집단이 새로운 매체, 즉 뉴 미디어의 역할을 하면서 허위 정보 문제가 발생하여 개인의 권리가 제대로 구제받지 못하고 있다고 본다.
② 갑은 기존의 언론 규범과 질서가 무너져 기존의 규제 체계로는 허위 정보 문제를 해결할 수 없다고 본다.
③ 을은 기존의 법리를 통해서도 허위 정보 문제를 충분히 해결할 수 있다고 본다.
⑤ 갑, 을 모두 법률을 통해 허위 정보 문제 해결이 가능하다고 본다.

5 사이버 공간의 문제 해결 방안 이해

문제 분석 그림의 강연자는 사이버 공간의 문제를 해결하기 위한 방안으로 법률을 통한 정부 규제나 기술적 시도 외에도 존중, 책임, 정의와 같은 도덕적 덕목을 제시하고 있다.

정답 찾기 ㄴ. 강연자는 사이버 공간의 문제 해결을 위해 법률과 같은 위로부터의 정부 규제, 즉 제도적 규제와 정교한 차단 장치의 사용과 같은 기술적 시도가 필요하다고 본다.
ㄹ. 강연자는 사이버 공간의 문제 해결을 위해 제도적 규제나 기술적 시도와 같은 방안을 사용하더라도 개인의 자율성을 침해하지 않아야 한다고 본다.

오답 피하기 ㄱ. 강연자는 사이버 폭력 문제의 해결을 위해서는 개인과 기관의 자율적 규제와 더불어 법률과 같은 위로부터의 정부 규제도 필요하다고 본다.
ㄷ. 강연자는 타인에 대한 존중, 자신의 언행에 대한 책임, 타인의 자유와 권리를 침해하지 않으려는 정의와 같은 개인의 도덕적 덕목이 사이버 공간 문제 해결을 위한 바람직한 대안이 될 수 있다고 본다.

6 사이버 자아 형성의 긍정적 · 부정적 측면 이해

문제 분석 제시문은 사이버 자아 형성의 긍정적 측면과 부정적 측면에 대해 설명하고 있다. 사이버 자아 형성이 현실의 제한에서 벗어나 폭넓게 자신의 모습과 가능성을 탐색할 수 있는 기회를 제공하기도 하지만, 현실의 정체성을 사이버 자아로 대체하고 싶은 열망에서 벗어나지 못하면 절망, 우울증과 같은 정서적 반응을 보이면서 현실 적응에 어려움을 겪기도 한다는 것이다.

정답 찾기 ⑤ 제시문은 사이버 자아 형성의 부정적 측면에서 벗어나 긍정적 측면을 살리기 위해서는 개인의 자아 정체성을 확고히 유지한 상태에서 새로운 자아 탐색의 기회를 추구해야 한다고 본다.

오답 피하기 ① 제시문은 사이버 자아 형성의 부정적 측면으로 인해 개인들이 현실 적응에 어려움을 겪게 되기도 한다고 본다.

② 제시문은 사이버 자아 형성의 긍정적 측면과 부정적 측면을 모두 설명하면서 긍정적 측면을 살릴 수 있는 방안을 강조하고 있다.
③ 제시문은 현실의 자아를 유지하면서 사이버 공간의 자아 형성이 이루어져야 한다고 본다.
④ 제시문은 현실의 자아 정체성을 확고히 유지한 상태에서 사이버 자아 형성이 이루어져야 한다고 본다.

7 정보 기술과 정치 문화의 관계에 대한 입장 비교

문제 분석 갑은 인터넷과 같은 정보 기술의 발달이 시민의 직접적인 정치 참여와 숙의를 활성화하여 민주주의의 확산을 가져올 것이라고 본다. 반면에 을은 인터넷과 같은 정보 기술의 발달이 정치 문화의 개선에 별다른 기여를 하지 못한다고 본다.

정답 찾기 ⑤ 갑은 인터넷이 직접적인 정치 참여와 숙의를 활성화함으로써 대의 민주주의의 한계 보완에 기여한다고 보는 반면, 을은 인터넷이 정치적으로 무관심한 대중들을 변화시키지 못하며 숙의 민주주의를 이끌어 내는 데 기여하지 못한다고 본다.

오답 피하기 ①, ② 갑이 부정의 대답을 할 질문이다.
③, ④ 을이 긍정의 대답을 할 질문이다.

8 정보 사회의 미디어 리터러시 개념 파악

문제 분석 제시문은 정보 사회에서 미디어 리터러시는 비판적 읽기를 강조하는 것을 넘어 미디어를 창의적으로 사용하는 것을 포함해야 한다고 본다.

정답 찾기 ㄱ. 제시문은 개인이 정보 생산과 유통 과정에 참여하면서 타인의 개인 정보를 함부로 유출하거나 사회에 해악을 끼치는 행위를 해서는 안 된다고 본다.
ㄴ. 제시문은 개인이 정보의 가치를 제대로 평가하고 거짓 정보를 걸러 낼 수 있는 비판적 사고력을 지녀야 한다고 본다.
ㄷ. 제시문에 따르면 정보 사회에서 미디어 리터러시는 미디어 사용자의 정보 접근 능력과 이해 능력, 그리고 정보 생산자로서 미디어의 창의적 사용 능력을 포함한다.

오답 피하기 ㄹ. 제시문에 따르면 디지털 미디어의 발달로 대중 매체뿐만 아니라 개인 미디어도 정보 생산자의 역할을 담당한다.

11 자연과 윤리

수능 기본 문제 본문 123~124쪽

01 ④	02 ⑤	03 ①	04 ②
05 ⑤	06 ②	07 ②	08 ③

01 칸트의 입장 파악

문제 분석 제시문은 칸트의 주장이다. 칸트는 동물을 폭력적으로 다루는 것이 다른 사람을 대하는 태도에도 영향을 미치므로 인간에 대한 의무를 거스르는 것이라고 보았다.

정답 찾기 ④ 칸트에 따르면 동물의 고통에 대한 공감이 둔화되는 것은 타인과의 관계에서 요구되는 도덕성에 매우 이로운 자연적 소질을 약화시킬 수 있으므로 동물의 고통에 대한 공감은 인간의 도덕성 촉진에 기여한다.

오답 피하기 ① 칸트에 따르면 인간과 달리 동물은 자율적인 행위 능력이 있는 주체가 아니다.
② 칸트는 인간만이 도덕적 의무의 직접적인 대상에 포함된다고 보았다.
③ 칸트는 모든 생명체를 생태계의 동등한 구성원으로 보지 않았다.
⑤ 칸트는 동물에 대한 폭력이 인간의 자기 자신에 대한 의무에 어긋나기 때문에 옳지 않다고 보았다.

02 베이컨과 데카르트의 입장 비교

문제 분석 갑은 베이컨, 을은 데카르트이다. 베이컨은 자연을 인류의 복지를 위한 수단으로 보고 자연에 관한 지식의 활용을 강조하였다. 데카르트는 인간의 정신을 물질로 환원할 수 없는 것으로 본 반면, 자연을 단순한 물질 또는 기계로 파악함으로써 도덕적 고려의 대상에서 제외된다고 보았다.

정답 찾기 ㄷ. 베이컨과 데카르트는 모두 인간이 인류의 복지를 위해 자연을 지배하고 이용할 수 있다고 보았다.
ㄹ. 베이컨과 데카르트는 모두 인간과 자연의 관계에 대한 이성적 고찰이 필요하다고 보았다.

오답 피하기 ㄱ. 데카르트는 자연을 기계로 보았다.
ㄴ. 베이컨과 데카르트는 모두 자연을 인류를 위한 도구로 활용할 수 있다고 보았다.

03 아퀴나스와 테일러의 입장 비교

문제 분석 갑은 아퀴나스, 을은 테일러이다. 아퀴나스는 신의 섭리에 따라 동물은 자연의 과정에서 인간이 사용하도록 운명 지어졌다고 보았다. 테일러는 모든 유기체가 각각 자신의 방식으로 고유의 선을 추구하는 유일한 개체라는 의미에서 목적론적 삶의 중심이라고 보았다.

정답 찾기 ① 아퀴나스의 입장에 비해 테일러의 입장은 '인간을 동물보다 우월하다고 보는 정도(X)'는 낮고, '동물을 인간의 도구로 여겨서는 안 된다고 보는 정도(Y)'와 '인간 이외의 생명체도 도덕적으로 존중해야 한다고 보는 정도(Z)'는 높다. 따라서 ㉠이 정답이 된다.

04 싱어의 입장 파악

문제 분석 제시문은 싱어의 주장이다. 싱어는 공리주의 입장에서 쾌락과 고통을 느끼는 존재의 이익을 동등하게 고려해야 한다는 이익 평등 고려의 원칙을 제시하였다. 그는 인간과 마찬가지로 쾌락과 고통을 느끼는 동물을 단지 종이 다르다는 이유만으로 차별하는 것은 종 차별주의라고 비판하였다.

정답 찾기 ② 싱어는 동물을 존중해야 하는 이유가 그들이 쾌락과 고통을 느낄 수 있기 때문이라고 보았으며, 동물 보호의 의무가 발생하는 이유를 인간의 이익에 대한 기여 여부에서 찾지 않았다.

오답 피하기 ① 싱어는 도덕적 고려의 범위를 결정하는 기준을 이성이 아닌 쾌고 감수 능력에서 찾았다.
③ 싱어는 쾌고 감수 능력이 없는 존재는 도덕적 존중의 대상이 아니라고 보았다.
④ 싱어는 다른 존재의 이익을 고려할지 여부는 유정성을 기준으로 삼아야 한다고 보았다.
⑤ 싱어는 쾌락과 고통을 느끼는 존재의 이익을 동등하게 고려해야 한다고 보았기 때문에 인간과 쾌고 감수 능력을 지닌 동물의 이익 관심을 동등하게 고려해야 한다고 보았다.

05 레건의 입장 파악

문제 분석 제시문은 레건의 주장이다. 레건에 따르면 일부 동물은 도덕적으로 무능할지라도 자기의 삶을 영위할 수 있는 삶의 주체로서 내재적 가치를 지니기 때문에 도덕적으로 존중받을 권리가 있다.

정답 찾기 ⑤ 레건에 따르면 일부 동물은 감정적 생활을 하고 자기 삶의 주체로서 목적을 추구할 수 있다.

오답 피하기 ① 레건은 모든 삶의 주체가 도덕적 행위 능력을 가지는 것은 아니라고 보았으며, 일부 동물은 도덕적 행위 능력이 없을지라도 삶의 주체로서 도덕적 존중의 대상이 된다고 보았다.
② 레건은 생명을 지닌 존재 중에서 삶의 주체로서 내재적 가치를 지닌 존재를 도덕적 존중의 대상으로 보았다.
③ 레건은 모든 삶의 주체가 내재적 가치를 지닌다고 보았다.
④ 레건은 삶의 주체로서 내재적 가치를 가지는 동물은 인간과 동등한 도덕적 대우를 받을 수 있다고 보았다.

06 불교와 유교의 자연관에 대한 이해

문제 분석 (가)는 불교, (나)는 유교의 사상적 입장이다. 불교에서는 모든 존재가 원인과 조건으로 서로 영향을 주고받는다는 연기론을 강조한다. 유교에서는 하늘과 땅이 서로 느끼고 상응하며 맞물리면서 끊임없이 만물을 낳고 기르는 존재라고 하여 자연을 살아 있는 유기체로 본다.

정답 찾기 ② 불교에서는 인간을 포함한 모든 중생은 누구나 자신의 마음에 불성을 이미 지니고 있다고 보기 때문에, 자비를 실천해야 불성을 형성할 수 있다는 것은 불교의 입장에서 옳은 설명이 아니다.

오답 피하기 ① 불교에서는 자연의 모든 존재가 상호 영향을 미치며 의존적으로 존재한다고 강조한다.
③ 유교에서는 자연을 만물을 낳고 기르는 살아 있는 유기체로 본다.
④ 유교에 따르면 인간은 천인합일의 경지를 지향하며 자연과 조화를 이루어야 한다.
⑤ 불교와 유교에서는 모두 인간의 욕구 충족 여부와 무관할지라도 자연의 가치를 존중해야 한다고 본다.

07 심층 생태주의의 특징 이해

문제 분석 제시문은 심층 생태주의의 기본 원리를 담고 있다.

정답 찾기 ㄴ. 심층 생태주의에서는 모든 생명 유기체가 생태계 속에서 본래적으로 연결되어 있다고 본다.
ㄹ. 심층 생태주의에서는 인간에게 유용한지의 여부와 별개로 자연은 그 자체로 고유의 가치를 가진다고 본다. 이에 따르면 자연의 가치를 인간의 이익 실현에 대한 기여도로 판단해서는 안 된다.

오답 피하기 ㄱ. 심층 생태주의에서는 인간이 다른 생명체와 더불어 자연 속에서 연결된 존재라고 본다.
ㄷ. 심층 생태주의에서는 생명체의 풍부함이나 다양성 증진, 자연 그 자체를 위해 개별 생명체를 살상하는 행위가 정당화될 수 있다고 본다.

08 도가의 자연관에 대한 이해

문제 분석 제시문은 도가의 자연관이다. 도가에서는 무위자연을 추구하며 인간의 인위적인 의지나 욕구와 무관하게 존재하는 자연의 가치와 아름다움을 중시한다.

정답 찾기 ㄴ. 도가에서는 자연이 아무런 목적이 없는 무위의 체계로서 무목적의 질서를 담고 있다고 본다.
ㄷ. 도가에서는 인간이 자연의 법칙에 순응하면서 인위적인 의지나 욕구를 절제해야 한다고 본다.

오답 피하기 ㄱ. 도가에서는 자연을 생명이 없는 물질적 재료로 보지 않으며, 도는 자연을 본받는다고 보아 인간은 자연의 순리에 순응해야 한다고 강조한다.
ㄹ. 도가에서는 인간이 도덕적 본성을 타고난다고 보지 않고, 자연을 인간의 도덕적 본성의 근원으로도 보지 않는다.

수능 실전 문제 본문 125~129쪽

1 ⑤ 2 ④ 3 ④ 4 ⑤
5 ⑤ 6 ④ 7 ② 8 ⑤
9 ② 10 ②

1 기후 변화의 윤리적 문제에 대한 입장 이해

문제 분석 칼럼은 기후 변화를 초래한 국가들이 기후 변화로 고통받고 있는 나라에 대해 책임을 져야 하며, 기후 부정의를 시정하기 위해서는 국제 사회의 직접적 노력이 필요하다고 강조한다.

정답 찾기 ⑤ 칼럼에 따르면 기후 부정의를 바로잡기 위해서는 사회 취약 계층이 받는 기후 변화의 영향을 최소화하기 위한 국제 사회의 노력이 필요하다.

오답 피하기 ① 칼럼은 선진국이 온실가스 배출량 감축의 책임을 져야 한다고 강조하고 있으며, 선진국의 경제 성장을 유보시켜야 한다고 보지는 않는다.
② 칼럼은 기후 부정의의 궁극적 해결을 위해서는 선진국의 경제적 논리의 해결책만으로는 부족하며, 국제 사회의 직접적 노력이 필요하다고 본다.
③ 칼럼은 기후 변화로 인한 피해자를 위해 기후 변화를 초래한 국가들이 책임을 져야 한다고 본다.
④ 칼럼은 기후 변화의 극복을 위해 기후 변화에 많은 원인을 제공한 선진국들의 책임을 더욱 강조하고 있다.

2 레오폴드의 입장 파악

문제 분석 갑은 레오폴드이다. 레오폴드는 대지를 수많은 존재가 서로 균형을 맞추며 살아가는 공동체로 파악하고, 이를 존중해야 한다고 주장하였다.

정답 찾기 ④ 레오폴드는 자연 그 자체의 가치를 인간의 이해와 무관하게 존중해야 한다고 보았으며, 인간은 자연의 지배자가 아니라 한 구성원일 뿐이라고 강조하였다.

오답 피하기 ① 레오폴드는 대지를 인간의 소유물로 보지 않았으며, 대지는 인간을 비롯한 자연의 모든 존재가 어울려 살아가는 생명 공동체라고 주장하였다.
② 레오폴드는 생태계의 안정을 개별 생명체의 보존보다 중시하였다.
③ 레오폴드는 생명 공동체의 온전함과 안정성, 아름다움을 보전하는 데 기여한다면 자연물을 이용할 수 있다고 보았다.
⑤ 레오폴드는 인간을 생명 공동체의 관리자로 보지 않았으며, 인간은 대지의 한 구성원일 뿐이라고 보았다.

3 요나스의 입장 이해

문제 분석 제시문은 요나스의 주장이다. 요나스는 인류 존속에 대한 현세대의 책임을 강조하면서, 현세대는 미래 세대의 존재를 보장하고 그들의 삶의 질을 배려해야 한다고 주장하였다.

정답 찾기 ㄱ. 요나스는 인류를 하나의 연속적 세대로 이루어진 도덕 공동체로 보았다.
ㄷ. 요나스는 현세대가 미래 세대의 존재를 보장하는 책임을 무조건적 의무로 여겨야 한다고 주장하였다.
ㄹ. 요나스에 따르면 현세대는 미래 세대의 삶의 질을 보호하기 위해 무분별한 개발을 자제하고 환경을 돌보도록 노력해야 한다.

오답 피하기 ㄴ. 요나스는 현세대가 자연 보호를 위한 비용이 크다 할지라도 인류 존속의 명령을 무조건적으로 이행해야 한다고 주장하였다.

4 싱어의 입장 파악

문제 분석 가상 편지는 싱어의 입장에서 쓴 것이다. 싱어는 쾌고 감수 능력을 지닌 동물의 이익 관심을 평등하게 고려해야 한다고 보았다.

정답 찾기 ⑤ 싱어는 공리주의 입장에서 인간과 동물이 느끼는 쾌고의 정도에 따라 동물의 희생이 정당화되는 경우가 있다고 보았다.

오답 피하기 ① 싱어는 인간과 동물이 선호하는 이익 관심의 대상이 다를 수 있다고 보았다.
② 싱어는 인간과 동물의 이익 관심을 동등하게 고려해야 한다고 강조하였지만, 인간과 동물을 동일하게 대우해야 한다고 보지는 않았다.
③ 싱어는 전체 생태계의 안정을 위해 인간과 동물의 권리를 희생해야 한다고 보지 않았다.
④ 싱어는 동물에게 인간과 동등한 수준의 도덕적 행위 능력을 요구해야 한다고 보지 않았다.

5 칸트와 테일러의 입장 비교

문제 분석 (가)의 갑은 칸트, 을은 테일러이다.

정답 찾기 ⑤ 테일러는 모든 생명체가 고유의 선을 지니며, 고유의 선을 지니는 존재는 목적론적 삶의 중심으로서 도덕적으로 존중받을 대상이 된다고 보았다.

오답 피하기 ① 칸트는 인간 이외의 자연물을 인간을 위한 수단으로 여길 수 있다고 보았다. 테일러는 인간 이외의 자연물 중 목적론적 삶의 중심인 생명체를 인간을 위한 수단으로만 사용하는 것은 잘못이라고 여길 것이나, 생명을 지니지 않은 자연물을 인간을 위한 수단으로 대하는 것에 대해서는 부정하지 않았다.
② 칸트와 테일러는 모두 모든 생명체가 도덕적 행위자가 될 수 있다고 보지 않았다.
③ 칸트는 모든 생명체가 내재적 가치를 지닌다고 보지 않았다.
④ 칸트와 테일러는 모두 이성을 지닌 존재는 도덕적으로 존중받을 자격을 가진 존재라고 보았다.

6 싱어와 레건의 입장 비교

문제 분석 (가)의 갑은 싱어, 을은 레건이다. 싱어는 공리주의 입장에서 쾌고 감수 능력을 지닌 존재에 대한 이익 평등 고려의 원칙을 강조하였고, 레건은 의무론에 기초하여 내재적 가치를 가지는 개체들에 대한 도덕적 존중을 강조하였다.

정답 찾기 ④ 싱어는 쾌고 감수 능력이 다른 존재들의 이익에 관심을 가질지의 여부를 판가름하는 유일한 근거라고 보았으며, 레건은 삶의 주체로서 내재적 가치를 지니는 일부 동물에 대한 도덕적 의무를 강조하였다. 따라서 레건은 싱어에게 쾌고 감수 능력이 다른 존재들의 이익에 관심을 가질지의 여부를 판가름하는 유일한 근거가 아님을 간과한다고 비판할 것이다.

오답 피하기 ① 싱어는 공리주의 입장을 중시하므로 동물 학대 금지의 근거를 유용성과 관련하여 파악하고 있다고 볼 수 있다.
② 싱어는 쾌고 감수 능력을 지닌 동물의 이익 관심을 동등하게 고려해야 한다고 보았지만, 모든 동물을 동일하게 대우해야 한다고 주장하지는 않았다.
③ 레건은 자기 삶을 영위할 수 있는 삶의 주체로서 내재적 가치를 지닌 존재에 대한 도덕적 의무를 강조하였다.
⑤ 싱어는 종이 다르다는 이유만으로 동물의 이익 관심을 고려하지 않는 것은 종 차별주의라고 비판하므로, 레건이 싱어에게 할 수 있는 비판으로 적절하지 않다.

7 아리스토텔레스, 레건, 테일러의 입장 비교

문제 분석 (가)의 갑은 아리스토텔레스, 을은 레건, 병은 테일러이다. 아리스토텔레스는 모든 동물이 본래 사람을 위해 존재한다고 보았다. 레건은 삶의 주체로서 내재적 가치를 갖는 개체들은 도덕적으로 존중받을 권리가 있다고 보았다. 테일러는 모든 유기체가 각각 자신의 방식으로 고유의 선을 추구하는 유일한 개체라는 의미에서 목적론적 삶의 중심이라고 보았다.

정답 찾기 ㄱ. 아리스토텔레스는 인간을 다른 동물과 달리 도덕적 존중의 대상이라고 보았다. 레건은 삶의 주체로서의 일부 동물을, 테일러는 모든 생명체를 도덕적 존중의 대상에 포함하였다.
ㄷ. 테일러는 아리스토텔레스나 레건과 달리 인간이 다른 생명체에게 피해를 끼쳤을 경우 이 피해를 보상하는 것을 의무로 간주하였다.

오답 피하기 ㄴ. 레건은 일부 동물을 삶의 주체로 보았다.
ㄹ. 테일러의 입장에 해당하지 않는 진술이다. 테일러는 도덕적 행위 능력이 없다 하더라도 생명체는 목적론적 삶의 중심으로서 존중받아야 한다고 보았다.

8 슈바이처와 아퀴나스의 입장 비교

문제 분석 제시문의 '나'는 슈바이처이고, '어느 사상가'는 아퀴나스이다. 슈바이처는 생명을 유지하고 촉진하는 것은 선이며, 생명을 파괴하고 훼손하는 것은 악이라고 보았다.

정답 찾기 ⑤ 슈바이처는 인간을 포함한 모든 생명체를 살기 위해 애쓰는 존재로 보았으며, 모든 생명체에 대한 존중을 강조하였다. 아퀴나스는 인간을 존중의 대상으로 보았으나 다른 생명체를 존중의 대상으로 보지 않았으며, 다른 생명체는 인간을 위해 사용될 수 있는 존재로 보았다.

오답 피하기 ① 슈바이처는 인간 이외의 생명체들을 인간의 삶에 이바지하도록 창조된 존재로 보지 않았다.
② 아퀴나스는 인간의 생존을 위해 다른 생명체를 해치는 일이 정당화될 수 있다고 보았다.
③ 슈바이처는 동물과 식물 모두 생명에 대한 의지를 지니고 있는 존재라고 보았다.
④ 슈바이처는 생명이 그 자체로 선이라고 보았다.

9 산림 보전에 대한 다양한 입장 이해

문제 분석 그림의 강연자는 산림 정책의 목표가 인간의 행복을 위해서라고 강조하면서, 인간은 인류를 위해 산림을 사용하고 그것의 사용을 최대한 오래 유지해야 한다고 본다.

정답 찾기 ② 강연자는 임학의 목표를 야생 환경의 보전이 아니라 인간의 행복에서 찾아야 한다고 본다.

오답 피하기 ① 강연자는 산림을 인간의 이익 실현을 위한 도구로 이용할 수 있다고 본다.
③ 강연자에 따르면 환경 정책은 인류를 위해 산림을 사용하는 것과 그것을 최대한 오래 유지할 수 있는지를 고려해야 한다.
④ 강연자는 자연환경을 파괴하지 않고 필요한 것을 얻어 내어 최대한 장기간 동안 인간에게 이익이 될 수 있도록 해야 한다고 본다.
⑤ 강연자는 인간을 위해 자연을 이용할 수 있다고 보기 때문에, 산림 정책을 수립할 때 인간과 자연을 동등하게 존중할 필요가 없다고 본다.

10 도가와 불교의 자연관에 대한 이해

문제 분석 (가)의 갑은 도가 사상가인 장자, 을은 불교 사상가인 석가모니이다.

정답 찾기 ㄱ. 도가는 인간 중심적인 인위적 판단을 버리고 자연 만물이 평등함을 깨달아야 한다고 본다.
ㄷ. 불교는 자연 만물이 원인과 조건으로 상호 연결되어 있다는 연기론을 주장한다.

오답 피하기 ㄴ. 도가는 자연을 인간에게 도덕적 본성을 주는 존재로 여기지 않는다.
ㄹ. 불교는 만물이 독립적으로 발생하는 것이 아니라 무수한 원인과 조건이 얽혀 영향을 주고받으며 생겨난다고 본다.

12 예술과 대중문화 윤리

수능 기본 문제 본문 135~136쪽

01 ②	02 ①	03 ⑤	04 ⑤
05 ④	06 ④	07 ③	08 ④

01 음악에 대한 유교의 입장 이해

문제 분석 제시문은 유교 경전의 하나인 "예기"의 일부이다. 유교에서는 음악이 백성을 올바른 길로 이끌고 사회 질서를 바로잡는 데 기여할 수 있다고 본다.

정답 찾기 ㄱ. 유교에서는 음악이 백성들의 도덕성 함양에 기여할 수 있다고 본다.

ㄷ. 유교에 따르면 음악은 사회 구성원들이 질서를 이루며 조화롭게 공존하는 데 기여할 수 있다.

오답 피하기 ㄴ. 유교에서는 음악의 내용을 중시하여 예에 어긋나서는 안 된다고 본다.

ㄹ. 유교에서는 음악을 통해 백성을 교화하는 등 정치적 효과를 기대할 수 있다고 본다.

02 스핑건의 심미주의에 대한 이해

문제 분석 제시문은 스핑건의 주장이다. 스핑건은 예술이 다른 목적을 위한 도구로 이용되면 예술이 규격화 혹은 획일화되어 창조성과 창의성이 파괴될 것이라고 주장하였다.

정답 찾기 ① 스핑건은 예술 자체에 대한 아름다움을 추구해야 한다고 보았으며, 예술에 대한 평가는 오직 미적 가치에 근거해야 한다고 주장하였다.

오답 피하기 ② 스핑건은 예술가가 도덕이나 정치 등을 변화시키는 지성인이어야 한다고 주장하지 않았다.

③ 스핑건에 따르면 예술은 예술 그 자체만을 추구하며, 선의 구현을 목적으로 하지 않는다.

④ 스핑건은 예술 작품에 대한 평가를 사회적 통념과 연관 지어야 한다고 보지 않았다.

⑤ 스핑건은 예술이 지닌 도덕적·사회적 영향력을 고려할 필요가 없다고 보았다.

03 예술에 대한 플라톤의 입장 파악

문제 분석 가상 편지를 쓴 사상가는 플라톤이다. 플라톤은 예술의 존재 이유가 선을 권장하고 덕성을 장려하는 데 있다고 보았다.

정답 찾기 ⑤ 플라톤은 예술이 올바른 품성 함양을 위한 도덕적 모범을 제공해야 한다고 주장하였다.

오답 피하기 ① 플라톤은 예술가가 작품을 통해 도덕적 가치를 장려해야 한다고 보았으므로, 예술가를 선악의 평가에 초연한 존재로 간주했다고 볼 수 없다.

② 플라톤은 미적 가치가 도덕적 가치보다 우위에 있다고 보지 않았다.

③ 플라톤은 예술가가 철학자의 도덕적 이상을 모방해야 한다고 보았다.

④ 플라톤은 국가가 예술 작품의 도덕적 가치를 판단해야 한다고 보았으므로, 예술에 대한 국가의 검열에 찬성했다고 볼 수 있다.

04 예술 작품의 검열에 대한 다양한 입장 비교

문제 분석 (가)는 예술 작품에 대한 검열에 반대하는 반면, (나)는 예술 작품에 대한 검열이 도덕적으로 정당화된다고 본다.

정답 찾기 ⑤ (가)의 입장에 비해 (나)의 입장은 '예술 작품에 대한 검열은 정당함을 강조하는 정도(X)'와 '도덕성을 기준으로 작품 활동의 범위를 제한하는 정도(Y)'는 높고, '창작물의 표현에 대한 예술가의 개성을 존중하는 정도(Z)'는 낮다. 따라서 ㉤이 정답이 된다.

05 예술에 대한 칸트의 입장 이해

문제 분석 제시문은 칸트의 주장이다. 칸트는 미와 도덕성이 유사성을 가지며 미는 도덕성의 상징이라고 보았다.

정답 찾기 ④ 칸트는 미와 선이 상호 유사성을 가지기는 하지만 독립된 영역이라는 점을 인정하였다.

오답 피하기 ① 칸트는 미가 도덕성의 실현에 기여한다고 보았다.

② 칸트는 미적 체험과 도덕적 행위 모두 자유가 전제될 때 성립된다고 보았다.

③ 칸트는 미적 판단과 도덕적 판단이 그 형식에서 유사성을 가진다고 보았다.

⑤ 칸트는 미적 즐거움이 감성적인 것으로부터 순수 이성적인 것으로 나아가는 계기를 마련한다고 주장하였으며, 미적 즐거움은 감성에 인간을 구속하지 않는다고 보았다.

06 예술의 상업화에 대한 다양한 입장 이해

문제 분석 갑은 예술의 상업화가 권위주의적 사고를 변화시키는 데 기여하였다고 보고, 을은 예술의 상업화가 예술의 질적 저하를 일으키게 될 것이라고 본다.

정답 찾기 ④ 을은 예술이 지향하는 윤리적 가치를 강조하고 있으므로, 예술에 대한 평가가 도덕적 가치와 무관하지 않다고 본다.

오답 피하기 ① 갑은 일상생활에서 마주하는 모든 대상을 미적 대상으로 간주하므로, 예술에 대한 모방품도 미적 대상이 된다고 본다.

② 갑은 예술의 상업화의 긍정적 영향에 주목하고 있으므로, 예술 작품에 상품 가치를 부여할 수 있다고 본다.

③ 을은 예술 작품이 지니는 가치를 질적으로 구분할 수 있다고 본다.
⑤ 갑, 을 모두 예술을 통해 미적 가치를 경험할 수 있다고 본다.

07 아도르노의 입장 이해

문제 분석 제시문은 아도르노의 주장이다. 아도르노는 상업화된 예술에 대해 문화 산업이라고 비판하면서, 현대 예술은 자본에 종속되어 문화 산업으로 획일화되었다고 보았다.

정답 찾기 ㄴ. 아도르노는 영화와 라디오와 같은 매체를 통해 전달되는 대중문화의 생산물이 상업적으로 유용한 경우가 많다고 보았다.
ㄹ. 아도르노는 대중문화의 사회적 영향력이 커질수록 문화 획일화 현상이 심화될 것이라고 보았다.

오답 피하기 ㄱ. 아도르노는 대중문화의 산업화가 예술의 본질 실현을 방해하며, 예술 작품을 하나의 상품으로 전락시킬 것이라고 보았다.
ㄷ. 아도르노는 대중문화가 감상자에게 고유한 체험이 아니라 표준화된 소비 양식이 될 뿐이라고 보았다. 따라서 대중문화의 목적이 감상자의 예술적 개성을 증진하는 것이라고 보지 않을 것이다.

08 아리스토텔레스의 예술관에 대한 이해

문제 분석 그림의 강연자는 아리스토텔레스이다. 아리스토텔레스에 따르면 예술은 자연의 모방이며, 모방은 대상의 아름다움을 실제보다 한층 돋보이게 하는 능동적인 모방을 의미한다.

정답 찾기 ㄱ. 아리스토텔레스에 따르면 자연을 모방한 예술이 주는 쾌감은 타인과 공유할 수 있다.
ㄴ. 아리스토텔레스는 예술을 통해 자연을 모방할 수 있다고 보았다.
ㄹ. 아리스토텔레스에 따르면 예술은 자연이 성공하지 못한 것을 완성하는 것을 목표로 하므로 예술의 아름다움이 자연의 아름다움보다 돋보일 수 있다.

오답 피하기 ㄷ. 아리스토텔레스는 예술가도 철학자와 마찬가지로 살아 있는 쾌감을 다른 사람들과 나눌 수 있다고 보았다.

수능 실전 문제

본문 137~140쪽

1 ④	2 ⑤	3 ④	4 ④
5 ②	6 ②	7 ①	8 ⑤

1 예술에 대한 플라톤과 와일드의 입장 비교

문제 분석 갑은 플라톤, 을은 와일드이다. 예술과 윤리의 관계에 대해 플라톤은 도덕주의 입장을, 와일드는 심미주의 입장을 강조하였다.

정답 찾기 ④ 플라톤은 예술의 존재 이유를 선을 권장하고 덕성을 장려하는 데에서 찾았고, 와일드는 예술이 예술 그 자체만을 추구해야 한다고 강조하였으므로, 플라톤이 와일드에게 진리를 모방하여 선을 작품 속에 담아야 함을 간과한다고 비판할 수 있다.

오답 피하기 ① 와일드의 입장에서 플라톤에게 제기할 수 있는 비판이다.
② 플라톤은 예술가가 대중의 요구를 반드시 수용해야 한다고 보지 않았다.
③ 플라톤은 예술가가 선악에 초연해야 한다고 보지 않았다.
⑤ 플라톤은 예술이 선을 실현하기 위한 수련의 방법으로 채택될 수 있다고 보았다.

2 예술에 대한 유교 사상가와 묵자의 입장 비교

문제 분석 갑은 유교 사상가, 을은 묵자이다. 유교에서는 예악을 통해 백성들의 도덕성을 고양하고 사회 질서를 바로잡을 수 있다고 본다. 묵자에 따르면 예는 재물을 불필요하게 낭비하게 할 수 있고, 사회적 이익 실현을 방해할 수 있다.

정답 찾기 ⑤ 유교 사상가는 긍정, 묵자는 부정의 대답을 할 질문이다.

오답 피하기 ①, ② 유교 사상가가 부정의 대답을 할 질문이다.
③ 유교 사상가와 묵자 모두 부정의 대답을 할 질문이다.
④ 묵자가 긍정의 대답을 할 질문이다.

3 예술의 상품화에 대한 아도르노의 입장 파악

문제 분석 서술형 평가 문제에 제시된 사상가는 아도르노이다.

정답 찾기 ④ 아도르노에 따르면 대중문화의 생산품을 누리는 것은 감상자에게 고유한 체험이 아닌 표준화된 소비 양식이 될 뿐이다.

오답 피하기 ① 아도르노는 상업화된 예술에 대해 문화 산업이라고 비판하였다.
② 아도르노는 현대 예술이 자본에 종속되어 있다고 보았다.
③ 아도르노는 현대 예술이 문화 산업으로 획일화되었다고 주장하였다.
⑤ 아도르노는 상품으로 전락한 대중문화가 표준화된 소비 양식이 되고 있다고 주장하였다.

4 예술에 대한 플라톤의 입장 파악

문제 분석 제시문은 플라톤의 주장이다. 플라톤은 도덕적 기준에 따라 선별된 예술 작품을 통해 청소년은 건전한 품성과 사고를 기를 수 있다고 보았다.

정답 찾기 ㄱ. 플라톤에 따르면 예술가는 도덕적 이상을 모방하여 영혼의 조화를 추구하는 예술 작품을 창작해야 한다.

ㄷ. 플라톤에 따르면 예술 창작물은 감상자의 올바른 품성을 함양하기 위한 삶의 모범을 제공할 수 있어야 한다.
ㄹ. 플라톤은 훌륭한 예술 작품이 선을 파악하는 이성적 능력의 함양에 기여한다고 보았다.

오답 피하기 ㄴ. 플라톤에 따르면 아름다움과 올바름은 상호 모순적인 것이 아니다.

5 창작물 규제에 대한 벤담의 입장 적용 이해

문제 분석 갑은 벤담이다. 벤담은 공리주의 입장을 지닌 사상가로, 도덕과 입법의 원칙을 사회적 유용성 증진과 연관하여 이해하였다.

정답 찾기 ② 벤담의 입장에서는 〈사례〉에서 A의 행위에 대한 법적 판단과 관련하여, 자신의 창작물이 사회 전체의 행복을 감소시키는 것은 아닌지 검토해 볼 것을 제시할 수 있다.

오답 피하기 ①, ③ 칸트의 입장에서 제시할 수 있는 조언으로 벤담의 주장과는 관련이 없다.
④ 벤담은 쾌락을 질적으로 구분하지 않았으므로, 쾌락을 고상한 쾌락과 저급한 쾌락으로 구분하여 충족해야 한다고 보지 않았다.
⑤ 벤담은 행위로 인해 발생하는 결과의 유용성을 중시하였다.

6 예술에 대한 와일드의 입장 파악

문제 분석 가상 대담의 갑 사상가는 와일드이다. 와일드는 예술에 대한 심미주의 입장을 지닌 사상가로, 예술가에게 윤리적 공감은 독창성을 잃게 하는 것이라고 주장하였다.

정답 찾기 ② 와일드는 예술이 예술 이외의 기준에 의해서 재단될 수 있는 것이 아니라고 보았으며, '예술을 위한 예술'을 강조하였다.

오답 피하기 ① 와일드는 예술이 예술 이외에 다른 목적을 위한 도구가 되어서는 안 된다고 보았다.
③ 와일드는 예술가가 다른 사람의 욕구를 만족시킬 필요가 없다고 보았다.
④ 와일드에 따르면 예술적 가치가 윤리적 가치와 상호 보완적으로 영향을 주고받아야 하는 것은 아니다.
⑤ 와일드는 예술을 도덕 판단의 대상으로 간주하는 것을 옳지 않다고 여겼다.

7 예술에 대한 입장 이해

문제 분석 제시문에 따르면 예술은 심미적 가치뿐만 아니라 정치적 가치도 지니고 있다. 이에 따르면 예술은 사람들로부터 떠나서 존재할 수 없는 것이기 때문에 다양한 가치와 그것들을 표현하는 형태로 이루어진다.

정답 찾기 ① 제시문에 따르면 예술은 다양한 가치와 형태를 가지므로 그것을 향유하는 사람들의 취향을 다양하게 반영할 수 있다.

오답 피하기 ② 제시문에 따르면 예술은 감상자들을 정치적으로 각성하려는 목적으로도 활용될 수 있다.
③ 제시문에 따르면 예술은 창작자뿐만 아니라 감상자의 미적 체험을 위한 것이기도 하다.
④ 제시문에 따르면 예술은 창작자나 감상자 모두와 떨어져 존재할 수 없는 것이므로, 창작자는 예술이 감상자에게 미치는 영향을 고려할 필요가 있다.
⑤ 제시문에 따르면 예술은 미적 영역에 존재하며 사회의 다양한 가치와 관련하여 존재한다.

8 예술의 상업화에 대한 입장 파악

문제 분석 칼럼에 따르면 예술에는 고급과 저급이 존재할 수 없으며, 돈을 잘 버는 비즈니스가 최고의 예술이다.

정답 찾기 ⑤ 칼럼에 따르면 일부 계층만이 누리는 예술보다 대중들이 함께 누리는 문화 상품이 비즈니스에서 성공하기 쉬우며 더 가치 있다.

오답 피하기 ① 칼럼에 따르면 예술에 대한 상업적 투자가 활성화된다고 할지라도 예술의 수준이 저하되는 것은 아니다.
② 칼럼에서는 예술가가 저항 정신을 가져야 한다는 내용을 찾을 수 없으며, 예술가는 비즈니스에서 성공해야 한다고 본다.
③ 칼럼에 따르면 예술 작품이 지니는 가치는 시장의 원리에 의해 평가된다.
④ 칼럼에 따르면 현대인의 일상생활에서 누구나 쉽게 접할 수 있는 대중적인 소재를 활용해도 최고의 예술이 될 수 있다.

13 의식주 윤리와 다문화 사회 윤리

수능 기본 문제 본문 146~147쪽

01 ⑤	02 ③	03 ⑤	04 ⑤
05 ②	06 ④	07 ③	08 ④

01 거주에 대한 윤리적 문제 이해

문제 분석 제시문에 따르면 거주는 단순히 공간의 점유가 아니라 인간 자신의 정체성을 형성하고 확인하는 것이다.

정답 찾기 ㄷ. 제시문에 따르면 거주 공간은 개인의 정체성 형성과 관계된다.

ㄹ. 제시문에 따르면 인간은 거주 공간에서 아늑함과 편안함을 실현하면서 자신을 돌아볼 수 있다.

오답 피하기 ㄱ. 제시문에 따르면 거주는 집 안에 살고 있는 인간의 표현으로 거주 공간은 개인의 체험과 무관하지 않다.

ㄴ. 제시문에 따르면 인간이 거주한다는 것은 단순히 공간의 점유만을 의미하지 않으며, 거주 공간을 타인과 항상 공유해야 하는 것도 아니다.

02 먹을거리에 대한 윤리적 문제 이해

문제 분석 제시문은 싱어의 주장이다. 싱어는 먹을거리와 관련해 만드는 과정, 동물에게 주는 고통, 노동자들의 복지, 건강을 위한 적절한 영양 등을 고려해야 한다고 주장하였다.

정답 찾기 ③ 싱어는 먹는 음식이 만들어지는 과정에 대해 소비자는 알 권리가 있다고 하였으므로, 이에 따르면 식품 업체는 생산물에 대한 진실된 정보를 소비자에게 제공해 주어야 한다.

오답 피하기 ① 싱어는 중요하지 않은 이유로 동물에게 고통을 주어서는 안 된다고 강조하였지만, 어떠한 생명도 먹을거리의 재료로 활용되어서는 안 된다고 주장한 것은 아니다.

② 싱어는 음식을 통해 생존을 위한 영양을 충분히 섭취하는 것을 중요하게 여겼다.

④ 싱어는 식품을 만드는 과정을 먹을거리를 선택하는 사람들에게 공개해야 한다고 보았다.

⑤ 싱어는 건강 유지를 위해 적절한 영양을 가진 식품이 중요하다고 보았으므로, 무조건 낮은 가격을 강조한다고 볼 수 없다.

03 종교와 관용에 대한 로크의 입장 파악

문제 분석 가상 편지를 쓴 사상가는 로크이다. 로크는 그리스도교가 아닌 다른 종교에 대한 관용을 강조하였으며, 다른 종교에 대한 잔혹한 박해는 잘못이라고 보았다.

정답 찾기 ⑤ 로크에 따르면 다른 종교에 대한 박해는 인간의 존엄성을 해치므로 정당화될 수 없다.

오답 피하기 ① 로크는 자기 종교에 미치는 이익이 타 종교를 관용하는 기준이라고 보지 않았다.

② 로크는 다른 종교에 대한 관용과 자비를 강조하였으므로 타 종교를 그 자체로 자신의 신앙을 위협하는 것으로 간주하지 않았다.

③ 로크는 교리를 비교하여 모든 종교의 단일화를 모색해야 한다고 주장하지 않았다.

④ 로크는 종교 간의 갈등을 힘의 논리에 따라 해결해야 한다고 보지 않았다.

04 다문화 사회의 문화 정체성에 대한 입장 비교

문제 분석 (가)는 동화주의, (나)는 샐러드 볼 이론에 해당한다. 동화주의는 이민자가 출신국의 언어, 문화, 사회적 특성을 포기하고 주류 사회의 일원이 되도록 주류 문화로 편입시켜야 한다고 보는 입장이다. 샐러드 볼 이론은 다양한 문화가 서로 대등하게 조화를 이루어야 한다고 보는 입장이다.

정답 찾기 ⑤ (가)의 입장에 비해 (나)의 입장은 '다양한 문화 간의 평등을 강조하는 정도(X)'와 '이질적인 문화 간의 공존을 지향하는 정도(Y)'는 높고, '주류 문화에 대한 이주민의 동화를 강조하는 정도(Z)'는 낮다. 따라서 ㉤이 정답이 된다.

05 엘리아데의 사상적 입장에 대한 이해

문제 분석 제시문은 엘리아데의 주장이다. 엘리아데는 성과 속이 분리되어 있거나 단절되어 있지 않으며, 결국 일상적인 삶 자체가 언제든지 성스러움의 드러남, 즉 성현이 될 수 있다고 보았다.

정답 찾기 ② 엘리아데는 인간의 감각만으로는 파악 불가능한 궁극적 실재가 존재한다고 보았다.

오답 피하기 ① 엘리아데는 인간이 종교적 존재로서 일상생활에서도 성스러움을 체험할 수 있다고 보았다.

③ 엘리아데에 따르면 종교적 인간은 자연 그 자체를 신으로 숭배하는 것이 아니라 자연물에서 성스러움이 드러남을 알고 있는 것이다.

④ 엘리아데에 따르면 초자연적인 것과 자연적인 것은 분리를 지향하지 않으며 상호 모순적이지도 않다. 엘리아데는 오히려 세속과 성스러움의 세계가 조화롭게 공존한다고 강조한다.

⑤ 엘리아데는 과학적 탐구만으로는 성스러움을 인식하기 어렵다고 보았으며, 초월적이고 절대적인 실재에 대한 믿음을 중시하였다.

06 윤리적 소비와 합리적 소비의 특징 비교

문제 분석 (가)는 윤리적 소비, (나)는 합리적 소비를 강조하고 있다.

정답 찾기 ④ 윤리적 소비를 강조하는 입장에서는 소비 과정에서 생태계의 건강을 고려할 것을 강조하고, 합리적 소비를 강조하는 입장에서는 소비 과정에서 자신의 만족감 충족을 강조한다.

오답 피하기 ① 합리적 소비를 강조하는 입장에서는 최소 비용으로 최대 만족을 얻는 소비가 바람직하다고 본다.
② 합리적 소비를 강조하는 입장에서는 자신의 경제력과 기호를 고려하여 소득 범위 내에서 소비할 것을 강조한다.
③ 윤리적 소비를 강조하는 입장에서는 한 개인의 소비 행위가 다른 구성원의 이익과 관련된다고 본다.
⑤ 윤리적 소비를 강조하는 입장과 합리적 소비를 강조하는 입장은 모두 소득 범위를 넘어서는 과시 소비를 바람직하지 못한 것으로 간주한다.

07 베블런의 과시 소비에 대한 입장 이해

문제 분석 제시문은 베블런의 주장이다. 베블런에 따르면 유한계급은 자신의 사회적 지위를 드러내기 위해 끊임없이 과시 소비를 한다.

정답 찾기 ③ 베블런에 따르면 유한계급은 소비를 통해 자신의 경제력을 드러내고자 한다.

오답 피하기 ① 베블런은 사치품에 대한 유한계급의 선호도는 가격이 올라도 줄어들지 않는다고 보았다.
② 베블런은 상품의 가격이 항상 상품의 생산비를 기준으로 책정되는 것은 아니며, 사치품은 유한계급의 허세나 과시욕으로 인해 상품의 생산비와 무관하게 책정될 수 있다고 보았다.
④ 베블런은 자본주의 사회에서 거의 모든 계층의 사람들이 과시 소비를 한다고 보았다.
⑤ 베블런은 사회 전체의 부가 증대된다고 할지라도 과시 소비에 대한 욕구는 지속된다고 보았다.

08 패스트 패션의 윤리적 문제에 대한 이해

문제 분석 그림의 강연자는 패스트 패션이 환경 문제의 원인이 되고, 노동 착취 문제를 발생시키므로 의복을 착용하는 과정에서 이러한 사회적 문제에 관심을 기울여야 한다고 본다.

정답 찾기 ㄴ. 강연자는 의복을 선택할 때 노동 조건의 악화나 생활 폐기물의 발생 등을 고려해야 한다고 보므로 사회나 환경에 미치는 영향을 고려할 것을 강조한다고 볼 수 있다.
ㄹ. 강연자는 의복을 선택할 때 인간 사회나 환경에 미치는 영향 등 윤리적 관점의 검토가 필요하다고 본다.

오답 피하기 ㄱ. 강연자는 패스트 패션의 윤리적 문제를 지적하고 있으므로 의복 교체 주기가 짧은 의류 선택을 지양할 것이다.
ㄷ. 강연자는 대량 생산과 대량 소비를 조장하는 패스트 패션의 윤리적 문제를 지적하고 있다.

수능 실전 문제

본문 148~151쪽

1 ①	2 ③	3 ②	4 ③
5 ②	6 ③	7 ②	8 ②

1 샐러드 볼 이론과 동화주의 입장 비교

문제 분석 갑은 샐러드 볼 이론의 입장, 을은 동화주의 입장을 가지고 있다. 샐러드 볼 이론은 다양한 문화가 서로 대등하게 조화를 이루어야 한다고 보는 입장이다. 동화주의는 이민자가 출신국의 언어, 문화, 사회적 특성을 포기하고 주류 사회의 일원이 되도록 이민자 문화를 주류 문화로 편입시켜야 한다고 보는 입장이다.

정답 찾기 ① 동화주의는 샐러드 볼 이론과 달리 이민자 문화를 기존 문화에 편입시킬 것을 강조하고 있으므로, 갑은 을에게 이민자 문화의 기존 문화로의 편입을 강조해서는 안 됨을 간과하고 있다고 비판할 수 있다.

오답 피하기 ② 갑은 윤리적 상대주의를 주장하는 것이 아니다.
③ 갑은 여러 민족의 문화가 한 사회 내에서 공존하는 가운데 사회 안정을 추구해야 한다고 보고 있으므로, 갑이 을에게 제기할 수 있는 비판으로 적절하지 않다.
④ 갑은 문화 간 동등한 공존을 지향하므로 문화 간의 우열을 정해야 한다고 주장하는 것이 아니다.
⑤ 갑은 기존 문화와 이민자들의 문화가 공존해야 한다고 강조하는 것이지, 이민자 문화의 정체성을 바탕으로 기존 문화를 변화시켜야 한다고 보는 것이 아니다.

2 합리적 소비와 윤리적 소비의 특징 비교

문제 분석 갑은 합리적 소비를 강조하고, 을은 윤리적 소비를 강조한다.

정답 찾기 ㄴ. 윤리적 소비를 강조하는 입장에서는 상품의 구매를 통해 노동자의 인권을 보호할 수 있는 등 사회 정의 실현에 기여할 수 있다고 본다.
ㄹ. 합리적 소비를 강조하는 입장과 윤리적 소비를 강조하는 입장은 모두 바람직한 소비를 위해서는 자신의 욕구를 합리적으로 조절할 필요가 있다고 본다.

오답 피하기 ㄱ. 합리적 소비를 강조하는 입장에서는 소득 범위 내에서 소비 행위를 해야 한다고 본다.
ㄷ. 윤리적 소비를 강조하는 입장에서는 개인의 소비 활동이 환경, 인권, 평화 등 다른 사회 영역에 영향을 미칠 수 있다고 본다.

3 거주에 대한 하이데거의 입장 이해

문제 분석 제시문은 하이데거의 주장이다. 하이데거는 내적 공간으로서 집의 본래적 의미가 상실되어 가는 세태를 고향의 상실이라고 비판하였다.

정답 찾기 ② 하이데거에 따르면 거주함의 본질은 경제적 가치가 아니라 내적 공간으로서 자기 자신에게로 돌아갈 수 있는 집의 본래적 의미에서 찾아야 한다.

오답 피하기 ① 하이데거는 거주함의 본래적 의미가 상실되어 가는 세태를 비판하였다.
③ 하이데거는 인간이 거주함을 통해 사방을 소중히 보살핀다고 보았다.
④ 하이데거에 따르면 거주함은 인간 자신을 둘러싼 사방을 고려하면서 자신을 되찾는 것이어야 한다.
⑤ 하이데거는 거주함을 통해 세계 안에서 건축하고 사유하면서 고향 상실을 숙고하고 고향을 되찾아야 한다고 강조하였다.

4 관용에 대한 로크의 입장 이해

문제 분석 제시문은 로크의 주장이다. 로크는 평화를 지향하고 보편적인 도덕성에 위배되지 않는 종교에 대한 관용을 강조하였다.

정답 찾기 ③ 로크는 개인의 종교적 신념에 의한 행동이라고 할지라도 다른 종교를 박해하거나, 반란이나 살인을 저지른다면 징계받거나 억압받아야 한다고 보았다.

오답 피하기 ① 로크는 교리가 다르다고 할지라도 도덕적으로 문제 되지 않는 행실을 하는 사람들은 동등하게 대우받아야 한다고 보았으므로, 종교의 다름을 이유로 타인을 억압하는 행위는 부당하다고 볼 것이다.
② 로크는 반란자들, 살인자들과 같은 범법 행위자들은 억압받아야 한다고 보았다.
④ 로크는 종교적 교리가 다르더라도 타 종교에 대해 관용할 수 있다고 보았다.
⑤ 로크는 그리스도교 교리에 포함되지 않는 행위라 할지라도 보편적인 도덕성을 위배하지 않는다면 관용의 대상이 될 수 있다고 보았다.

5 먹을거리의 윤리적 문제에 대한 지눌의 입장 이해

문제 분석 갑은 불교 사상가 지눌로, 공양할 때 지켜야 할 올바른 자세에 대해 설명하고 있다.

정답 찾기 ② 지눌에 따르면 공양할 때는 소리 내지 말고, 음식을 가리지 말며, 음식을 먹을 때 잡념이 일어나지 않게 막아야 한다. 따라서 음식을 먹을 때는 자신을 절제하면서 수행하는 자세를 갖추어야 한다.

오답 피하기 ① 제시문에서는 식욕을 최대한 충족할 것을 강조하지 않는다.
③ 제시문에서는 음식을 먹는 행위를 단순히 건강을 위한 것뿐만 아니라 수행의 과정으로 보고 있다.
④ 제시문에서는 음식을 빠르게 섭취할 것을 강조하고 있지 않다.
⑤ 제시문에 따르면 음식은 타인을 배제한 채 혼자 누리는 것이 아니다.

6 베블런의 과시 소비에 대한 입장 이해

문제 분석 가상 대담의 갑 사상가는 베블런이다. 베블런은 자본주의 사회에서 거의 모든 계층의 사람들이 과시 소비를 한다고 보았다.

정답 찾기 ㄷ. 베블런은 과시욕이나 허영심이 과시 소비를 하게 만드는 원인이 되어 명품에 대한 지속적 수요를 발생시키게 된다고 보았다.
ㄹ. 베블런에 따르면 타인과 비교하려는 성향은 소득 범위를 넘어서 과시 소비를 하게 하는 원인이 된다.

오답 피하기 ㄱ. 베블런에 따르면 유한계급은 자신의 재력을 은폐하기 위해서가 아니라 자신의 재력이나 사회적 지위를 드러내기 위해 소비하는 경향을 나타낸다.
ㄴ. 베블런에 따르면 자본주의 사회에서는 유한계급뿐만 아니라 거의 모든 계층의 사람들이 과시 소비를 한다.

7 유네스코 문화 다양성 선언문의 윤리적 의미 이해

문제 분석 제시문은 유네스코 문화 다양성 선언문의 일부이다. 이에 따르면 문화 다양성은 인류의 공동 유산이며, 우리는 다양한 문화 정체성의 조화로운 상호 작용을 보호해야 한다.

정답 찾기 ㄱ. 제시문에 따르면 다원적이고 역동적인 문화 정체성을 지닌 사람들의 조화로운 상호 작용을 보호하는 것은 문화의 교류, 혁신, 창조성의 향상에 이바지한다.
ㄹ. 제시문에 따르면 문화는 인류를 구성하는 개별 집단의 정체성을 구현하는 것으로 다양성이 존중되어야 한다.

오답 피하기 ㄴ. 제시문에 따르면 문화의 다양성을 존중하는 것은 인간 존엄성을 존중하는 것과 함께 이해되어야 하기 때문에 윤리적 제한 없이 모든 문화를 인정하는 것은 아니다.
ㄷ. 제시문에 따르면 한 사회 내에서도 여러 문화가 공존하면서 역동성과 평화를 보장받을 수 있다.

8 종교와 과학의 관계에 대한 이해

문제 분석 칼럼은 종교와 과학이 상호 겸손한 태도로 서로를 존중하면서 우호적인 관계를 맺어야 한다고 강조하고 있다.

정답 찾기 ② 칼럼에 따르면 종교는 과학의 영역을 존중하고, 과학자는 종교나 도덕의 영역에 대한 존중을 가져야 하므로, 종교와 과학은 각각의 고유한 가치를 상호 존중해야 한다고 볼 수 있다.

오답 피하기 ① 칼럼에 따르면 종교와 과학의 주된 연구 과정은 동일하지 않다.
③ 칼럼에 따르면 종교 자체의 진리는 과학적 증거가 뒷받침되지 않는다고 할지라도 존중받을 수 있다.

④ 칼럼에 따르면 과학은 종교보다 도덕적 진실에 관한 더 높은 혜안을 가졌다고 볼 수 없다.
⑤ 칼럼에 따르면 종교와 과학은 각각 독립적 영역을 가지고 있다.

14 갈등 해결과 소통, 민족 통합의 윤리

수능 기본 문제 본문 157~158쪽

01 ③	02 ⑤	03 ③	04 ③
05 ⑤	06 ①	07 ④	08 ②

01 볼테르의 관용론 이해

문제 분석 제시문은 관용론을 주장한 볼테르의 주장이다. 볼테르는 인간이 이성을 통해 자신의 무지와 연약함을 깨닫고 상대방의 생각을 너그러이 받아들이는 관용의 미덕을 갖출 수 있다고 보았다.

정답 찾기 ③ 볼테르는 인간이 이성을 활용함으로써 상대방에 대한 관용을 통해 사회 갈등을 막을 수 있다고 보았다.

오답 피하기 ① 볼테르에 따르면 인간은 언제나 오류를 범할 수 있는 존재이다.
② 볼테르는 인간이 상대방에 대한 관용을 통해 종교적 대립이나 사회적 분열을 막을 수 있다고 주장하였다.
④ 볼테르는 사회 통합을 위해서는 자신의 의견만을 고집하지 말고 서로 다른 생각을 존중해야 한다고 보았다.
⑤ 볼테르는 사회 갈등을 해결하기 위해서는 인간이 자신의 무지와 연약함을 깨닫고 관용의 미덕을 갖추어야 한다고 보았다.

02 갈등의 기능에 대한 다양한 관점 이해

문제 분석 갑은 사회의 갈등이 불가피하며 무질서를 초래하더라도 적정 수준의 갈등은 혁신과 사회적 활력의 계기가 된다고 본다. 을은 갈등이 피하거나 예방해야 할 대상으로 사회 통합에 방해가 된다고 본다.

정답 찾기 ⑤ 갈등은 그 해결 과정에서 혁신과 활력의 계기를 제공한다고 보는 갑의 입장에서 갈등을 무조건 피해야 할 대상으로 보는 을에게 제기할 비판의 내용으로 적절하다.

오답 피하기 ① 갈등은 불가피한 것이라고 보는 갑의 입장에서 갈등을 피해야 하거나 예방해야 할 대상으로 보는 을에게 제기할 비판의 내용으로 적절하지 않다.
② 갈등의 부정적인 측면과 긍정적인 측면을 모두 주장하는 갑의 입장에서 을에게 제기할 비판의 내용으로 적절하지 않다.
③ 갈등의 원인을 미리 파악해야 한다고 보는 을에게 갑이 제기할 비판의 내용으로 적절하지 않다.
④ 갈등을 피하거나 예방해야 할 부정적 대상으로 보는 을에게 갑이 제기할 비판의 내용으로 적절하지 않다.

03 소통과 조화에 대한 공자의 사상 이해

문제 분석 제시문은 공자의 주장이다. 공자는 화이부동(和而不同)의 자세를 강조하면서 동일성을 강요하는 것이 아니라 서로 간의 차이를 존중하면서도 조화를 이루는 자세의 중요성을 강조하였다.

정답 찾기 ③ 공자는 조화를 위해 상대방의 입장을 헤아려 보는 서(恕)의 자세가 필요하다고 주장하였다.

오답 피하기 ① 공자는 도덕 원칙을 지키는 가운데 타인과 서로 화합하고 조화를 이루어야 한다고 강조하였다.
② 공자는 남과 같아지는 데에만 급급한 태도를 비판하면서 타인의 뜻을 마냥 수용해야 한다고 보지 않았다.
④ 공자는 타인에 대한 무조건적 관용과 존중보다 옳고 그름에 대한 도덕적 분별을 중시하였다.
⑤ 공자는 조화와 화합을 중시하면서도 도덕 원칙을 지키는 자세를 강조하였으며, 아무런 분별없이 타인에 동화되려는 자세를 경계하였다.

04 원효의 화쟁(和諍) 사상 이해

문제 분석 제시문은 원효의 주장이다. 원효는 서로 다른 종파의 주장을 특수하고 상대적인 각자의 입장에서 벗어나 대승적으로 융합할 것을 강조하였다.

정답 찾기 ③ 원효는 화쟁을 위해 서로 대립하는 종파의 견해를 통섭하여 받아들이는 지혜가 필요하다고 주장하였다.

오답 피하기 ① 원효는 부분적 진리에 안주하여 집착하지 말고, 모든 종파와 사상이 더 높은 차원에서 하나로 융합되어야 한다는 화쟁 사상을 제시하였다.
② 원효는 서로 다른 종파와 사상이 각자 자신의 주장만이 옳다는 입장을 버리고 대화와 화해를 통해 서로의 입장을 존중하고 더 높은 차원에서 하나로 융합해야 한다고 보았다.
④ 원효는 일체의 이원적 대립을 초월하여 일심(一心)으로 돌아갈 것을 주장하였다.
⑤ 원효는 서로 다른 종파의 견해 안에 숨겨진 진리를 파악하고 통섭적으로 수용하기 위해서는 각 견해의 개별 맥락에 대한 이해가 필요하다고 보았다.

05 하버마스의 담론 윤리 사상 이해

문제 분석 제시문은 하버마스의 주장이며, 〈문제 상황〉은 폐기물 처리 시설 설립과 관련한 지역 사회의 갈등을 제시하고 있다.

정답 찾기 ⑤ 하버마스는 모든 이해 당사자가 평등하게 참여하는 공론장에서 자유로운 논박의 기회를 가지는 토론을 통해 의사소통의 합리성이 실현될 수 있다고 보았다.

오답 피하기 ①, ② 하버마스는 담론보다 전문가의 판단이나 정부의 공권력 행사로 갈등을 해결해야 한다고 주장하지 않았다. 하버마스에 따르면 시민 모두가 자유롭게 담론의 과정에 참여하여 보편적 합의에 도달해야 한다.
③ 하버마스는 담론에 참여하는 개인들이 자신의 주장뿐만 아니라 개인적인 바람, 희망, 욕구 등을 표현할 수 있다고 보았다.
④ 하버마스는 공론장에서 언어 능력과 행위 능력이 있는 모든 주체에게 자유롭고 평등하게 담론에 참여할 기회가 주어져야 한다고 보았다.

06 통일 한국의 미래상에 대한 이해

문제 분석 제시문은 남북 분단의 구조가 상당한 사회적 비용을 초래하고 있으며, 통일은 이러한 상황에서 안보 위협을 해소하고 남북 공동 발전의 기회와 개인의 삶의 자유를 제공할 것이라고 주장하고 있다.

정답 찾기 ① 제시문은 통일이 남북의 결합을 통한 국가 발전을 촉진하며, 개인 삶의 자유와 기회를 증진할 것이라고 주장하고 있으므로 ㉠에 들어갈 적절한 진술 내용이라고 할 수 있다.

오답 피하기 ② 제시문은 통일이 안보 위협을 감소시켜 한반도의 성장 동력을 제공할 것이라고 보고 있다.
③ 제시문은 통일이 남북한의 개인들에게 다양한 분야에서 더 넓은 선택의 기회와 자유를 제공할 것이라고 주장하고 있다.
④ 제시문에 따르면 통일은 남북이 민족 공동체로서 발전할 기회를 제공할 것이다.
⑤ 제시문은 통일이 남북한의 경제권 결합을 통해 공동 발전의 기회를 제공할 것이라고 주장하고 있다.

07 남북 관계의 특수성에 대한 이해

문제 분석 제시문은 남북 관계의 특수한 성격을 객관적으로 인식하고 남북이 실질적 협력 관계로 나아가야 할 필요성에 대해 주장하고 있다.

정답 찾기 ㄱ. 제시문에 따르면 남북 관계의 개선과 발전을 위해 상호 존중, 신뢰 증진 등의 노력이 필요하다.
ㄴ. 제시문에 따르면 남북 관계 개선을 위해서는 북한에 대한 정확한 정보를 토대로 객관적 시각에서 북한의 정치, 군사, 경제, 사회, 문화를 인식하는 노력이 필요하다.
ㄷ. 제시문에 따르면 역사적으로 갈등과 긴장, 협력과 대화를 반복하고 있는 남북 관계에 대한 사실을 바탕으로 한 정확한 이해가 필요하다.

오답 피하기 ㄹ. 제시문에 따르면 북한은 우리에게 안보를 위협하는 경계의 대상이면서 동시에 교류·협력을 함께 해야 하는 상대임을 인식해야 한다.

08 통일 비용, 통일 편익에 대한 이해

문제 분석 통일 비용(㉠)은 통일 한국 건설을 위한 투자적 성격의 비용이고, 통일 편익(ⓒ)은 통일 이후 지속적으로 발생하는 혜택이다.

정답 찾기 ㄱ. 통일 비용의 예로는 통일 한국 건설을 위한 화폐 통합 비용, 생산 시설 구축 비용 등을 들 수 있다.
ㄷ. 통일 편익의 예로는 이산가족의 심리적 아픔 치유 이외에도 시장 규모의 확대로 인한 교역 증가, 북한 주민의 인권 문제 해결, 전쟁 위험 감소 등을 들 수 있다.

오답 피하기 ㄴ. 분단이 지속되는 동안 발생하는 소모적 비용은 분단 비용이다.
ㄹ. 통일 편익은 통일 이후 지속적으로 발생하는 유·무형적 혜택을 가리킨다.

수능 실전 문제

본문 159~162쪽

1 ①	2 ③	3 ②	4 ④
5 ①	6 ④	7 ⑤	8 ②

1 갈등의 기능에 대한 다양한 관점 비교

문제 분석 갑은 갈등을 사회악으로 보고 다양한 역기능을 초래하는 갈등이 제거되어야 한다고 본다. 을은 갈등이 일시적인 정체 현상을 야기할 수 있지만, 관리와 해결 과정을 통해 사회 통합에 기여한다고 본다.

정답 찾기 ① 갑은 사회 갈등이 개인과 집단에 모두 부정적 영향을 미침으로써 사회의 응집력을 떨어뜨린다고 본다.

오답 피하기 ② 갑은 사회 갈등이 개인들에게 부담으로 작용하며 사회 발전에도 걸림돌로 작용한다고 본다.
③ 을은 사회 갈등이 일시적으로 사회적 정체를 일으킬 수 있어도 그 해결 과정에서 사회적 결속력을 높이는 데 기여한다고 본다.
④ 을은 사회 갈등이 구성원들에게 학습 기회와 혁신의 동기를 제공한다고 본다.
⑤ 갑은 사회 갈등이 사회의 안정성을 깨뜨려 통합을 방해한다고 본다.

2 유교 사상의 이해

문제 분석 (가)는 유교 사상이다. 유교 사상에서는 인간다움의 본질을 이루는 인(仁)의 실현을 강조한다. 〈문제 상황〉은 대중교통에서 양보의 미덕이 사라져 가면서 우리 사회 구성원 간의 갈등이 심화되고 있는 상황을 제시하고 있다.

정답 찾기 ③ 유교 사상에서는 충서(忠恕)의 실천을 통해 타인을 배려하고 존중할 것을 강조한다.

오답 피하기 ① 유교 사상에서는 자신이 먼저 도덕적인 사람이 되어야 하며, 이를 바탕으로 다른 사람을 편안하게 대해야 한다[修己而安人]고 보므로 양보를 당연하게 바라지 않는다.
② 유교 사상에서는 아랫사람에게도 윗사람에 대한 예의와 공경을, 윗사람에게도 아랫사람에 대한 배려를 강조한다. 나이에 따라 연장자순으로만 교통 약자석을 이용하도록 하는 것은 유교 사상에서 제시할 조언의 내용으로 적절하지 않다.
④ 유교 사상에서는 다른 사람의 입장에서 생각해 보는 자세가 필요하다고 본다.
⑤ 유교 사상에서는 자기가 하고 싶지 않은 것을 다른 사람에게 시키지 않는 것을 인의 실천 방법인 서(恕)라고 본다. 특정 세대의 일방적 노력만을 요구하는 것은 유교 사상에서 제시할 조언의 내용으로 적절하지 않다.

3 원효의 일심(一心) 사상 이해

문제 분석 제시문은 원효의 주장이다. 원효는 불교 내의 서로 다른 종파와 사상 간에 쟁론이 일어나는 이유는 각자가 자신의 이론에만 집착하기 때문이라고 보았다. 그는 서로 다른 쟁론도 높은 차원에서 보면 결국 일심으로 융합될 수 있으므로 조화를 이룰 수 있다[和諍(화쟁)]고 보았다.

정답 찾기 ② 원효에 따르면 세속적인 것과 성스러운 진리는 결국 서로 다르지 않으며 일심에 따라 하나로 융합될 수 있다.

오답 피하기 ① 원효는 일심을 토대로 다양한 의견을 포용하여 종합한다면 진리에 대한 깨달음을 얻을 수 있다고 보았다.
③ 원효는 갈등과 대립을 해결하기 위해 일심으로 돌아갈 것을 강조하였다.
④ 원효는 각자가 지닌 입장에 대한 집착과 고집을 버려야 서로 화해하고 포용할 수 있다고 보았다.
⑤ 원효는 궁극적인 앎을 위해 연기(緣起)의 관점에서 존재하는 모든 것이 연관되어 있음을 깨달아야 한다고 보았다.

4 하버마스의 담론 윤리 이해

문제 분석 제시문은 하버마스의 주장이다. 하버마스는 자유롭고 평등한 개인들 상호 간의 논증적인 토론 과정을 거쳐 보편적 합의에 도달하는 의사소통의 합리성 실현을 중시하였다.

정답 찾기 ④ 하버마스는 담론을 통해 당사자들이 서로 이해하며 합의를 이루어 나가는 과정을 강조하였고, 도구적 합리성의 팽배를 비판하며 의사소통적 합리성의 실현을 중시하였다.

오답 피하기 ① 하버마스는 담론의 참여자들이 담론 과정을 통해 자신들의 주관적 이해를 극복하고 상호 주관성을 확인하게 된다고 보았다.
② 하버마스는 담론에 참여하는 모든 사람의 동의를 통해서 보편타당한 규범으로서 결론을 도출해야 한다고 보았다. 이러한 담론 과정에 참여하는 개인들은 담론 과정에서 제시한 준칙이 보편화

가능한지 검토해 보아야 한다.
③ 하버마스는 담론의 참여자들이 규범을 도출해 내는 과정에서 자유로운 논증과 반박을 통해 각자의 주장이 정당화될 수 있는지 검토해야 한다고 보았다.
⑤ 하버마스는 담론 참여자들이 정당한 담론의 결과에 대해서는 자신의 생각과 다르더라도 이를 보편적 규범으로 받아들이고 이행해야 한다고 보았다.

5 통일에 대한 서로 다른 입장 비교

문제 분석 갑은 남북의 이질성과 통일 비용의 문제를 제기하면서 통일보다는 평화로운 남북 간 공존을 주장하고 있다. 을은 분단 비용의 해소와 한반도의 경제 발전, 남북한 주민들의 평화로운 삶을 이룩할 수 있도록 하는 통일의 필요성을 주장하고 있다.

정답 찾기 ① 갑의 입장에 비해 을의 입장은 '통일이 경제적 부담으로 작용할 것임을 강조하는 정도(X)'는 낮고, '통일이 한반도 평화 정착에 도움이 됨을 강조하는 정도(Y)'와 '인간 존엄성 실현을 위해 통일의 필요성을 강조하는 정도(Z)'는 높다. 따라서 ㉠이 정답이 된다.

6 대북 지원을 둘러싼 입장 비교

문제 분석 갑은 이념과 국적을 떠나 고통받는 사람들을 도울 의무를 강조하며 대북 지원이 조건 없이 시행되어야 한다고 주장한다. 을은 군사적 안보를 우선시하여 대북 지원이 조건부로 시행되어야 한다고 주장한다.

정답 찾기 ④ 을은 대북 지원이 정치적, 군사적 상황을 고려하여 조건부로 시행되어야 한다고 본다.

오답 피하기 ① 갑은 대북 지원이 당위이자 책임으로서 조건 없이 시행되어야 한다고 본다.
② 갑은 대북 지원이 도덕적 차원의 의무로서 필요하다고 본다.
③ 을은 안보 위협의 요인이 시정되는 한에서 대북 지원이 시행되어야 한다고 본다.
⑤ 갑은 대북 지원의 의무를 차후의 남북 경제 협력이 전제될 때에만 발생하는 의무가 아니라 조건 없이 시행되어야 할 의무라고 본다.

7 북한 사회의 인권 문제 관련 쟁점에 대한 이해

문제 분석 갑은 북한 주민들의 열악한 인권 상황을 개선하기 위해 국제 사회의 적극적 개입이 필요하다고 주장하고 있다. 반면 을은 국제 사회의 섣부른 개입보다는 독립 국가로서 북한의 주권을 존중할 것을 주장하고 있다.

정답 찾기 ⑤ 북한 사회의 인권 문제에 대한 국제 사회의 적극적 개입이 정당화될 수 있는지에 대해 갑은 찬성, 을은 반대 견해를 보이고 있으므로 토론의 핵심 쟁점으로 가장 적절하다.

오답 피하기 ① 갑, 을 모두 독립 국가로서 북한의 주권을 인정하고 있으므로 토론의 쟁점이 될 수 없다.
② 북한 주민의 인권이 열악한 상황에 놓여 있다는 것은 갑, 을이 모두 동의할 내용이므로 토론의 쟁점이 될 수 없다.
③ 북한 주민의 인권이 보호받아야 한다는 것은 갑, 을 모두 동의할 내용이므로 토론의 쟁점이 될 수 없다.
④ 갑은 국제 사회의 적극적 개입을 통해, 을은 국제 사회와 북한의 상호 협력을 통해 북한 주민의 인권 문제를 해결하기 위해 노력해야 한다는 주장을 펼치고 있으므로 토론의 핵심 쟁점이 될 수 없다.

8 독일 통일의 교훈 파악

문제 분석 제시문은 남북이 통일로 나아가기 위해 독일 통일로부터 교훈을 얻을 수 있다고 보고 있다. 제시문에 따르면 독일은 주변 국가와의 외교 환경 조성, 시민 교육, 그리고 사회적 유대감을 강화하려는 다양한 단체들의 역할 등을 통해 통일을 이루고 내적 통합을 이룰 수 있었다. ㉠에는 이로부터 얻을 수 있는 교훈의 내용이 들어가야 한다.

정답 찾기 ㄱ. 독일 통일의 사례로부터 상호 이질감을 극복하고 남북 주민 간 갈등을 예방하기 위한 교육과 교류의 필요성을 도출해 낼 수 있다.
ㄷ. 독일 통일의 사례를 통해 한반도 통일 과정에서도 주변 국가들로부터 지지를 얻기 위한 환경 조성이 필요하다는 것을 알 수 있다.

오답 피하기 ㄴ. 분단으로 인한 고통을 감수하는 것이 투자적 성격의 통일 비용을 지출하는 것보다 효용이 크다는 것은 독일 통일의 사례로부터 도출해 낼 수 없는 내용이다.
ㄹ. 독일 통일의 사례를 통해 결과적 측면의 통일보다 통일을 이루기 위한 과정과 통일 이후 사회적 통합을 이루기 위한 노력이 더욱 중요하다는 사실을 알 수 있다.

15 지구촌 평화의 윤리

수능 기본 문제

본문 168~169쪽

01 ②	02 ④	03 ①	04 ②
05 ⑤	06 ⑤	07 ①	08 ④

01 국제 관계에 대한 현실주의와 이상주의 입장 비교

문제 분석 국제 관계에 대해 갑은 현실주의, 을은 이상주의 입장을 지니고 있다. 현실주의는 이기적 존재인 인간들로 구성된 국가 역시 이기적이라고 보며, 국제 정치는 힘의 논리가 지배한다고 본다. 이상주의는 국가가 이성적 존재인 인간들로 구성된다고 보며, 국가들이 상호 대화와 협력을 통해 분쟁을 해결할 수 있다고 본다.

정답 찾기 ② 갑의 입장에 비해 을의 입장은 '국제 평화를 위해 이성적 소통과 협력을 강조하는 정도(X)'는 높고, '국제 분쟁의 억지를 위해 국가 간 힘의 균형을 강조하는 정도(Y)'는 낮으며, '국제 분쟁이 잘못된 정책이나 제도에서 기인함을 강조하는 정도(Z)'는 높다. 따라서 ㉡이 정답이 된다.

02 평화에 대한 갈퉁의 입장 이해

문제 분석 제시문은 갈퉁의 주장이다. 갈퉁은 진정한 평화가 실현되기 위해서는 직접적 폭력은 물론이고, 구조적 폭력과 문화적 폭력과 같은 간접적 폭력까지 사라져야 한다고 주장하였다.

정답 찾기 ④ 갈퉁은 궁극적 평화 실현을 위해서는 직접적 폭력뿐만 아니라 구조적 폭력과 문화적 폭력까지 모두 제거되어야 한다고 보았다.

오답 피하기 ① 갈퉁은 폭력이 인간의 가장 기본적인 욕구를 모독하는 것이라고 보았다.
② 갈퉁에 따르면 적극적 평화는 인간 존엄성과 삶의 질이 중시되어 모든 사람이 인간다운 삶을 누릴 수 있는 상태이다.
③ 갈퉁에 따르면 평화 실현을 위해서는 평화를 실현하기 위한 수단도 평화적이어야 한다.
⑤ 갈퉁은 폭력을 감소시키고 예방하며 진정한 평화를 정착시키기 위해서는 눈에 보이지는 않지만 여러 차원에서 존재하는 요소, 가령 정치 체제, 생활 양식 등을 함께 고려해야 한다고 강조하였다.

03 세계화에 대한 다양한 관점 이해

문제 분석 갑은 세계화가 선진국에 유리하며, 개별 국가의 자율성을 훼손하고 국제 분쟁을 증가시킨다고 주장한다. 을은 세계화가 세계 경제 발전에 기여하고 문화 교류와 국가 간 협력을 가능하게 한다고 주장한다.

정답 찾기 ㄱ. 갑은 세계화가 자본 경쟁에서 선진국에만 유리하게 작용하여 국가 간 빈부 격차를 심화시킨다고 본다.
ㄷ. 을은 세계화를 통해 보편적 인권, 환경 문제 해결을 위한 국가 간 교류가 촉진된다고 본다.

오답 피하기 ㄴ. 갑은 세계화가 국가 간 의존도를 높임으로써 개별 국가의 경제적 자율성을 훼손한다고 본다.
ㄹ. 갑은 세계화가 개별 국가의 문화적 자율성을 침해한다고 본다.

04 해외 원조에 대한 싱어의 입장 이해

문제 분석 제시문은 싱어의 주장이다. 싱어는 전 인류의 행복을 증진시켜야 한다는 공리주의 입장에 근거하여 모든 사람의 이익은 평등하게 고려되어야 하므로 빈곤으로 고통받는 사람들을 원조하는 것이 의무라고 보았다.

정답 찾기 ② 싱어는 국적, 민족, 인종뿐만 아니라 지리적 근접성을 원조 여부를 결정하는 유의미한 윤리적 기준으로 여기지 않았다.

오답 피하기 ① 싱어는 정부뿐만 아니라 개인도 원조의 주체가 되어야 한다고 보았다.
③ 싱어는 공리주의 입장에서 전 세계 모든 사람의 이익이 평등하게 고려되어야 한다고 주장하였다.
④ 싱어는 공리주의 입장에서 고통을 감소시키고 쾌락을 증진하는 것이 인류의 의무라고 보면서, 경제적 여유가 있는 사람들은 빈곤으로 고통받는 사람들에게 원조를 실천해야 한다고 주장하였다.
⑤ 싱어는 공리주의 입장에서 원조의 결과와 효율성을 고려하여 원조가 이루어져야 한다고 보았다.

05 칸트의 영구 평화론 이해

문제 분석 서술형 평가 문제의 제시문은 칸트의 주장이다. 칸트는 영구 평화를 실현하기 위한 예비 조항과 확정 조항을 제시하였다.

정답 찾기 ⑤ 칸트는 세계 시민법이 보편적 우호의 조건들에 국한되어야 한다고 주장하였으며, 이를 통해 어떤 이방인이 다른 나라의 영토에 도착했을 때 그 사람이 평화적으로 행동하는 한 적대적으로 대우받지 않을 권리가 있다고 보았다. 즉, 칸트는 외국 방문 기간 동안 평화롭게 처신한다는 조건하에서 사람들이 이방인으로서 환대받을 권리와 교제할 권리를 보장받아야 한다고 주장하였으며, 평화를 위협하는 사람에게는 이러한 권리를 부여할 수 없다고 보았다.

오답 피하기 ① 칸트는 영구 평화가 달성되기는 어렵지만 도덕적 명령으로서 달성되지 않으면 안 되는 실천적 의무라고 보았다.
② 칸트는 영구 평화를 실현하기 위해서는 각국의 정체가 헌법에 근거하는 공화정이어야 한다고 보았다.
③ 칸트는 공화 정체가 법에 의한 지배, 입법권과 행정권의 분리

를 특징으로 한다고 보았다.
④ 칸트는 국가 간의 평화 연맹이 국가들의 자유를 보호하고 지속시키는 데 관여함으로써 영구 평화 실현에 기여할 수 있다고 보았다.

06 해외 원조에 대한 롤스의 입장 이해

문제 분석 제시문은 롤스의 주장이다. 롤스는 원조의 목적을 고통받는 사회를 질서 정연한 사회로 만드는 것에 두어야 한다고 주장하였다.

정답 찾기 ⑤ 롤스는 고통받는 사회의 빈곤을 해소하는 것이 아니라 정치 문화를 개선하는 것이 원조의 목적이라고 보았다. 롤스에 따르면 원조는 대상국 스스로 민주적으로 문제를 해결할 수 있도록 제도적 지원을 하는 것에 중점을 두어야 한다.

오답 피하기 ① 롤스는 원조의 목표가 사회 간 부의 평균 수준을 증가시키거나 인류의 보편적인 복지를 향상하는 것이 아니라고 보았다.
② 롤스는 해외 원조를 경제적 격차 해소를 위한 부의 재분배 과정으로 보지 않았다. 롤스에 따르면 원조의 목표는 고통받는 사회가 질서 정연한 사회가 되도록 돕는 것이다.
③ 롤스는 고통받는 사회가 열악한 천연자원이나 빈약한 부를 가진 사회라고 할지라도 그들의 정치적 문화가 개선된다면 질서 정연한 사회가 될 수 있다고 보았다.
④ 롤스는 고통받는 사회가 원조를 통해 질서 정연한 사회가 되었다면, 여전히 상대적으로 빈곤하더라도 더 이상의 원조는 필요하지 않다고 주장하였다.

07 해외 원조에 대한 롤스와 노직의 입장 비교

문제 분석 갑은 롤스, 을은 노직이다. 롤스는 원조의 목적이 고통받는 사회를 질서 정연한 사회가 되도록 하는 데 있다고 보았으며, 원조의 실천을 도덕적 의무로 보았다. 노직은 개인의 재산에 대한 권리가 절대적인 것으로 보호되어야 하며, 그것을 다른 사람을 위해 사용하도록 강요할 수 없다고 보았다.

정답 찾기 ㄱ. 롤스에 따르면 질서 정연한 사회는 고통받는 사회를 원조해야 할 의무를 가지고 있다.
ㄷ. 노직은 개인의 권리를 보호하는 최소한의 역할만을 수행하는 최소 국가가 정당화될 수 있다고 보았으며, 개인은 정당하게 취득한 소유물에 대한 배타적 권리를 지니므로 최소 국가는 그것을 다른 사람을 위해 사용하도록 강요할 수 없다고 보았다.

오답 피하기 ㄴ. 노직은 원조 행위를 의무로 강제하는 것은 개인의 소유권에 대한 침해이므로 옳지 않다고 보았다.
ㄹ. 롤스는 경제적으로 빈곤한 모든 나라에 대한 원조 의무를 주장하지 않았다. 롤스에 따르면 고통받는 사회가 질서 정연한 사회가 되었다면 여전히 상대적으로 빈곤하더라도 더 이상의 원조는 필요하지 않다.

08 글로컬리즘의 특징 파악

문제 분석 제시문은 세계화로 인한 문화의 획일화 현상 비판에 대한 대안으로 글로컬리즘을 제시하며, 지역적인 것과 세계적인 것의 조화와 개별 지역의 특수한 문화 보존을 위한 노력으로서 글로컬리즘의 특징에 대해 언급하고 있다.

정답 찾기 ㄴ. 글로컬리즘은 개별 지역의 문화와 세계의 다양한 문화의 융합을 시도한다.
ㄹ. 글로컬리즘은 지역 문화의 전통과 특색을 유지하면서도 지역적인 것의 변형이나 서로 다른 문화와의 생산적 융합을 시도한다.

오답 피하기 ㄱ. 글로컬리즘은 세계화와 지역화 현상의 조화를 추구한다.
ㄷ. 글로컬리즘은 이분법적인 사고를 넘어 지역적인 것과 세계적인 흐름의 통합을 추구한다.

수능 실전 문제

본문 170~173쪽

1 ⑤	2 ⑤	3 ③	4 ⑤
5 ③	6 ②	7 ①	8 ⑤

1 세계화에 대한 다양한 관점 이해

문제 분석 갑은 세계화가 모든 국가에 경제적 성장 기회를 제공하고, 장기적으로 국가 간의 경제력을 균등하게 하는 데 기여하며, 문화 교류 촉진을 통해 사람들의 만족도를 높일 것이라고 주장한다. 을은 세계화가 경제적 불평등을 심화시키며, 지구 생태계와 문화 다양성을 파괴하고 있기 때문에 지역 중심의 자립 경제에 기초한 지역화를 통해 문화와 생물 다양성을 존중해야 한다고 주장한다.

정답 찾기 ⑤ 세계화가 가져오는 긍정적인 변화에 대해 주장하는 갑은 부정, 세계화의 흐름을 비판하며 지역화를 통해 지역 중심의 자립 경제 활성화를 주장하는 을은 긍정의 대답을 할 질문이다.

오답 피하기 ① 을의 입장에서 부정의 대답을 할 질문이다.
②, ④ 갑의 입장에서 긍정의 대답을 할 질문이다.
③ 갑, 을 모두 긍정의 대답을 할 질문이다.

2 칸트의 영구 평화론 이해

문제 분석 제시문은 칸트의 주장이다. 칸트는 영구 평화를 위한 세 가지 확정 조항을 제시하였다.

정답 찾기 ㄱ. 칸트는 상비군의 존재가 다른 나라들을 끊임없이 전쟁으로 위협하며, 상비군 자체가 선제공격의 원인이 된다고 주장하였다.
ㄴ. 칸트에 따르면 개별 국가는 소유물이 아니며, 이러한 독립적인 개별 국가는 승계, 교환, 매수 또는 증여를 통해 다른 국가에 의해 취득될 수 없다.
ㄹ. 칸트는 장래에 있을 전쟁의 씨앗을 비밀리에 유보한 채 체결된 평화 조약은 결코 평화 조약이라고 할 수 없다고 주장하였다.

오답 피하기 ㄷ. 칸트는 어떤 국가도 다른 국가의 체제나 통치에 대해 간섭할 수 없으며, 그러한 간섭은 국가의 자율성을 위태롭게 한다고 주장하였다. 또한 평화 연맹 체제에서도 개별 국가의 주권은 인정되어야 한다고 보았다.

3 해외 원조에 대한 노직, 롤스, 싱어의 입장 비교

문제 분석 (가)의 갑은 노직, 을은 롤스, 병은 싱어이다. 노직은 정당한 절차를 통해 취득한 재화에 대해 개인은 배타적 소유권을 지니며, 원조나 기부를 실천해야 할 윤리적 의무는 없다고 보았다. 롤스는 불리한 여건으로 고통받는 사회를 질서 정연한 사회가 되도록 돕는 것이 원조의 목적이라고 보았다. 싱어는 원조의 목적이 인류 전체의 행복 증진에 있다고 보았으며, 세계 시민주의 관점에서 지구적 차원의 원조를 강조하였다.

정답 찾기 ③ C는 싱어의 입장에서 롤스를 비판하는 내용이어야 한다. 싱어는 공리주의 입장에서 원조가 전 인류의 복지 증진을 위한 의무라고 보았으며, 롤스는 원조를 통해 고통받는 사회가 정치 문화의 개선을 통해 질서 정연한 사회가 되도록 도와야 한다고 보았다.

오답 피하기 ① A와 F는 노직의 입장에서 롤스와 싱어를 비판하는 내용이어야 한다. 노직은 개인들에게 강제할 수 있는 원조의 책임이나 의무는 없다고 보았다.
② B는 롤스의 입장에서 노직을 비판하는 내용이어야 한다. 롤스는 원조의 목적을 국가 간 경제 격차를 줄임으로써 부의 평등을 실현하기 위한 것으로 보지 않았다.
④ D는 롤스의 입장에서 싱어를 비판하는 내용이어야 한다. 싱어는 고통을 감소시키고 쾌락을 증진하는 것이 인류의 의무라는 관점에서 절대 빈곤에 처한 사람들을 마땅히 도와주어야 한다고 주장하였으므로, 절대 빈곤의 해결을 위한 원조가 도덕적으로 정당화될 수 있다고 보았다.
⑤ E는 싱어의 입장에서 노직을 비판하는 내용이어야 한다. 싱어는 해외 원조를 인류 전체의 공리 증진을 위해 세계 시민적 차원에서 이행해야 할 의무라고 보았다.

4 해외 원조에 대한 싱어의 입장 이해

문제 분석 제시문은 싱어의 주장이다. 싱어는 공리주의 입장에서 인류의 고통을 감소시키고 쾌락을 증진해야 한다고 보았으며, 이러한 차원에서 해외 원조를 윤리적 의무로 보았다.

정답 찾기 ⑤ 싱어에 따르면 기본적인 삶을 영위하면서도 남는 소득이 있는 풍요한 사람들은 자신들의 재산 중 일부를 원조할 의무를 지닌다.

오답 피하기 ① 싱어는 정부를 대상으로 해당 정부가 제도나 법률을 개선할 수 있는 역량을 갖출 수 있도록 돕는 것도 원조의 방안이 될 수 있다고 보았다.
② 싱어는 공리주의 입장에서 상대적 빈곤에 처한 사람보다 절대 빈곤으로 고통받는 사람을 먼저 도와야 한다고 보았다.
③ 싱어는 공리주의 입장과 세계 시민주의 관점에서 지리상의 거리나 국적과 관계없이 인류 전체의 고통을 줄이기 위해 원조를 제공해야 한다고 보았다.
④ 싱어에 따르면 모든 사람이 세계의 모든 이의 복지에 똑같은 책임을 지녀야 한다고 제안하는 것은 어리석은 일이다. 싱어는 어떤 사람이 절대 빈곤에 처해 있고 다른 사람이 그것에 상응하는 도덕적 의미를 가진 것을 희생함이 없이 도울 수 있을 때에만 원조의 의무가 적용된다고 보았다.

5 해외 원조에 대한 싱어와 롤스의 입장 비교

문제 분석 (가)의 갑은 싱어, 을은 롤스이다. 싱어는 원조의 목적이 인류 전체의 행복 증진에 있다고 보았으며, 해외 원조와 관련하여 만약 어떤 사람에게 매우 나쁜 일이 일어나는 것을 방지할 수 있는 힘을 우리가 가지고 있고, 그 나쁜 일을 방지함으로써 그 일에 상응하는 도덕적 중요성을 가진 다른 일이 희생되지 않는다면 우리는 어떤 공동체의 구성원인지에 관계없이 그렇게 해야 한다고 주장하였다. 롤스는 원조의 목적이 고통받는 사회가 질서 정연한 사회가 되도록 돕는 데 있다고 보았다.

정답 찾기 ㄴ. 싱어는 공리주의 입장에서 모든 사람의 이익을 동등하게 고려해야 한다고 보았으며, 세계 시민주의 관점에서 지구적 차원의 원조를 강조함으로써 절대 빈곤으로 고통받는 사람들을 도와야 한다고 보았다. 롤스는 해외 원조의 목적이 불리한 여건으로 고통받는 사회를 질서 정연한 사회가 되도록 돕는 것이라고 주장하였으며, 고통받는 사회가 질서 정연한 사회가 되었다면 여전히 빈곤하더라도 더 이상의 원조는 필요하지 않다고 보았다.
ㄹ. 롤스는 어떤 사회가 질서 정연한 사회가 되기 위한 결정적 요인은 자원의 수준보다 정치 문화라고 보았으며, 불리한 여건으로 고통받는 사회의 정치 문화 개선을 위해 원조가 필요하다고 보았다.

오답 피하기 ㄱ. 롤스는 원조의 목적을 인류의 공리 증진이 아니라 불리한 여건으로 고통받고 있는 사회를 질서 정연한 국제 사회의 구성원이 되도록 돕는 것이라고 보았다.
ㄷ. 싱어와 롤스 모두 국가 간 자원을 평등하게 재분배해야 한다고 보지 않았다.

6 국제 관계에 대한 현실주의와 이상주의 관점 비교

문제 분석 국제 관계에 대해 갑은 현실주의, 을은 이상주의 입장을 지니고 있다. 현실주의는 개별 국가가 생존과 국익 추구를 목표로 삼으며, 국제 관계를 사실상 무정부 상태로 바라보고 국가 간 세력 균형을 유지함으로써 국제적 분쟁을 해결하고 국가 안보를 지킬 수 있다고 본다. 이상주의는 국가 간 관계에서 개별 국가의 이익이나 권력 추구보다 도덕성과 인간 이성의 가치를 중시하여, 국가 간 분쟁은 국제 규범, 국제기구 등을 통해 해결할 수 있다고 본다.

정답 찾기 ② 현실주의 입장에서는 국가 간의 힘의 균형을 통해 개별 국가의 공격 충동을 제어하여 분쟁을 억지하고 평화를 실현해야 한다고 본다.

오답 피하기 ① 이상주의의 입장이다.
③ 이상주의 입장에서는 국제 사회 분쟁의 주요 원인으로 국가들의 상호 무지나 오해, 국제적 제도의 미비 등을 든다.
④ 이상주의 입장에서는 국제 분쟁을 해결하기 위해 국제기구나 국제법과 같은 제도를 마련하고 개선해야 한다고 주장한다.
⑤ 현실주의와 이상주의 입장 모두 부정할 내용이다.

7 평화에 대한 갈퉁의 입장 이해

문제 분석 제시문은 갈퉁의 주장이다. 갈퉁은 폭력을 직접적 폭력, 구조적 폭력, 문화적 폭력으로 구분하면서, 이러한 폭력이 모두 사라져야 진정한 평화가 실현될 수 있다고 보았다.

정답 찾기 ㄱ. 갈퉁에 따르면 문화적 폭력은 직접적 폭력과 구조적 폭력을 정당화함으로써 이들을 올바른 것 또는 적어도 잘못된 것은 아닌 것으로 보이게 하거나 느껴지게 만들 수 있다.
ㄴ. 갈퉁에 따르면 평화를 창조하는 것은 폭력을 줄이는 것, 폭력을 피하고 예방하는 것과 분명히 관계가 있다.

오답 피하기 ㄷ. 갈퉁은 가시적이고 의도적인 폭력의 제거만으로는 진정한 평화를 실현할 수 없다고 보았다.
ㄹ. 갈퉁에 따르면 직접적 폭력, 구조적 폭력, 문화적 폭력은 어디에서나 시작하여 어느 방향으로나 흐를 수 있고, 그 과정에서 서로를 확대 재생산한다.

8 국제적 차원의 형사적 정의 이해

문제 분석 칼럼은 국제적 차원의 형사적 정의 실현을 위해 국제 형사 재판 과정에서 다각적 노력이 필요하다는 것을 주장하고 있다. ㉠에는 국제적 차원의 형사적 정의 실현을 위해 반인도적 범죄에 대한 정당한 처벌과 피해자에 대한 배상, 모든 국가의 적극적 상호 협력 등이 필요하다는 내용이 들어가야 한다.

정답 찾기 ㄴ. 칼럼은 국제 형사 재판소의 활동에 걸림돌이 되는 요소로 일부 강대국들의 정치적 영향력 행사, 체약국들의 의무 불이행 등을 지적하고 있다. 따라서 범죄에 대한 정당한 처벌 시행을 위해 강대국들의 부적절한 개입을 차단해야 한다고 볼 수 있다.
ㄷ. 형사 재판 과정의 공정성을 실추시키는 증인 협박, 증거 위조 등의 부당한 행위는 엄격히 제한되어야 한다.
ㄹ. 형사적 정의 실현을 위해 범죄자에 대한 배상은 관련 국제법에 따라 일관성 있게 시행되어야 한다.

오답 피하기 ㄱ. 국제적 차원의 형사 정의 실현을 위한 재판 과정에서 국적에 따른 차별은 바람직하지 않다.